복 있는 사람
오직 여호와의 율법을 즐거워하여 그 율법을 주야로 묵상하는 자로다. 저는 시냇가에 심은 나무가
시절을 좇아 과실을 맺으며 그 잎사귀가 마르지 아니함 같으니 그 행사가 다 형통하리로다.(시편 1:2-3)

옥중연서

Dietrich Bonhoeffer, Maria von Wedemeyer

Brautbriefe Zelle 92

옥중연서

디트리히 본회퍼, 마리아 폰 베데마이어 지음 | 정현숙 옮김

복 있는 사람

옥중연서

2013년 6월 10일 초판 1쇄 인쇄
2013년 6월 17일 초판 1쇄 발행

지은이 디트리히 본회퍼, 마리아 폰 베데마이어
엮은이 룻-앨리스 폰 비스마르크, 울리히 카비츠
옮긴이 정현숙
펴낸이 박종현

도서출판 복 있는 사람
서울특별시 마포구 연남동 246-21 Tel 723-7183 Fax 723-7184
이메일 blesspjh@hanmail.net 영업 마케팅 723-7734

등록 1998년 1월 19일 제1-2280호

ISBN 978-89-6360-113-7

Brautbriefe Zelle 92
by Dietrich Bonhoeffer and Maria von Wedemeyer
ed. by Ruth-Alice von Bismark, Ulrich Kabitz and Eberhard Bethge

Copyright © 2010 Verlag C.H.Beck oHG, München
Originally Published in German under the title
Brautbriefe Zelle 92
Published by Verlag C.H.Beck oHG, Wilhelmstr. 9, 80801 München, Germany.
All rights reserved.

Translated and used by the permission of Verlag C.H.Beck oHG.
This Korean edition Copyright © 2013 by The Blessed People Publishing Co., Seoul, Korea.

이 책의 한국어판 저작권은 Verlag C.H.Beck oHG와 독점 계약한 도서출판 복 있는 사람이 소유합니다. 신저작권법에 의하여 한국 내에서 보호를 받는 저작물이므로 무단전재와 복제를 금합니다.

차례

추천의 글   9

서문   13

편지들   18

부록   356

1. 두 연인의 약혼 상황
2. 마리아의 외할머니 롯 폰 클라이스트-레초브 소개
3. 마리아 연보

참고 문헌   388

해설의 글   390

일러두기

생략 표기는 '…'로 통일하였다. 앞뒤로 '…'가 있는 편지는 현재 남아 있지 않거나, 전체 내용을 알 수 없는 상태로 일부 발췌된 것이다.

추천의 글

에버하르트 베트게

이 책은 인생의 황혼기를 보내고 있던 나에게 전혀 예기치 못한 수확이었다. 두 연인이 편지를 주고받던 당시 디트리히 가까이 있던 사람으로서, 또한 큰 나이 차이를 뛰어넘는 사랑의 모험을 한 동지로서 이 편지를 읽는 감회가 새롭다.

나는 이 편지를 읽게 되리라는 기대를 접고 있었다. 1950년 우리가 디트리히의 옥중 서신을 모아 「저항과 복종 Widerstand und Ergebung」이라는 책을 준비하고 있을 때 마리아는 이 서신을 혼자 간직하고 싶어 했고, 우리는 그녀의 마음을 충분히 이해할 수 있었다. 이제 마리아의 언니 룻-앨리스 폰 비스마르크는 이 서신을 출간할 결심을 굳혔다. 마리아가 죽음을 앞두고 서신 출간에 대한 전권을 언니에게 맡겼던 것이다.

많은 것을 포기하며 견뎌 내야 했던, 세상에서 보기 드문 약혼자들의 증거가 우리에게 주어졌다. 참으로 감개무량하지 않을 수 없다! 새로 간행되는 디트리히 본회퍼 전집에서, 이 편지가 연대기적으로나 전기적으로 보완해 주는 가치만으로도 엄청나다. 이로써 테겔 형무소의 삶에 대한 이해가 더욱 완전해지고 깊어지게 되었다. 이루 말할 수 없는 고통에도 불구하고 행복을 꿈꿀 수 있었고, 우호적인 보초들의 도움으로 편지를 몰래 전달하기도 했으며, 1943년 말에 있을 예정이던 소송에 걸었던 희망과 그로 인해 불거진 두 연인 사이의 위기, 그러한 상황 속에서도 습작을 하며 신학적 비전을 품고 발전시켰던 1944년에 이르기까지 폭넓은 이해를 할 수 있게 되었다.

이 책으로 말미암아 '테겔 형무소'는 또 다른 모습으로 우리에게 다가오게 되었다. 교회와 세상, 쿠데타 계획과 심문, 동부 전선과 서부 전선, 그리고 테겔의 감방을 잠시 수도승의 방으로 바꾸어 놓은 예언적 숙고들이 연인이 주고받은 편지에 다양한 주제로 나타나고 있다.

일생을 친구가 남긴 유산을 정리하는 작업을 해온 나에게, 1943년에서 1944년 사이에 주고받은 연인들의 사랑의 편지는 놀라움과 기쁨 그 자체였다. 행복과 불행에 대한 깊이 있는 내면의 감정, 탁월한 지혜와 표현력으로 드러내는 책임감에서, 이 편지는 철저하게 디트리히 자신의 모습을 보여준다. 면회 시간에 함께 성경 묵상을 하면 어떻겠느냐는 장모님의 제안에 대한 반응에서 알 수 있듯, 그는 마리아에 대한 사랑에 종교적인 행위를 결코 허용하지 않는다. 나는 행복하고 뿌듯한 마음으로, 친구의 입을 통해서 나오는 말을 거듭 듣는다. "나는 오직 당신 모습 그대로를 원할 뿐이며, 당신 외의 아무것도 원하지 않습니다!"

동시에 나는, 이루어지지 않은 사랑에도 불구하고 그들의 사랑이 어떻게 최상의 상태에 도달했는지, 디트리히의 삶의 여정이 어떻게 '핑켄발데'에서 '베를린'으로, 그리고 다시 그가 항상 발붙이고 살았던 '세상'으로 돌아오는지 발견할 수 있었다. 1939년 뉴욕에서 위험이 도사리고 있는 조국 독일로 귀향하고자 한 결심, 1940년 이미 첫 장을 쓰기 시작한 「윤리Ethik」를 완성하고자 하는 열정도 볼 수 있었다. "그리스도는 오직 이 세상 한가운데서 그리스도로 존재하는 것이다."

1944년 여름, 이 세상을 위해 해방된 신학을 예기치 못한 깊이와 넓이로 선포하게 된 배경에는 디트리히와 마리아의 만남이 있었음을, 이 서신 교환은 우리 눈앞에 선명하게 보여주고 있다. 그리고 이 세상을 신실하게 살아가기 위해서는 포기할 준비도 되어 있어야 한다는 사실을 그가 고통스럽게 체험했음을 엿볼 수 있다.

그 외에도 편지를 통해 아주 중요한 사실이 눈에 들어왔다. 디트리히의 연인 마리아를 새롭게 발견하게 된 것이다. 그녀는 디트리히가 인도한 핑켄발데 설교자 학교의 신실한 후원자이자 동역자였던 룻 폰 클라이스트-레초브 여사의 손녀딸로서 특별히 신선한 느낌을 주는 소녀였다. 디트리히가 전장에 있던 나에게도 기회 되는 대로 그녀에게 편지를 쓰도록 부탁했기에, 당시 나는 그녀와 그녀의 세상을 조금이나마 엿볼 수 있어 매우 기뻤다. 그러나 1945년 이후 우리 사이에는 베를린 장벽이 있었고, 그 후에는 대서양이 가로막고 있어 서로 소원해지게 되었다. 이제 생동감 있는 편지를 통해, 그녀의 고통과 더불어 고통을 감당하고 이겨 내는 모습을 다시 만나게 되었다. 나는 유명한 신랑 옆에 자립적으로 서 있는 한 여인을 만났다. 이로 인해 그녀의 다른 결단들, 개인적인 선택이나 직업 선택 등에 대해서도 알고 싶어졌다. 무엇보다도 디트리히의 70번째 생일을 기념하여 제네바에서 열린 학술 대회의 초청에 응하여, 그의 유업을 이어받은 사람들과 관계를 맺어 가던 그녀의 삶의 여정에 대해 알고 싶은 호기심이 더욱 커졌다. 그녀는 디트리히 본회퍼에 대한 가슴 아픈 기억이 의미가 있음을 확신하게 되었던 것이다.

그 외에도 1943년 3월 말, 디트리히의 로마 여행 계획이 실제로 카나리스 제독의 관할 하에 준비되었다는 사실이 역사적으로 규명되었다. 그 일은 저항 운동에서 한스 폰 도나니의 역할을 희석시키려는 사람들로 인해, 많은 역사가들로부터 인정받지 못하던 부분이었다.

또한 '베르노이헤너'들의 신학적 문제점을 드러내 주는 편지도 읽을 수 있다. 예를 들어, 1944년 분도르프 성에서 부활절 주간에 열린 수련회에서 빌헬름 슈탤린은 디트리히와 마리아의 관계에 의문을 제기하며 결단을 요구했다. 이런 면에서 편지는 사적인 의미를 훨씬 뛰어넘고 있다.

이 편지는 "오늘날 우리가 세상에서 어떻게 하나님에 관해 말할 수 있는가?"라는 물음에 답하고 있다. 세상적인 사랑의 체험 속에서 하나님에 관해 이야기하는 것, 추호의 거짓도 없이 하나님과 세상에 관해 이야기하는 것이 어떻게 가능한지 보여주고 있기 때문이다.

룻 폰 비스마르크가 이 책의 서평을 부탁했을 때, 나는 매우 기뻤다. 다양한 모습의 단편으로 남아 있는 본회퍼의 유산에, 우리 살아남은 자들이 모두 함께 연결되어 있다는 사실이 분명해지는 느낌이었기 때문이다. 이제 우리는 본회퍼 생애 마지막 이태 동안의 부모님과 형제자매들의 편지, 친구들과의 서신 왕래, 문학적 시도들은 물론, 마리아와의 편지 교환에 이르기까지 전체 모자이크를 구성할 수 있게 되었다.

1992년 봄, 바흐트베르크-빌리프로트에서

서문

룻-앨리스 폰 비스마르크

"나는 아마도 39세 이상은 살지 못할 것입니다." 언젠가 디트리히 본 회퍼가 어느 대학생에게 한 말이었다. 그런데 37세 되던 해, 그는 약혼녀 마리아를 만나게 되었다. 이 책에는 사랑하는 여인을 만난 후 2년에 걸친 그의 인생 여정이 고스란히 담겨 있다. 이 소녀는 그의 삶에 어떤 역할을 했을까?

1942년, 디트리히 본회퍼 목사는 '고백교회'와 '교회 연합' 활동으로 인해 교회에서의 직무 수행이 금지된 상태였다. 다른 한편으로 그는 비밀리에 저항 운동에 몸담고 있었다. 공식적으로는 민간인 특별 정보원으로서 정보국의 일을 돕는 것으로 되어 있었으나, 실제로는 매형 한스 폰 도나니와 그의 상관 오스터 대령을 도와서 히틀러 정권 전복을 위한 저항 세력을 구축하고 있었다. 디트리히 본회퍼는 비밀 정보원으로 외국에 드나들며, 과거 교회 연합 운동을 통해 맺어진 관계를 모반에 이용하고 있었다.

1942년 6월 마리아 폰 베데마이어를 만날 당시, 그는 독일 내의 히틀러 정권 전복 계획을 구체적으로 알리고 도움을 청하기 위해, 아버지 같은 친구였던 영국의 치체스터 주교를 만난 후 스웨덴에서 막 돌아와 있었다. 여행을 마치고 돌아오던 길에 베를린에 들른 그는, 카나리스 제독 관할 하에 있는 친구들과 자신이 게슈타포에 의해 요주의 인물로 지목되고 있다는 사실을 전해 들었다.

마리아 폰 베데마이어가 디트리히 본회퍼를 외할머니 댁에서 만났을 때, 그녀의 나이는 18세였으며, 이제 막 대학 입학을 위한 아비투어 시험을 치른 후였다. 그때까지 마리아는 본회퍼를 '본회퍼 목사님'으로 알고 있었다. 마리아의 외할머니는 일찍이 본회퍼의 인물됨을 알았고, 교회 투쟁의 강력한 후원자로서 본회퍼에게는 어머니 같은 친구였다. 본회퍼는 마리아 외할머니 댁에서 당시 널리 알려진 「나를 따르라 Nachfolge」를 집필하기도 했다.

도처에 위험이 도사리고 있는 상황에서, 두 사람 사이에 함께 새 인생의 막을 열려는 결심이 자라났다. 그런데 1943년 4월 5일, 디트리히 본회퍼가 체포되어 군사 형무소인 베를린 테겔에 수감되었다. 마리아는 4월 18일 고향 패치히에서 그 소식을 전해 들었다.

이 책은 그날 이후 두 연인이 주고받았던 편지들을 모아 놓은 것이다. 이후 그들은 자유의 몸으로 다시 만날 수 없었다.

1977년 가을, 미국 보스턴에 살고 있던 여동생 마리아 폰 베데마이어-웰러는 숨을 거두기 직전 이 편지들을 내게 맡겼다. 그들이 주고받은 서신 가운데 본회퍼의 편지를 출간하게 해달라는 요청은 끊임없이 이어졌으나, 그녀는 서신의 통일성을 깨뜨릴 결심을 할 수 없었다.

마리아는 나보다 네 살 아래였다. 우리는 서로 판이하게 다른 성격으로 인해, 어려서는 자주 경쟁의 대상이었고 나중에야 친구가 되었다. 아마도 1945년 여름, 디트리히의 사망 소식을 접한 후부터라고 생각된다. 그를 진실로 알고 있는 사람은 살아남은 우리 형제자매들 중에 내가 유일하다고 할 수 있었다.

1948년부터 마리아는 미국에서 살았다. 1967년 미국에서 「다른 옥중 서신들The Other Letters from Prison」이라는 제목으로 디트리히의 편지 일부를 발췌하여 신학부의 '유니언 세미나'에 발표한 적이 있었는데, 그 편지들은 놀라운 반향을 불러일으켰다.

10년 정도 지난 후, 1976년 2월 4일 본회퍼의 70번째 생일을 기념하여 제네바에서 '본회퍼 국제 학술회'가 열렸다. 마리아는 그 학술회에 초대 받아 갔고, 자신을 '디트리히 본회퍼의 영적인 가족'이라고 소개하는 여러 대륙 여러 나라에서 온 수많은 신학자들을 만나게 되었다. 놀랍게도 마리아는 그들에게 본회퍼와의 관계 속에서 받아들여졌다. 학술회가 열리고 있던 어느 날 저녁, 마리아와 나는 편지를 공개하는 문제를 마지막으로 논의했다. 그녀는 편지의 출간을 위해서는 아주 훌륭한 주석이 필요할 것이라고 말했다. 마리아는 학술회에서의 경험으로 격려를 받은 것 같았다. "그 당시 나는 너무 어렸어요. 나는 지금 모습으로, 한 사람의 독립된 인격체로 디트리히 옆에 서고 싶어요."

다음 해 힘겨운 암 투병 생활에 들어가게 된 그녀는, 나에게 전화를 걸어 보스턴으로 와 달라고 부탁했다. 내가 그곳에 도착했을 때, 침대 옆 작은 탁자 위에는 다시 꺼내 읽은 디트리히의 편지가 펼쳐져 있었다. 나는 한 주 동안 그녀 곁을 지켰다. 그리고 편지를 출간하기로 결정했다. 1977년 11월 16일, 마리아는 죽음을 앞두고 두 여동생과 그녀의 두 아들에게 편지를 나에게 맡기기로 했다는 결심을 전했다. 그 날로부터 거의 15년이라는 세월이 흘렀다.

이제 나는 큰 감사와 기쁨으로 나에게 맡겨진 소중한 편지를 출간하려고 한다. 편지는 지난 수년간 나에게도 점점 더 소중해졌고, 이 편지에 부가 설명을 해야 할 필요성은 점점 더 적어 보였다. 그러나 마리아의 뜻을 존중하는 의미에서 두 연인의 약혼 상황을 추가하기로 했다.

중간중간 등장하는 편지의 배경과 역사적 사건에 대한 해설과 주석은, 지금까지 본회퍼 저서를 집중적으로 연구해 온 울리히 카비츠가 맡아 주어 기쁘다.

며느리인 게르티 폰 비스마르크는 많은 부분에서 나와도 관련이 있는 과거사와 거리를 두도록 돕는 한편, 이 책이 나오기까지 여러모로 아주 긴밀하게 협력했다.

안네 폰 몰트케에게 특별한 감사의 마음을 전하고 싶다. 그녀는 이 책을 출간하기 위해 나와 함께 모험을 감행했고, 모든 기록을 정리하며 주석을 위한 기초 작업을 해주었다.

민나 이슬러, 텔 아비브는 마리아의 일기를 나보다 더 잘 이해했고, 일기를 발췌하여 인용하는 데 큰 도움을 주었다.

지칠 줄 모르는 열정으로, 언제나 도움을 아끼지 않고 필요한 정보를 제공한 에버하르트와 레나테 베트게가 없었다면, 아마도 이 책은 세상에 나오기 어려웠을 것이다.

마지막으로, 어머니에게 하듯 나를 신뢰하며 따라 준 마리아의 두 아들, 크리스토퍼와 파울 슈니빈트-웰러에게 깊은 감사의 마음을 전한다.

디트리히, 당신을 만난 그 시간 이후 단 한순간도 제 인생에서 없었던 것으로 되돌리고 싶은 순간은 없습니다.

"전쟁터에 나가 있든 국내에 있든, 크고 작은 위험이 도처에 도사리고 있기는 마찬가지라는 사실에 대해 서로 대화를 나눈 적이 있지요. 지금 이 시대에 어떤 남자가 그 위험을 피해 갈 수 있을 것이며, 그 위험 앞에 두려움을 느끼지 않아도 될까요? 남편이 사랑하는 아내의 마음에서 무거운 짐을 덜어 주기를 간절히 원할지라도, 오늘날 남편에게 따르는 위험을 함께 감수하지 않아도 되는 여인이 있을 수 있을까요?"

1943년 3월 9일 약혼녀 마리아 폰 베데마이어에게 쓴 디트리히 본회퍼의 편지에 있던 내용이다. 마리아가 본회퍼의 편지를 받을 당시에는, 이번에 닥쳐올 위험이 다른 때보다 더욱 큰 위험이 되리라는 사실을 알 수 없었다. 그렇지만 마리아는 본회퍼가 장교로서 러시아에서 싸우다 전사한 그녀의 아버지나 오빠, 사촌들과는 전혀 다른 전선에서 싸우고 있음을 예감했다. 그리고 얼마 못 되어 디트리히의 편지 내용이 무엇을 의미하는지 분명해졌다. 4월 5일 본회퍼가 체포되었던 것이다.

본회퍼가 소속되어 일하던 뮌헨 정보국 지부가 외화 밀반출 사건에 연루되었음이 드러났고, 이로 인해 이미 경고 신호가 켜진 상태였다. 심문이 거듭되는 과정에서 게슈타포는 베를린 핵심부를 중심으로 모반 음모가 있음을 눈치채게

편지들

되었다. 무엇보다도 군부의 핵심에 있으면서 나치 정권의 전복과 평화협정을 위해 외국과 접촉을 시도해 왔던 육군 소장 한스 오스터Hans Oster 장군과 정보국 특별 보좌관 한스 폰 도나니Hans von Dohnanyi에게 수사의 초점이 맞추어졌다. 도나니의 처남인 본회퍼가 바티칸 교황청과 비밀 회담을 하기 위해 로마로 떠날 준비를 마쳤던 때였다. 뢰더 검사가 게슈타포 수사관 존더에거를 대동하여 갑작스럽게 카나리스Canaris의 정보국 사무실로 들이닥쳤고, 도나니가 체포되었다. 도나니의 사무실을 조사하고 있던 그들은 우연히 본회퍼 관련 서류를 손에 넣게 되었고, 그 서류로 인해 본회퍼가 저항 운동에 가담하고 있으리라는 혐의가 더욱 짙어졌다.

그 후 불과 몇 시간 지나지 않아, 한스 폰 도나니뿐 아니라 그의 아내와 디트리히 본회퍼, 바티칸 교황청과 접촉해 왔던 뮌헨의 요셉 뮐러Josef Müller와 그의 아내, 여비서까지 모두 체포되었다. 몇 주에 걸친 고통스러운 심문에 대해서는 엄격한 검열로 인해 언급조차 할 수 없었다. 이 기간 동안 약혼녀 마리아는 본회퍼 가家로 보내진 편지 가운데 자신에게로 향하는 몇 줄을 필사하여 받아 보는 것으로 만족해야 했다.

부모님께 드린 디트리히 본회퍼의 편지

1943. 4. 14, 테겔Tegel

… 무엇보다도 약혼녀를 생각할 때면 마음이 괴롭습니다. 아버지와 오빠를 동부전선에서 잃은 지 얼마 되지 않은 그녀에게 제가 너무 버거운 짐을 지웠기 때문입니다. 더욱이 제가 국가 모반죄로 체포되었다는 사실이 고급 장교의 딸에게 얼마나 더 가혹한 일이겠어요. 그녀에게 위로의 말을 해줄 수 있다면 얼마나 좋을까요. 그녀가 베를린에 와서 부모님을 찾아뵙게 된다면, 그래서 저를 대신하여 그녀를 위로해 주신다면 정말 기쁘겠습니다. …

1943. 4. 25

… 지난 성금요일은 마리아의 생일이었습니다.[1] 지난해 장인어른과 오빠, 각별히 사랑하는 두 외사촌[2]을 전쟁터에서 잃은 마리아가 그 모든 시련을 얼마나 굳건한 마음으로 견디어 내었는지 알지 못했다면, 그녀로 인해 걱정을 많이 했을 것입니다. 이제 부활의 기쁨이 그녀를 위로하고, 부활절에 함께 모인 대가족이 그녀에게 힘이 되어 주겠지요. 적십자에서 하는 일이 그녀에게는 무척 고될 것입니다.[3] 그녀에게 사랑의 안부와 함께, 제가 그녀를 무척 그리워한다고 전해 주십시오. 그리고 슬퍼하지 말고, 항상 그랬듯이 용감해야 한다고 말해 주십시오. 아직 나이 어린 그녀에게 지워진 짐이 너무 무겁다는 생각이 듭니다. … 마리아 외할머니[4]의 건강 상태는 어떠한지 알고 싶습니다. 그분

---

1. 4월 23일.
2. 키코브 영지의 한스-프리드리히와 유르겐-크리스토프 형제. 디트리히를 물심양면으로 도왔던 마리아 폰 베데마이어의 외할머니 룻 폰 클라이스트-레초브 부인의 손자들—옮긴이.
3. 마리아는 1943년 4월 초부터 하노버 소재 적십자사에서 간호사 견습생 교육을 받고 있었음.

이 돌아가셨다면 제게 숨기지 말고 알려 주십시오. 저와 마리아 둘 다 그분을 몹시 사랑합니다. …

언젠가 마리아가 부모님을 찾아뵙고 하루 정도 조용히 쉴 수 있다면 제 마음이 한결 놓이겠습니다. 마리아와 레나테[5]가 이 편지를 읽을 수 있게 해주십시오. …

1943.5.5

… 마리아가 부모님께 그토록 신뢰로 가득한 용기 있는 편지를 드렸다는 말씀을 들으니 무척 행복합니다. …

그 말씀에 힘을 얻어 마리아와 결혼식을 올릴 날을 조용히 소망해 봅니다. 그날이 언제가 될지? 지금은 꿈 같은 일로 여겨지지만, 소망은 아름답고 위대한 것입니다. …

이제 모두들 저희 약혼에 대해 알게 되었을 테지요? 물론 친척들 사이에만 알려졌으리라 생각합니다. 그러나 아주 가까운 친척들만 세어 보아도 양가 모두 합하면 80명 이상이니, 우리 약혼을 그다지 오래 숨기고 있을 수는 없을 것 같군요. 그렇지만 약혼을 공식화하지 않고 좀 더 시간을 두고 지켜보시기를 원하시는 장모님의 소원을 이루어 드렸으면 좋겠습니다.[6] 마리아가 전한 사랑의 안부에 대해 고마운 마음을 전해 주십시오. 마리아 외할머니의 건강이 호전되었다니 정말 다행입니다. 아들과 손자까지 벌써 다섯이 전선에서 쓰러졌고, 지금도 일곱이나 전선에 나가 있으니 마음이 얼마나 무거우실까요? 저를 생

---

4. 룻 폰 클라이스트-레초브 부인 Ruth v. Kleist-Retzow.
5. 레나테 슐라이허 Renate Schleicher. 1943년 5월 15일 디트리히의 절친한 친구이자 제자인 에버하르트 베트게와 결혼한 디트리히의 조카로, 검열 과정에서의 혐의를 피하기 위해 베트게 대신 '레나테'라는 이름을 암호로 사용함.
6. 마리아의 어머니는 아직 나이 어린 딸을 염려하여 1년 동안 두 사람의 만남을 금지하고, '기다림의 시간'을 갖도록 했으며, 약혼을 공식화하지 않기를 원했음—옮긴이.

각하며 기도하실 마리아 외할머니께 특별한 사랑의 안부를 전해 주십시오. …

사랑하고 사모하는 디트리히!

1943. 5. 7, 하노버Hannover

어머님께서 당신 사진 여덟 장을 제게 선물하셨어요. 그 사진들이 지금 제 앞에 놓여 있어, 그것을 보고 있으면 당신과 당신의 생각, 우리가 함께하던 날들과 앞으로 함께 있게 될 날들이 모두 손에 잡힐 듯 가깝게 느껴집니다.

슬퍼하지 마세요. 저를 떠올리더라도 슬퍼하지 마세요. 제가 아주 용감하게 견디어 내리라는 사실을 믿으셔도 됩니다. 저는 자주, 당신의 생각이 저와 함께하고 있으니 도무지 슬퍼할 이유가 없다는 생각이 듭니다. 당신의 생각이 제 곁에 머무르고 있다는 사실이 제게 끝없이 많은 것을 선사해 주기 때문입니다. 저로 인해 염려하지 마세요. 당신이 잘 지낸다면 저는 더없이 기쁘고 감사할 것이며, 당신이 슬퍼한다면 제 마음이 몹시 아프다는 사실을 분명히 아셔야 합니다.

하루 종일 생각 속에서 당신을 찾지 않는 시간이란 없습니다. 이른 아침 여섯 시쯤 병원으로 가기 위해 정원으로 나 있는 길을 걸어가면, 당신도 잠에서 깨어 일어나 아마도 제가 올려다보는 그 하늘을 바라보고 있으리라는 생각을 합니다. 제게 맡겨진 6개월에서 한 살까지의 아기 넷을 돌보면서 '디트리히 삼촌'에 대해 많고 많은 이야기를 들려줍니다. 쓸고 닦으며 청소를 할 때면, 장단에 맞추어 '디트리히, 디트리히'를 생각합니다. 동료들과 함께 담소를 나눌 때, 이름에 관한 이야기가 나오면 나중에는 한 목소리로 '디트리히'가 가장 멋있는 이름이라고 결론짓게 됩니다.

저녁마다 당신의 사진을 손에 들고, "당신은 기억하나요?"라고 물으며, 우리의 '미래'에 대해 당신과 많은 대화를 나눕니다. 그러면 과거와 미래 사이의 간격이 좁아졌다는 사실을 스스로 믿게 된답니다. 그 후에는 검열로 인해 편지에 쓸 수 없는 이야기를 모두 털어놓습니다. 사실 제가 쓰지 않더라도 당신은 모두 알고 있을 거예요.

어머님께서 보내신 사랑에 넘치는 편지가 저를 무척 행복하게 했습니다. 그 편지를 쓰도록 어머님께 부탁한 당신의 마음에 감사드려요. 오는 16일 주일에 엄마와 함께 어머님을 찾아뵙기로 했습니다. 그때 당신도 저와 함께하실 테지요! 당신 방에 들어가 볼 수 있다는 사실이 무엇보다도 마음을 설레게 합니다. 엄마가 오셔서 며칠을 저와 함께 지냈어요. 지난번 당신이 엄마를 찾아뵌 후로, 엄마는 당신을 무척 사랑하게 되었으며 진심에서 우러나오는 사랑의 안부를 전하셨어요.

제가 힘든 시간들을 보내고 있을 때 큰 힘이 되어 주셔서 감사합니다. 저도 당신에게 조금이라도 힘이 되고 싶지만, 당신이 제게 주셨고 또 주시려는 그 모든 것에 비해 제가 할 수 있는 일이란 너무도 보잘 것없음을 압니다. 지난 편지에 당신이 저에 대해 쓴 내용을 도무지 다 이해할 수가 없습니다. 그러니 믿을 수 있을 때까지 반복해서 말씀해 주세요.

언제까지나 변함없이, 당신의 마리아

추신. 베를린에 다녀온 후 곧바로 다시 편지 드리겠어요.

부모님께 드린 디트리히 본회퍼의 편지

1943. 5. 15, 테겔

… 마리아 어머니께서 부모님을 방문하셨다는 소식을 들으니 무척 기쁩니다. 투니스의 콘스탄틴 Konstantin v. Kleist-Retzow에 대해서는 무슨 소식이 있는지요? 마리아와 함께 그녀의 친척들을 자주 떠올리게 됩니다. 마리아를 다시 만나게 될 날, 우리가 결혼식을 올리게 될 날이 너무 오래 걸리지 않기를 바랄 뿐입니다. 마리아에게는 휴식이 절실히 필요하고, 사람이란 여러 가지 세상적인 소원을 품기 마련이기에…….

조만간 마리아가 아버지, 어머니를 찾아뵙게 되기를 바라는 마음입니다. …

아들에게 보낸 양친의 편지

1943. 5. 25, 베를린 Berlin

… 지난 일요일[7], 우리는 네 약혼녀와 그녀의 어머니를 우리 집에서 맞이하는 기쁨을 누렸다. 그 일에 대해서는 네 엄마가 더 자세하게 쓸 게다. 사실 네 약혼녀와는 초면이 아니었다. 그녀는 사랑스럽고 영민한 아가씨로, 이번 만남에서도 우리 마음에 쏙 들더구나. 마리아 어머니의 눈매와 인상은 옛 슐레지엔 지방의 도지사였던 그녀 외할아버지[8]를 떠올리게 하더구나. 그분은 이상하리만큼 호감이 가는 인물이셨지. 그리고 마리아 어머니도 그녀의 외할아버지처럼 이야기를 잘

---

7. 1943년 5월 23일.
8. 로베르트 폰 체트리츠-트뤼취러 백작 Robert Graf v. Zedlitz und Trützschler(1837-1914), 슐레지엔과 포젠, 헤센 지방의 도지사와 프로이센의 문교부 장관 역임.

엮어 나가는 은사가 있어 보이더구나. …

… 오늘은 무엇보다도 마리아의 방문에 대해 쓰고 싶구나. 그녀는 고향집 정원에서 꺾어 온 아름다운 빨간 장미를 들고 토요일 저녁 이곳으로 오는 여행길에 올라, 어머니와 함께 일요일 열한 시쯤 우리 집에 도착했단다. 그녀는 약간 여윈 것 같더구나. 극구 아니라고 했지만 직업훈련은 무척 고된 듯했고, 그럼에도 불구하고 마리아는 건강하게 잘 지내는 듯 보였다. 우리는 감미로운 헝가리 포도주 토카이어 한 잔씩을 들고 정원으로 나갔단다. 한 시간쯤 지나자 카알-프리드리히[9], 뤼디거와 우르젤[10]이 와서 합류했지. 그 후 우리는 다시 집 안으로 들어와서 사진들, 무엇보다도 초상화를 둘러보았단다. 마리아가 전체 가족사진을 보고 싶어 했는데, 열여덟 명이나 되는 손자손녀들의 이름을 금세 익혀 버리더구나. 식사를 하기 전에, 나는 마리아를 안내하여 네 방으로 올라갔단다. 당연히 내가 조금 정돈을 해두었지만, 그래도 지나치게 깔끔하게 하지는 않았단다. 나중에 그녀가 보게 될 네 방의 모습이 어떠할지 아는 게 좋겠기에! 그러나 마리아는 방이 멋지게 정돈되어 있다고 하더구나. 아마도 엄마들은 신부들에 비해 비판적인 것 같고, 그게 도움이 되기도 하지. 마리아는 네가 여행에서 기념으로 가져온 작은 물건들 하나하나 둘러보며 네 방에 있는 것이 좋은지, 식사하러 내려갈 생각을 하지 않더구나. 나는 식사 준비에 제법 신경을 썼단다. …

식사 후에는 정원에서 커피를 마셨고, 오후 세 시쯤 그들은 다시 길

---

9. 카알-프리드리히 본회퍼Karl-Friedrich Bonhoeffer, 디트리히의 맏형으로서 당시 라이프치히 대학의 물리 화학 교수였고, 후에 베를린과 괴팅겐 대학 교수 역임.
10. 뤼디거 슐라이허Rüdiger Schleicher, 제국 공군 부참사관, 그의 아내 우줄라Ursula는 디트리히의 큰누나로서 마리엔부르거 알레Marienburger Allee에 위치한 본회퍼 생가 바로 옆집에 살았음.

을 떠나야 했단다. 카알-프리드리히가 역까지 동행했다. … 아버지가 이미 썼지만, 그 방문으로 인해 우리는 기쁘기 한량없단다. 그리고 이토록 사랑스러운 며느리를 우리 집으로 데려온 네가 고맙기만 하구나. 아직 어린 나이임에도 불구하고, 그녀의 전 존재에서 그녀가 얼마나 믿고 신뢰할 만하며, 유능하면서도 따뜻한 마음씨를 가지고 있는지 느낄 수 있었다. 또한 감당하기 어려운 일들을 여러 번 겪었으면서도, 전사한 남편과 아들에 대한 슬픔을 뒤로하고, 이제 홀로 젊어지고 가야 할 집안 살림과 자녀들에 대한 책임을 감당해 나가는 마리아 어머니의 모습을 보며 내심 놀라고 존경하게 되었단다.

마리아가 네 책과 서류철에 관심을 보인 것은 당연했지만 그것을 읽어볼 여유는 없었다. 내 생각에 마리아는 조만간 일요일을 이용해서 다시 찾아올 것 같구나. 네가 고트헬프[11]의 책을 아주 좋아한다는 말을 해주었다. 아마도 지금 마리아는 책 읽을 시간을 갖기 어려울 게다. 나는 그녀에게 시간이 조금이라도 나면 잠을 자며 쉬라고 말해 주었단다. 그러면 나중에 네가 마리아와 함께 고트헬프를 읽는 기쁨을 누리게 될 거라고 했지. …

사랑하고 사랑하는 디트리히!

1943. 5. 24. 하노버

어제 당신은 분명 제 생각을 하셨겠지요? 제가 당신 가족들과 만나서 낯선 방들을 둘러보고 있을 때, 당신이 곁에 있음을 느낄 수 있었어요.

---

11. 1943년 5월 4일 부모님께 보낸 디트리히의 편지 참조. "저는 다시 고트헬프를 읽고 있으며, 그의 명확하고 건강하며 고요한 문장에서 특별한 기쁨을 맛보고 있습니다."(DBW 8, 56)

그러자 모든 것이 갑자기 친근해졌고, 마치 집에 돌아온 듯 사랑스러워졌습니다. 디트리히, 베를린에서 보낸 하루가 저를 무척 행복하게 합니다. 말로는 표현할 수 없을 정도로 행복하고, 당신과 당신의 부모님께 감사합니다. 행복이란 아주 깊숙이, 마음속 깊이 자리하고 있어, 고통이 아무리 클지라도 그 깊은 곳까지 미치지는 못함을 확신하게 됩니다.

저는 당신의 부모님을 사랑합니다. 당신의 어머니께서 저를 맞이하는 첫 대면의 순간, 저는 어머니를 사랑하지 않을 수 없었고, 당신이 제게 도무지 상상할 수 없을 만큼 많은 것을 선사하고 있음을 느낄 수 있었습니다. 정말이지 모든 것을 사랑하게 되었습니다. 당신의 집과 정원, 무엇보다도 당신의 방. 다시 한 번 그 방에 들어가서 당신 책상 위의 잉크 자국만이라도 바라보기 위해 어떤 핑계라도 찾아보고 싶습니다. 어제 당신 집에서 당신을 만난 후, 모든 것이 너무도 분명하고 확실해졌습니다. 당신이 책을 쓰기도 하고 제게 보낼 편지를 쓰기도 했던 당신의 책상, 당신의 안락의자와 벽장 위에 놓인 당신의 실내화, 당신이 좋아하는 그림들. 그 모든 것들이 당신의 일부로 다가왔습니다. 다만 카알-프리드리히의 웃는 모습과 당신 아버지의 입모양이 저를 슬프게 했습니다. 그러나 당신과 닮은 그분들의 모습으로 인해 마음이 아팠을지라도, 당신을 가까이 느낄 수 있어 좋았습니다.

제가 가진 소망과 그리움이 더는 자랄 수 없을 거라 생각했는데, 어제 이후로 아마 이전보다 두 배는 커진 것 같아요. 결혼이 진정 무엇을 의미하는지, 제삼자가 아무리 함께 경험하려 애써도 쉽게 이해할 수 없다는 당신의 말은 옳습니다.[12] 아무도 저의 내면세계를 올바로 공감해 줄 수 없다는 생각으로 인한 무력감은, 당신이 처한 곤경에 비한다

---

12. 1943년 4월 5일 부모님께 드린 디트리히의 편지 참조(DBW 8, 57).

면 아무것도 아니겠지요. 잠시라도 당신 곁에 머물 수 있다면!

사랑하는 디트리히! 매일 아침 여섯 시에 우리 둘이 함께 두 손을 모을 때마다, 우리가 서로를 얼마나 깊이 신뢰하는지 알 수 있으리라 생각해요. 그러면 당신도 더는 슬퍼할 수 없겠지요.

곧 다시 쓰겠어요.

모든 생각과 행함 속에 항상 변함없이, 당신의 마리아

형 카알-프리드리히 본회퍼의 편지

1943. 5. 30., 라이프치히Leipzig

… 네 약혼녀와 사돈어른이 부모님을 찾아뵙기로 한 날에 나도 함께 하는 특권을 누릴 수 있어 기뻤다. 그리하여 예상보다 일찍 네 약혼녀가 누구인지 알게 되었구나. 네가 없는 동안 너의 약혼녀가 우리 가족들과 인사를 나누게 되었다는 사실이 이상하게 느껴질 테지. 너무도 어처구니없는 세상이야. 아주 당연하게 들릴 수도 있지만, 우리 모두 그녀를 정말 좋아하게 되었다. 그녀가 하노버의 적십자사에서 하는 여러 가지 일에 대해 이야기해 주더구나. 그녀는 어딜 가든 가장 어렵고 힘든 일을 자처하며 자기 몸은 전혀 돌아보지 않는 사람처럼 보였다. 그러면서도 당연히 해야 할 일을 할 뿐이라는 겸허한 자세에 나는 깊은 감명을 받았다. 그녀가 한 주 배급으로 받는 버터와 환자에게 선물 받은 약간의 커피를 자신의 밤 근무를 위해 아껴 두지 않고 너에게 보내려고 가져온 것을 보고, 내가 약간 나무랐다. 무엇보다 네 마음도 나와 같으리라는 생각에서였다. 사돈어른 역시 아주 특별한 분으로 보였다. 사돈어른을 모시고 베를린 시내로 동행하면서, 양쪽 가문에 대해 약간의 담소를 나눌 수 있었지. 이제 네가 속하게 된 사돈 가족들을 만

나 본 지금, 난 네게 특별한 행복을 빌어 마지않는다. 그리고 내가 알기로는, 너희 약혼에 대해서는 여전히 가족들 간의 비밀로 지켜지고 있다. …

내 사랑 디트리히!

1943. 5. 30, 하노버

오늘 하루 종일 당신과 함께하는 시간을 가졌답니다. 벌써 오래전부터 매일 산책을 할 때면 저를 따르지 못하고 말썽을 부리던 발이, 이곳 하노버로 돌아오는 길에 드디어 파업에 들어갔지 뭐예요. 그래서 저는 하루 종일 방에 갇혀 있게 되었고, 제 발도 서서히 저와 다시 화해하고 있답니다. 그리하여 오늘은 꿈 같은 휴일을 보내게 되었습니다. 언젠가 한번 제대로 꿈꾸어 볼 시간을 가지기를 오래전부터 갈망했는데, 드디어 소원을 이루었답니다. 잠을 자든 깨어 있든 모든 것이 오직 하나의 대상을 중심으로 돌아가며, 모든 꿈도 그곳을 향해 날아갑니다. 사실 이런 편지지 한 장이 거기에 끼어들 수는 없답니다. 더욱이 궁색한 표현력으로 인해, 제가 써서 보낸 생각들이 전부 엉뚱하게 전달되어 버리지는 않을까 두려우니까요. 그러니 기회가 되면 제게 편지 쓰는 법을 가르쳐 주셔야만 해요!

이곳에서 하는 일에 대해 당신이 알고 싶어 한다고 어머님께서 말씀하셨어요. 그런 내용으로 편지지를 메꾸는 것은 너무 안타까운 일이지만, 제가 달리 무엇을 쓸 수 있겠어요? 편지를 검열하는 사람들이 제가 당신을 얼마나 사랑하는지, 당신에 대한 그리움이 얼마나 큰지 알 필요는 없을 것이며, 저 또한 그런 내용을 편지로 전하고 싶지 않고 당신에게 직접 말하고 싶으니까요.

환자를 돌보는 일은 큰 즐거움입니다. 일을 가르치는 간호사들과도, 한숨짓던 처음의 시간을 지나 이제 조금씩 원만한 관계를 형성하고 있습니다. 한스-발터 슐라이허 역시 어느 정도는 이와 비슷한 신병 시기를 보내고 있겠지요. 이곳에서는 어떤 사람이 로트헨 슐츠이든 에밀리에 뮐러이든, 숫자 3까지 셀 수 있든 조금 더 많이 셀 수 있든 아무 구별이 없다는 것 아세요? 병동의 간호사들은 공룡처럼 처신해야 하는 도덕적 의무가 있습니다. 그러나 환자를 돌보는 일은 처음부터 즐거웠어요. 지금 저는 3등실 부인 병실 하나와 2등실 방 두 개를 맡아서 돌봅니다. 이곳에 와서 제일 먼저 알게 되는 것은, 금세 정이 드는 소박한 여인들과는 반대로, 교육을 많이 받았다는 부유층 사람들이 얼마나 혐오감을 주는 일당들인가 하는 것입니다.

그 여인들 모두를 당신에게 소개할 수 있다면 너무 좋을 텐데요. 그 중에서도 특별히 제 단골 환자인 급사 부인을 소개하고 싶어요. 그 부인은 저를 한사코 결혼시키고 싶어 하는데, 러시아 전선에 나가 있는 그녀의 세 아들 중에서 누구와 맺어 주어야 할지 결정을 못 내리고 있을 뿐이랍니다.

할아버지 한 분과도 아주 좋은 친구가 되었어요. 그 할아버지는 항상 버터 바른 빵을 몇 입 먹고 나서는 몰래 제 주머니에 넣어 주려 애쓴답니다. 그리고 토요일만 되면 1마르크화 팁을 손에 쥐어 주려고 하지요. 그 외에도 약간 시간이 나면 한 환자에게서 플랏 독일어[13]를 배우고 있는데, 제가 반복해서 포머쉬[14]로 돌아오고 말아서 그분의 마음을 몹시 상하게 하곤 한답니다.

저녁에는 당신의 책을 조금씩 읽고 있어요. 그러나 많은 부분이 이

---

13. 독일어 방언 중에서도 저지독일어로 독일 북부 지역의 사투리. 마리아가 일하던 하노버는 독일 서북부 지역-옮긴이.
14. 마리아의 고향 사투리-옮긴이.

해가 되지 않기 때문에 당신에게 직접 물어볼 수 있는 날이 오기를 기다리게 됩니다. 그중에서 제가 가장 좋아하는 책은 「창조와 타락」[15]입니다. 외할머니는 당신이 지금 다시 이 책을 쓰게 된다면 책의 내용이 아주 많이 달라질 것이라고 하셨어요. 그러나 저는 달라진 책이 아니라, 비록 이해가 되지 않는 부분이 많더라도 지금 이대로의 책이 좋습니다.

솔직히 말하자면, 저는 첫 문장을 큰 흥미를 가지고 읽기 시작해서는 그 문장이 끝날 때쯤 잠들어 버리곤 해요. 그리고 다음날에는 읽었던 내용을 잘 이해하지 못해 다시 그 부분부터 읽기 시작하는데, 그날도 더 나아지지는 않는답니다. 그럼에도 불구하고 저녁이 되어 당신이 쓴 책의 글들을 읽을 수 있는 시간이 오기를 하루 종일 기뻐하며 기다린답니다(당신의 편지는 이미 다 외워 버리고 말았거든요).

외할머니께서는 제가 작년 6월 2일에서 5일까지 클라인-크뢰신에 머물렀다고 편지에 쓰셨어요.[16] 그렇다면 정말 우리가 만난 지도 벌써 1년이 지난 셈이지요. 그때 만났던 신사 분, 제가 릴리 마를렌[17], 마게리텐 등의 이름을 두고 담소를 나누었던 분이 당신이라는 사실이 거의 믿어지지 않아요. 외할머니는 당신이 그날 대화를 기억하고 있다고 하시더군요. 그 말씀을 듣고, 제가 얼마나 헛소리를 했는지 떠올리며 지금도 얼굴이 빨개지곤 한답니다. 제가 그때와는 아주 많이 달라지지 않았을까 하는 생각이 듭니다. 그날 이후 끔찍한 일들이 너무 많았어요. 그러나 그 모든 일들에도 불구하고 단 한 가지 변하지 않는 것이

---

15. 「창조와 타락*Schöpfung und Fall*」. 창세기 1장에서 3장까지를 다룬 신학 저서로 원래 베를린 대학에서 강의했던 내용. 1933년 책으로 출간됨(현재 DBW 3권).
16. 클라인-크뢰신Klein-Krössin. 마리아의 외할머니 룻 폰 클라이스트-레초브 부인이 거주하던 영지.
17. 당시 널리 사랑받던 '릴리 마를렌Lili Marlen'이라는 대중가요는 군인들에게 보내는 방송에서 매일 저녁 마지막을 장식하고 있었음.

있음을 당신도 잘 아실 테지요.

다음 주에 다시 편지를 쓰겠어요. 그때까지 우편물이 배달될 때마다, 전화벨이 울릴 때마다 당신에게서 오는 것이기를 기대하며 기다리겠어요. 사람들이 모두 이런 저를 비웃더라도 결코 멈추지 않을 거예요.

언제까지나, 당신의 마리아

추신. 다음에는 좀 더 깊이 있는 편지를 쓰도록 노력하겠습니다. 그러나 당신은 제가 얼마나 깊이가 없는 사람인지 아직 잘 모르실 테지요.

부모님께 드린 디트리히 본회퍼의 편지

1943. 6. 4. 테겔

… 부모님께 드릴 긴 편지를 이미 써 놓았으나, 방금 마리아와 장모님의 편지가 도착하여[18], 제 감방에 말로 표현할 수 없는 행복이 찾아들었습니다. 그래서 저도 편지를 새로 쓸 수밖에 없는데, 무엇보다도 저를 대신하여 즉시 감사의 답장을 보내 주시길 부탁합니다. 직접 답장을 쓰지 못하는 제 심정이 어떠한지 두 분은 이해하시리라 생각합니다. 마리아는 부모님을 방문하여 보낸 하루에 대해 기쁨이 넘치는 편지를 보냈더군요. 부모님께서 보여주신 그 모든 사랑에도 불구하고, 그녀의 마음이 얼마나 힘들었을까요. 그녀가 그 모든 괴로움을 견디어 내고, 저에게 행복을 주며 그 무엇과도 비할 수 없는 본이 되어 주는 것은 기적입니다. 마리아를 생각하면서 마음의 평정을 찾을 수 없었다면, 그녀 곁에서 도움이 되어 줄 수 없는 제 처지를 감당하기 어

---

18. 1943년 5월 24일자 마리아의 편지와 1943년 5월 27일자 마리아 어머니의 첫 편지.

려울 것입니다. 저 자신 때문이 아니라 그녀를 위해서, 이 가혹한 시련의 시간이 너무 오래 지속되지 않기를 간절히 바랍니다. 그러나 이 시련의 시간이 우리 결혼 생활에 한없이 중요한 시기가 될 것이라 확신하며 감사합니다. 장모님의 편지가 저에게 얼마나 큰 감동을 주었는지 말로 표현하기 어렵습니다. 장모님이 지난 한 해 겪어야 했던 그 많은 고통에, 제가 또 한 가지 아픔을 안겨 드린 것으로 인해, 체포된 첫날부터 몹시 괴로웠습니다. 그런데 장모님은 우리에게 닥쳐온 고난의 때를, 도리어 기다리는 시간을 줄이는 계기로 만들고 저를 행복하게 하셨습니다. 이토록 큰 신뢰와 선함, 넓은 도량 앞에 저는 송구하며 감사할 뿐입니다. 장모님이 보여주신 이 놀라운 사랑을 저는 결코 잊지 못할 것입니다. 그러한 정신은 장차 찾아올 행복을 예감하기 훨씬 전부터 마리아의 친척들에게서 항상 느껴 왔던 것이며, 제 마음에 깊은 감동을 주었던 그 가문 특유의 분위기이기도 했습니다. 그리고 이제 부모님과 카알-프리드리히 형님의 편지를 통해, 우리 가족이 마리아를 좋아한다는 사실을 알게 되었습니다. 물론 마리아를 좋아하지 않는 것이 도리어 이상할 테지요. 마리아는 부모님의 아주 좋은 며느리가 될 것이며, 제가 이미 몇 년 전부터 그녀 친척들 사이에서 가족처럼 여김 받았듯, 그녀도 곧 우리 가족 속에 온전히 속하게 되리라 생각합니다. 카알-프리드리히 형님이 장모님을 모시고 베를린 시내를 돌아보며, 서로 더욱 잘 알게 되어 매우 기쁩니다. 그리고 마리아가 힘든 병원 일을 하면서 자신에게 꼭 필요한 그녀 몫의 배급을 나를 위해 따로 아껴두지 않도록, 저를 대신하여 충고해 주어 고맙습니다. …

거의 매일 슈티프터의 책을 조금씩 읽고 있습니다. 그의 작품에 등장하는 인물들은 모두 너무 착하고 좋은 사람뿐이어서 몹시 구식이지만, 이곳 험악한 형무소 분위기를 견딜 만하게 해주며 본질적인 삶의 내용에 생각의 초점을 맞추도록 해주어 좋습니다. 이곳에서는 외적으로나 내적으로 가장 단순한 삶으로 돌아오게 되니까요. 그래서인지 릴케의 작품은 읽을 수가 없습니다. 어쩌면 사람의 지성도 그의 몸이 속한 비좁은 공간에 영향을 받는 것인지도 모르겠습니다. …

마리아에 대해 아는 것은 무엇이든 편지로 알려 주십시오. 카알-프리드리히 형님과 우줄라 누나와 매형이 예기치 않게 그 자리에 함께할 수 있었다니 매우 기쁩니다. 우줄라 누나와 매형은 마리아의 언니 룻-앨리스 비스마르크와 이미 아는 사이입니다. 슈테틴 시절 저에게서 견신례 학습[19]을 받은 적이 있는, 러시아 전선에서 전사한 마리아의 오빠 막스를 기억하시는지요? 마리아 외할머니에게 항상 특별한 사랑의 안부를 전해 주십시오! …

사모하는 디트리히!

1943. 6. 9. 하노버

당신은 다시금 너무나도 아름다운 편지를 부모님께 보내셨더군요. 10일마다 한 번씩 그런 편지를 받을 수 있다는 기대감이 제 기분을 들뜨게 합니다. 그리고 마침내 편지를 읽게 되면, 너무 기뻐서 빨리 꿈에서 깨어나야 한다는 생각이 들 정도예요. 모든 것이 사실이 아니며, 제 분수를 모르고 감히 이런 행복을 자기 것이라 여기고 있다는 생각이 들어 어처구니가 없을 정도랍니다. 제게 슬픔보다 행복이 항상 더 크다는 것을 분명히 믿으셔야 합니다. 우리가 다시 만나게 될 날이 멀지 않았음을 저는 확신하고 있어요. 매일 아침저녁으로 우리가 곧 다시

---

19. 콘퍼마치온Konfirmation. 독일에서 만 12세부터 14세 사이의 청소년들이 2년에 걸쳐 교회 목사님과 함께 매주 그룹 성경 공부를 하며, 기독교 신앙의 본질과 핵심을 배우고 신앙에 입문하는 의식. 마리아의 아버지는 장남 막스의 중요한 신앙 교육을 본회퍼에게 맡김—옮긴이.

만나게 될 것이라고 당신에게, 그리고 저 자신에게 말하곤 합니다. 사랑하는 디트리히, 제 삶의 본질적인 것으로부터 분리되어 있는 느낌, 마치 감옥에 갇혀 있는 듯한 느낌이 드는 것은, 실제로 감옥에 있는 당신보다 덜하지 않은 것 같습니다. 어쩌면 항상 그래왔는지도 모르겠지만, 지금은 정말 그렇게 느껴진답니다.

결혼식 계획에 대해 알고 싶어 하셨지요?[20] 결혼식에 대해서는 넘치도록 충분히 생각해 두었습니다. 우리가 다시 만나면, 우선 공식적으로 약혼을 할 거예요. 친척들 가운데 아직도 우리 약혼에 대해 알고 있는 사람은 극히 소수에 불과하니까요. 형제들 중에서도 어느 정도 사태를 이해할 만한 동생까지만 알고 있어요. 약혼식에는 너무 많은 사람들을 초청하지 않기로 하고, 약혼 후 바로 결혼식을 올리기로 해요. 저는 여름에 결혼식을 올리게 되기를 바라고 있어요. 그때가 고향 패치히에서 가장 아름다운 계절이랍니다. 8월의 패치히를 당신에게 보여줄 수 있기를 얼마나 고대하는지! 당신이 지금까지 본 패치히의 모습과는 비교할 수 없을 정도로 아름다우니까요. 저는 이미 8월의 세세한 부분까지 제 마음속으로 그려 보았답니다. 기차역에서 당신을 어떻게 맞이하며, 당신과 함께 어디로 산책을 하며, 어떻게 제가 좋아하는 모든 장소와 전망대, 나무들이며 동물들을 보여줄 것인지, 그러면 당신도 그 모든 것을 좋아하게 될 것이고, 우리가 같은 고향을 가지게 될 것까지 생각해 놓았답니다. 슬퍼하지 말며 근심하지 마세요. 나중에 우리가 얼마나 기쁨에 넘칠 것인지 기억하며, 이 모든 것이 반드시 지나가야만 할 과정일 뿐이라고 생각하세요. 그로 인해 우리가 함께하는 시간이 더욱 아름답고 더욱 감사로 넘치게 될 것을 생각하세요.

결혼식이 교회의 직무로 보기에 가장 큰 의문의 여지가 있다고 하

---

20. 1943년 5월 5일자 디트리히의 편지에 대한 답장이라 추정.

셨지요?[21] 그렇게 생각하는 이유가 무엇인지 언젠가 설명해 주셔야 해요! 어떤 노래를 부를 것이며, 주례 말씀은 무엇으로 할 것인지 생각해 보셨으면 해요. 저는 찬송가 '어찌 나의 하나님을 찬양하지 않을 수 있을까'와 '시편 103편'이 좋아요. 여기에 당신이 원하는 곡과 말씀을 넣으면 되겠지요. 당신 생각이 저와 다르다면, 저는 기꺼이 당신 뜻에 따를 것이며 당신에게 설득 당할 준비가 되어 있습니다. 패치히에 있는 교회를 아시지요. 아버지와 막스 오빠가 함께한다면 얼마나 좋을까요? 도저히 있을 수 없는 일이며 동화 같은 생각이지만, 자주 이런 생각을 한답니다.

신혼여행도 가야지요! 그런데 어디로? 그 후에는 어떤 일이? 무엇보다도 우리 둘은 행복할 거예요. 다른 모든 것은 일단 덮어 두고 말이에요.

그래서 저는 아우구스타 병원이 베를린으로 옮겨지도록 기도했어요. 그리고 짐을 옮기라는 명령이 떨어지기를 기다리고 있답니다. 어쩌면 며칠 이내로 그렇게 될 수도 있어요. 당신 가까이로 갈 수 있다면 너무 행복하겠지요. 그렇게 되면 더 자주 당신 부모님을 찾아뵐 수 있어 기쁩니다. 당신이 다시 자유의 몸이 되면 얼마나 더 아름다울지, 오직 그 사실만 생각하세요.

사랑하는 나의 디트리히, 당신의 짐을 조금이라도 덜어줄 수 있다면 얼마나 좋을까요. 그렇게 하려면 어떻게 해야 할지 알 수가 없군요. 저는 항상 당신 곁에 있으면서도 너무 멀리 떨어져 있고, 실제로 당신 곁에 있게 될 그 시간이 마침내 오기만을 애타게 기다립니다. 제가 언제까지나 당신의 마리아임을 아시지요.

당신의 마리아

---

21. 「창조와 타락」에서.

1943. 6. 10

방금 편지를 부치려고 했는데, 6월 4일 당신이 보낸 편지 필사본이 도착했답니다. 아마도 이 편지보다 더 저를 행복하게 할 오순절 선물은 찾을 수 없을 거예요. 편지를 받고 가만히 있을 수 없어, 즉시 답장을 씁니다. 오늘 저녁에는 바흐 오르간 연주회에 갔었고, 연주회는 아주 훌륭했답니다. 그러나 나중에는 너무 슬퍼졌고, 혼자 그 자리에 있다는 사실이 도저히 견딜 수 없이 외롭게 느껴져서 연주회장을 나오고 말았어요. 지금 당신 편지를 수없이 반복해서 읽는 가운데, 당신과 함께 보낸 지난 시간들, 베를린에서의 하루를 기억하고 다시 기뻐하게 되었답니다. 보세요, 당신은 끊임없이 저를 돕고 계시는군요. 그 반대가 되어야 마땅할 텐데, 항상 당신의 도움만 받는 저의 모습이 몹시 부끄럽습니다. 당신이 엄마에 대해 쓰신 편지 내용에 대해 감사의 마음을 전합니다. 그 편지가 엄마 마음에 큰 위로가 되고, 엄마를 기쁘게 할 거예요. 엄마는 당신을 무척 좋아하시고, 우리 앞날에 대해 우리와 더불어 기뻐하신답니다.

이곳 병원에 근무하면서, 외할머니가 입원해 계시던 프란치스쿠스 병원[22]에서의 시간을 자주 떠올리곤 해요. 갑자기 병실 문을 노크하는 소리가 들리고 제 마음의 문에서도 노크하는 소리가 들리며(사실 이렇게 정중하게 노크하는 방문자가 어디에 있을까요), 홀연히 당신이 문 앞에 서 있는 모습을 상상하곤 한답니다. 우리가 병원 복도를 오가며 사고방식이 구식인 선생님들에 대해 담소하던 것을 기억하시나요? 그 당시 당신은 해외 이주에 대해 절대 반대하는 입장이었고, 그 말을 듣고 제가 얼마나 행복했는지 아세요? 그때 뭔가 불길한 예감이 들기도 했

---

22. 1942년 가을, 마리아는 눈 수술을 받은 외할머니 룻 폰 클라이스트-레초브를 간호하기 위해 베를린에 머물렀음.

지만, 믿고 싶지 않았어요. 둘이서 함께 이모가 살고 계시는 브란덴부르기쉔 거리[23]의 계단을 급히 뛰어내려갔지만 슐라이허씨 댁[24]의 음악회가 금지되어 화가 났던 것 기억하세요? 그때 쓴 일기를 다시 꺼내어 읽어 보았어요. 자세한 내용은 없었지만, 한 가지 분명한 것은 그때 제가 무척 행복했다는 사실입니다. 그리고 지금도 저는 당신에게 도저히 설명할 수 없을 만큼 행복하다는 사실을 아셔야 해요.

당신의 마리아

부모님께 드린 디트리히 본회퍼의 편지

1943. 6. 14. 오순절, 테겔

… 마리아로부터 다시금 사랑스러운 편지를 받았습니다.[25] 가련하게도 마리아는 저의 편지를 직접 받지도 못하면서 계속 편지를 써야 하는군요. 그녀에게는 쉽지 않은 일이겠지만, 그녀가 쓴 단어 하나하나가 제게는 기쁨이 됩니다. 아주 사소한 것일지라도 마리아에 관한 것이라면 알고 싶습니다. 이런 방법으로라도 사소한 것까지 함께 겪어 나간다면, 그녀의 짐이 조금은 가벼워지지 않을까요. 그녀에게 감사의 마음을 전해 주십시오. 담대하게 꾸어 보는 꿈속에서 이미 우리 미래의 보금자리를 그려 봅니다.

마리아와 형제자매들에게 사랑의 안부를 전해 주십시오! …

---

23. 폰 클라이스트-레초브 가문 태생인 마리아의 이모 슈페스 슈탈베르크가 살던 거리 이름으로, 외할머니 병간호를 위해 베를린에 체류할 당시 마리아는 이모 댁에 기거했음.
24. 1942년 가을, 슐라이허 부부는 마리아를 집으로 초대함.
25. 1943년 5월 30일자 마리아의 편지.

나의 사랑 디트리히!

1943. 6. 20, 베를린

베를린에 온 지도 벌써 5일이 지났습니다. 당신 어머니로부터 들었을 테지만, 제가 베를린에 오게 되어 얼마나 기뻤는지 당신에게 직접 말하고 싶습니다. 모든 일이 너무 갑작스럽게 일어났답니다. 우선 근무지가 옮겨졌고, 그 후에 발의 완치를 위해 7월 1일까지는 다시 일을 하면 안 된다는 의사의 처방이 내려졌지요. 그러나 사실 제 발은 그렇게 심각한 상태는 아니어서, 이곳에서 아무 일도 하지 않고 앉아 있거나 누워서 시간을 보내는 것으로 인해 양심의 가책을 느낄 정도입니다. 제가 할 일은 매일 마사지를 받으러 정형외과 의사에게 가는 것뿐이니까요. 다만 고향 집에 갈 수 없어 유감입니다. 대신 자주 당신 부모님을 방문하는데, 그때마다 그분들의 넘치는 사랑을 받고 있어요. 마음 같아서는 내내 당신 방에만 머물러 있고 싶답니다. 당신 방에 있는 모든 것이 사랑스럽고 친근해졌어요. 책 한 권 한 권이 당신에 관해 이야기하며, 저와 함께 당신을 다시 만나게 될 날을 고대하고 있습니다. 그리고 당신을 만나려고 면회 신청을 해놓았어요. 아, 면회 허가를 받을 수 있기를 얼마나 간절히 바라고 있는지. 아주 잠깐 동안이라도 당신을 다시 볼 수 있기를 소망합니다.

당신의 건강 상태가 좋지 않다니 참담한 심정입니다.[26] 내일 오전에 당신이 부탁하신 물건들을 가지고 테겔로 가려 합니다. 아주 쉽게 당신에게 갈 수 있고, 또 당신 곁에 머물 수 있는 이 물건들이 얼마나 부러운지 모르겠습니다. 함께 넣어 보내는 작은 성모상[27]은 남부 티롤

26. 디트리히는 그해 5월부터 겨울이 되기까지 관절염으로 고생했음(DBW 8, 181).
27. 성모마리아 조각상. 1943년 성탄 전야에 쓴 디트리히의 편지 참조.

지방의 백운석 산맥에서 고령의 경건한 농부가 직접 깎아서 만든 거예요. 우리 성탄극에 등장하는 인물상들을 조각한 분도 그 농부입니다. 몇 년 전 아버지께서 이 성모상을 선물하신 이래로 항상 제 침대 옆 작은 탁자 위에 놓아두었어요. 이 성모상이 당신에게 약간이라도 기쁨이 되었으면 좋겠습니다.

당신이 릴케를 도무지 읽을 수 없다고 쓴 것을 보고 깜짝 놀랐습니다.[28] 릴케는 제가 무조건 좋아하는 유일한 시인이거든요. 릴케의 어떤 작품을 읽었나요? 방금 당신 책장에서 「두이노의 비가」[29]를 몰래 끄집어내어, 이 책을 가져가서 읽을 생각을 하며 매우 기뻐하고 있습니다. 아마도 그곳 어두운 감옥에서는 릴케의 글을 읽고 동감할 수 있는 정신 활동이 도무지 불가능하다는 당신의 말은 옳을 것입니다.

우리가 함께 패치히에 있게 되는 날, 릴케가 초기에 쓴 시집을 드리겠어요. 그러면 당신도 릴케를 좋아하게 될 거예요. 당신이 이곳에 오시는 대로, 우리는 머지않아 패치히에 가 있게 될 테지요? 7월 1일까지는 발 치유를 위한 휴가이고, 그 후에는 주말에 휴가를 받을 수 있을 거예요.

사랑하는 디트리히, 당신을 잠시만이라도 볼 수 있다면! 아무 일도 하지 않고 무료하게 앉아 있는 지금에야 비로소, 사람의 그리움이 어느 정도 커질 수 있는지 알게 됩니다. 당신에게 뭔가 도움이 될 수 있다면!

끝없이 당신을 생각하며, 당신의 마리아

---

28. 1943년 6월 4일자 디트리히의 편지 참조.
29. 「두이노의 비가Duineser Elegien」. 릴케Rainer Maria Rilke가 10년에 걸쳐서 쓴 작품—옮긴이.

* 1943년 6월 24일 약혼녀 마리아의 면회가 허락되었다.

부모님께 보낸 디트리히 본회퍼의 편지

1943. 6. 24, 테겔

… 오순절을 보내면서 저는 특별히 많은 편지를 받았고, 그 편지들은 제게 큰 기쁨이 되었습니다. 그중 가장 먼저 받은 편지가 부모님의 편지였습니다. 제가 이토록 오래 구금된 상태로 있는 것으로 인해 함께 고통하실 부모님을 생각하면 한시라도 마음의 부담을 지울 수 없지만, 그럼에도 불구하고 두 분의 편지는 항상 제 마음의 평정을 되찾게 해 줍니다. 그 다음은 마치 동화 속에 나오는 이야기처럼 미래에 대한 꿈으로 부풀어 오르게 하는 마리아의 편지[30]였습니다. …

마리아와 장모님이 넣어준 줄담배도 아주 멋진 선물이었습니다. …

방금 마리아를 만나고 돌아오는 길입니다.[31] 이 뜻밖의 만남은 말로 표현할 수 없는 기쁨이었습니다! 저는 겨우 1분 전에야 마리아의 면회에 대해 알게 되었고, 마리아와의 만남은 아직도 꿈처럼 여겨집니다. 정말이지 거의 이해할 수 없는 상황에서 만났으니까요. 훗날 우리는 이 만남을 어떻게 추억하게 될까요! 그 순간에 도대체 무슨 말을 할 수 있는지? 그러나 그런 것은 중요하지 않습니다. 이곳까지 찾아온 그녀의 행동은 참으로 용감했습니다. 저는 마리아가 그렇게 할 수 있

30. 1943년 6월 9-10일자 마리아의 편지.
31. "우리의 첫 만남은 … 제국 고등군법회의에서 이루어졌고, 나는 뢰더 검사에 의해 하나의 도구로 이용되고 있었습니다. 나는 아무런 사전 경고 없이 방으로 인도되었고, 디트리히는 심하게 동요하는 듯 보였습니다. 그는 잠시 아무 말도 없었으나, 곧 평범한 대화를 이끌어 나갔습니다. 그의 감정은 오직 나의 손을 힘주어 꼭 잡는 것으로 알 수 있을 뿐이었습니다."("또 다른 편지들The Other Letters』이라는 제목으로 미국에서 출간된 책에서.)

으리라고 감히 상상조차 하지 못했습니다. 왜냐하면 마리아에게는 이 방문이 제 입장과 비교할 수 없을 정도로 어려운 일이며, 모든 것이 수수께끼처럼 이해할 수 없고 끔찍하게 느껴질 테니까요. 언젠가 이 악몽 같은 날들이 지나고 나면 어떤 날이 올까요! 방금 또다시 마리아와 장모님의 편지가 도착했습니다. 마치 오늘 아침 마리아와의 만남에 이어 제 기쁨을 완전하게 하려는 것 같군요! 저는 여전히 너무 잘 지내고 있다는 생각이 듭니다. … 마리아와 장모님께 제가 매일 하는 그 감사의 말을 전해 주십시오.

다음 주에 부모님의 면회가 있는 것으로 알고 있으며, 그날을 큰 기쁨으로 기다립니다. 마리아는 부모님을 찾아뵙는 것을 매우 좋아하며, 슐라이허 매형 가족에 대해서도 기쁨에 넘쳐 이야기하곤 합니다. 이 모든 소식으로 인해 얼마나 감사하게 되는지요. …

사랑하는, 너무도 사랑하는 디트리히!

1943. 6. 26, 패치히Pätzig

제 생각은 행복과 슬픔, 감사가 뒤죽박죽되어 끝없이 당신 곁을 맴돌고 있습니다. 당신을 만난 지 이틀이 지났습니다. 그러나 그 만남은 너무 오래전의 일인 듯, 그 사이에는 많고 많은 새로운 생각들이 넘치는 기쁨과 그리움으로 자리하고 있습니다. 어쩌면 그 모든 것이 한낱 꿈이었을 수도 있겠지요. 제 곁에 당신의 한 부분이 남아 있지 않았다면, 아름다운 꿈 또는 괴로운 꿈에서 깨어난 것만 같을 거예요. 그러나 당신은 손으로 만질 수 있을 만큼 가까이 있습니다. 그렇지 않다면, 마음한 부분이 당신에게 가고 없는 저의 하루하루가 어떠할까요? 마치 눈에 보이지 않는 고무줄 같은 것이 제 마음에 연결되어 있는 것처럼, 제가 당신에게서 멀리 떨어져 있으면 있을수록 더욱 강하게 끌어당겨, 이곳 패치히에 머무는 시간이 거의 견딜 수 없을 정도입니다. 당신 대신 갇혀 있을 수만 있다면! 그렇다면 조금은 공평할 것 같습니다. 저는 더 이상 그 무엇에도 기뻐할 수가 없습니다. 패치히의 모든 것이 변해 버린 것만 같아요. 나쁜 날씨가 영원히 지속된다면 오히려 나을 것만 같습니다. 바깥에 햇살이 밝게 비치기라도 하면, 제 그리움이 너무 커져 버릴 것만 같습니다.

나쁜 의사 삼촌이 저로 하여금 석 달 동안이나 쉬도록 처방했다는 사실을 부모님께 들었을 테지요. 당신의 예언은 정확하게 들어맞았어요. 그러나 저는 몹시 화가 났답니다. 처음에는 당신 아버지가 공모한 것은 아닐까 의심했답니다. 그러나 아버님은 이 혐의에 대해 극구 부인하셨고, 저는 외과 의사 쇠네 박사님[32]과 엄마의 뜻을 따를 수밖에 달리 도리가 없었습니다. 그것이 하나의 도피에 불과하다는 사실을 분명히 알고 있지만, 지금 저는 차라리 하루 종일 일에 파묻혀 살았으면 좋겠습니다. 물론 이곳에서의 시간을 꽉 채우기 위해 많은 계획을 세워 놓았습니다. 우선 바이올린 과외 선생님을 찾으려 무척 애쓰고 있어요. 그러나 제가 바이올린을 제대로 연주하게 될 것이라는 헛된 희망은 품지 말아 주세요. 제 형편없는 바이올린 실력은 오로팍스[33]만이 해결할 수 있을 테니까요! 어쨌든 제 바이올린 실력이 쉽게 바뀔 수 있으리라고는 기대하지 않습니다. 그리고 여자 재봉사를 초빙해 놓았고, 저는 혼수를 준비하는 것을 거들며 바느질을 배워야 합니다. 엄마는 여자 안마사도 생각하고 있는데, 제 발을 빨리 치료하기 위해서입니다.

---

32. 게오르크 쇠네 박사Georg Schöne. 베를린 란트하우스 클리닉의 정형외과 의사로서 본회퍼 가족, 슐라이허 가족과 친분이 깊었음.
33. 오로팍스Oropax. 전설적인 악사 이름—옮긴이.

물론 대부분의 시간을 누워서 보내야 합니다. 덕분에 다시 독서 삼매경에 빠져들 틈도 없이 좋은 기회를 갖게 되었습니다. 매일 한 시간은 부족한 영어 실력을 키우기 위해 키플링의 「나 자신의 어떤 것」이라는 책을 괴로운 한숨을 토해 내며 읽고 있어요.[34] 그 다음에는 뢰셔의 「헤어졌던 모든 것은 다시 만난다」라는 책을 읽습니다.[35] 참 위로가 되는 제목이지요? 또 승마도 하고, 수영도 합니다. 크리스티네에게 수학도 가르치고, 집안 분위기를 살리기 위해 화병에 꽃을 꽂기도 합니다. 보시다시피 저의 하루는 꽉 채워져 있어요. 그런데도 왜 이리 공허하고 낯설며 견딜 수 없게 느껴지는지 모르겠어요. 엄마는 약혼식을 올리자마자 곧 결혼하려는 계획에 대해 찬성하는 눈치가 아닙니다. 사실 그러실 줄 알았어요. 그러나 약혼식을 하며 잔치를 하는 것도 멋있을 거예요. 첨부한 쪽지에 이미 제 소유인 방의 가구들을 그려 보았어요. 제 그림 실력이 그다지 훌륭하지 못하기 때문에, 그림에 보이는 것보다 실제 가구들은 훨씬 예쁘답니다. 그림에 표시된 것 외에 작은 옷장 하나가 더 있고, 목수가 방에 맞게 책장을 만들어 줄 거예요. 거기에 안락의자만 있으면 방 하나가 완성되지요. 침대 위에는 커다란 천사 그림이 걸려 있는데, 같은 그림의 작은 엽서를 편지에 넣어 보냅니다. 그 외에도 브로이겔의 작품인 예쁜 '꽃다발'과 '그뤼네발트 성찬대'가 걸려 있습니다. 침실을 만들 목수를 만나 미소 짓게 될 날을 기다립니다. 그러나 저의 미소가 충분하지 않은지, 그 일은 쉽게 성사될 것 같지 않아요. 제가 침실을 얻지 못한다면 엄마는 손님들을 위한 방 중에서 하나를 내어 주실 거예요. 그런데 식당 방이 문제랍니다. 간이 식당 같은 모습은 싫고, 정말 제대로 된 멋진 부엌 가구들은 구하기 어

---

34. 루드야드 키플링Rudyard Kipling, 「친구들이 알고 있는 나의 모습과 모르고 있는 나의 모습Something of Myself, for My Friends Known and Unknown」(1937), 런던.
35. 1937년에 출간된 한스 뢰셔Hans Röscher의 소설.

렵습니다. 그러나 이 지방에서 부엌이 없는 살림을 할 수는 없으니, 중고 상인을 통해 마땅한 것을 구할 수도 있겠지요. 부엌 가구에 대해서는 외할머니와 잘 이야기해 보는 것이 좋겠어요. 슈테틴에서 옮겨 온 가구들이 아직 남아 있을 테니까요. 벌써 슈테틴에서 옮겨 온 물건 가운데 작은 양탄자 하나를 물려받았어요. 그리고 당신이 앉아서 일할 수 있도록 책상 하나를 장만해야지요. 그것도 그렇게 간단하지는 않습니다. 당신에게 이런 이야기를 하고 있으니, 정말 기쁨이 생기고 행복해집니다. 어쩌면 당신도 그렇지 않을까요? 당신이 기뻐하는 것보다 더 좋은 선물은 없을 거예요.

내일은 저의 절친한 친구 도리스 팔레가 이곳으로 오기로 했습니다. 가까이 사귀어 보면 당신도 그녀를 좋아하게 될 거예요. 발트해 연안 지역 출신인 그녀는 강제 이주 정책으로 인해 고향을 떠나야 했지요. 벌써 많은 어려움을 겪어야 했지만, 고운 마음씨를 가진 총명한 소녀랍니다.[36] 그녀는 며칠 동안 이곳에 머물 예정입니다. 그녀가 돌아갈 때쯤 저는 다시 베를린으로 가게 될 거예요. 그곳에서 베르노이헤너 모임[37]이 열리는데, 엄마가 저를 데리고 그 모임에 참석하려 하시기 때문입니다. 어쩌면, 어쩌면……. 그러나 끝까지 생각하지는 않겠습니다.

아마 당신도 이곳에서 본 적이 있으리라 생각되는 나의 개 하로가 병들었습니다. 하로가 자꾸만 말라서 걱정이에요. 당신도 개를 좋아하시나요, 아니면 도무지 가까이 하고 싶지 않으신가요?

모두들 당신의 안부 인사에 몹시 기뻐했습니다. 그중에서도 엄마와

---

36. 1940년 게르만 민족 이주 정책에 따라 발트해 연안에 거주하던 독일인들은 새로운 땅 '단치히-서프로이센'과 '바르테란트' 지방으로 강제 이주해야만 했음.
37. 베르노이헤너 운동Berneuchener Bewegung은 독일 개신교 개혁 운동의 하나였으며, 마리아의 아버지 역시 깊이 관심을 가지고 함께하며 교회 개혁에 힘썼음—옮긴이.

외할머니의 기쁨이 가장 컸지요. 계단을 내려오니[38], 엄마가 기다리고 계셔서 정말 기뻤답니다. 그날 오전 내내 저는 당신과 계속 대화를 나누었고, 사실은 지금까지도 대화가 이어지고 있습니다. 저녁에는 당신 부모님을 방문하여 당신의 근황을 알려 드렸답니다. 그분들은 기뻐했지요.

엄마와 저는 베를린에서 아버지의 초상화를 보았습니다. 엄마는 초상화가 잘 되었다고 하셨으나, 제 마음에는 들지 않았습니다. 화가가 그린 초상화보다는 작은 사진 하나가 훨씬 마음에 들고, 초상화를 보고 있어야 하는 시간은 괴로울 뿐이었습니다.

이렇게 질이 나쁜 편지지에 쓰는 것을 너그러이 용서해 주세요.

한 시간 동안 당신 곁에 있을 수 있어서 감사합니다. 결코 그 시간을 잊을 수 없을 거예요.

당신의 마리아

부모님께 드린 디트리히 본회퍼의 편지

1943. 7. 3, 테겔

… 장차 신혼 방을 어떻게 꾸밀지 상세하게 묘사해 놓은 마리아의 편지가 저에게 한없는 기쁨을 안겨 주었습니다.[39] 방의 가구들을 스케치해 놓은 그림이 매우 아름다웠습니다. 그녀가 한동안 집에 머물 수 있어 다행입니다. 발이 빠른 시일 내에 정상으로 돌아오길 바랍니다. 바이올린에서 별 가망이 없어 보인다면, 바이올린 대신 류트Laute를 배워

---

38. 디트리히와의 면회 후.
39. 1943년 6월 26일자 마리아의 편지 참조.

보는 것이 어떨지 물어봐 주십시오. 저는 류트도 매우 좋아하는데, 류트를 배우려면 하모니 교습을 동시에 받아야 할 것입니다. 그렇게 할 수 있다면 정말 좋겠습니다. 훌륭한 류트 음악이 참으로 많습니다. 바이올린보다 배우기 쉬운 감베Gambe라는 악기도 있지만, 지금 시작하기는 무리겠지요. 아마도 레나테가 악기를 고를 때 도움을 줄 수 있을 거예요. 악기를 선택할 때 도움이 될 만한 좋은 자료를 많이 가지고 있으니까요. 마리아의 편지와 함께 보낸 그림에 대해 감사의 말을 전해 주십시오. 언니 룻-앨리스 폰 비스마르크의 결혼식 때 찍은 마리아의 모습이 너무 예뻤습니다. 그녀가 입고 있던 옷도 정말 아름다웠어요. 그 사진을 확대할 수 있다면 좋겠습니다. 마리아가 동화 속에나 나올 법한 케이크를 만들어서 보냈더군요. 그 케이크를 보는 것만으로도 웃음이 나오고, 케이크를 먹은 후에는 마음과 위가 함께 웃었습니다. 다만 케이크 한 조각을 어머니께서 맛보시게 할 수 없는 것이 무척 유감이었습니다! …

사랑하는 디트리히!

1943. 7. 6. 패치히

방금 어머님과 전화 통화를 했는데, 7월 3일 당신을 면회한 일에 대해 말씀해 주셨어요.[40] 부모님을 뵐 수 있어서 참 좋았을 것이라 생각합니다. 당신과 시부모님을 생각하며 함께 기뻐하면서도, 빨간 소파에 앉아 계신 시부모님이 괜히 부러웠습니다. 지난번 편지와 그 편지에서 저에게 쓴 문장 하나하나에 대해 감사합니다.[41] 저는 그 편지를 빼

---

40. 7월 3일에 있었던 부모님의 면회.

앗아 집으로 들고 왔답니다. 이제 그 편지는 매일 저녁 저의 읽을거리로 자리매김했습니다. 당신의 류머티즘 통증이 어떠한지 편지로 알려 주는 것을 잊지 마세요. 더 심해진 것은 아닌지 걱정입니다. 지난 토요일 당신에게 넣을 물건을 가지고 테겔로 갔을 때, 당신의 창문만이 거의 유일하게 닫혀 있는 것을 보았습니다. 당신이 우리 곁으로 돌아오면 완전히 건강해질 때까지 제가 책임지고 치료할 거예요. 그 분야는 저의 전공이거든요.

당신이 자유의 몸이 되면 어떤 일이 기다리고 있을지, 우리가 무엇을 하게 될지, 지금부터 아주 자세히 그려 보세요. 우선 큰 잔치를 열어서 다른 사람들도 당신의 기쁨에 동참하도록 해야겠지요. 그러나 그 후에는 조금도 양보하지 않고 이기적이 되어, 당신을 혼자 독차지하겠어요. 제가 무조건 패치히로만 가려 한다고 생각할 필요는 없어요. 당신이 가고 싶어 하는 곳이라면 저도 어디든지 따라가기를 원하니까요. 어디든 좋지만, 가능하다면 베를린만큼은 너무 그리워하지 않았으면 좋겠습니다. 이곳 패치히에서는 둘만의 시간을 방해 받지 않을 거예요. 점심 식사를 제외하면 모든 식사를 방에서 할 수 있고, 그 후에는 차를 타고 들판으로 나가든지 산책하러 갈 거예요. 아니면 채소밭에서 딸기를 서리하거나, 거실에서 아무 방해 없이 앉아 있는 거예요. 이런 면에서 엄마보다 더 잘 이해하시는 분은 없을 거예요. 여름 휴가철에는 공직자들 대부분이 휴가를 받아 떠나고 없고, 아이들이 떠드는 소리는 우리에게 전혀 방해가 될 수 없을 거예요.

지금 저는 다시, 서둘러 결혼을 하는 것이 훨씬 더 좋을 것이라는 생각으로 돌아왔어요. 엄마도 약혼 기간은 겨우 한 달이었으니, 그 사실이 우리에게 크게 유리하게 작용할 거예요. 우리는 이미 5개월

41. 1943년 6월 24일자 디트리히의 편지.

22일이나 약혼한 상태니까요.

베를린에서 외할머니를 뵈었어요. 외할머니는 지난 3년 이래 그 어느 때보다도 기력을 되찾으신 듯했고, 눈도 많이 회복되어 더 잘 볼 수 있으세요. 외할머니가 기력을 회복하신 것을 곁에서 느낄 수 있어 참 기뻤습니다. 외할머니는 슈테틴의 파란색 소파와 안락의자들, 탁자를 우리에게 선물하셨어요. 정말 솔직히 말한다면, 저는 그 가구들이 그다지 예쁘다고 생각하지는 않아요. 그러나 그 가구들에는 사랑스러운 기억들이 아주 많이 배어 있어서 무척 정이 들었답니다. 당신도 저와 다르지 않을 거예요. 더욱이 당신의 취향에 대해서는 아는 바가 없잖아요. 어쩌면 제가 아름답다고 생각하는 모든 것이 당신에게는 마치 새까만 밤처럼 밉상으로 보일지도 모르지요. 그래서 신혼살림을 놓고 극렬한 싸움을 하게 될지도 몰라요. 그러나 우리가 정말 제대로 된 집에서 함께 살 수만 있다면, 그렇다면 그런 싸움 따위는 생각할 수도 없습니다.

지금 저는 이나 자이델의 작품인 「희망 자녀」를 읽고 있어요. 당신도 그녀의 작품 「레낙커」를 읽은 적이 있을 테지요.[42] 정확한 이유는 모르겠지만, 저는 그 책을 그다지 좋아하지 않았어요. 그러나 「희망 자녀」를 읽으면서 깊이 빠져들었고, 이 책을 사랑하게 되었답니다. 나중에 제가 이 책에서 느낀 점을 모두 이야기해 드리겠어요. 예전에 「종교재판장」이라는 책을 아주 흥미 있게 읽은 적이 있었기 때문에, 얼마 전에는 「카라마조프 가의 형제들」을 읽으려고 시도했어요.[43] 그러나 책 내용이 너무 극단으로 치닫고 고통스럽게 느껴져서 책장을 덮어 버리고 말았답니다. 모든 러시아 작가들이 낯설게 느껴집니다. 그들은 끔찍스러운 것을 보며 마치 짐승처럼 기뻐하는 것 같아요.

---

42. 이나 자이델Ina Seidel, 「희망 자녀Das Wunschkind」(1930); 「레낙커Lennacker(귀향 이야기)」(1938).
43. 도스토예프스키Fjodor Dostojewskij, 「카라마조프 가의 형제들Die Brüder Karamasow」 속에 나오는 '종교재판장' 이야기는 당시 여러 종류의 문고판으로 출간되어 널리 읽혔음.

당신의 책장에서 「독수리는 어둠 속에 산다」라는 책을 몰래 가져왔습니다.[44] 그 책은 적어도 한 번은 들어 본 적이 있기 때문입니다. 그러나 이 책은 나중에 읽으려고 해요.

이곳에서 해가 나오는 날은 거의 천문학적으로 희귀해져 버렸어요. 짚단은 아직도 헛간으로 옮기지 못했고, 비가 그치는가 하면 다시 비가 와서 축축하게 젖어 버리곤 합니다. 이런 상태가 좋지는 않고, 어쩐지 이상합니다. 하로는 다시 건강해진 기쁨에 겨워 저와 제 방을 더럽히며 뛰어놉니다. 한스-베르너는 아침부터 저녁까지 산양을 찾느라 숲 속에서 살고, 이나는 수학에 영 소질이 없습니다. 라라는 언니의 애마를 빼앗았지요. 아마도 당신의 처남과 처제들을 보며 놀랄 일이 많을 거예요. 클라우스 형부와 룻-앨리스 언니가 집에 다니러 왔고, 당신에게 꼭 안부를 전해 달라고 했습니다. 저는 이 모든 일들이 속히 지나가고 조만간 당신 곁에 있게 되리라는 확고한 소망을 간직한 채, 하루 종일 오직 당신만을 그리워하고 있습니다.

언제까지나, 당신의 마리아

나의 사랑 디트리히!

1943. 7. 13., 제펠트Seefeld

오늘은 우리가 약혼한 지 정확하게 반년이 되는 날입니다. 좀 이상하지요! 우리 둘 다 약혼을 지금의 모습과는 전혀 다르게 상상해 왔을 테니까요. 그러나 제 입장에서 보자면 손해 보는 일은 아닙니다. 왜냐

---

44. 안드레아스 마르쿠손Andreas Markusson, 「독수리는 어둠 속에 산다In der Finsternis wohnen die Adler」, 베를린. 디트리히에게 보낸 1941년 2월 15일자 편지에서 마리아의 외할머니는 이 책에 대해 매우 비판적으로 평하고 있음.

하면 제가 평범하지 않은 약혼 시절을 보내는 만큼, 평범하지 않은 좋은 남편을 얻게 되었으니까요. 그러나 당신 입장에서 보면 좀 다를 거예요. 우선 당신은 보통에 지나지 않는 아내를 얻게 될 것이고, 게다가 그 아내는 수프에 식빵을 부스러뜨려 넣고는 그것을 같이 떠먹도록 요구할 테니까요. 지난해 11월, 12월에 있었던 일들을 돌이켜 생각해보면[45] 저는 아직도 낯이 뜨거워집니다. 그리고 그때 일들을 어떻게 해명해야 할지 모르겠습니다. 두 번 다 저 자신의 의지보다 강했고, 지금까지 그런 일은 없었으며, 도대체 어떻게 처신해야 옳았는지 아직까지도 알 수가 없습니다. 그러나 막스 오빠의 생일이었던 1월 13일 이후로 모든 것이 분명해지고 확실해졌으며, 변할 수 없는 것이 되었습니다. 저는 그날 당신에게 썼던 편지로 인해 용서를 구해야 하지 않을까 하는 생각이 종종 들기도 한답니다.[46] 하지만 그렇지 않으리라 믿습니다! 이성적인 판단은 반대로 주장하더라도, 단순히 믿고 신뢰할 수 있는 그런 일들이 있다는 것은 참으로 행복한 일입니다. 클라인-크뢰신에서 당신을 처음 만난 순간부터 그토록 깊이 신뢰할 수 있었다는 사실을 저로서는 어떻게 설명해야 좋을지 모르겠습니다. 그 당시 저는 그러한 신뢰를, 당신의 책을 읽고 여러 의문과 불명확한 것에 대한 답을 거기서 찾아야 한다는 암시로 받아들였습니다. 아마도 그때 저는 책의 내용과 저자를 완전히 구별할 수 없었나 봅니다. 저는 책과 저자를 함께 연결 지어 생각하는 것을 훨씬 더 좋아하니까요! 그리고 이제 제 모든 동경과 행동, 생각은 당신과 다시 함께 있게 될 날을 향해 날아갑니다. 당신이 제 곁에 있다는 사실이, 현재의 순간에 실망하지 않고 언젠가 반드시 올 날을 계속해서 소망하며 기뻐할 수 있는 힘

---

45. 부록 참조.
46. 1943년 1월 13일자 마리아의 편지. 부록 참조.

을 주기에 항상 감사합니다. 제가 끊임없이 당신을 생각하고 있는 것이 조금이라도 느껴지나요?

이곳 제펠트에 사시는 저의 고모(제 후견인 중 아마도 서너 번째 서열에 계신 분)는 포메른 지방에서 모범 농경지로 인정받는 대영지를 운영하고 있습니다.[47] 그런데 고모는 호흡 학교에 푹 빠져서 그분 영지에 그러한 호흡 학교가 세워지도록 했답니다. 그 학교는 일명 호흡, 말, 노래 학교라고도 불리는데, 그곳에서 사람들은 걷는 것, 읽는 것, 쓰는 것, 먹는 것, 기침하는 것, 재채기하는 것, 웃는 것까지 다시 배운답니다. 다시 말해서 저는 지금까지 이런 것 중 아무것도 할 수 없었던 셈이지요. 모든 것이 매우 신비스러우면서도 마치 전시 상태처럼 중요하게 여겨집니다. 저는 물론 마사지와 건강 체조를 위해 이곳에 와 있지만, 흥미를 끄는 것이 있으면 웃으며 따라하곤 합니다. 이 학교의 가장 큰 장점은 두 시간 반 동안 당신 곁에 있을 수 있다는 것인데, 그래서 그런 시간을 가질 수 있도록 기회를 엿보고 있답니다.

제 동생들인 한스-베르너와 크리스티네가 당신에게 꼭 안부 인사를 전해 달라고 하는군요. 그들은 저의 약혼에 대해 아주 사랑스러운 편지를 썼답니다. 동생들을 당신에게 선보일 날이 오기를 기쁨으로 기다립니다.

그러나 우리 약혼은 어린 그들에게도 약간 이상하게 보이나 봅니다. 크리스티네는 아주 수줍어하며 이제는 더 이상 자기들과 함께 '도둑들과 공주' 놀이를 하지 않는지 묻더군요. 한스-베르너는 이제 제가 읽을 책이라고는 신학책이나 요리책뿐일 거라 합니다. 얼마나 사랑스러운 동생들인지요. 이나는 벌써 저에게 선물하려고 냄비 받침을 몇 개나 뜨개질했고, 그녀가 몹시 아끼는 크림용 주전자도 선물했습니다.

---

47. 제펠트 영지의 마리아 폰 브레도브 백작 부인.

한스-베르너는 저를 위해 커다란 장미 한 다발과 함께 마차를 기차역으로 보낼 계획이며, 직접 거품기를 만들어 보려고 애쓰고 있습니다. 당신은 저를 처제로 맞지 않아도 되는 것을 기뻐하셔야 할 거예요. 저는 룻-앨리스 언니가 약혼했을 때, 우리 가족이 되려고 하는 낯선 사람이 있다는 사실 앞에 화가 났고, 이런 선입견 때문에 클라우스 폰 비스마르크 형부를 오랫동안 좋아할 수 없었답니다.

어쩌면 당신이 이 편지를 받기 전에 당신을 다시 만나게 될지도 모르겠습니다. 그렇게 된다면 얼마나 좋을까요.

사랑을 담은 생각 속에서, 당신의 마리아

온 마음으로 사랑하는 나의 디트리히!

1943. 7. 21, 제펠트

오늘은 참으로 기쁜 날이에요. 어머님께서 7월 3일자 당신의 편지를 보내 주셨거든요. 그 편지는 다시 제게 커다란 행복을 가져다주었고 감사로 넘치게 했습니다. 류트와 감베에 대한 당신의 생각은 참 훌륭한 계획이에요. 류트와 감베 자체도 좋지만, 당신이 원하는 것이라 더욱 좋습니다. 즉시 악기와 악보를 구입하고 교습을 받도록 하겠어요. 그린 다음 당신에게 자세히 알려 드리겠어요. 언니 결혼식에서 찍은 사진은 확대해 보기로 하겠습니다. 그러나 인내심을 갖고 기다려야 할 거예요. 저는 사진사가 누구인지도 모르며, 더욱이 벌써 4년이나 지난 사진이어서 필름이 남아 있다는 보장도 없기 때문입니다. 당신이 제가 입은 옷에 대해 칭찬을 하다니 정말 유쾌하군요. 그러나 당신이 생각하시는 것만큼 저는 허영심으로 가득하지 않답니다!

그런데 당신의 류머티즘 관절염은 얼마나 심각한가요? 오늘 저는 근육통으로 인해 의자에 똑바로 앉아 있을 수도 없었습니다. 그 결과 당신의 고통이 어떤 것인지 조금은 알 수 있을 것 같아 좋았어요.

주말을 이용해서 클라우스 폰 비스마르크 형부를 방문했고, 우리는 아주 거칠게 장난을 쳤습니다. 형부에게는 말을 타고 장애물 뛰어넘기를 할 수 있는 아주 멋진 정원이 있고, 말들도 훈련이 아주 잘 되어 있었습니다. 형부는 당신이 무서워서, 제가 오기 전날 이미 모든 장애물들을 엄청나게 낮추어 놓았다고 주장했지만, 그 정도면 근육통이 제 뼛속 깊이 고통을 주기에 충분했답니다. 당신이 클라우스 형부를 아직 모르는 것이 유감이에요. 사실 형부와 당신은 관심 분야도 전혀 다르고, 공동의 관심거리가 있을지 모르겠지만, 그럼에도 불구하고 형부와 당신이 서로 잘 통하리라는 사실을 믿어 의심하지 않아요. 저는 형부가 당신과 만나게 되면, 저를 위해 장애물을 훨씬 더 낮추게 될 거라고 예언했어요!

제가 승마를 즐기는 것을 당신이 좋아하지 않는다면, 즉시 말타기를 그만두라는 사실을 믿으셔도 됩니다. 그것은 전혀 희생이라고 할 수도 없습니다. 때가 되면 혼자 말 타는 것이 지겨워질 수도 있고, 제가 승마에 특별한 재능이 있는 것도 아니니까요. 다만 이런 방법을 통해서라도 아버지와 막스 오빠를 기억하며 함께할 수 있어 좋을 뿐이에요. 그러나 멋진 말을 타고 달리는 아름다운 모습 앞에 기쁨을 느끼는 것은 당신도 똑같지 않을까 생각해요. 우리가 함께 패치히에 있게 되면, 한니발과 슈핀네를 타고 달려요.[48] 그리고 제 두 손이 모두 말고삐에 매여 있지 않도록, 둘이 고삐 하나씩을 나누어 잡도록 해요. 그렇게 해서 말을 잘 달리게 할 수 없으면, 근처 나무에 말을 매어 놓고 우

---

48. 한니발은 말의 이름. 여기에서 슈핀네란 '아인슈팬너Einspänner'라 불리웠던, 말이 끄는 2인용 마차를 일컫는 말.

리는 걸어가도록 해요!

최근에 스키를 타는 당신 모습이 담긴 작은 사진을 손에 넣게 되었어요.[49] 사진은 그다지 멋있어 보이지 않았습니다. 죄송해요, 그러니 당신도 제 사진에 대해 보기 싫다고 하셔도 됩니다. 그렇지만 당신이 스키를 탄다는 사실은 정말 굉장해요. 당신이 제게 스키 타는 법을 가르쳐 주실 수 있겠지요. 저도 스키 타는 것을 좋아하지만, 지금까지 겨우 두 번 눈 덮인 산에 올라가 보았고, 아마도 거기서 배운 것을 잊은 지 오래일 거예요. 프리드리히스브룬[50]에서 스키를 탈 수는 없나요? 패치히에도 스키를 탈 만한 언덕이 있기는 하지만, 아래쪽 가시철망에 걸려 버리거나, 아니면 눈이 깊지 않아 스키를 즐기는 것보다 푸른 멍이 들기가 쉽답니다. 벌써 모든 방법으로 시도해 보았으나 별 뾰족한 수가 없더군요.

편지지가 나쁜 것을 이해해 주세요. 한스-베르너는 이 편지지를 보고 전쟁터라고 하더군요. 다음번에는 더 나은 편지지를 사용하겠어요. 당신의 책장에서 가져온 「독수리는 어둠 속에 산다」라는 책을 읽고 있어요. 처음에는 그 책을 차라리 다시 덮어 버리고 싶었어요. 알 수 없는 거부감이 들었고, 마지막 부분에 나오는 '깨어 있는 사람들'이라는 표현에서도 거리감이 느껴졌거든요. 그러나 책의 본질적인 내용은 이러한 외부적인 방해물을 초월하여 드높은 차원에 속해 있으며, 아마도 이 책에서 말하고자 하는 진실과 강력한 깊이에 도달하기 위해서는 이러한 모순이 필요했을지도 모른다는 생각이 들기도 합니다. 이 책은 저에게 소중해졌고, 단지 당신이 이 책에 대해 거부하는 입장에만 서지 않기를 바랍니다.

49. 1941년 초에 찍은 사진.
50. 하르츠에 위치한 본회퍼 가족의 휴가용 별장.

당신은 제가 돌아오는 메아리도 없이 편지를 쓰는 것이 힘들 거라고 하셨지요. 처음에는 그랬을지도 몰라요. 그러나 당신은 느끼지 못했을 수도 있지만, 시간이 지나면서 조금씩 수월해졌어요. 제가 당신을 만났을 때, 편지 쓰는 것이 쉬워지도록 사랑으로 저를 도와주셨기에 항상 감사할 뿐입니다. 부모님께 쓰는 편지를 통해 제 편지에 답하려고 애쓰지 않아도 된답니다. 저와 당신은 이미 직접 소통하는 관계가 되었다고 생각하니까요. 제가 쓴 편지에 대해 동의하지 않는 경우에만 부모님을 통해서 바로 말씀해 주세요. 그런 경우에 침묵하는 것은 저를 슬프게 할 뿐이니까요.

공습경보가 울릴 때 부모님께서 지하로 대피하지 않으시는 것에 대해, 당신이 강력하게 반대하신 것은 참 잘하신 일이에요.[51] 저도 그 사실을 생각하면 무섭고 소름이 끼쳤지만, 좀 더 분명하게 말하기에는 제가 너무 소심했답니다. 아마도 당신은 제가 소심하다는 사실이 믿기 어려울 테지요?

저는 의사 삼촌과 엄마의 반대를 무릅쓰고, 8월에는 다시 일을 시작하려고 결심했습니다. 그렇게 하지 않으면 너무 게을러져서, 당신은 저와 결혼하고 싶은 마음이 싹 사라지게 될 거예요. 그렇게 될까 봐 저는 몹시 두렵거든요! 무엇보다 이렇게 하릴없이 앉아 있는 것은, 정말 그래야 하는 경우가 아니라면 보기 좋은 모습이 아니랍니다.

이곳에서 저는 대부분 독서로 시간을 때우고 있습니다. 엄마와 외할머니는 제가 약간은 신학적 소양을 갖추어야 한다는 의견이세요. 그러나 당신이 쓴 책 외의 신학 서적들은 대개가 너무 지루하고, 무엇보다도 정말 읽고 싶은 다른 책들이 수없이 많은데 다만 교양을 쌓기 위해 책을 읽어야 한다는 것은 싫습니다. 제가 이렇게 말한다고 화내지

---

51. 부모님께 보낸 1943년 7월 3일자 디트리히의 편지(DBW 8, 110).

는 마세요. 당신이 제 곁에 있게 될 그날이 오면 갑자기 신학에 대한 관심이 불붙을지 누가 알겠어요!

지금은 친의 작품 「뵐더만의 공원」[52]이라는 책을 읽고 있고, 그 후에는 「바링의 가족들」[53]이라는 책을 읽으려고 합니다. 새롭게 게르하르트 링엘링이라는 작가가 쓴 「바다를 항해하는 민족」과 「메마른 땅」이라는 책을 읽었습니다. 작가 자신을 알게 되는 가장 좋은 방법이 책을 읽는 것이라는 사실을 보여주는 하나의 분명한 예가 되는 책이었지요. 그러나 어쩌면 저의 어리석음이 이런 생각을 하도록 만들 수도 있겠지요. 그는 제가 모르는 잼을 만드는 방법에 대해서도 알고 있었습니다.

7월 31일은 아버지의 생신날입니다. 그날 저는 룻-앨리스 언니와 클라우스 형부와 함께 패치히에 가 있을 거예요. 그럼 이제 당신이 잘 지내시기를, 그리고 당신의 류머티즘 관절염이 속히 낫길 바라며 이만 줄입니다.

당신이 매일 저를 생각하며, 끊임없이 제 곁에 계셔서 감사합니다.

수천 가지 안부를 전하며, 큰 사랑으로 연합된 당신의 마리아

당신, 내 사랑 디트리히!

1943. 7. 25., 제펠트

지금 저는 당신에게 편지를 쓰기 위해, 사람들의 눈에 띄지 않는 정원의 가장 구석진 곳에 앉아 있습니다. 주위에는 다채로운 색상의 꽃들

---

52. 아델베르트 알렉산더 친, 「뵐더만의 공원 *Wöldermanns Park*」 (1935). 이 책의 저자도 베르노이헤너 운동에 동참했음.
53. 윌리엄 폰 심프손, 「바링의 가족들 *Die Barrings*」 (1937).

이 웃음 짓고, 햇살은 눈부시게 빛나며, 나무에는 순전한 금이 주렁주렁 달려 있습니다. 그 금을 따기 위해서는 오직 당신이 필요할 뿐입니다. 이곳에 앉아 있으면 아주 행복하게 아름다운 미래를 꿈꿀 수 있습니다. 가까운 날에 함께 이곳에 앉아 끝없이 많은 이야기를 나눌 수 있겠지요. 이제 곧 8월, 드디어 우리가 그토록 기다려 온 시간이 됩니다.[54] 클라우스 형부는 이미 4월 초에 우리 편이 되었고, 엄마도 거의 돌아섰다는 사실을 말해야 할까요? 한편으로는 이런 방법을 통해서라도 8월까지 기다림의 시간 반년을 채워야 했다는 생각이 들기도 합니다.

그러나 우리 소망을 어느 정해진 날에 제한하지는 않을 것입니다. 지금 저는 매일 저녁 기다림의 시간이 하루 더 줄어들고, 우리가 다시 만날 날도 24시간 더 가까워진 것으로 인해 감사합니다. 오늘은 특별히 이 편지지를 가지고 나왔는데, 이 편지지를 빨리 다 사용해 버리면 더는 필요하지 않게 될 수도 있으리라는 생각에서입니다.[55]

8월 초에 다시 일을 하려고 했던 시도는 엄마라는 벽에 부딪혀 무산되고 말았습니다. 제 계획을 알게 된 엄마는 깜짝 놀라셨고, 즉각 길을 떠나 조처를 취했습니다. 엄마는 저를 이곳에 꼭 붙잡아 두는 것이 당신의 뜻이라고 확신하고 있습니다. 그리고 클라우스 형부는 짐승들의 교미기를 위해 이미 저를 클라인-레츠로 데려가기로 예약해 두었습니다.[56]

당신이 더 높은 권위로 제 앞에 나타나지 않는 한, 지금은 제 위에 있는 권위에 복종할 수밖에 없군요. 결혼식에 대해서도 오래 대화를 나누었습니다. 가까운 친척들 사이에서는 엄청나게 큰 잔치가 될 것이

54. 마리아 어머니가 부탁한 기다림의 시간이 끝나는 때.
55. 폰 베데마이어 가문의 문장이 찍힌 편지지.
56. 마리아의 아버지가 경작한 포메른 지방의 룸멜스부르크에 있는 영지.

어서, 엄마는 벌써부터 두려움에 싸여 있습니다. 그러나 저는 내일이 바로 그날이기를 바랄 뿐입니다! 어느 목사님이 주례를 설 것인지에 대해서는 당신과 엄마 사이에 큰 문제가 될 것 같습니다. 지난해 가을, 나중에 제 결혼식 주례는 당신에게 맡기겠다고 일기장에 써 놓은 적이 있었습니다. 그럴 수 없어서 정말 정말 아쉬워요!

그러나 주례 문제로 걱정할 필요는 없습니다. 당신도 아시겠지만, 저는 항상 당신의 설득에 넘어갈 준비가 되어 있으니까요. 혹시 아직도 그 사실을 모르셨어요?

이곳에 사는 소녀에게서 류트를 사기로 했습니다. 그 소녀에게서 우선 류트 기본 교습을 받기로 했는데, 완전히 엉망이었습니다. 그래서 류트를 음악 학원에서 배우고자 하는데, 지금 바이올린과 류트 사이에 심한 다툼이 있고, 어느 쪽이 이길지 알 수 없는 상태입니다. 적어도 저는 '새 한 마리가 결혼을 하려 한다'라는 곡 정도는 바이올린으로 켤 수 있고, 그 때문에 엄청난 착각을 하고 있으니까요! 류트는 요들송을 부를 때 사용되는 악기가 아닌가요? 지금까지 류트는 스키 산장이나 전국을 순례하며 돌아다니는 청소년들을 통해서 들었을 뿐입니다. 아마도 언젠가 두 악기를 모두 사용하는 음악회에 가 볼 기회가 올 수도 있겠지요. 이곳으로 저를 찾아온 한스-베르너는 만약 제가 류트 연주를 할 수 있게 된다면, 당신에게 질투심을 느끼게 될 것이라고 말하더군요. 그는 지금 마지막 남은 방학을 이용하여 친척들을 두루 방문하러 다니며, 사냥에 큰 성과를 올리고 있습니다. 우리 결혼에 대해서도 생각을 많이 하는데, 특히 신랑 들러리로서 아주 예쁜 신부 들러리를 만나게 되기를 희망하고 있습니다. 당신이 반대하지 않는다면 저는 그에게 도로테 슐라이허를 약속했는데, 그는 그녀를 한번도 본 적이 없으면서 벌써부터 약간 사랑에 빠져 있는 듯합니다. 당신이 아직 한스-베르너를 모르는 것이 유감이에요. 아버님이 베를린에서 그를 잠깐 보시고 마음에 들어 하셔서 매우 기쁩니다. 자기 자신은 느끼지 못하고 있지만, 그에게 아버지 없는 빈자리가 보여서 마음이 아파요. 동생들이 아버지를 마지막으로 보며 아버지라는 존재를 경험할 당시, 그들은 너무 어렸습니다. 당신은 그들에게 아주 좋은 맏형이 될 것입니다.

지난 11월 당신이 패치히에 오셨을 때, 당신은 그들에게 깊은 인상을 남겼습니다.[57] 거기에 대해 뭐라 말은 하지 않았지만, 저녁 기도 시간에 사랑하는 사람들과 친구들 사이에 갑자기 당신도 끼어 있었습니다. 그들이 당신을 위해 기도하는 소리를 듣고, 제 마음이 무척 감동되었습니다. 전쟁터에서 돌아온 막스의 짐을 풀었을 때, 가장 먼저 제 손에 들어온 것이 당신의 편지였습니다. 그 편지가 맨 위에 놓여 있었기 때문이지요. 그날 이후 저는 그 편지를 항상 간직하고 다녔고, 그 편지를 정말 사랑합니다.[58]

날씨가 찌는 듯 덥군요. 이 무더위가 좁은 감옥에 있는 당신에게 얼마나 더 끔찍스러울까 생각하면, 더운 날씨가 더욱 견디기 어려워집니다. 그러나 어쩌면 이 더위가 당신의 관절염에 약간 도움이 되지는 않을까요?

이곳에서는 벌써 호밀 추수가 시작되었습니다. 이삭을 베기 시작하면, 이별의 계절인 가을의 문턱에 들어섭니다. 이제 가을꽃들도 피기 시작했어요. 그 꽃들을 한 아름 꺾어 당신 계신 곳에 보내고 싶습니다. 어쩌면 정말 그렇게 해도 되겠군요. 아, 기다림은 이토록 당신을 그리워하는 마음에게 너무 힘든 일입니다. 그러나 이렇게 그리워할 수 있다는 것은 감사할 일이기도 하지요. 우리가 다시 만나게 될 그날까지

---

57. 1942년 11월 27일자 디트리히의 편지. 부록 참조.
58. 막스 폰 베데마이어에게 보낸 1942년 8월 24일자 디트리히의 편지(DBW 15, 349쪽).

너무 오래 걸리지는 않을 거예요.

강한 사랑 안에서, 당신의 마리아

부모님께 보낸 디트리히 본회퍼의 편지

1943. 7. 25, 테겔

… 마리아가 보낸 두 통의 아름다운 편지와 장모님의 편지 한 통이 제게 큰 기쁨을 선사했습니다. 그런데 6월 27일에 썼다는 편지는 어디에 있을까요? 마리아에게 그녀가 원하는 만큼 실컷 말을 타라고 전해 주세요. 저는 말을 탈 수 있는 그녀가 부러우며, 그녀와 함께 기뻐할 뿐입니다. 그런데 그녀가 승마를 가르쳐 달라는 제 요청을 받아들이지 않는 이유는, 제게 전혀 가망이 없어 보여서는 아닌지 모르겠습니다. 그러나 어쩌면 마리아의 판단이 틀린 것은 아닐까요? 만약 승마가 목사와는 어울리지 않는다고 생각하는 것이라면 제 의견은 아주 다릅니다! 악기에 대한 저의 제안을 그녀가 흔쾌히 받아들여 주어 기쁩니다. 그녀가 감베를 배우기 시작한다면 정말 좋겠습니다. 다른 방법이 없다면 혼자서도 악기 다루는 법을 배울 수 있을 것이며, 레나테의 남편이 혼자 악기를 배우는 하나의 좋은 예가 될 것입니다. 우리가 나중에 함께 배우면 더욱 좋겠군요. 마리아가 의사의 뜻에 반해 다시 일을 시작하는 것으로 인해 심각한 일이 생기지는 않겠지요? 다른 모든 것은 차치하고서라도, 나중에 목사의 아내로서 건강한 발이 필요할 것이며, 그때에 승마용 말은 그다지 도움이 되지 않을 테니까요! 그녀가 책을 많이 읽을 수 있다니 기쁩니다. …

본회퍼 가의 8남매. 오른쪽에서 두 번째가 디트리히.

마리아의 부모, 룻과 한스 폰 베데마이어.

룻 폰 클라이스트-레초브 부인의 손자 손녀들(부록 참조). 오른쪽에서 두 번째가 마리아.

1943년 7월 30일,

본회퍼는 제국 고등군법회의에서 형사상의 조사가 잠정적으로 마무리 단계에 들어갔으며, 조사를 맡은 뢰더 검사가 고소장을 준비하고 있다는 사실을 알게 되었다. 본회퍼는 재판을 위해 변호사를 구할 수 있게 되었으며, 더 자주 편지를 쓸 수 있게 되었다. 이제 그는 4일마다 한 통의 편지를 보낼 수 있게 되었고, 마침내 약혼녀에게 편지를 쓰는 것이 허락되었다. 그러나 편지는 엄연히 검열을 통과해야 했고, 그로 인해 편지가 전해지기까지 열흘 이상 걸리는 것이 태반이었다.

1943년 7월 30일,

본회퍼와의 면회 후, 마리아는 일기장에 다음과 같이 썼다.

"… 저는 우단으로 만든 빨간 소파에 앉아 있었습니다. 그때 당신이 들어왔습니다. 당신의 모습을 보고, 저는 하마터면 낯선 사람에게 쓰는 호칭을 사용할 뻔했습니다. 몸에 잘 맞는 어두운 복장, 고등군법회의 수석 판사에게 관례상 몸을 굽혀 인사하는 모습이 이상하게도 낯설었습니다.

그러나 당신의 눈을 바라보았을 때, 빛을 발하는 사랑스러운 검은 눈동자를 발견했고, 당신이 제게 키스했을 때, 저는 당신을 되찾았음을 알았습니다. 이전에 당신을 소유할 수 있었던 것 훨씬 이상으로 당신을 다시 얻었습니다.

처음 면회 때와는 모든 것이 사뭇 달랐습니다. 당신은 더 여유 있고 침착했으며, 더욱 신뢰로 가득한 모습이었습니다. 무엇보다 당신의 확신을 분명히 느낄 수 있었고, 그 확신은 용기를 잃고 슬퍼하던 제 마음에 부딪혀 와 저를 기쁘고 행복하게 했습니다. 사람들은 이런 순간에 무슨 말을 할까요. 오랜 습관처럼 이름에 관해, 자동차 운전에 관해, 아니면 날씨나 가족에 관해 물을까요? 그러나 그러한 사소한 것마저도 큰 의미를 지니고, 다음 면회 때까지 혼자 지낼 한 달 동안의 시간을 견딜 만하게 해줍니다. 한번은 당신이 제 손을 힘주어 잡았지요. 제 내면은 아주 고요했지만, 저는 얼어붙어 있었습니다. 그러나 당신의 따뜻한 손이 저를 녹여 주었고, 저는 그 손이 그대로 머물러 있기를, 그리하여 당신의 손에서 전류가 흘러나와 저를 온전히 채우고 생각이 차지할 공간을 없애 주기를 바랐습니다. 그러나 당신은 손을 다시 거두어 갔습니다. 당신은 낭만적인 것을 좋아하지 않나요?

당신의 눈은 제 곁에 그대로 머물러 있었습니다. …"

사랑하는 마리아!

1943. 7. 30. 테겔

당신에게 직접 편지를 쓸 수 있다니, 하늘을 날 듯이 기쁘군요. 이 날이 오기를 얼마나 기다렸는지! 4일마다 한 번씩 편지를 쓸 수 있는데, 부모님과 당신에게 번갈아 가며 편지를 보낼 생각입니다. 오늘 하루를 돌아보니, 한편으로는 너무 아름답고, 또 한편으로는 진지한 인상으로 가득하군요. 아직도 마음이 진정되지 않지만, 당신에게 지금 당장 편지를 쓰는 것을 미루지는 않으려고 합니다. 모든 것을 참고 견디며, 끔찍스럽기만 한 군사재판소를 다시 찾아온 당신의 사랑과 용기, 변함없는 신의에 대해 어떻게 다 감사할 수 있을까요. 오늘 당신과 함께 보낸 시간은 지난번 만남보다 훨씬 더 아름다웠으며, 말로 표현할 수 없을 정도로 행복했습니다. 그렇다면 나중에 간수들의 감시가 없는 곳에서 우리 둘만 함께하는 시간은 얼마나 더 아름답겠습니까? 면회 시간에 당신에게 위로가 되고 기쁨이 될 말을 해주지 못하고, 당신을 얼마나 사랑하는지에 대해 표현하는 데도 어색하기만 한 나의 모습을 잘 압니다. 기쁨에 넘치며 자신을 온전히 비우는 헌신적인 사랑이 부족했습니다. 물론 우중충하고 음산한 감옥 탓이 크겠지요. 그러나 나에 관한 말을 지나치게 많이 할지라도, 내 속에 당신이 함께 있음을 분명히 알기 바랍니다. 내가 더는 당신과 분리되어서 존재하지 못한다는 사실이 지난 몇 달 동안 더욱 분명해졌습니다.

방금 당신이 보낸 소중한 편지가 도착했습니다.[1] 내일 당신 아버지 생신날에 모두 함께 모이는군요. 그 자리에 갈 수는 없지만, 생각으로나마 함께할 것입니다. 당신 동생들이 나를 생각하며 기도한다는 내용

---

1. 7월 25일자 마리아의 편지.

을 읽고 마음에 잔잔한 감동이 일었습니다. 나도 그들의 좋은 맏형이 되도록 노력할 것입니다. 우리 집에서는 거의 막내인 나에게 이렇게 많은 동생들이 생기다니, 얼마나 큰 행운인지요. 우리가 소망하며 간구하는 모든 일들이 이루어지길 바라며, 당신의 가족을 통해 받은 이 엄청난 선물을 기쁘게 되돌려 줄 날이 오기를 바랍니다. 패치히에서 맞이하게 될 첫날을 생각하면 마음의 모든 근심을 견뎌낼 힘이 생깁니다. 바이올린을 배울 결심을 굳혔다니 몹시 기쁘군요. 그러나 류트에 대한 편견을 버리길 바랍니다. 류트는 아주 훌륭한 현악기로, 만돌린과 비슷하게 보이지만 만돌린과 혼동해서는 안 됩니다. 나중에 함께 훌륭한 류트 콘서트에 가기로 하지요. 멕시코에 있을 때 평생 잊지 못할 류트 연주를 들으며 여름밤을 보낸 적이 있습니다.

   방금 취침 종이 울렸습니다. 편지는 내일 아침 일찍 보내질 것입니다. 길지 않은 내용이고, 오늘은 생각도 많지 않으나, 마음만큼은 사랑으로 가득합니다. 그 사랑은 많은 생각을 하지 않더라도 항상 그 자리에 있고, 언제나 당신 곁에 머물러 있습니다. 사랑하는 마리아, 잘 지내길 바랍니다. 계속해서 기뻐하고 인내하며 용기를 잃지 말아요. 아침부터 저녁까지, 그리고 밤이 되거나 아침에 잠에서 깨어 일어날 때에나, 내가 당신을 결코 잊지 않듯이 나를 잊지 말아 주세요. 장모님께 감사의 마음을 전하며, 외할머니와 형제자매 한 명 한 명에게 특별한 사랑의 안부를 전하여 주길 바랍니다.

                    사랑의 팔로 당신을 감싸며, 당신의 디트리히

사랑하고 사랑하는 나의 디트리히!

1943. 8. 2. 제펠트

당신을 뒤로하고 육중한 문이 닫힌 후 홀로 계단을 내려오면서, 제 생각은 당신을 찾아가고 자꾸만 당신 목소리가 들리는 듯하여 뒤를 돌아봅니다. 다른 사람들이 주고받는 말을 들으면서도, 저는 그 말 속에서 당신의 목소리를 듣습니다.

당신의 생각과 소망에 함께하도록 해주셔서 고맙습니다. 당신이 저를 매우 행복하게 만들었고, 기쁨과 소망으로 가득 차게 해주셨습니다. 지금 저는 다시금 아주 새롭고 생생하게 당신 생각을 할 수 있어요. 아주 짧은 재회라 하더라도, 생각의 힘은 쉽게 사라지지 않으니까요. 생각이 끊임없이 당신을 향해 찾아간다면, 말로 할 수 없고 편지에 쓸 수도 없는 많은 생각들 중 일부는 어쩌면 당신에게까지 전달되지 않을까요? 지금 저는, 비록 처음 생각했던 것과는 다를지라도 결국 모든 일이 잘될 것임을 아주 담담하게 믿을 수 있습니다. 당신도 그렇게 믿으시길 바랍니다.

그날 당신을 만난 후, 점심때쯤 당신 부모님을 방문했습니다. 어머님은 지쳐 보이셨는데, 극구 더위 때문이라고 우기시더군요. 비행기 폭격이 심해지면 패치히로 오시라고 당부했지만, 두 분은 웃으실 뿐이었고 저의 모든 노력은 허사였습니다. 그러나 걱정하지 마세요. 만약 사태가 심각해지면 당신 형제들까지 동원하여 부모님을 설득할 테니까요. 사실은 당신 가족 모두 패치히로 오도록 제안했어요. 당신에게 보낸 소포가 만족스럽길 바랍니다.

집으로 돌아오는 길에, 저는 적어도 네 군데를 돌며 친척들을 만나야 했답니다. 그중 한 분이 헨닝 삼촌[2]이었는데, 제가 열두 살 때 삼촌을 제 결혼식에 초청한 적이 있다는 사실을 상기시켜 주시더군요. 아직 우리 약혼에 대해서는 모르고 계시는데도, 제 결혼식에 참석하는 특권을 결코 포기할 수 없다고 하셨습니다. 우리는 날씨와 치즈에 대해 담소를 나누었는데, 저는 혼자만의 생각에 빠져 있을 수 없는 것으로 인해 약간 속이 상했답니다. 왜냐하면 당신을 만난 후에는 항상 당신과 계속 이야기를 나누어야 했거든요. 당신과의 대화는 아주 많은 의미가 담겨 있기 때문입니다.

부모님 댁에서 24일자 당신의 편지를 읽었어요.[3] 그 편지 내용 중에서 무엇보다 승마에 대해 답하고 싶습니다. 승마가 목사에게 어울리지 않는다고 생각한 적은 한 번도 없습니다. 제 말들의 친구인 쾨니히스펠트 출신의 마부 아저씨는 항상, 승마란 천사와 같은 하늘의 기술이어서 사람이 말 위에 앉아 있기만 하는 것이 아니라 창공을 날 수 있어야 한다고 주장한답니다. 그리고 그러한 초월적인 것에는 목사들이 가장 가깝지 않을까요! 그러나 승마에 대한 격언이 하나 더 있는데, 그것은 "단 한 번도 땅에 키스한 적 없는 기수는 없다"입니다. 저는 말에서 떨어지는 것이 아무렇지도 않습니다. 열다섯 살 때, 어린 말을 타다가 하루에 네 번씩이나 굴러떨어진 적도 있었으니까요. 그러나 다른 사람이 말에서 굴러떨어지는 모습은 차마 보고 있을 수 없으며, 그 사람이 당신이라면 더더욱 어려울 거예요.

푸른 소파는 당신 방에 더 잘 어울릴 것 같아요. 당신이 반대하지만 않는다면 그곳에 두기로 해요. 푸른 소파에 앉아 신학적인 대화를 나누는 것도 좋으리라 생각합니다. 외할머니와 함께 신학적인 대화를 나누던 것을 전통으로 삼아서 말이지요. 그런 대화가 푸른 소파에 어울

---

2. 게르트 폰 트레스코프Gerd v. Treskow의 영지 바르텐베르크는 패치히와 멀지 않은 곳에 위치해 있었음. 그의 형제 헨닝Henning은 이후 진행되는 히틀러 암살을 위한 정치 투쟁에서 특별한 역할을 수행한 인물이며, 둘 모두 마리아의 외할머니 룻 폰 클라이스트-레쵸브의 조카들.
3. 부모님께 보낸 1943년 7월 25일자 디트리히의 편지(DBW 8, 115ff).

리는 것 같기도 합니다. 거기에 책장을 넣고, 약간의 담배 연기가 더해진다면 어떨까요?

당신의 피아노는 거실에 두고 싶어요. 피아노를 치는 당신 모습을 보게 될 날을 얼마나 기쁨으로 기다리는지! 그러나 제 바이올린 연주 실력에 지나친 기대를 품지는 마세요. 결혼식 주례를 담당하실 목사님에 대해 엄마와 대화했어요. 엄마는 그 사람이 낯선 사람만 아니라면 좋겠다고 하시더군요. 그러니 그 문제는 마차를 타고 산책을 하러 나가서, 우리 교회 목사님을 태워드리기만 하면 될 것 같아요. 그러면 목사님은 우리가 원하는 것이 무엇인지 바로 이해하실 테니까요. 어느 목사님이 주례하느냐에 따라 주례 말씀을 선택하는 전통은 좋지 않은 것 같습니다.

패치히의 가족들 모두 당신이 전하는 안부로 인해 매우 기뻐했습니다. 물론 엄마가 특별히 기뻐하셨지요. 모두들 당신에게 다시 안부해 달라고 부탁했습니다. 추수로 인해 오지 못한 클라우스 형부를 제외하고 형제자매들이 모두 모였습니다.[4] 우리는 많은 꽃으로 장식해 놓은 교회에 모여, 기쁜 찬양을 드리며 아름다운 아침 묵상 시간을 가졌습니다. 엄마가 이 모든 일을 해내는 것이 놀라울 뿐입니다. 아마도 저라면 그렇게 할 수 없을 거라는 생각이 듭니다.

당신은 아버지를 아시지요? 나중에 아버지에 대해 더 많은 이야기를 해드리겠어요. 우리는 모두 함께 마차를 타고 들을 지나 숲으로 갔습니다. 그러나 저는 주변 환경을 똑바로 쳐다볼 수 없었습니다. 이번에는 당신을 꼭 데려오겠다고 한 약속을 지키지 못해 양심이 찔렸기 때문입니다. 하로도 화난 표정을 지으며 경멸하듯 꼬리를 흔들고는, 저를 혼자 두고 가버렸답니다. 집에 있으면서 그토록 외로움을 느낀

---

4. 7월 31일, 마리아 아버지의 생신날.

것은 처음이었습니다.

지금 저는 이곳 제펠트에서 하루 종일 당신과 패치히에 대한 향수를 앓으며 그리움에 젖어 있습니다. 당신과 함께 기다리며 소망합니다. 목적지는 너무나 분명하지만, 그곳으로 가는 길은 여전히 불확실하기만 하군요. 지금까지 우리 안에 개별적으로 존재하던 것들이 하나가 되고, 모든 것이 성장하기 위해서는 시간이 필요하겠지요. 제 말을 이해하실 것이라 생각합니다. 그리고 당신도 저와 마찬가지로 조금은 '왜'라는 질문도 하겠지요?

나의 디트리히, 하나님께서 당신을 보호하시며 빠른 시일 내에 우리로 하나 되게 하시기를!

당신의 마리아

추신. 무더위에 감자와 당근은 싹이 트고, 저는 당신에 대한 생각에 깊이 잠겨 있습니다.

부모님께 보낸 본회퍼의 편지

사랑하는 부모님께!

1943. 8. 7, 테겔

처음에는 이 편지를 마리아에게 쓰려고 했지만, 생각을 바꾸어 다시 두 분에게 보내기로 했습니다. 왜냐하면 저의 현주소로 마리아에게 편지를 보내는 것이 옳은지 판단이 서지 않았기 때문입니다. 혹시 마을 사람들 중에 테겔 자이델 거리 39번지가 무엇을 의미하는지 아는 사람이라도 있다면, 시골 마을에 금방 입소문이 퍼질 수도 있을 것이기 때문입니다. 그로 인해 마리아가 곤란한 입장에 빠지게 하고 싶지는 않습니다. 게다가 지금 마리아가 집에 있는 것도 아니니, 더욱 조심하는 것이 옳을 것 같습니다. 마리아가 난처한 상황이 될 수도 있다는 사실을 이곳 형무소에서 쉽게 간과해 버릴 수 없기 때문입니다. 지금 감당해야 하는 어려움만으로도 그녀에게 버거울 것입니다. 그러므로 그녀의 생각이 어떠한지 듣기까지 기다리려고 합니다. 모든 일에 대해 어떻게 처신해야 할지 기다리는 것은 저의 현재 상황에 주어진 특징이라고 볼 수 있습니다. 그러나 목적지가 가까움을 느끼며 소망하면 할수록, 인내심을 가지고 기다리는 것은 더욱더 어려워집니다.

…

이제 주일 하루도 저물어 가고, 저는 큰 기대를 품고 새로운 한 주를 맞으려 합니다.[5] 빠른 시일 내에 부모님과 마리아에게서 편지를 받게 된다면 얼마나 좋을까요? 요즘 책을 읽거나 글을 쓸 수 없을 때면, 체스 이론을 배우며 시간을 보낸다는 사실을 아직 말씀드리지 않았지요. 체스를 배우는 것은 아주 흥미롭습니다.

…

제가 어떻게 편지를 보내는 것이 좋을지 마리아와 상의해 주시고, 그녀에게 특별히 사랑의 안부를 전해 주십시오.

너무나도 사랑하는 나의 디트리히!

1943. 8. 9, 패치히

마침내 온 집이 고요해졌어요. 깊고 푸른 밤이 방 안으로 흘러 들어올

---

5. 머지않아 소송 재판이 있으리라는 기대.

수 있도록 창문을 활짝 열어 놓고, 저의 생각은 아무 방해 없이 당신을 찾아 길을 떠납니다. 그 생각들이 당신에게 아름다운 꿈을 이야기해 줄까요? 아니면 단지 당신 손을 가볍게 어루만지는 것으로, 말로 표현할 수 있는 것보다 훨씬 많은 말을 하게 될까요? 오늘 당신의 친필 편지를 받고 저는 제가 꿈을 꾸는 줄로 생각했습니다.[6] 지난 몇 개월 동안, 제 손에 들린 편지가 당신의 친필 편지이기를 바라는 기대를 조용히 품어 보지 않은 적은 없었습니다. 그러나 막상 당신이 직접 쓴 편지를 받고 보니 너무 기뻐서 도무지 믿어지지 않습니다. 당신은 제가 얼마나 자주, 얼마나 간절하게, 당신이 직접 보낸 편지를 받게 되기를 원했는지 알 수 없을 거예요. 그러니 이 편지에 대한 저의 기쁨과 감사를 도저히 말로 표현할 수 없다는 사실도 모르겠지요. 이제는 제가 매주 한 통의 편지를 받게 된다니, 마치 동화 속에 나오는 이야기 같아요. 당신이 제게 편지를 쓰려고 한다는 사실만으로도 고맙습니다. 그리고 제게 편지를 쓰는 일이 너무 어렵게 느껴지지 않기를 바랄 뿐입니다. 저는 당신의 말 한마디, 당신이 쓴 철자 하나하나까지도 사랑합니다. 왜냐하면 그 모든 것이 당신의 일부니까요. 당신이 너무 자기 이야기만 한다는 말은 하지 마세요. 당신에 관한 모든 것이 제게는 가장 큰 기쁨인 동시에 열렬히 알고 싶은 것이니까요. 그러니 당신 이야기를 기꺼이 들려주시는 것이 고마울 뿐입니다.

   이번에 만나서 우리가 함께한 시간이 지난번보다 훨씬 아름다웠다는 당신 생각에 저도 동의합니다.[7] 그리고 앞으로 점점 더 아름다워질 거예요. 당신도 그렇게 생각하리라 믿어요! 제국 고등군법회의로 향하는 저의 발걸음이 끔찍할 것이라고 생각하지 마세요. 당신에게로 가

6. 1943년 7월 30일자 편지.
7. 1943년 7월 30일 면회.

는 길, 당신과 함께하는 길은, 그 길이 어디로 향하든 아름답습니다. 다만 당신에게서 멀어져야 하는 모든 길에는 비가 내리고 슬프답니다. 어쩌면 당연한 일 아닐까요? 저는 용기 있게 인내할 것이며, 매우 행복하게 살아갈 것입니다. 당신의 편지를 받은 이상 다르게 살 수는 없습니다. 기차를 타고 패치히로 돌아오는 길에, 러시아 전선으로 떠나면서 부모와 작별하는 어떤 군인을 보았는데, 그는 아주 담담하게 이렇게 말하더군요. "만약 제가 다시 돌아오게 된다면, 또 한 해가 지나갔겠군요." 그 장면에 저는 왠지 깊은 감동을 받았습니다. 그러나 이런 식의 비교는 항상 사태를 뒤틀리게 할 뿐입니다. 그러한 비교가 자신의 처지를 견디기 쉽게 해주지는 않을 뿐더러, 다른 사람과의 관계까지 더욱 어려워지게 만들 수도 있으니까요.

이곳 패치히에 아주 큰 변화가 생겼습니다. 엄마가 폭격을 피해 베를린에서 떠나온 열다섯 분 이상의 지인들을 맞아들이셨거든요. 당신 부모님도 이곳으로 오시도록 간절히 요청했어요. 그러나 그분들은 원치 않으시더군요. 그분들의 심정을 이해할 수 있습니다. 저도 가능하다면 베를린에 머물러 있고 싶으니까요. 당신의 형제자매들과 그 자녀들도 베를린을 떠나려 하지 않았습니다. 그중 몇 명의 아이들만 다른 곳으로 가 있는 상태지요. 그런데 바로 이런 때에 엄마는 이나를 알텐부르크 기숙학교에 데려다 주어야 했고, 저는 엄마 대신 지금까지 한 번도 본 적이 없는 베를린 피난민들을 집으로 맞아들여 숙소를 정해주고 식사를 섬기며 대화를 나누어야 했답니다. 그 일은 약간 이상한 느낌을 주었으나, 많은 것을 배우는 계기가 되었습니다. 무엇보다 나중에는 제가 아주 규모가 작은 가사를 돌보면 되고, 무례한 보초병들과 삐치기 잘하는 여자 아이들, 설탕을 친 듯한 손님들로 인해 속상해 하는 일은 없을 것이라는 생각에 기뻤습니다.

아마도 불쌍한 이나는 알텐부르크에서 집에 대한 향수로 몹시 힘들어 하겠지요. 신혼여행에서 돌아오는 길에, 아니면 어쩌다가 몹시 지루해지기라도 하면 이나를 방문하면 어떻겠어요?

우리 집 가정 교사의 남편이 전사했습니다.[8] 너무나도 슬픈 일이에요.

이제 당신의 편지에 대해 다시 한 번, 그리고 점점 더 감사하다는 말을 해야겠어요. 저는 지금껏 당신 편지처럼 풍성한 내용을 담고 있는 편지를 받아 본 적이 없습니다. 당신 편지는 항상 제 곁에 있을 거예요. 이 편지가 얼마 전까지는 당신 곁에 있었다는 사실만 생각해도 정말 기쁘답니다. 아, 저 자신이 편지가 되어 보내질 수 있다면! 그러나 저는 지금의 모습 그대로, 생각으로만이 아니라 온 마음으로 당신 곁에 있습니다.

당신을 사랑하는, 당신의 마리아

추신. 류트라는 악기에 대한 저의 근거 없는 악평을 모두 취소합니다! 그러나 류트 콘서트에 직접 가 본 후에야 그 반대 입장을 취할 수 있을 거예요!

사랑하는 마리아!

1943. 8. 12, 테겔

얼마 전 당신에게 편지를 보낸 후, 편지 봉투에 적힌 테겔 형무소 주소로 인해 시골 마을에 이상한 소문이 돌 수도 있겠다는 생각이 문득 떠올라 소스라치게 놀랐습니다. 당신은 어이없다며 웃어 버릴 수도 있지

---

8. 빌헬름(빌) 뤼트게르트 Wilhelm (Will) Lütgert, 베를린의 신학자 빌헬름 뤼트게르트의 아들이자, 덱셀(노이마르크 지방)의 목사였음. 당시 패치히에 가정 교사로 있던 크리스타의 남편.

만, 이런 일은 아주 신중하게 처리해야 한다고 생각합니다. 시골 마을에서 신랑에 대한 이상한 소문으로 인해 당신이 괴로움을 당해서는 안 되니까요. 당신이 이 일로 인해 조금이라도 난처한 입장이 되어서는 안 된다고 생각하기에, 당신에게 편지를 쓰는 대신 부모님을 통해 당신 의견을 물어보도록 한 것입니다. 오늘 당신이 보낸 사랑스러운 편지를 받고, 당장 답장을 쓰지 않고는 견딜 수 없어 이렇게 펜을 들었습니다. 그러나 다음 편지에는 내가 어디로 편지를 보내는 것이 좋을지 꼭 말해 주길 바랍니다. 당신이 말해 주기 전에는 다시 편지를 쓰는 일이 없을 것입니다.

이제 당신 편지에 답하려 합니다. 당신의 존재가 내가 처한 현재 상황에서 어떤 의미가 있는지, 아마 상상조차 할 수 없을 것입니다. 나는 당신과의 만남이 하나님의 특별하신 섭리 가운데 있다고 확신합니다. 우리가 만난 것, 내가 구속되기 바로 직전에 서로를 평생의 반려자로 발견하게 되었다는 것이 무엇보다도 분명한 증거입니다. 그것이 바로 'hominum confusione et dei providentia'[9]라고 할 수 있지요. 날마다 이 행복이 내게 주어졌다는 사실로 인해 마음이 벅차오르고, 또 한편으로는 지난해 하나님께서 당신을 얼마나 험난한 학교로 이끄셨는지 생각하며 마음이 숙연해지곤 합니다. 우리가 서로에 대해 미처 알기도 전에 내가 당신 인생에 지운 고난과 근심은, 우리의 사랑을 든든한 초석 위에 세우시려는 하나님의 뜻임이 분명합니다. 게다가 각자의 운명에 드리워진 칠흑 같은 어둠과 현재 감옥에 갇혀 있는 나의 형편을 생각할 때, 우리 약혼은 결코 경솔한 판단에서 이루어진 것이 아니며 우리를 믿음으로 초청하시는 하나님의 은혜와 선하심의 분명한 증거일 뿐입니다. 우리가 눈먼 봉사가 아니고서야 어떻게 하나님의 은혜와 선하심을 보지 못할 수 있겠습니까? 예레미야는 동족이 처한 엄청난 시련 앞

---

9. '인간의 혼돈 속에서도 역사하시는 하나님의 섭리'라는 뜻의 라틴어.

에서, "사람이 이 땅에서 집과 밭과 포도원을 다시 사게 되리라"[10]고 말했습니다. 그리고 그의 말은 바로 미래에 대한 믿음의 증표가 되었습니다. 이럴 때 믿음이 필요한 것이 아닐까요? 하나님께서 우리에게 날마다 이러한 믿음을 주시기를! 여기서 말하는 믿음이란 세상에서 도피하는 것이 아니라, 이 땅의 모든 고난에도 불구하고 이 세상에서 견디고 사랑하며 신실하게 살아가는 것을 의미합니다. 우리의 결혼은 하나님이 지으신 땅에 대해 "예"라고 순종하고, 이 땅에서 일하고 성취하며 이 땅을 풍요롭게 하는 것이 되어야 할 것입니다.[11] 그리스도인들이 한 발로는 땅 위에 서 있으려 하고, 다른 한 발로는 하늘에 서 있으려고 하는 것을 경계해야 합니다.

그리고 당연히 당신 교회 목사님께서 우리 결혼식 주례를 서야 합니다. 가장 가까이 계신 분께 주례를 부탁하는 것이, 누구 한 사람의 소원을 충족시키는 일보다 훨씬 중요하니까요. 지금 당신 집은 사람들로 붐비겠군요. 당신이 그 많은 사람들을 섬기며 가사를 돌보는 모습을 지켜볼 수 있다면 얼마나 좋을까요! 장모님께서 또다시 여러 소식과 함께 사랑에 넘치는 편지를 보내 주셨습니다. 나를 대신해서 감사의 마음을 전해 주십시오. 나에게 편지를 쓰기 위해 장모님이 얼마나 시간을 아껴야 하는지 잘 알고 있습니다. 이곳에서는 편지에 적힌 모든 일들을 함께 누리며 살아가기 위해, 편지를 수도 없이 반복해서 읽곤 합니다.

모든 의혹이 밝혀지고 해명될 날을 헛되이 기다리는 마음을 알기라도 하듯, 창 밖에는 구름이 잔뜩 낀 흐린 날씨에 비가 내립니다. 그러나 우리가 지금껏 누려온 하나님의 선하심과 지금 이 순간에도 누

---

10. 예레미야 32장 15절.
11. '하나님의 땅에 대한 긍정Ja zu Gottes Erde'은 본회퍼 신학 초기부터 발견되는 본질적인 요소. '나는 이 땅의 손님'이라는 본회퍼의 묵상(DBW 8, 529이)과 테겔 형무소에서 에버하르트 베트게에게 보낸 편지 여러 부분에서 언급됨.

리고 있는 하나님의 선하신 손길에 대해 한없이 감사드려야 함을 잠시도 잊지 않으려 합니다. 저는 당신을 생각하기만 해도 하나님께 감사드리게 되고, 그러면 흐려져 있던 영혼의 구석구석이 다시 밝아집니다. 이제 우리가 감내해야 할 남은 시간을 인내로 기다리며, 한시라도 불평이나 원망으로 시간을 낭비하는 일이 없어야겠습니다. 이 기다림의 시간은, 하나님의 눈으로 볼 때 비할 수 없이 귀한 시간일 테니까요. 나중에 이 시간이 하나님께서 우리를 연단하시고자 주신 선물임을 깨닫지 못한 것으로 인해 부끄러워지지 않도록! 이 시련의 시간은 우리에게 축복이 되어, 우리의 사랑과 결혼 생활에 필요한 힘을 영원히 공급해 줄 테니까요. 우리 함께 그 기쁨의 날을 기다립시다. 사랑하는 마리아, 그날은 머지않아 찾아올 거예요!

장모님과 형제자매들에게 사랑의 안부를 전해 줘요. 전선에서 쓰러진 분이 뤼트게르트 씨인가요? 그 소식으로 인해 온 가족이 슬퍼하겠군요. 미망인에게 위로의 마음을 전합니다.

사랑하는 마리아, 하나님께서 사랑하는 모든 이들과 우리를 보호해 주시기를, 그리고 강건하기를!

사랑의 팔로 당신을 감싸며,
당신의 편지를 한없는 기쁨으로 기다리는 디트리히

나의 사랑 디트리히!

1943. 8. 15. 제펠트

오늘 아버님께서 8월 7일자 당신의 편지를 보내 주셨습니다. 제게 불편한 일이 생기지 않도록 그토록 염려하며 배려해 주셔서 고맙습니다. 그러나 그 문제라면 전혀 마음 쓸 필요가 없답니다. 도대체 패치히 사

람들이 당신 필체를 읽을 수 있으리라고 생각하시나요? 더욱이 당신 편지는 제가 한 주 동안 받게 되는 수많은 편지들 속에 섞여 전혀 눈에 띄지 않을 것이며, 혹시라도 마을 사람들의 입에 오르내릴 것이라면 차라리 전쟁터에서 보낸 한스-발터 슐라이허의 편지가 훨씬 더 주목할 만하겠지요. 첫 이름자를 매우 운치 있게 새겨 넣은 문장이 찍혀 있는 그의 편지가, 당신 편지보다 훨씬 눈길을 끌 수 있을 테니까요. 그러니 모든 미심쩍은 생각을 버리고 제게 바로 편지를 쓰시길 바랍니다. 벌써부터 당신 편지를 직접 받고 싶은 마음이 간절하니까요. 지난번 당신의 편지는 너무 아름다워서, 저는 그 편지를 읽을 때마다 한없이 기쁘고, 생각만 해도 기뻐하게 된답니다. 그리고 읽고 또 읽으며 계속해서 기뻐하고 있습니다.

그 기쁨에 변화를 주기라도 하듯 다시 편두통이 찾아왔으나, 지금은 거의 나았습니다. 부모님께 드린 편지에서 전한 당신의 안부 인사가 좋은 약이 되었지요. 그 당시 뮌헨에서 당신이 전화를 한 이유가 저의 편두통 때문이었다는 말이 사실인가요?[12] 외할머니께서 그렇게 주장하시는데, 저는 도무지 믿을 수가 없습니다. 그때 저로 인해 일어난 모든 어리석은 일로 인해 아직도 화가 풀리지 않았는지 편지해 주시길 부탁드립니다. 아시겠지만, 제가 나쁜 생각이나 의도를 가지고 그렇게 한 것은 아니었습니다. 모든 것이 저절로 일어나다시피 진행되었고, 그 모든 것은 제 책임입니다. 외할머니는 그 일로 인해 아직도 저를 용서할 수 없어 하시지만, 저를 아프게 하지 않으려고 애쓰는 것이 그분의 말이나 편지에서 느껴집니다. 제 생각에는 당신이 외할머니 마음에서 저를 약간 몰아내고, 혼자 더 큰 자리를 차지해 버린 것 같습니

---

12. 마리아가 베를린의 프란치스쿠스 병원에서 외할머니를 간호하고 있는 동안, 디트리히는 10월 3일부터 13일 사이에 뮌헨에 있었음. 당시 계획된 발칸 여행 계획은 위험 부담이 너무 크다는 이유로 포기해야만 했음.

다. 그러나 저는 누구든 당신을 사랑한다면 기뻐할 뿐이며, 그 사람이 당신을 사랑하는 것으로 인해 그를 더욱 사랑할 뿐입니다. 그렇지만 당신이 그때 일로 화를 내지도, 그때 일을 생각하며 마음에 근심하지도 않는다는 사실을 편지로 알려 주시면 고맙겠습니다.

아마도 도도와 티네 슐라이허가 패치히로 오게 될 것 같아 기쁩니다. 그 둘을 매우 좋아하니까요. 다만 이미 열 명이나 되는 아이들 속에서 그들이 잘 적응하기를 바랄 뿐입니다.

엄마는 우리 결혼식 때에는, 폭격을 피해 이곳에 온 손님들이 모두 떠나도록 조치하겠다고 약속하셨습니다. 우리를 도울 수 있는 친절한 이웃들이 가까운 곳에 많이 있으니 문제되지 않을 거예요. 그러니 이곳 패치히에 모인 많은 사람들로 인해 두려워하지 마세요. 그들이 우리를 방해할 일은 없을 거예요. 우리가 지낼 집은 숲과 들, 정원이 될 것이고, 저의 작은 거실이 둘만의 공간으로 남아 있을 테니까요. 뿐만 아니라, 우리에게는 클라인-레츠도 있답니다.

당신이 체스를 둔다는 소식을 들었습니다.[13] 막스도 체스 두는 것을 아주 좋아했던 기억이 납니다. 그러나 나중에 제가 당신과 체스를 두리라고는 기대하지 마세요. 저는 너무 큰 열정과 너무 적은 지혜로 체스를 두려 하기 때문에 제대로 할 수가 없습니다. 막스도 저를 상대로 체스 두는 것을 포기해 버리고 말았답니다. 하지만 함께 탁구를 칠 수는 있을 거예요. 집에는 아주 좋은 탁구대가 있고, 저의 부족한 실력은 당신이 보충해 주면 될 테니까요.

21일 토요일, 드디어 집으로 갑니다. 집에 가면 해야 할 일이 무척 많은데, 무엇보다 엄마를 도와야 하며, 혼수 준비하는 일도 거들어야 합니다. 우리 약혼을 비밀로 하는 것이 쉽지 않음을 이해하실 테지요?

---

13. 1943년 8월 7일 부모님께 보낸 디트리히의 편지 참조.

아버지의 자매 중 하나인 안네 클리칭 고모[14]가 굉장히 아름다운 신부 예복용 옷감을 선물해 주셨는데, 그것을 조만간 사용할 수 있기를 바랄 뿐입니다. 새로 개 한 마리를 갖게 되었습니다. 태어난 지 6주밖에 되지 않은 아주 귀여운 하얀 복슬 강아지입니다. 분명 침대 앞에 누워 있을 것이 불 보듯 뻔한 개라고 할 수 있지요. 이름은 룸플이며 사람을 졸졸 따라다니지만, 아직 실내 생활을 할 만큼 훈련이 되어 있지 않아서 저와 소녀들을 화나게 합니다. 하로는 몹시 질투하고 있으며, 충분히 그럴 만도 하답니다.

영성을 찾아보기 힘든 제 편지에 너무 실망하지 마시길 바랍니다. 편두통에 시달리며 누워서 쓰는 편지이니 크게 기대할 수 없지 않겠어요? 다만 빠른 시일 안에 답장을 주셔야 한다는 사실은 꼭 명심하셔야 해요. 함께 있게 될 기적을 날마다 새롭게 믿으며, 당신 편지를 애타게 기다리고 있으니까요. 아마 제가 그날을 기다리며 기뻐하는 만큼 기뻐하기는 어려울 것입니다. 그러나 당신이 제 기쁨의 반 정도만 기뻐한다면, 저는 넘치도록 행복할 것입니다. 곧 편지해 주세요.

그리움 가득한 사랑으로, 당신의 마리아

사랑하는 나의 마리아!

1943. 8. 20, 테겔

이 편지에서 알 수 있듯, 발송인 주소 없이 편지를 보낸다는 아주 쓸 만한 생각이 떠올랐습니다.[15] 적어도 외관상으로는 자유의 몸이 보

---

14. 안네 폰 클리칭, 베데마이어 가문 태생으로 노이마르크 비츠의 살로텐호프에서 살고 있었음.
15. 일정 기간 동안 디트리히는 부모님을 통해 마리아에게 편지가 전달되는 방법을 선택했음. 마리아에게 보낸 1943년 9월 9일자 디트리히의 편지 참조.

낸 듯하지요? 오직 당신을 약혼녀로 얻은 감사와 기쁨, 행복을 노래할 뿐, 오랜 감옥 생활로 인한 갑갑함과 초조함이 전혀 드러나지 않는 편지를 지금 당장 쓸 수 있다면 더 좋겠지요. 그러나 그렇게 하는 것은 완전히 참되다고 할 수 없기에, 당신에게 불의를 행하는 것이라 여겨집니다. 당신은 나의 심정이 실제로 어떠한지 알아야 하며, 나를 타고난 주두 은자와 같은 성자[16]로 간주해서는 안 될 것이기 때문입니다. 더욱이 당신이 그런 사람과 결혼하기를 원할 것이라고는 상상도 할 수 없군요. 또한 나의 교회사적 이해로도 그런 삶을 권하고 싶지는 않습니다. 당신이 알고 싶어 하는 나의 현재 모습은 이러합니다. 섭씨 30도의 폭염 속에서 저녁 식사로 밀가루 죽을 먹고, 셔츠의 팔을 걷어 올리고 단추를 풀어 젖힌 채, 책상 앞에 앉아 강렬한 그리움을 안고 당신 생각을 합니다. 당신과 함께 숲을 지나 강가로 가고 싶으며, 거기서 수영을 하고 싶습니다. 그 후에는 나무 그늘 아래 누워 당신의 이야기를 아주 많이 듣고 싶습니다. 혹시 당신이 아무 말도 하지 않더라도, 당신에게 귀 기울이며 이야기를 듣고 싶습니다. 내 소원은 참으로 세속적이며 우리 가까이 있는 것들입니다. 그리고 일정 기간 권리를 빼앗긴 현재 상황에 대한 아주 세속적이고 강렬한 거부이기도 하지요.

오래전부터 태양은 매혹적이었는데, 사람이 공기나 생각의 산물이 아니라 흙에서 취함 받은 존재라는 사실을 종종 일깨워 주곤 했습니다. 한번은 성탄절 설교를 하기 위해 쿠바에 간 적이 있었습니다.[17] 추운 북아메리카에서 지내다가 열대 식물이 무성한 그곳에 도착했을 때, 거의 태양에 압도되어 무슨 설교를 해야 할지 알 수 없는 지경이 되고

---

16. 5세기에서 12세기 사이에 기둥 꼭대기에 정착하여 금욕적 고행을 한 사람들을 일컫는 말―옮긴이.
17. 1930년 12월, 유니언 신학부 연구과정에 있으면서 디트리히는 스위스에서 온 친구 에르빈 주츠Erwin Sutz와 함께 뉴욕에서 쿠바까지 여행함. 네 번째 강림절이 되던 날, 그곳 독일 교회에서 태양이라는 주제로 설교함. 에버하르트 베트게에게 보낸 1944년 6월 30일자 편지 참조(DBW 8, 501).

말았지요. 정말이지 아주 심각한 상태였습니다. 여름이 되어 태양의 힘을 느낄 때면, 언제나 약간은 그런 기분이 듭니다. 태양은 나에게 천체의 위대함을 뛰어넘는 그 무엇으로서, 내가 사랑하며 동시에 두려워하는 생동하는 힘과 같은 것이라 할 수 있습니다. 이러한 태양의 힘을 이성적인 사고로 무시하는 것은 비겁하다고 생각합니다. 이와 같이 인내와 기쁨, 감사와 여유, 용서도 온갖 종류의 방해물과 싸워서 항상 새롭게 소유해야만 하는 것들이지요. 시편[18]에서 고백하듯 하나님께서 태양이시며 방패이심을 실제로 알고 경험하며 믿는다는 것은, 일상생활의 지혜에 속한 일이 아니라 드높은 은혜의 순간에 속한 것입니다. 모레 아버님 기일에 당신 가족과 마음으로 함께할 것입니다. 그날 오후, 당신 외할머니께서 전화로 아버님의 전사 소식을 알려 주셨던 일을 잊을 수가 없습니다. 우리 가족이 부모님과 정원에 앉아 차를 마시려고 할 때였습니다. 그 순간 나는 당신이 잃은 것이 무엇인지 알 것 같았고, 정말 나 자신을 버리고 당신을 생각하며 당신의 슬픔에 동참할 수 있다는 생각이 들었습니다. 사랑하는 마리아, 당신의 믿음과 신뢰도 온갖 장애물을 통해서 자라고 있겠지요. 시편 30편, 저녁에는 울음이 기숙할지라도 아침에는 기쁨이 오리라는 말씀[19]을 어느 성만찬 때 듣고, 이 말씀을 특별히 사랑하게 되었습니다. 당신 가족들도 모레 성만찬을 하겠지요. 나중에 당신 아버지에 대해서, 그리고 당신이 원한다면 8월 22일[20]에 대해서도 많은 이야기를 들려주십시오. 그러나 차라리 침묵하는 것이 더 나을 수도 있을 것입니다. 세상에는 말할 수 없는 일도 많으니까요.

18. 시편 84편 11절, "여호와 하나님은 해요 방패시라. 여호와께서 은혜와 영화를 주시며 정직히 행하는 자에게 좋은 것을 아끼지 아니하실 것임이니이다."
19. 시편 30편 5절, "그 노염은 잠깐이요 그 은총은 평생이로다. 저녁에는 울음이 기숙할지라도 아침에는 기쁨이 오리로다."(DBW 8, 435)
20. 마리아 아버지가 소천하신 날.

벌써 편지를 줄여야 할 시간이군요. 당신을 생각할 때마다 떠오르는 생각들, 하고 싶은 말들은 거의 하지 못했습니다. 당신은 여전히 기다려야만 하고, 나는 여전히 확실한 기쁜 소식을 전할 수가 없군요. 이런 상태는 참으로 견디기 어렵습니다. 밤이 되어 별이 떠오를 때면 당신이 베를린에 있지 않다는 사실이 기쁩니다. 그러나 내가 불안해 한다고 생각하지는 마십시오. 이상하게도 불안하지 않습니다. 다만 가끔은 아마도 내가 너무 무디어져서 전혀 긴장하지 못하는 것은 아닐까 하는 생각이 들기도 합니다. 부모님께서 빠른 시일 내에 베를린을 떠나시기만 한다면 좋겠습니다. 부모님은 공습경보가 울려도 아무 동요가 없으시지만, 편히 주무시지 못하는 밤들이 이어지면 몹시 지치고 피곤해질 테니까요.

지난번 넣어준 소포에는 황홀한 딸기잼과 과자가 들어 있더군요. 그것을 만든 사람이 당신인지, 아니면 외할머니신지? 당신이 케이크를 직접 만들 수 있다면, 한 번 더 만들면 좋겠습니다. 케이크 맛이 너무 좋아서만이 아니라, 그 케이크를 먹으며 당신 생각을 하는 것이 좋아서입니다! 장모님께 마음에서 우러나오는 감사의 안부를 전해 주십시오. 잘 지내요, 사랑하는 착한 마리아. 조금 더 기다리면 아름다운 날이 올 거예요!

당신과 함께 기다리며, 항상 변함없는 당신의 디트리히

추신. 외할머니께 꼭 안부를 전해 줘요! 그분의 편지를 몹시 기다립니다!

사랑하는 디트리히!

1943. 8. 23, 패치히

오늘 당신이 제게 편지를 쓸까요? 마치 당신 곁에 앉아 있기라도 하듯, 당신이 움직이는 모습과 당신의 손, 당신의 눈을 자세히 바라보고 있는 느낌입니다. 당신이 보낸 너무나 사랑스러운 편지로 인해, 갑자기 눈부신 해가 떠오르기라도 한 듯 오늘 하루가 밝아졌어요. 단지 오늘 하루뿐 아니라, 금빛 찬란한 태양 한 조각이 제 마음속 깊이 스며들어, 비가 오고 폭풍이 몰아치는 날들이 이어져도 온몸에 온기를 주고 광채를 발하며 주위를 밝혀 줄 것입니다. 저는 당신이 보낸 편지뿐 아니라, 당신이 제게 편지를 쓰려는 마음이 있다는 사실만으로도 감사합니다.

어제가 아버지 기일이었음을 기억하시겠지요? 아버지는 새벽 세 시에 부상을 당하셨고, 그날 아침 여섯 시경에 돌아가셨습니다. 어제는 이른 아침 숲 속을 거닐며 회상에 잠겼답니다. 당신은 '왜'라는 질문을 던지는 것은 옳지 않다고 생각하시나요? 저는 진실하게 답을 구하지 않으면서, 원망과 비난이 가득한 마음으로 질문하는 것만이 옳지 않은 것이라 생각합니다. 모든 '왜'라는 질문에는 답이 있으며, 이 땅에서 이미 그 답을 찾을 수도 있다고 생각하니까요. 단지 우리가 느낄 수 없기 때문에 이해하지 못하는 것은 아닐까요? 우리가 더는 '왜'라고 묻지 않아도 된다면, 이미 우리 속에 그 답이 주어져 있는 것이 아닐까요? 다른 사람들처럼, 제가 낭만적인 성향을 가졌다고 말씀하지는 말아 주세요. 아버지는 희미해져 가는 기억 속에만 머물러 계신 것이 아니라, 지금도 아주 가까이 생생하게 살아 계신다고 생각해요. 그렇지 않다면, 아버지를 잃은 이 슬픔의 시간이 얼마나 더 감당하기 어려운 시간이 될까요? 저는 아버지가 당신을 무척 사랑하셨다고 믿어요. 왜냐하면 아버지는 그 누구보다도 저를 잘 이해하셨으니까요.

그리고 당신은 제게로 오셨고, 저는 당신을 너무도 사랑합니다. 제게 소원이 있다면, 당신에게 어울리는 돕는 배필이 되어 당신을 행복하게 해드리는 것입니다. 제가 어떻게 그런 사람이 될 수 있을지 알지 못하지만, 저에 대한 당신의 믿음 덕분에 용기를 얻어 감히 이런 소원을 품어 봅니다. 제가 그렇게 될 수 있도록 곁에서 도와주실 테지요?

당신으로 인해 저는 오직 감사할 뿐입니다.

당신의 마리아

* 1943년 8월 26일 면회 허가.

사랑하는 나의 디트리히!

1943. 8. 27. 패치히

지금 저는 다시 제 책상 앞에 앉아 있습니다. 모든 것이 이전 모습 그대로인데, 그 사이에 너무도 많은 일들이 있었군요. 당신이 병들어 고열에 시달리며 괴로워하는데도, 저는 그것을 까마득히 모르고 있었다는 사실에 생각이 미치면 지금도 온몸이 오싹해집니다. 이제야 겨우 조금씩 회복되고 있는 당신을 그곳에 홀로 두고, 이곳에 속수무책으로 앉아 있어야 하는 현실을 견딜 수 없습니다. 적어도 제가 아프기라도 하면 좋을 텐데! 그러나 저는 참담할 정도로 너무 건강하기만 하고, 제가 형통하게 잘 지내는 것에 대해 지금껏 한 번도 괴로워해 본 적이 없었습니다. 베를린을 떠나오는 것이 너무 힘들었고, 그곳에 더 오래 머물고 싶은 마음이 간절했습니다. 그러나 엄마는 저의 베를린 방문으로 인해 몹시 걱정하셨고, 당신의 안부를 전해 듣고서야 비로소 마음이 풀리셨습니다.

훗날 이 면회 시간을 우리는 어떻게 추억하게 될까요? 면회 시간을 돌아보며 한 치라도 괴로운 심정을 갖지 말기를 부탁합니다. 우리 둘만 있게 된다면 모든 것이 달라질 거예요. 아마도 우리 자신에 대해서나 그 외에 다른 모든 일들에 대해서 어처구니없어 하며 웃게 될 거예요. 그곳에 앉아 있으면, 솔직히 약간은 무대에서 질 나쁜 소설을 연기하기라도 하는 듯한 기분이니까요. 우리 둘의 겉치레 장식 욕구는 이것으로 충분하다는 생각입니다. 그러나 지난번 그 거칠고 막돼 먹은 상사는 아주 흥미롭군요. 그 상사가 우리 면회를 감시하는 일이 지난번으로 마지막이 아니라면, 다음 면회 때는 차라리 약삭빠르고 빈틈없는 다른 상사의 입회를 바라는 것이 낫겠습니다. 저의 조소를 용서해 주시고, 그럼에도 불구하고 당신을 다시 만나서 한없이 기쁘다는 사실을 믿어 주세요. 그러나 제가 목격한 당신의 모습을 잊을 수가 없습니다. 당신이 이성적이고 깊이 생각하는 사람이라는 사실을 몰랐다면, 아마도 저는 당신에게 행동 규범을 가르치는 장문의 편지를 썼을 것입니다. 그렇게 해서 효과가 있으면 제 마음에 평화가 찾아오리라 여겼을 테지요.

지금 저는 당신이 처참해 하며 슬퍼하리라는 생각을 떨쳐 버릴 수가 없습니다. 가련하고 선량한 나의 디트리히! 제가 당신에게 어떻게든 도움이 될 수 있다면! 권리를 주장할 수 있는 두 사람을 이유 없이 갈라놓는데도 힘없이 지켜보아야 한다는 것은 참으로 잔인한 일입니다. 저는 우리가 '천일야화' 속에 살았으면 좋겠다는 생각을 했습니다. 그러면 오래전에 요술 램프의 정령에게 미소 지었을 것입니다. 그러나 두려움으로 인해 자신의 권리를 주장하지도 못하고, 감옥에서의 면회 시간을 한 발로 선 채 겨우 기뻐하며, 한 달 전에 받은 편지로 인해 마치 삼층천[21]에라도 있는 듯 여기면서, 또 한 통의 편지를 기다리고 있다니요. 다른 약혼자들이 한없이 긴 편지를 매일 쓰는 것과는 어이가 없을 정도로 거리가 멀군요.

제펠트의 호흡 학교에 따르면, 당신이 무언가를 이를 악물고 참아 냈다면, 그 후에는 우선 숨을 완전히 내쉬는 것이 중요하다고 해요. 그렇게 하면 아주 효과가 있다는군요. 그것이 제게는 너무 힘들게 여겨지지만, 당신은 아마도 충분히 그렇게 할 수 있을 것이고, 그러면 병든 위장이 좀 나아질 것입니다.

이제 점점 더 추워지는군요. 당신에게 따뜻한 담요를 보내야 할지? 원하는 것이 있으면 너무 주저하지 말고 말씀해 주세요. 부모님께 짐을 지우고 싶지 않다면 제게 말씀해 주세요.

방금 엄마가 들어오셔서 침대로 가서 누울 것을 강하게 명하시는군요. 잘 자요, 당신! 곧 다시 편지를 쓸 거예요. 그리고 그 편지는 좀 더 사리 분별 있는 편지가 되기를 바랍니다. 그때까지 제가 당신을 사랑한다는 것과 오직 당신과 다시 만날 날을 소망하며 살아간다는 사실을 꼭 믿으셔야 해요.

당신의 마리아

추신. 당신이 더 많은 편지 봉투를 필요로 하지 않기를!

사랑하는 나의 마리아!

1943. 8. 27, 테겔

당신의 면회가 내게 주는 의미를 어떻게 설명해야 할지? 당신의 방문

---

21. '셋째 하늘'(고후 12:2), 곧 놀랍고 신기한 경험을 가리킴—옮긴이.

은 모든 어두운 그림자와 근심 걱정을 몰아내 주며, 하루 종일 크고 고요하게 흐르는 행복의 원천과도 같습니다. 갇혀 있다는 것이 무엇을 의미하는지 안다면, 그보다 더 큰 선물이 없음을 이해할 것입니다. 당신을 생각할 때 괴로워하지 않아도 되며, 당신 곁에 있기를 바라는 갈망으로 피곤해질 필요가 전혀 없고, 도리어 고요한 확신과 기쁨 속에서 당신을 생각하며 그리워할 수 있는 까닭은, 당신의 용감하고 선한 사랑의 마음 때문입니다. 당신이 일반적인 면회 시간이 아닌 시각에 나를 위해 면회를 요청했으며, 또 그 요청이 받아들여진 것으로 인해 당신에게 너무나 고마울 뿐입니다. 당신과 만난 후 다시 감방으로 돌아오면, 어쩌면 당신이 생각할지도 모를, 자유를 빼앗긴 절망감에 사로잡히는 것이 아니라, 당신이 나를 받아들였다는 놀라운 사실로 인해 감격하게 됩니다. 거절할 수 있는 타당한 이유가 너무나 많은데도 불구하고, 당신은 나를 받아들였습니다. 그리고 당신이 점점 더 자유롭고 확신 있게 "예"라고 말하고 있음을 느낄 수 있습니다. 이 사실 앞에 감옥의 모든 창살은 부서져 나가고, 당신은 내 곁에 있습니다. 그러면 꼭 잠긴 문 따위가 어쩌겠습니까. 최근에 파스퇴르[22]의 삶을 기록한 책에 나오는 약혼 이야기를 읽으면서, 미소를 지으며 나 자신과 연관시켜 보았습니다. 그는 장래 신부가 될 여인에게 이런 편지를 썼습니다. "어린 소녀의 환상을 불러일으킬 만한 것이 제게는 없습니다. 그러나 저를 잘 알게 된 사람들은 모두 저를 사랑했습니다." 그 편지를 읽고 그녀는 그를 받아들였지요. 나를 잘 알면서도 신의를 지키며 그 신의를 저버리지 않을 신실하고 좋은 친구들이 있다는 것 외에 아무것도 내세울 것이 없는 것은 나도 마찬가지입니다. 그리고 그러한 신실

---

22. 루이 파스퇴르Louis Pasteur, 「무지한 사람이 들려주는 어느 학자 이야기」*Geschichte eines Gelehrten, erzählt von einem Ungelehrten*,(1902), N. v. Mombert, 슈트라스부르크.

한 친구들이 당신의 가장 가까운 친족들 가운데도 있다는 사실을 당신이 간과했을 리는 없겠지요. 이제까지 아무 열매 없는 자기 비판의 시간 동안 많은 친구들의 신의와 사랑이 내게 다시 용기를 주었다면, 지금은 당신이, 곧 당신이 나의 아내가 되려고 한다는 사실이 삶에 대해 아주 새로운 신뢰를 안겨 주는 것을 느낍니다. 그리고 당신과 다시 한 시간 동안 만나고 난 후에는, 이러한 신뢰가 절대 사라질 수 없음을 생각합니다. 우리가 온전히 함께 있게 될 시간이 온다면, 그때는 어떻겠습니까!

당신과 외할머니 사이의 관계가 약간 상했다는 사실이 나를 매우 괴롭힙니다. 둘 다 나를 위해서라도 그렇게 하지 말아요! 둘 사이의 부조화는 아주 근소한 견해 차이에서 온다는 사실을 알고 있습니다. 그러니 서로 완전히 뜻이 일치하게 되길 바랍니다. 당신과 외할머니는 그럴 수밖에 없지 않을까요? 선하신 외할머니가 나의 현재 형편으로 인해 너무 크게 상심하고 계신 것이 마음 아프며, 자주 감사한 마음으로 그분을 생각합니다. 크뢰신에서 누렸던 그 아름다운 날들을 기억합니다. 우리는 빠른 시일 안에 그분을 방문해야 할 것입니다. 외할머니께서 우리에게 그분의 결혼반지를 선물하려 하신다니 얼마나 기쁜지 모르겠습니다. 금으로 만든 그분의 결혼반지는 넓고 두꺼워서 약간 구식이지만 굉장히 아름답습니다. 무엇보다 외할머니 댁에서 눈여겨보아 둔 아주 특별한 물건이 있습니다. 그것이 무엇인지는 아직 밝히지 않을 것이며, 지금 열 번째 계명을 어기지 않으려고 무진장 애쓰고 있습니다.

이 편지를 통해 짐작할 테지만, 이제 나는 아주 건강합니다. 당신의 방문이 결정적인 역할을 했다고 할 수 있지요. 오늘은 곡물을 갈아서 만든 따뜻한 수프와 위장에 좋은 적포도주를 집에서 보내왔고, 이제 모든 것이 다시 좋아졌습니다. 게다가 며칠 전부터 아주 좋은 대우를 받고 있습니다. 식사 때마다 나이프와 포크가 나옵니다! 그런데 그것으로 식사하는 것을 거의 잊어버리고 말았습니다. 그런 물건에 대해 아주 무관심해진다는 것이 참으로 이상할 정도입니다. 아마도 모든 사람이 그런 것은 아니겠지요. 지금 나는 당신 집에 뿌리내리는 모습이 어떠할지 상상해 봅니다. 때에 따라 자기 방에 숨어 있을 수 있다는 것도 나쁘지 않고, 그렇게 하는 것이 전혀 두렵지도 않습니다. 시골이 도시 사람들에게 주는 의미를 어느 정도 열어 놓는다는 의미에서도 그렇고, 언젠가 그런 시대가 도래하기를 바라면서 도시를 떠나 시골로 향하는 현상을 돕는다는 의미에서도 좋다는 생각이 드는군요.[23] 당신은 어떻게 생각하는지? 그렇다면 사실 아주 큰 성과가 아닐 수 없겠지요.

사실 이미 오래전에 장모님의 사랑에 넘치는 편지에 대한 감사를 직접 표했어야 마땅했습니다. 그분의 편지는 항상 큰 기쁨을 선사했습니다. 그러나 그때마다 좋으신 장모님이 당신에게 편지 쓸 기회를 놓치고 싶지 않은 내 마음을 너그러이 이해해 주시리라 생각하며 생각을 바꾸곤 했습니다. 정말 그렇겠지요? 당신의 생각은 어떤지 편지로 알려 주십시오. 장모님께 마음에서 우러나오는 감사의 안부를 전하여 주길 바랍니다. 어린 크리스티네로 인해 마음이 안됐어요.[24] 슈테틴의 외할머니 댁에서 며칠간 크리스티네를 본 적이 있고, 아주 깊은 인상을 받았던 기억이 있습니다. 형제자매들 모두에게 사랑의 안부를 전해 줘요.

사랑하는 마리아, 당신을 두 팔로 감싸며 당신의 디트리히

---

23. '도시로부터 떠나는 사회적 변화'가 올 것을 염두에 두고, 디트리히 본회퍼가 쓴 「세례식에 대한 생각 Gedanken zum Tauftag」 참조(DBW 8, 431).
24. 마리아의 여동생 크리스티네. 애칭으로 '이나'라고도 불리며, 알텐부르크 기숙 여학교 생활을 앞두고 있었음.

추신. 당신이 어머니께 가져다 드린 케이크와 모든 물건들에 대해 고마운 마음을 전합니다.

사랑하는 나의 디트리히!

1943. 9. 2, 패치히[25]

우편물이 나를 매우 나쁘게 대우하고 있습니다. 우체부가 나의 디트리히로부터 오는 편지를 전해 주지 않는답니다. 그래서 밤이면 최고조에 달했던 희망을 날마다 깊은 구렁텅이에 처박아 넣어 버리는군요. 이제는 최악의 추측까지 합니다. 아마도 영국의 폭격기가 내 소중한 편지를 폭파해 버렸을지도 모른다는······. 너무 끔찍한 생각이에요! 그러나 어쩌면 제국 고등군법회의 편지 담당자가 징병되었을지 모른다는 생각이 들기도 합니다. 그렇다면 적어도 전쟁이 끝난 후에는 편지를 받을 수 있을 테니 그나마 다행이지요. 어쩌면 내일이면 당신 편지를 받게 될 수도 있겠지요. 정말 그러리라 새삼스레 확신합니다!

이제 편지에 대한 답이 아니어서 당신을 지루하게 할 편지 한 통을 또 보냅니다.

무슨 말을 해야 할까요? 사실 당신에게 할 말은 오직 하나입니다. 당신을 무척 사랑하며, 저의 행동과 생각, 감정 모두가 당신에게 속해 있다는 것입니다. 지금 당신이 힘든 시간을 보내며 고통해야 하기에 저도 지금의 시간이 괴롭습니다. 그러나 당신을 향한 결코 흔들리지 않는 신뢰가 있기에 위로가 됩니다. 클라인-크뢰신에서 처음 만난 날

---

25. 이 편지를 디트리히는 한 달 후에야 받았음. 부모님께 보낸 1943년 10월 4일자 편지 참조. "9월 20일자 편지에 대해 감사를 드립니다. 동시에 9월 2일자 마리아의 편지가 3일 전에 도착했습니다."(DBW 8, 570).

부터 저는 당신을 신뢰할 수 있었고, 그 신뢰는 시간이 갈수록 더욱 커질 뿐입니다.

막스가 러시아 전선에 가 있는 동안, 우리는 정확하게 몇 날 몇 시 몇 분에 서로를 생각하기로 정해 놓았습니다. 우리는 그 시간을 결코 잊지 않았고, 그 시간이 되면 정말 우리가 함께 있는 것 같았습니다. 제가 언제 어떻게 당신을 생각하는지 알려 드릴까요?

아침 6시 잠에서 깨어 일어나 가장 먼저, 침대 옆 작은 서랍장에서 당신 사진을 꺼냅니다. 사진을 이불 위에 세워 두고는 말하지요. "좋은 아침이에요, 디트리히. 잘 주무셨어요? 당신은 즐거운 표정으로 제 생각을 하고 있나요? 저를 여전히 사랑하며, 우리의 미래에 대해 기뻐하나요?" 그렇게 많고 많은 이야기를 합니다. 그러다가 문득 대답을 믿을 수가 없어지면, 칼로 조각하여 만든 작은 갈색 상자를 열기만 하면 됩니다. 다행스럽게도 그 상자 속에는 당신의 답이 모두 문자화되어 들어 있으니까요. 당신도 아침마다 제일 먼저 매일의 성구를 읽나요? 우리가 아침마다 읽는 매일의 성구 책자는 엄마의 성경 읽기표와 함께 놓여 있으며, 8시 30분에 모두 함께 이 말씀으로 묵상하는 시간을 가집니다. 날마다 같은 말씀 아래 서서, 같은 목적을 가지고 생각하는 많고 많은 사랑하는 사람들이 있다는 사실은 참으로 놀랍지 않나요? 당신에게 묻고 싶은 말이 참으로 많은데, 우리가 함께 있게 될 날이 오면 대답해 주세요.

아침 묵상 시간 후 식사를 하고 나면, 두 시간에서 네 시간 정도는 완전히 당신의 것입니다. 우선 바이올린 연습을 하지만, 완전히 집중하지는 못하지요. 그렇다고 나무라지는 마세요. 제 바이올린 연주를 듣고 당신이 실망하는 표정을 지을 것이 염려되지 않았다면, 이 시간에 저는 분명히 나뭇가지에 걸터앉아 다리를 흔들며 푸른 하늘을 멍하니 쳐다보고 있을 테니까요. 우리의 소원과 관심 분야로 인해 약간은 속이 상한다는 사실을 이해해 주셔야 해요. 제 바이올린 연주의 첫 성과라고 할 만한 것은, 우리 집 손님으로 와 계신 노인, 과거 추밀 고문관이셨던 그분을 도망치듯 급히 산책길로 내몰았다는 것이니까요. 그런데 이제 막 두 살 반이 된 빌 뤼트게르트가 열광적인 팬이 되어 제 연주를 듣고 있습니다. 이상하게도, 평소에는 불안해 하며 어쩔 줄 모르는 아이가, 바이올린 소리만 들리면 제 안락의자에 꼼짝도 하지 않고 앉아서 시간 가는 줄 모르고 조용히 듣고 있습니다. 저로서는 아이의 그런 태도가 음악성에서 나오는 것인지, 아니면 그 반대인지 알 수가 없습니다. 바이올린 연습이 끝난 후에는 말을 타거나 산책을 하기도 하고, 한스-베르너와 함께 고무로 만든 차 앞좌석에 앉아 끝없이 당신 이야기를 하기도 합니다.

한스-베르너는 당신이 카알 마이의 책을 너무 적게 읽은 것이 분명하다는군요. 그렇지 않다면 감옥에서 도망쳐 나올 계획을 벌써 오래 전에 세웠을 거라고 하면서요. 당신이 카알 마이의 책을 좋아하지 않는다는 사실은, 차라리 입을 다무는 편이 나을 듯하여 말하지 않았답니다. 그 말로 인해 그가 결코 건너지 못할 선입견을 가지게 될까 봐서입니다. 한스-베르너는 당신이 말을 탈 수 있는지도 물었습니다. 저는 말을 탈 줄 모르는 사람과 내가 결혼하리라고 상상할 수 있는지 되묻는 것으로 답을 대신했습니다. 그러자 그는, 그것은 불가능한 일이라고 대답했지요. 사람들의 눈에는 제가 그토록 겉모양을 중시하는 사람으로 보일까요, 아니면 제가 정말 그런 사람일까요? 그렇다고 제가 승마에 특별한 재능이 있는 것은 아닙니다.

저녁에 하로를 데리고 숲으로 가서 나무 그루터기 위에 앉아 꿈을 꾸는 시간이 가장 행복합니다. 그러면 생각 속에서 당신에게 긴 편지를 쓰곤 한답니다. 그 편지는 편지지 위에 쓸 수 없는 것, 마음속에 있는 모든 것들과 당신에 대한 그리움을 모두 담아내지요.

무례하게도 어머님께 너무 자주 전화를 걸었습니다. 그리고 오늘, 드디어 당신의 건강이 정상으로 돌아왔다는 소식을 들었습니다. 어머님 말씀을 믿어도 되겠지요?

이제는 아주 건강하셔야 합니다. 그것이 가장 중요해요.

깊은 마음을 담아, 당신의 마리아

사랑하는 나의 디트리히!

1943. 9. 5, 패치히

오늘 당신의 편지를 받았습니다. 드디어, 드디어 8월 12일자 당신 편지가 왔습니다. 이 편지가 제게 주는 의미를 어떤 말로 설명할 수 있을까요? 마음속에 있는 모든 것이 감동하고 흥분하여, 당신과 보이지 않는 끈으로 연결되어 있음을 기뻐합니다. 무엇보다도 우리 관계가 불완전하다고 고통스러워할 필요가 없으며, 이 편지를 통해 당신 곁에 있을 수 있어 기쁩니다. 당신은 단절된 관계로 인해 얼마나 자주 괴로워해야 할까요? 당신 편지 같은 그런 편지를 쓸 수 없어 마음이 아픕니다. 제가 이해할 수 없는 것이 너무 많아요. 당신이 날마다 붙들고 씨름하는 문제들 대부분이 제게는 생소할 뿐입니다. 마음으로는 당신을 아주 확실하고 정확하게 알고 있다고 믿지만, 당신 외부에서 일어나는 일들은 대부분 부딪칠 엄두조차 나지 않아요.

그런데 단순한 저의 존재가 당신에게 의미가 있다고 하시니 감사합니다. 때로는 제가 당신에게 힘이 되기는커녕, 도리어 힘을 빼앗는 존재는 아닐까 하는 생각이 들기도 합니다. 당신이 현재 형편을 견디어 내기 위해 필요할 그 힘을 제게 주고 있지나 않을까 싶어서요. 저를 생각하면 당신 마음이 무거워질 수도 있을 테니까요. 이 모든 사실들 앞에 저는 한없이 연약하고 작은 모습으로 서 있음을 느낍니다. 그러나 당신의 편지로 인해 너무 감사합니다.

그래요, '시험의 때가 선물'이라는 당신의 말은 옳아요. 사람들은 너무 쉽게 시험이 무거운 짐일 뿐이라고 단정하지요. 그러나 나중에 돌이켜 보면, 그것은 짐이 아니라 선물이었음을 불현듯 깨닫게 되는 경우가 종종 있습니다. 어떤 목적에 대한 열망으로 고난을 감내하며 미래를 꿈꾸는 것은 참으로 매혹적인 오류가 아닐까요? 미래라는 작은 돌이 그림자가 되고 배경이 되며 틀이 된 삶의 그림은 결국 차디찬 윤곽만 그려져 있을 뿐이니까요. 지금 주어진 순간을 온전히 살아가는 사람만이 앞으로 닥쳐올 일이나 필연적으로 일어나게 될 일을 받아들일 준비가 되어 있는 것입니다. 그런 자세 없이는 과거에 대한 감사도 현재에 대한 용기도 잃어버리게 됨을 수없이 발견하게 되니까요. 제게 시험의 때가 필요하다는 사실을 저도 잘 알고 있습니다. 그로스 티코브에서 저는 이미 그 사실을 깨달았습니다. 웃지 마세요. 저는 당신을 속일 수도 없고 또 속이고 싶지도 않기에, 마땅히 시험이 필요하다고 생각했습니다. 그러나 당신이 왜 감옥에 있어야 하는지, 저로서는 이해할 수도 없고 정당하다고 인정할 수도 없어요. 시험의 시간이라는 말은 사실 아주 잘못된 표현입니다. 이 말은 이 시간을 통해 더 나아질 수 있다고 생각하는 것처럼 들리니까요. 그러나 당신의 편지를 통해 분명히 알게 되는 것은, 우리가 같은 의미로 이 말을 사용한다는 것입니다.

"우리의 결혼은 하나님이 지으신 땅에 대한 긍정이어야만 한다"[26]는 당신의 말은 참으로 아름다운 표현이에요. 디트리히, 이 말로 인해 당신에게 감사드립니다. 그리고 이 말로 저의 무례한 말투를 조금이나마

---

26. 1943년 8월 12일자 디트리히의 편지 참조.

책망해 주셔서 감사합니다.

　엄마가 크니프호프[27]에 가 계시기 때문에, 저는 다시 집의 여주인 행세를 하고 있습니다. 엄마가 당분간 그곳에 계시기로 한 것은 참 잘 한 일입니다. 엄마는 지칠 대로 지친 상태이면서도, 스스로는 자신의 상태를 눈치채지 못하고 있었습니다. 지금 교회 목사님까지 우리 집으로 들어와 계시는데, 엄마에게는 아주 치명타가 되었습니다.

　월요일에 베를린에 갔습니다. 공습으로 인해 훼손된 집에서 슈페스 이모의 물건들을 챙겨오기 위해서였지요. 당연히 당신 부모님 댁에도 들렀습니다. 제가 얼마나 자주, 때로는 아무 예고도 없이 그분들을 찾아가는지, 거의 무례한 수준입니다. 그렇지만 그곳에 가는 것이 너무 좋아요. 당신 고향의 공기를 마실 수 있어 좋고, 당신 어머니가 저를 너무 사랑하시고 잘 대해 주셔서 좋습니다. 정말이지 그런 내용만으로도 편지 한 통을 꽉 채울 수 있을 것 같아요.

　저는 어릴 때부터 나쁜 시어머니가 등장하는 동화를 좋아하지 않았고, 또 그 내용을 믿지도 않았습니다. 그런데 지금은 자격 없는 며느리를 마음이 뭉클해지도록 사랑하며 선하게 대할 수 있다는 사실이 오히려 이해가 되지 않을 정도입니다. 그리고 당신 아버지! 저는 당신이 그분의 아들이라는 사실 한 가지만 보고도 당신과 결혼할 수 있을 것 같아요.

　어쩌면 배르벨과 도도, 크리스티네가 주말에 저를 방문할 것 같습니다. 그러나 셋 모두 이 방문을 앞두고 약간 두려워하는 것 같아요. 어쩌면 제게 숙모 자격이 보이지 않아서가 아닐까 싶기도 합니다. 그들의 모습에서 얼핏 당신의 모습을 봅니다. 그게 얼마나 오래 지속되

---

27. 마리아의 언니 룻-앨리스 폰 비스마르크의 집. 포메른 지방의 나우가르트 지역에 속해 있던 크니프호프는 비스마르크 가문의 영지로, 오토 폰 비스마르크 영주가 살았던 곳.

는지는 묻지 마세요. 어제는 이웃 사람의 딸과 막스 오빠의 친구와 함께 텔레만트리오 연극을 했어요. 사실 아주 쉬웠지만, 극을 상연할 수 있다는 것만으로도 대단히 뿌듯했습니다. 그러나 당신 앞에서 연극을 해야 한다면, 벌써부터 떨리기 시작하네요.

마지막으로 건강하시길, 저를 생각해서라도 다시는 아프지 마세요. 당신은 아주 멀리 떨어져 있지만, 저는 당신 가까이 있습니다. 제 곁에 머물러 주세요. 저는 언제까지나 당신 곁에 머물러 있을 거예요.

당신의 마리아

사랑하는 나의 마리아!

1943. 9. 9. 테겔

그렇다면 벌써 한 달씩이나 내 편지가 오기를 기다렸다는 말이군요? 도저히 이해할 수 없는 일이며, 온몸이 오싹해지기까지 하는군요. 정확하게 4일마다 한 통의 편지를 부모님과 당신에게 번갈아 가며 보냈습니다. 단 한 번 9월 5일자 편지만 폭격 경고로 인해 예외적으로 부모님께 편지를 보냈습니다. 그러고 보니 내게도 비슷한 일이 있었군요. 당신이 면회 후 보냈다는 편지는 아직도 받지 못했고, 어제는 8월 27일자 편지가 왔습니다. 부모님과 형님, 누이들로부터도 8월 11일에서 30일 사이에는 편지가 없었습니다. 폭격으로 인해 제국 고등군법회의[28] 사무실을 옮겨야 하는 혼란스러운 상황 속에서 편지들이 사라졌을 수도 있으리라 생각합니다. 갑자기 제국 고등군법회의로부터 전

---

28. 베를린 폭격이 점점 더 심해졌으므로, 제국 고등군법회의 상당 부분이 토르가우로 옮겨졌고, 편지 검열이나 면회 신청 등의 업무 역시 그곳에서 행해졌음.

혀 이해할 수 없는 소환이 있기도 했습니다. 당분간 부모님을 통해 당신에게 편지를 보내는 것이 좋겠다는 생각이 드는군요.[29] 어쩌면 그 작은 혼란이 우리에게 불안을 안겨 주었을 수도 있을 테니까요. 참 이상도 하지요. 감옥에 갇혀 있으면 한편으로는 멀리 내다보며 생각하는 법을 배우지만, 다른 한편으로는 편지라든지 소포 등 분명하게 예정된 것을 기다리다가 하루 이틀 늦어지면 어리석은 생각에 시달리게 됩니다. 그래서 그런 생각이 어이없는 생각일 뿐이라며 애써 부인해야 합니다. 이것이 스토이커[30]가 아닌 보통 사람들의 모습입니다. 나는 스토이커가 아니며, 그런 사람이 되고 싶지도 않습니다.

그런데 아직도 나의 건강에 대해 염려하고 있는 당신을 책망해야겠습니다. 3일 동안 금식을 한 후에 약간의 열이 있는 것은 전혀 이상하다고 할 수 없습니다. 게다가 이제는 다시 이전처럼 건강 상태가 양호합니다. 우리는 서로 아프다고 하면 그렇게 알고, 또 다시 건강해졌다고 하면 그 말 그대로 믿어야 한다고 생각합니다. 그렇게 하지 않으면, 나중에 우리는 끝없이 병든 상태로 살게 될 것입니다. 많은 부부들이 그러하듯, 적어도 상대방의 눈에는 그렇게 보일 수 있겠지요. 그것은 바람직하지 않습니다. 결론적으로 나는 건강하며, 보내 준 소포와 음식 덕분에 오래전에 금식 후유증은 회복되었습니다. 솔직히 말해서 당신이 말한 '호흡 훈련'의 도움은 전혀 필요하지 않았습니다. 물론 그렇게 하는 것을 비웃지는 않습니다. 당신도 나와 같은 생각이 아닐까요?

당신이 지금 베를린에 있지 않아서 다행입니다. 그 사실이 폭격 경고가 있는 밤을 덜 힘들게 보내도록 합니다. 당신은 지금 34명이나 되

---

29. 1943년 8월 20일자 디트리히의 편지 참조.
30. 스토이커Stoiker. 스토아 학파 철학자, 금욕주의자나 사물에 동요하지 않는 냉정한 사람을 일컫는 말— 옮긴이.

는 사람들을 돌보느라 할 일이 태산 같겠군요. 그 많은 사람들을 돌보며 가사를 꾸려나가는 당신의 모습을 그려 보면, 마음에 잔잔한 평화가 찾아옵니다. 나는 그 모습을 가능한 모든 방향에서 온갖 색상을 동원하여 그려 보며 기쁨을 맛봅니다. 그 모습은 확신과 행복을 주는 그림이며, 안식을 주는 그림입니다. 그 모습을 직접 보며 감탄하고 기뻐하게 될 날은 언제나 올까요? 일상생활에서 일어나는 모든 일을 함께 누리며, 우리의 희귀한 약혼 기간에 대해 회상하게 될 날은 언제나 올까요? 그리 오래 걸리지는 않을 것입니다. 이 힘든 기다림의 시간을, 우리와 함께하시는 하나님의 길로 생각하며 마지막까지 인내함으로 기다립시다. 그러면 이 시간이 우리에게 어떤 유익이 되었는지 좀 더 잘 이해하게 될 날이 올 수도 있겠지요. 사랑하는 나의 마리아, 이 어려운 시간을 당신과 하나 되어 보내는 것이 내게 어떤 의미가 있는지, 당신은 상상조차 할 수 없을 것입니다. 당신의 인생길이 너무 이상하게 느껴지는 순간도 있을 테지요. 그러나 산을 오를 때도 우리는 꼬불꼬불한 길을 타고 올라가야 합니다. 그러지 않고서는 전혀 올라갈 수 없으며, 산 정상에 올라가서 내려다보면 왜 그렇게 올라와야만 했는지 잘 알게 됩니다. 고트프리트 아놀드가 쓴 찬양 가사를 읽어 보길 바랍니다. 거의 알려져 있지 않은 노래인데, 저는 이 노래를 아주 좋아합니다. 교회에서 찬양으로 부르기에는 내용도 멜로디도 너무 어렵지만, 가까이 하면 할수록 점점 더 좋아집니다. 이 찬양은 '하지만 당신은 그렇게 인도하십니다 …'로 시작하며, 찬양집에 실려 있습니다.[31] 방금 8월 23일자 당신의 편지가 도착했습니다. 당신 아버지 기일 다음날이군요. 그 편지에 대한 답은 바라지 않으리라 생

---

31. 고트프리트 아놀드Gottfried Arnold의 찬양 가사. "주여, 당신은 당신에게 속한 자들을 참으로 축복된 길로 인도하십니다." 브란덴부르크와 포메른 지방의 「기독교 찬송가」에 들어 있음.

각합니다. 편지로 답할 수 있는 것이 아니니까요. 내가 할 수 있는 일이란 당신의 편지에 대해 감사하는 것뿐입니다. 아, 정말이지 우리 둘만 만나서 서로 이야기하며 함께 패치히의 숲 속을 거닐게 될 그 시간이 오기를!

　당신 어머니에게 특별한 사랑의 안부를 전해 주세요. 그리고 당신 언니와 동생들 모두에게도. 나의 착한 마리아, 잘 지내요. 당신은 아침부터 저녁까지 하루 종일 나와 동행하고 있습니다. 하나님께서 당신과 우리 모두를 보호해 주시기를!

온 마음을 다해, 당신의 디트리히

사랑하는 디트리히!

1943. 9. 13., 슈타가르트Stargard

이곳은 슈타가르트의 휴게소예요. 편지를 쓰기에 가장 부적절한 장소가 아닐까 하는 생각이 드는 곳입니다. 그러나 이나가 이미 당신에게 보낼 편지를 훌륭하게 완성한 마당에, 제가 그렇게 하지 못할 이유도 없겠지요. 무엇보다도 당신에게 편지 쓸 기회를 놓치지 않으려면 서둘러야 합니다.

　합당한 이유를 대며 항의도 해보고, 인상을 찌푸리며 못마땅한 표정을 지어 보기도 했지만, 가족회의에서는 저를 8일간 클라인-레츠로 보내기로 결정했습니다. 그곳에서 '휴양'을 하며 클라우스 형부와 즐거운 시간을 보내라는 것이지요. 어쩔 수 없이 위에 있는 권위에 순복하기는 했지만, 그 전에 패치히에서 클라인-레츠로 가는 문제를 두고 45분 동안 긴급 면담을 시도해 보기도 했습니다. 그곳에서 베를린까지 기차를 타고 가는 시간은, 당신이 저를 마중 나올 수 있도록 도착을 알리는 전보를 쳤을 때 걸리는 시간과 거의 비슷합니다. 어쨌든 우리 사이의 재회가 미루어지는 일은 결단코 없어야 할 거예요.

주일에는 쉰라데에서 열린 기념 예배에 참석했어요. 제 사촌이자 그 집의 장남인 막스 게오르크가 전사했습니다. 너무너무 슬픈 일이에요. 이곳 포메른과 노이마르크 지방에서 아들을 전쟁터에서 잃어버리지 않은 가정은 눈을 씻고 찾아보아도 찾기 어렵습니다. 매일 전사자 명단이 날아들며, 이탈리아에 가 있는 세 명의 사촌에 대해서도 아무 소식이 없습니다.

나중에 우리 함께 쉰라데를 방문하도록 해요. 쉰라데는 아버지의 고향이며, 여기저기 아버지가 들려주신 청소년 시절 에피소드가 살아 숨쉬고 있는 곳이랍니다. 저는 쉰라데를 사랑합니다. 아버지도 쉰라데를 몹시 사랑하셨으며, 저와 아버지는 그곳에 가기만 하면 은밀하게 둘만의 마음의 축제를 열곤 했지요.

가끔 저는 당신이 우리 가문의 대가족을 어떻게 감당할 수 있을까 생각하면 아찔해집니다. 그들은 요즘 사람들과 너무 다르며, 놀라울 정도로 고지식합니다. 그리고 저도 절대적으로 그들의 일부분이지요. 그 속에서 당신의 자리를 찾고 자연스러워지기란 쉽지 않을 것입니다. 그러나 제가 항상 함께할 것이며, 할 수 있는 대로 당신에게 도움이 되어 드릴 거예요.

다시 면회 신청을 해놓았습니다. 엄마는 제가 앞으로 무엇을 할 계획인지 알고 싶어 하십니다. 그런데 지금 저는 자기 미래를 혼자 결정할 수 없음을 알게 되었습니다.

의사들은 제가 다시 독일 적십자사에서 일하는 것이 좋겠다는 의견입니다. 그렇게 하는 것도 좋겠지만, 어쩌면 이전과 같은 일이 똑같이 반복될지도 모릅니다. 무엇보다 결혼한 후 당신이 태우거나 지나치게 짠 음식을 일주일에 한 번 이상 먹지 않게 하려면, 우선 요리부터 배워야 해요. 아마도 다른 직업 훈련을 시작하거나 대학에 가는 것도 하나의 방법이 될 것입니다. 이 모든 일에 대해 당신과 상의해야겠어요. 다시 뭔가 의미 있는 일을 하고 싶은 마음은 분명합니다. 그리고 엄마도 저와 같은 생각이어서 다행입니다.

지금은 벨가르트 대기실, 다시 잠시 쉬었다가 가는 역입니다. 잠시 후면 기차는 그로스 티코브를 지나가게 됩니다.[32] 제 인생에서 그로스 티코브만큼 괴로운 기억을 남긴 곳은 없을 거예요. 그러나 제 앞에 놓여 있는 그날 저녁의 산책로를 보니, 갑자기 지난날의 시간에 대해 감사하게 되는군요. 그리고 그 시간을 다른 무엇과도 바꾸지 않을 것입니다. 그때 제가 결코 경솔했다고는 생각하지 않습니다. 그러나 거기에 대해서는 당신이 저보다 더 잘 대답해 줄 수 있겠지요.

다시 기차가 떠납니다. 클라인-레츠에서는 더 나은 편지를 쓰도록 하겠습니다. 그러나 당신 눈에는 더 나아 보이지 않을 수도 있겠군요. 제 생각은 언제까지나 당신 곁에 머물러 있으며, 당신 편지를 읽기만 하면 다시 기쁨과 확신을 얻게 됩니다. 당신도 저와 마찬가지이기를, 그러면 모든 것이 다 잘 될 것입니다.

당신의 마리아

사랑하는 마리아!

1943. 9. 20, 데겔

내일이면 가을의 문턱에 들어서는군요. 지난주에 올해는 가을이 빨리

---

32. 그로스 티코브 영지의 폰 클라이스트 부인은 1943년 1월 24일, 마리아가 1942년 12월 31일까지 이곳에서 가사와 부엌일을 도우며 의무의 해를 보냈다는 증명서를 써 주었음. 이 기간에 그녀가 겪은 일들에 대해서는 부록 참조.

왔다고 하는 말을 들었을 때, 저는 그 말을 듣고 싶지 않았습니다. 이 곳에서는 바깥에 있을 때에 비해 계절의 변화가 훨씬 견디기 어렵게 느껴집니다. 지금 당신은 늦은 저녁 시간이나 이른 아침 시간, 많은 시간을 숲 속에서 보내겠군요. 저는 안개 낀 가을 아침에 서서히 밝아오는 여명을 무척 좋아합니다.

당신이 어디에 있든, 매일 매시간을 나와 함께 기다리고 있음을 알고 있습니다. 이 기다림의 시간이 우리에게 어떤 의미가 있는지, 표면적으로는 이해하기 어렵더라도 내적인 의미는 매일 새롭게 찾아야 할 것입니다. 지난 몇 달 동안 우리는 무척 어려운 시간을 견뎌야 했습니다. 오늘날 우리에게 시간은 가장 소중한 재산일 것입니다. 왜냐하면 자신에게 주어진 시간이 얼마나 남아 있는지 아무도 예측할 수 없기 때문입니다. 그러나 나는 우리가 서로 떨어져서 보내야 하는 이 힘겨운 시간이, 우리 둘에게나 또 각자의 인생에서나 결코 잃어버린 시간이라고 생각하지 않습니다. 우리의 생각과 소원과는 다른 방식으로 일이 진행되어 왔지만, 우리가 살고 있는 시간은 어차피 예전과 다르며 또 앞으로도 쉽게 바뀌지 않을 것입니다. 유일하게 중요한 것이 있다면 우리가 하나라는 사실과 서로를 위해 살아가는 자세가 아닐까 싶습니다. 1년 전 우리의 인생길이 서로 교차하지 않았더라면, 당신의 삶은 지금과는 상당히 달라졌을 것이며 훨씬 쉽고 평탄했을 것입니다. 그러나 이러한 생각은 나를 몹시 괴롭히면서 순간적으로 스쳐 지나가는 인상일 뿐입니다. 우리가 서로 만나야만 했던 숙명의 순간에 대해, 당신 생각도 나와 다르지 않을 것이라 믿습니다. 분명 우리도 기쁘고 아름다운 인생을 동경하며, 그러한 시간이 오기를 애타게 기다리지만, 근본적으로 우리 둘 다 쉬운 인생을 살고자 하는 갈망은 없다고 생각합니다. 우리에게 행복은 많은 사람들이 이해할 수 없고 앞으로도 이해하지 못할 곳에 깊숙이 숨겨져 있다는 생각이 듭니다. 우리는 근본적으로 삶의 과제를 찾고 있으니까요. 지금까지는 삶의 과제를 각자 찾으며 살아왔다면, 앞으로는 공동의 과제를 찾으며 살아가게 되겠지요. 그러기 위해서는 우선 함께 자라가야 할 것입니다. 물론 하나님께서 그러한 시간을 허락해 주신다면!

다시 당신의 편지를 애타게 기다리고 있습니다. 지금은 모든 것이 너무 불규칙하기만 하군요. 지난번 넣어준 소포에, 언젠가 부탁한 적이 있는 직접 만든 과자가 들어 있더군요. 매일 오후만 되면, 그 과자는 내게 기쁨을 주며 회상에 젖어 들게 합니다. 그 모든 것에 대해 감사의 마음을 전합니다. 장모님께도 감사의 마음을 전해 주십시오. 다시 많은 책을 읽고 있으며, 또 새로 습작을 시도했습니다. 그러나 그러한 일들은 내 인생에서 그다지 중요하다고 생각되지 않습니다. 나중에 내가 쓴 글을 당신에게 읽어 주고 싶군요.[33] 그러면 당신은 그 글을 다듬기도 하고, 여러 생각들을 정리하는 데 도움을 주기도 하겠지요. 사르디니엔에 가 있는 콘스탄틴 폰 클라이스트-레초브로부터 소식이 있는지 궁금합니다.[34] 나의 사촌인 한스-크리스토프 폰 하제가 최근 칼라브리엔에서 군목으로 섬겼습니다. 그에게는 다섯 명의 어린 자녀가 있지요. 그가 어떻게 지내고 있는지? 전사한 쇤라데의 사촌[35]과는 가까운 사이였나요? 당신 가족들이 얼마나 힘든 시간을 보내고 있을지! 사랑하는 마리아, 잘 지내길 바랍니다. 그리고 조금 더 기다려 주십시오. 당신이 나와 함께 기다리고 있다는 사실을 아는 것이 얼마나 큰 힘이 되는지 모릅니다. 장모님과 형제자매들에게 안부를

---

33. 디트리히가 옥중에서 시도했던 습작을 말하며, 드라마와 소설 형식의 문학 작품. 특히 소설에는 약혼녀 마리아와 그녀의 가문이 등장함. 본회퍼 전집 7권 「테겔에서의 단상들 Fragmente aus Tegel」 참조.
34. 7월 10일 연합군은 시칠리아에 상륙했으며, 7월 25일 무솔리니 정권이 무너졌고, 이탈리아와 연합군 사이에 휴전이 성사됨. 결국 9월 9일 연합군의 '오버로드 Overlord 작전'으로 남이탈리아 전선의 독일군들은 퇴각 일로에 접어들게 되었음.
35. 1943년 9월 13일 마리아의 편지 참조.

전해 주십시오. 머지않아 사랑하는 가족과 친구들 곁에 있게 될 것입니다. 오래 걸리지 않을 겁니다. 그때까지 인내하며 선한 용기를 가지기를!

           온 마음을 다해, 당신의 디트리히

1942년 키코브에서 룻 폰 클라이스트-레초브 부인과 함께한 디트리히 본회퍼(가운데).

본회퍼가 테겔 형무소에서 부모님께 보낸 첫 편지(20페이지 참조).

지금 당신 편지를 수없이 반복해서 읽는 가운데, 당신과 함께 보낸 지난 시간들, 베를린에서의 하루를 기억하고 다시 기뻐하게 되었답니다. 보세요, 당신은 끊임없이 저를 돕고 계시는군요.

1943년 9월 21일,

본회퍼는 새로 작성된 체포 명령과 함께 제국 고등군법회의 공소장을 받았다. 본회퍼에게 호의적이었던 법조인, 재판장 삭 박사와 고등군법회의 변호사 크라엘 박사는 사건 조사를 맡은 뢰더 검사가 내란죄나 반역죄의 죄목을 씌우지 못하게 하는 한편, 제3제국 독일 공군 재판장이라는 승진을 통해 뢰더를 램베르크로 보내는데 성공했다. 그러나 징병을 기피한 '국방력 저하'라는 죄목은 그다지 명예롭지 못했고, 그 죄목만으로도 충분히 위태로웠다. 이미 이러한 사실을 분명히 내다보았던 본회퍼는 9월 20일 유서를 작성했다.

1943. 9. 21. 패치히

만세, 만세, 만세, 할렐루야! 나의 디트리히에게서 온 편지로 인해 너무나도 행복합니다.

사랑하는 나의 디트리히, 어떻게 당신은 이토록 멋진 편지를 쓸 수 있을까요! 편지의 문장 하나하나, 단어 하나하나, 그리고 당신의 글씨체와도 저는 사랑에 빠졌습니다. 저는 편지를 읽고 또 읽습니다. 편지를 읽고 있으면, 당신과 얼마나 아름다운 대화를 나누게 되는지 모릅니다. 이 편지는 당신이 9월 9일 보낸 것이어서, 저는 달력에 여러 가지 모양의 표시를 해보았답니다. 그 전에 받은 편지는 8월 12일에 보낸 것이니, 그 사이에 두 통의 편지가 더 있다는 결론이 나옵니다. 그 두 통의 편지가 실제로 존재하며, 저에게 오고 있는 중이라는 사실을 아는 것만으로도 하늘을 날 듯 기뻐요. 그러나 지금은 손에 들고 있는 편지만으로 온전히 기뻐하며, 당장 당신에게 답장을 써야겠습니다.

당신이 저를 꾸짖어 주시다니 얼마나 좋은지 모르겠군요! 저는 당신의 책망을 들을 준비가 되어 있지만, 당신이 그렇게 할 수 있을까 의구심을 가졌습니다. 저 역시 당신에 맞서 잔소리를 할 수 있을까요? 아마도 언젠가는 그런 날이 올 수도 있겠지요.

한 사람이 아픈 경우에 어떤 자세를 가져야 할지 제안하셨지요. 저는 오늘 질병 문제에 대한 당신의 제안에 수긍하며 서명함으로써 건강을 믿겠습니다. 이 조약을 깨는 사람은 엄중한 벌을 받을 각오를 해야 할 것입니다. 이미 어떤 벌이 좋을지도 생각해 두었습니다.

제 손으로 직접 혼수를 만든다는 것은 사실이 아닙니다. 당신이 꿈을 꾸지 않았다면, 제가 거짓말을 한 것이라고 생각할 수밖에 없군요. 옷감을 아끼기 위해서라도 제가 직접 바느질을 하지는 않습니다. 오기로 했던 재단사는 오지 않았습니다. 그렇다고 염려할 필요는 없어요. 혼수 준비에는 차질이 없을 것입니다. 지금 저는 가구 준비에 마음을 쏟고 있습니다. 당신이 각양각색의 색상으로 그려 보고 싶다면, 제 소파에 아주 보기 싫은 안락의자가 안성맞춤일 거예요. 물론 안락의자를 만들어 줄 가구 제작인과 그 의자에 쿠션을 넣어 줄 피혁 세공인, 그 두 가지 일에 적당한 조언을 할 수 있는 실내 디자이너까지도 생각해 보았지만, 안락의자의 재질은 정말 보기 흉합니다. 그런데도 사람들은 제가 그 물건을 손에 넣은 것만으로도 찬양의 노래를 부를 이유가 충분하다고 생각하는 듯합니다. 폭격을 피해서 패치히에 와 있는 실내 디자이너는 아주 세련된 사람입니다. 그의 취향이 저와는 맞지 않지만, 적어도 함께 와야 하는 것이 무엇인지, 이 물건을 어떻게 손을 보아야 할 것인지에 대해 적절한 조언을 할 수는 있겠지요. 가구 제작인에게 침실을 만들도록 하는 것도 하나의 방법이 될 것입니다. 어느 정도 설계도가 그려지나요? 그러면 당신이 원하는 방 구도를 그려서 보내주세요. 또 한 가지 큰 문제가 있는데, 커튼과 전등, 그릇 등을 준비해야 하는 것입니다. 우리가 사는 방을 산뜻하게 꾸미기 위해서는 꽃병도 없어서는 안 되겠지요.

 지금 저는 다시 가정주부 역할을 하고 있습니다. 엄마는 야흐린[1]에 가 계시고, 아마도 한 달 정도 그곳에 머무실 거예요. 가정주부 역할은 무척 재미있기도 하지만, 때로는 쉬운 일이 아니랍니다. 오늘 기마 사열 장교가 예의를 갖추어 저를 방문했는데, 마침 저는 병든 하로를 치료하기 위해 소매를 걷어 올리고 지저분한 장화를 신은 모습으로 짐승 우리 안에 있었지 뭐예요. 어제는 일꾼들의 아내 두 명이 서로 다툰 후 찾아와서는 싸움을 중재해 달라고 요청했습니다. 이유인즉, 한 여인의 돼지가 더 이상 새끼를 낳지 못하는 까닭이 다른 여인이 마법을 걸었기 때문이라는 것입니다. 저녁에는 폴란드인 가정이 아기가 병들

---

1. 크니프호프에 속한 부속 영지.

었다며 저를 불렀는데, 그토록 불결한 모습은 처음 보았습니다. 천 조각 하나가 걸레로도, 아기의 기저귀로도, 손수건으로도 쓰이는 것이었습니다. 이 불결한 상황에 변화를 주고자 한 저의 시도는 강력한 반대에 부딪혀 무산되고 말았습니다.

오늘 밤에는 별들이 반짝이는 하늘 아래 두 시간이나 하로와 함께 애마 한니발을 타고 달렸습니다. 정말 아름다운 시간이었어요. 언젠가 당신과 함께 말을 탈 수도 있을 것이라 생각하니 더욱 좋았습니다. 밤에 말을 타고 달리는 기분이 얼마나 좋은지 아는 사람은 아주 드물답니다. 다만 엄마는 제가 밤에 말을 타고 나가는 것을 좋아하지 않습니다. 도망친 러시아 사람이라도 만나게 될까 봐 두려워하는 것이지요. 그래서 에리히[2]가 저와 함께 동행해야만 합니다. 어린 시절 우리는 자주 돌림 노래를 부르곤 했습니다. "계곡에는 안개가 자욱하나, 높은 하늘은 청명하네. 사람들이 우리에 대해 하는 말이 모두 진실은 아니라네." 우리가 함께 살게 되면, 그 돌림 노래를 가르쳐 드리겠어요. 그리고 그 노래를 자주 정말 아름답게 부를 거예요. 결국에는 사람들이 인정하지 않으면 안 될 정도로![3]

28일에는 크리스티네를 알텐부르크로 데려다 주어야 합니다. 돌아오는 길에 당신 집에 들러 어머님을 찾아뵈려 합니다. 어쩌면 다시 당신의 편지가 와 있을지도 모르겠군요.

빠른 시일 내에 또 편지를 쓰겠습니다. 그리고 당신을 생각할 것입니다. 무언가 기뻐할 일이 있는 한, 항상 감사하는 마음을 잊지 말아야 하겠지요.

지난 폭격은 정말이지 무시무시했습니다. 지금 저는 당신이 이곳으

---

2. 에리히 리제는 패치히의 마부이며 운전수였음.
3. 마을에 떠도는 마리아의 약혼과 디트리히의 구속에 대한 소문과 험담을 겨냥하여 부른 돌림 노래.

로 옮겨질 수 있도록 청원해 볼까 하는 생각을 합니다. 아마도 제가 탁월한 간수 역할을 한다거나, 수도원 하나를 하사받기라도 한다면 일이 성사될 수도 있지 않을까요?

당신의 안부 인사는 모두에게 아주 정확하게 전달하고 있어요. 한스-베르너는 당신의 편지가 올 때마다 자기를 향한 안부가 있는지에 대해 중요한 가치를 부여하고 있습니다.

평안을 비는 제 마음은 당신에게 가서 그대로 당신 곁에 머물러 있을 것입니다.

당신의 마리아

나의 사랑 디트리히!

1943. 9. 25, 패치히

이제는 정말 가을입니다. 나뭇잎은 예쁘게 물들고, 날씨는 추워졌네요. 우리가 꿈꾸던 미래상을 약간 바꾸어 생각해야겠군요. 이제 당신이 이곳에 오면, 활활 타오르는 난로 앞에서 두꺼운 페르시아 방석을 깔고 앉아 맛있게 구운 사과를 먹다가, 포근한 분위기에 나른해져서는 둘 다 코를 골며 잠들어 버릴 거예요. 날씨가 추워지면, 저녁에 모여 앉아 이야기꽃을 피우기에 아버지의 푹신한 페르시아 방석보다 더 좋은 자리는 찾기 어렵답니다. 당신이 제게 들려줄 말은 얼마나 많을 것이며, 또 제가 당신에게 할 말은 얼마나 많을까요. 가끔 저는 그 많은 말들 중에서 하나라도 잊어버릴까 봐 두려워지곤 합니다. 그러나 당신 곁에 있으면, 모두 다 생각날 거예요.

10월 4일이면, 당신이 감옥에서 지낸 지 벌써 반년입니다. 끔찍할 정도로 긴 시간이었고, 제게는 훨씬 더 길게 느껴지는 시간이었습니다. 그러나 이제 그 긴 시간은 당신 뒤에 있고, 우리 앞에는 아주 짧은 시간만 남아 있다고 생각하면 참으로 기쁩니다. 그러면 베를린에서 당신과 재회했던 그날로부터 정확하게 일 년이 되지요. 그때 베를린에서 만나 우리가 처음 며칠을 어떻게 보냈는지 기억하시나요? 당신은 어디론가 여행을 떠나야 했고, 외할머니에게 작별 인사를 하러 들렀습니다.[4] 우리는 크닌헨 숙모[5]의 장례식에 관해 이야기를 나누었고, 저는 당신의 선한 판결로 인해 너무도 감사했습니다. 저는 당신이 경악할 줄 알았습니다. 당신은 그럴 만한 충분한 이유가 있었을 텐데도 무자비하게 판단하지 않으시더군요. 그때 처음으로 저는 당신을 좋아하게 된 것 같은데, 당시에는 깨닫지 못했습니다. 당신이 했던 말과 그 말을 하는 모습에서 아버지를 볼 수 있었습니다. 이렇게 말하는 것을 이해해 주세요.

　당신이 떠난 후, 처음으로 당신 부모님을 방문했어요. 더 정확하게 말하자면, 저는 슐라이허 댁에 초청 받아 갔었고, 한스-발터와 레나테가 저를 정원으로 안내하며 자연스럽게 당신 부모님 정원까지 걸어갔지요. 마침 포도가 먹음직스럽게 익어가던 터라, 우리는 포도를 따서 맛있게 먹었습니다. 그때 아버님께서 창문을 열고 내다보셨지요! 제가 시아버지를 포도를 훔쳐 먹으면서 처음으로 대면했다는 사실에 생각이 미치면, 지금도 얼굴이 화끈거립니다. 저녁에는 사랑방에 모여 앉아 담소를 나누었어요. 그때 보았던 당신 형 발터의 초상화가 지금까지도 생생하게 떠오릅니다. 그 초상화에서 눈을 떼지 못하고 막스 오빠 생각을 했기 때문입니다. 그때까지만 해도 막스 오빠가 다시 살아서 돌아오리라 믿었습니다. 다르게는 생각할 수도 없었으니까요. 당

---

4. 1943년 8월 15일 마리아의 편지 참조.
5. 클라라 니노프. 크닌헨 이모로 불렸으며, 슈페스 슈탈베르크 이모의 친구. 무신론자였던 그녀는 교회 장례식을 치르지 못했음.

신이 기억하고 있는 당신 형 발터에 대해, 언젠가 한번 이야기해 주세요. 그가 전사할 당시 당신은 너무 어렸으므로 기억이 희미할지도 모르겠군요. 저는 당신 부모님을 찾아뵐 때마다 항상 발터의 초상화가 걸려 있는 곳으로 발걸음을 옮기곤 합니다.

오늘은 이웃집 아들의 기념 예배에 참석했어요. 마를리 휠스트[6]의 오빠를 기념하는 예배였지요. 우리는 '내 주는 강한 성이요'와, '다시 사신 그리스도' 찬양을 불렀습니다. 기념 예배는 찬양과 감사로 일관했고, 찬양과 감사를 드리는 것이 마땅함을 그때만큼 강렬하게 느껴 보기는 처음이었어요. 지금은 조금 알 것 같아요. 그럼에도 불구하고, '내 주는 강한 성이요'의 마지막 구절을 진심으로 부르기가 그 어느 때보다 어렵군요.[7]

제가 당신에게 무엇을 보내야 할지, 어떤 선물을 하면 좋을지 편지로 알려 주세요. 당신 가족들은 모두 스스럼없이 소원을 말하지 못하는 성격을 가졌어요. 그래서 당신에게 무엇을 보내야 할지, 또 제가 보낸 것이 당신 마음에 들지 도무지 알 수가 없습니다. 당신도 막스 오빠와 같은 부류의 사람인가요? 한 시간 동안 고민하며 생각한 후에도 원하는 것을 네 가지 이상은 쓸 수 없는 사람? 저는 항상 30분이면 이미 서른 번째 소원을 적곤 했답니다. 저를 한번 따라해 보세요!

이제 들판에 있던 말들을 한 마리씩 우리 안으로 들이고 있어요. 당신과 함께 말을 타고 싶었던 저로서는 몹시 속이 상하는 일이지만, 겨울은 승마에 적합한 계절이 아니랍니다. 겨울에는 말을 탄다기보다 말 위에 앉아 추위에 떨며 꽁꽁 얼게 된다는 표현이 더 적절할 테

---

6. 마리-루이제 폰 휠스트와 그녀의 오빠 프리드리히는 이웃 영지인 로러벡에 살았음. 휠스트는 1941년 외할머니 롯 폰 클라이스트-레초브 댁에 손님으로 기거한 적이 있음.
7. 마지막 구절, "몸과 재물, 명예, 자식과 아내를 다 빼앗아 가더라도, 승리는 원수의 것이 아니며 그 나라는 영원히 우리에게 남아 있으리."

니까요.

편지에 동봉한 사진을 예쁘다고 생각할 필요는 없어요. 저도 그렇게 생각하지 않으니까요.

수많은 안부와 사랑을 가득 담아, 당신의 마리아

마음 깊이 사랑하는 나의 디트리히!

1943. 9. 29. 패치히

오늘 배르벨 폰 도나니가 저를 방문하려고 패치히에 왔습니다. 무척 사랑스웠습니다. 배르벨의 방문이 저를 얼마나 기쁘게 했는지! 그녀는 마치 당신과 당신 가족이 보낸 안부 인사 같았으며, 이곳 패치히와도 아주 잘 어울렸습니다. 이나는 말하기를, 당신 친척이 모두 그녀처럼 상냥하고 친절하다면 당신과 약혼한 것은 아주 지혜로운 선택이라고 하더군요. 저는 당신 가족들 중 적어도 한 명에게 패치히를 보여줄 수 있다는 사실로 인해 기뻤습니다. 그러나 그와 동시에 당신을 향한 그리움도 두 배로 커지고 말았답니다. 언젠가 당신의 손을 잡고 들과 숲을 거닐게 되면 어떤 기분일까요? 혼자 고독하게 들길을 거닐면서 자주 그날을 꿈꾸곤 합니다. 당신을 알게 된 날부터 항상 소망해 마지 않았듯, 그날에 우리 사이는 마침내 자유롭고 분명하며 아름다울 것입니다. 모든 의문과 괴로운 잡념들은 사라지고, 오직 "당신이 나와 함께 있다!"는 단순하고 가슴 벅찬 사실 한 가지만 남아 있게 될 것입니다.

사랑하는 디트리히, 지치지 말며 슬퍼하지 마세요. 그날은 머지않아 올 테니까요. 그날은 더디 올 수 없으며, 정말이지 머지않아 우리는 함께 있게 될 거예요. 지금은 감히 꿈도 꿀 수 없을 만큼 그날은 아름다울 거예요. 그리고 우리는 그 어느 때보다 행복하겠지요. 요즘 고트프리트 아놀드의 찬양곡을 자주 읽고 있는데, 그때마다 감사하게 됩니다.[8] 또한 시편 103편을 읽으며, 우리가 함께 이 말씀을 듣게 될 그 날이 멀지 않았음을 기억한답니다. 당신도 저와 함께 그날을 기뻐하며 기다리길 바랍니다. 정말이지 많이 기뻐하세요. 저를 생각할 때 결코 슬퍼하지 마세요. 당신은 기뻐해야 하며, 저도 당신을 생각할 때마다 기뻐하고 있음을 아셔야 합니다. 저는 당신이 존재한다는 사실만으로도 기쁘답니다. 당신이 가까이 있음을 느낄 수 있고, 사랑할 수 있으며, 조금이라도 당신에게 도움이 될 수 있어서 기쁩니다. 우리 둘은 '항상 기쁜 마음으로 하나님을 영화롭게' 하며, 하나님께서 우리에게 행하신 선한 일들을 결코 잊지 않도록 해요. 저는 언제까지나 오직 당신의 마리아입니다.

추신. 두 가지 아주 기쁜 소식을 알려 드립니다. 룻-앨리스 언니가 아들을 낳았어요. 그리고 콘스탄틴이 이탈리아 상부 지역에 도착했다는군요.

사랑하는 마리아!

1943. 9. 30, 테겔

더 이상은 참기 어려운 긴 기다림 끝에, 어제 드디어 9월 13일 클라인-레츠로 가는 길에 쓴 당신의 사랑스러운 편지를 받았습니다. 가족 회의에서 당신을 그곳으로 보내기로 결정한 것이 매우 기쁘군요. 당신이 그곳에 가길 원하면서도, 나의 석방에 대한 막연한 희망 때문에 떠나지 못하고 있음을 잘 알기 때문입니다. 여전히 불확실하기만 한 우

---

8. 1943년 9월 9일자 편지에서 디트리히는 마리아에게 아들의 찬양곡을 읽어 보도록 권함.

리의 미래로 인해 당신에 대한 걱정이 앞선다는 것을 어떻게 설명해야 좋을지 모르겠군요. 현재 주어진 상황이 내게는 감당하며 극복해야 할 주요 과제라고 볼 수 있지만, 당신은 불확실한 상황 앞에서 하고자 하는 일을 하지 못하고, 계획대로 살지 못하며, 갈 길을 가지 못하기 때문입니다. 내가 당신이 해야 할 일에 대해 조언해 줄 수 있다면 얼마나 좋을까요. 집에서 가사일을 돌보는 것으로는 만족할 수 없나요? 나로서는 잘 이해할 수가 없군요. 이곳 일이 분명해지기 전까지는 우리가 공동 계획을 세울 수 없기 때문에 더욱 어렵기만 합니다. 지금 상태가 한없이 지속되지는 않을 것입니다. 그러나 당신이 나로 인해 만족스럽지 못한 일을 하며 하루하루 고통스럽게 보내기를 바라지 않습니다. 모든 것이 우리가 언제 결혼할 수 있을지에 달려 있지만, 지금으로서는 알 수가 없군요. 앞으로 기약 없이 기다리게 될 시간이 잃어버린 시간으로 보인다면, 당연히 다른 무언가를 시작하는 것이 옳습니다. 그러나 당신이 집에 머물지 않은 것에 대해 후회하게 될 날이 오지는 않을까요? 집에서 도울 일들도 결코 부족하다고는 할 수 없을 텐데요. 당신이 충분히 심사숙고하여 결정한 일일 테니, 이유가 무엇인지 자세하게 써서 보내 주세요. 모든 일을 함께 겪으며 상의할 수 없는 현실이 참으로 잔인하게 느껴지는군요. 면회 시간에 그 모든 것을 끄집어내어 이야기할 수도 없으니까요. 지난 면회 때 부적절한 환경에서 만나는 것이 당신을 몹시 당혹스럽게 했지요. 나는 이제 그러한 환경에 대해 거부감마저도 느끼지 못하며, 거의 무감각해지고 말았습니다. 이런 나를 용서해 주길 바랍니다.

8일마다 한 통씩 내가 보낸 편지를 모두 받았나요? 이나가 쓴 편지는 얼마나 사랑스러운지! 그 편지로 인해 내가 아주 많이 기뻐했다고 전해 주십시오. 당신의 대가족 앞에 내가 두려워할 것이라고 생각하지 말아요. 당신 어머니 쪽은 이미 잘 알고 있고, 무엇보다도 지금까지 나는 다양한 사람들을 만나 보았으니까요. 그중에는, 당신의 표현을 빌자면 끔찍스럽게 고지식하며 전통적인 사람들도 있었지요. 더욱이 나 자신도 때로는 당신이 경험해 본 적이 없을 정도로 '끔찍스럽게 전통적인' 사람이 되기도 하니까요. 사실 우리가 살고 있는 이 시대는 '전통적인 것들'이 발붙이기에 적합하지 않습니다. 각자 나름대로 다른 사람을 눈에 보이는 대로 평가하여 적절히 이용해야 한다고 여기니까요. 그리고 그렇게 할 때에야 비로소 그 사람을 가장 잘 이용할 수 있다고 생각하는 시대니까요.

사랑하는 마리아, 잘 지내길 바랍니다. 그러나 당신이 좀 더 인내하며 기다릴 수 있다면 더 좋지 않을까 생각합니다. 우리가 다시 만날 날이 속히 올 수도 있으니까요. 이런 말을 하는 것은 그렇게 될 것을 믿고 바라기 때문입니다. 우리가 다시 만나는 날까지, 하나님께서 당신과 우리 모두를 지켜 주시기를!

언제까지나 당신의 디트리히

추신. 사랑하는 마리아, 우리가 속히 다시 만나서 함께 있게 될 날이 오기를 날마다 소망하며 간구할 때마다, 하나님께서 지금까지 베푸셨고 또 날마다 베푸시는 무한한 은혜에 대해 감사하는 것을 잊지 맙시다. 그러면 우리가 가진 모든 생각이나 계획이 분명해지고, 평안이 찾아올 것이며, 우리 각자에게 주어진 운명도 가벼운 마음으로 기꺼이 받아들일 수 있을 것입니다. 이번 주 복음인 감사에 관한 말씀(눅 17:11-17)은 내가 가장 사랑하며 아주 중요하게 여기는 말씀 중 하나입니다.

* 1943년 10월 7일 면회 허가.

너무도 사랑하고 사랑하는 디트리히!

1943. 10. 8, 패치히

한꺼번에 세 통의 편지[9]를 받고 면회 허가[10]까지 받다니, 이미 터질 듯 부풀어 오른 마음이 감당하기에는 너무 벅찬 기쁨입니다. 어리석고 우스꽝스럽기만 한 편지로 어떻게 이 기쁨을 다 표현할 수 있을까요? 당신의 편지를 읽을 때면, 마치 당신이 제 곁에 앉아서 이야기하고 있는 듯합니다. 지금까지 단 한 번도 그렇게 앉아서 이야기를 나눈 적은 없지만, 언젠가 우리가 단둘이 앉아 대화를 나누게 된다면 아마 그런 모습이 아닐까 생각합니다. 당신이 그렇게 이야기하고 있으면 저는 언제까지라도 듣고 싶어요. 당신의 말은 단순한 말이 아니라 마치 음악처럼 들리니까요. 말로는 너무 쉽게 논쟁하게 되지만, 음악을 들으면 같은 마음이 되어 함께 느낄 수 있잖아요. 당신이 편지에 쓴 말은 모두 그런 음악 같아요.

활짝 편 손과 같은 당신의 편지는 제가 만질 수 있고 사랑하며 꼭 붙들고 있는 것이랍니다. 당신을 슬프게 하는 것이 무엇이며, 언제 감사하며 기뻐하는지, 저에 대한 당신의 생각이 어떠한지를 편지를 통해 읽을 수 있어 다행입니다. 편지나 면회로 당신에게 이러한 기쁨을 줄 수 없는 저의 무능함을 탓하게 됩니다. 그러나 말하고 싶은 것을 말로도 편지로도 표현해 내지 못하지만, 당신은 이미 느끼고 있으니 얼마나 감사한지요. 우리가 면회 시간에 짧게나마 다시 만나고 나면 기쁘다고 말씀하시니, 제가 어떻게 슬퍼할 수 있겠어요?

디트리히, 우리 삶에 슬픔이나 절망이 찾아오는 힘든 시간이 없을

---

9. 1943년 8월 20일, 27일, 그리고 9월 20일자 편지.
10. 1943년 10월 7일.

수는 없겠지요. 그러나 그러한 시간이 우리 둘보다, 우리가 서로를 위하는 마음보다 더 커질 수는 없습니다. 지금까지 슬픔이나 절망이 결코 우리보다 더 커지지 않았다는 사실이, 제게는 항상 이해하기 어려울 정도로 신기하기만 했습니다. 그 근거를 제게서 찾을 수는 없으니까요. 어쨌든 지금 분명하게 알게 되는 것은, 슬픔도 절망도 우리를 넘어설 수는 없다는 사실입니다. 당신이 그 자리에 있으면서 견디어 내는 모든 것, 저를 위해 행하는 모든 일에 대해 다만 감사할 뿐입니다.

혹시 파스퇴르[11]가 약혼 기간에 썼던 편지에 작은 실수가 있었다는 사실을 아세요? 제가 당신의 가장 좋은 친구이려 한다면, 다른 친구들에게는 어떤 의미를 부여해야 할까요? 그들 모두는 제가 당신을 사랑하듯 당신을 사랑할 수 없습니다. 무엇보다도, 다른 사람들이 당신을 좋아하기 때문에 제가 당신을 사랑해야 하는 걸까요? 저는 당신에게로 가는 길을 다른 사람들을 통해 발견하지 않을 것입니다. 그 사람이 저와 아주 가까운 가족이며, 제 인생에서 아주 중요한 사람일지라도 이 사실에는 변함이 없습니다. 저는 당신을 사랑하기 때문에 당신의 청혼에 응했던 것입니다. 오랜 심사숙고 끝에 충분한 이유를 찾을 수 있었기 때문이 아니며, 다른 사람들이 당신의 좋은 점을 설득력 있게 말해 주어서도, 당신에게서 매혹적인 어떤 것을 발견해서도 아닙니다. 당신 편지를 읽을 때마다 당신과 제가 연결되어 있음을 느낄 수 있고, 반복해서 분명하게 확신할 수 있는 것은 놀라운 축복이에요. 중간 과정이나 부차적인 절차 없이 서로를 향한 단순한 믿음만으로 사는 것은 아주 어렵게 느껴지기도 합니다(돌이켜 보면 1월 13일 전까지 당신에게 아무 연락도 취하지 않은 것이 몹시 아프게 느껴지기도 합니다). 그러나 제가 당신에게 편지를 쓰지 않겠다고 약속했다는 사실을 당신도 아시지

---

11. 1943년 8월 27일자 디트리히의 편지 참조.

요. 사실 저는 자주 당신에게 편지를 썼습니다.[12] 그러나 그 편지를 보낼 수는 없었습니다. 왜냐하면 당신과 저 사이에 그런 불의가 끼어들어서는 안 되었기 때문입니다. 제가 그런 어리석은 약속을 한 것을 용서해 주세요. 그 약속으로 인해 당신에게 많은 괴로움을 주었습니다. 그렇게 하지 않았더라면 당신에게 조금은 수월하지 않았을까 싶습니다. 당신은 제가 당신을 만나지 않았더라면 제 인생이 쉽고 평탄했을 것이라 생각하나요? 디트리히, 당신을 만난 그 시간 이후 단 한순간도 제 인생에서 없었던 것으로 되돌리고 싶은 순간은 없습니다. 당신과 함께 나눈 그 어떤 생각이나 행복한 웃음, 심지어 눈물까지도! 당신에게 무슨 말을 더 해야 할까요? 그 당시 제가 사랑했던 사람 둘을 잃고 극심한 상실감에 시달리고 있었으며, 너무나 공허하고 외로워서 이미 사랑을 느끼고 있었으나 사랑할 용기가 없어 무척 고통스러웠다고 써야 할까요? 디트리히, 당신을 만나지 않았다고 해서 제가 평탄한 삶을 살 수는 없었을 것입니다. 아마도 무의미하고 무덤덤한 인생이 되었을 테지요. 그때 당신이 오셨고, 저는 당신이 제게로 오셨음을 알았습니다. 당신은 저에게 아버지가 되고 오빠가 되며, 저의 모든 것이 될 것입니다. 아니, 이미 당신은 그런 존재가 되었습니다. 다시는 그런 내용의 편지를 쓰지 말아 주세요. 저는 이미 당신과 함께하는 공동 운명체이며, 그런 생각은 하고 싶지도 않습니다.

당신에게 아버지에 대해 들려줄 날이 오기를 얼마나 간절히 바라는지! 아버지 이야기를 들려주기에 당신보다 더 적합한 사람이 또 있을까요? 숲이나 들판을 거닐 때면, 아버지에 대한 기억이 떠오르지 않는 곳이 없습니다. 제가 여덟 살이 되었을 때부터 아버지와 함께 날마다 말을 타고 들판을 달리곤 했습니다. 대개 아무 말 없이 말을 탔지

---

12. 이 시절 마리아는 그녀의 일기장에 거의 매일 디트리히에게 편지를 썼음.

만, 많은 것들에 대해 진지한 대화를 나누기도 했지요. 사람들은 제가 아버지와 닮은 점이 많다고들 합니다. 외모도 그러하지만, 무엇보다도 아버지는 저를 아주 잘 이해하셨고, 저도 아버지가 거의 말씀을 하지 않아도 이해할 수 있었어요. 아버지는 저를 그분의 '최고 바보'라고 부르곤 했습니다. 한번은 제가 슬픔에 빠져 있었는데, 아버지는 땋아 내린 저의 머리를 잡고 말씀하셨어요. "슬픈 생쥐야, 이렇게 기죽어 있지 말고 용기를 내야지. 네가 아빠 딸이라는 사실을 기억하렴!" 그러자 저를 심하게 짓누르던 슬픔이 사라져 버렸습니다. 아버지는 전쟁이나 그분의 어린 시절 이야기를 정말 흥미진진하게 들려주곤 하셨습니다. 아버지가 그렇게 이야기를 들려주실 때가 세상에서 가장 행복한 시간이었어요. 아버지는 우리를 이야기에 여러 모양으로 등장시키곤 하셨답니다. 그 시간이면 우리는 모두 아버지 곁에 둘러앉아, 배꼽을 잡고 웃으며 나동그라지게 될 순간을 숨 막히는 긴장감 속에 기다리곤 했지요. 수많은 이야기들이 이미 외울 수 있을 정도가 되어 버려서, 약간이라도 문장이 달라지거나 새로운 이야기가 끼어들기라도 하면 거센 반발이 일곤 했답니다. 그중에는 물론 슬픈 이야기도 있었어요. 아버지가 다리를 저셨던 할아버지에 대해 이야기할 때면, 실제로 뵌 적은 없지만 우리 모두 이미 할아버지의 모습을 세세한 부분까지 환하게 알고 있었고, 언제나 거의 흐느껴 울 지경에 이르곤 했답니다. 어린 시절 저는, 하늘나라에 가면 할아버지 옆에 앉게 해달라고 밤마다 기도하기도 했습니다. 할아버지를 무척 사랑하게 되었기 때문이지요.

    이만 줄여야겠습니다. 이 편지가 속히 당신에게 도착하여, 제가 당신 곁에 있음을 알려 준다면 좋겠습니다. 이 편지와 함께 모든 사랑을 담아, 당신을 언제까지나 마음속 깊이 간직할 것입니다.

당신의 마리아

사랑하는 마리아!

1943. 10. 8, 테겔

어제는 당신의 면회가 있었고, 당신이 가져다준 소포도 받았습니다. 그리고 오늘, 9월 21일자 당신의 편지까지 받고 나니 너무 행복하여 더 이상 바랄 것이 없다는 느낌이 들었습니다. 단지 당신과의 만남에서 한 가지 아쉬운 점이 있었다면, 오래전부터 기다려 오긴 했으나 너무 갑작스럽게 당신의 면회를 알게 되었다는 것입니다. 겨우 2분 전에야 당신과 만나게 된다는 사실을 전해 들었으니까요. 그로 인해 기다리는 기쁨을 채 맛보지 못했고, 헤어진 후에는 우리가 함께 있을 때 까맣게 잊고 물어보지 못한 것들이 떠올랐습니다. 작고 어두컴컴하여 소름끼치는 면회실이 아니라, 빨간 소파에 앉아서 대화할 수 있도록 배려해 준 것은 좋지만, 그곳에 앉아 있으면 어쩐지 교실 맨 첫째 줄에 앉아 있는 학생이 처신에 더욱 신경을 써야 하는 것과 비슷한 이상한 느낌이 들곤 합니다. 어쨌든 당신과 만나는 시간은 행복했습니다. 그리고 면회를 와 주어 고맙고, 이곳까지 찾아와 주어 고맙습니다. 클라인-레츠에서 바로 이곳으로 왔습니까? 그곳 생활은 어떠했나요?

당신이 가져온 소포 속에는 내가 좋아하는 것들이 어찌나 골고루 들어 있던지, 마치 결혼한 지 10년 정도는 된 사람이 준비한 듯했어요! 한마디로 놀라움과 기쁨 그 자체였습니다. 장모님께 감사의 마음을 전해 주길 바랍니다. 이나의 안부 편지는 정말 사랑스러웠습니다. 슈토름이 쓴 가을의 노래 몇 구절은 지금까지 모르고 있던 시인데, 금방 외워 버렸습니다. "기독교적이든 아니든 바깥세상은 여전히 너무 멋있고, 이 세상은 완전히 황폐화되어 버리기에는 너무도 아름다운 세상이지요." 이 아름다운 구절은, 이나가 감옥으로 보낸 인사로 언제까지나 기억하게 될 것입니다.[13] 그리고 이제 당신의 릴케![14] 우선 이 책을 보내 주어 고마워요. 릴케의 편지는 이미 읽은 적이 있지만, 당신을 생각하며 매우 즐겁게 읽었습니다. 그러나 당신도 이미 알다시피, 나라는 존재는 어쩐지 릴케와는 다른 음색을 지닌 듯합니다. 릴케의 편지를 읽으면서, 본래 사적으로 쓰였던 편지를 제삼자인 내가 어떤 식으로 받아들여야 할지 의문스러웠습니다. 물론 나도 그 편지에 쓰인 내용을 수긍하며, 또 적어도 그러기를 바라지만, 그 편지가 내게도 적용될 수 있다고는 생각할 수 없습니다. 아름다운 생각과 말에 끌려서 자기 인생을 거기에 맞추어 살아 보려고 애쓰는 것은 잘못이라고 생각합니다. 릴케가 나에게 편지를 썼다면(릴케가 나에게 편지를 쓸 정도로 무모하지는 않았겠지만), 그리고 당신에게 편지를 썼더라도, 그는 분명히 이 편지와는 다른 편지를 썼을 테니까요. 음악에 비유하자면, 나에게 릴케의 다장조는 사장조로 바뀌어 버리며, 그의 피아니시모는 도무지 지킬 수 없다고 하면 될까요? 당신도 마찬가지일 거라 생각합니다. 이렇게 말하는 것을 너그러이 용서해 주길 바랍니다. 내게는 문학적인 무게 이상의 무엇인가가 느껴지기 때문입니다. 이 부분에 대해서는 앞으로도 자주 이야기를 나누어야 할 것 같군요.[15] 그러나 정말 고마워요.

13. 1943년 10월 13일 부모님께 보낸 디트리히의 편지. "제 앞에는 어제 두 분께서 가져다주신 아름다운 다알리아 꽃다발이 놓여 있어, 정원에서 보낸 아름다운 시절을 추억하게 하며, 이 가을날 온 세상의 모습이 얼마나 아름다운지 기억하게 하는군요. 최근에 새로 알게 된 슈토름의 시 한 구절도 이러한 정취를 느끼게 하며, 그 의미가 하나의 멜로디가 되어 끊임없이 머릿속에 맴돌고 있습니다."(DBW 8, 172)
14. 「젊은 시인에게 보내는 편지」Briefe an einen jungen Dichter』(1929).
15. 1943년 11월 28일자 에버하르트 베트게에게 보낸 디트리히의 편지. "유감스럽게도 마리아와 나는 문학적인 영역에서는 아직 불편한 처지네. … 그러나 그것은 다만 시대 문제가 아닐까 싶다네. 나는 아내와 남편이 서로 의견을 달리하는 것은 바람직하지 않다고 여긴다네. 그 둘은 결코 정복할 수 없는 요새처럼 든든하게 함께 서 있어야 하기 때문이지. 자네 생각은 어떠한가? 아니라면 자네가 잘 알고 있듯, 나의 '전제군주' 같은 본성 때문에 이런 생각을 하게 되는 것일까? 만약 그러하다면 내게 꼭 말해 주길 바라네! 어쩌면 문학적인 면에서도 나이 차이가 반영되는 것은 아닌지 모르겠네. 마리아나 레나테 세대는 별로 질이 좋지 않은 문학 작품을 읽으면서 자랐고, 고전 세계를 접하는 데 있어 우리 세대보다 훨씬 어려움을 느끼기 때문이지. 우리가 진실로 선한 일을 가까이 하면 할수록, 새로 나온 작품들의 얄팍한 세계는 김빠진 레몬수 같아서 가끔은 거의 역겨움을 느낄 정도라네."(DBW 8, 213f)

당신의 편지가 내게 어떤 기쁨을 선사했는지! 당신은 이따금 편지를 잘 못 쓴다는 말을 하곤 하지요. 그러나 나는 그 말을 결코 믿을 수가 없는데, 당신 외할머니의 손녀로서 그럴 가능성이 너무 희박하기도 하고, 당신의 편지 자체가 그 말이 틀렸음을 확실히 증명해 주기 때문에 반박의 필요성마저도 느끼지 못했습니다. 여성들은 남성들에 비해 편지를 더 잘 쓰는 경향이 있고, 다행히 남성들은 적어도 책을 더 잘 쓰는 경우가 많다고 할 수 있겠지만, 책이 한 통의 좋은 편지보다 더 중요하다고 볼 수 없습니다. 그런데 나는 이미 그 좋은 편지를 얼마나 많이 받았는지! 언젠가 우리에게 떠오를 그 행복의 광채가 아직 먼 곳에 있긴 하지만, 지금 이 순간 감사하며 행복해야 할 이유가 충분하지 않을까 생각합니다. 내가 원할 때면 언제라도 당신을 생각할 수 있고, 그것을 빼앗아갈 수 있는 사람은 아무도 없다는 사실만으로도 말로 표현할 수 없는 행복이 아닐까요?

더 이상 쓸 자리가 없군요. 다시금 한계선에 도달했어요! 한스-베르너가 내게서 오는 특별 안부를 바란다니 매우 사랑스럽군요. 그와 만나게 될 날을 기대한다고 전해 주세요. 약혼녀의 동생이 약혼녀의 성격이나 모습을 닮았으리라 기대하며 기뻐한다고! 그러나 그에게 이렇게 말해서는 안 되겠지요. 왜냐하면 그에게 어울리는 말이 아니니까요. 전혀 예기치 않은 동생이 생긴 기쁨으로 기뻐하며, 만날 날을 학수고대하면서 서로 알게 되기를 원한다고 전해 주세요. 물론 5년 전에 그를 만난 적이 있지만, 그때와는 많이 달라졌을 테니까요. 외할머니 댁에서 이나를 본 적이 있는데, 그녀가 그때의 모습 그대로 머물러 있기만 하다면 이 세상에 더 나은 처제는 없을 듯하군요. 사랑하는 마리아, 잘 지내길 바라며, 인내심을 잃지 말아요!

마음을 다해, 당신의 디트리히

추신. 당신 형부 비스마르크 가정에 둘째 아들이 태어난 것을 함께 기뻐하며 축하한다고 전해 주세요. 룻-앨리스가 산후 건강을 속히 회복하기를, 그리하여 장모님이 조금이라도 휴식을 갖게 되기를 바랍니다. 10월 26일[16]이면 모두들 다시 패치히에서 모이겠지요? 승마에 관한 책은 아직 읽지 못했어요. 그러나 곧 기쁨으로 읽으려 합니다. 이상한 감상에 젖어, 막스가 당신에게 선물했던 담배곽을 열었습니다.

내 사랑 디트리히!

1943. 10. 12, 베를린

오늘은 당신 책상에 앉아서 편지를 씁니다. 이 책상에 앉아서, 당신은 제게 보낸 첫 편지를 썼을 테지요? 이런 생각을 하며 그때를 떠올려 보면, 얼마나 가슴 설레는지요. 당신이 이곳에 앉아 있을 때의 모습은 지금과 얼마나 다를까요? 지금 당신 책장의 책들은 텅 빈 공허함에 지쳐 하품을 하고, 당신이 일하던 모습을 연상시켜 줄 법한 사진들이나 책상 위에 쌓여 있을 책들은 깨끗이 정리되어 있습니다. 한때 이곳에서 얼마나 훌륭한 지적 산물이 나왔는지 안다면, 제 손에 들려 있는 펜이 깜짝 놀라서 더 이상 아무것도 쓰려 하지 않을 거예요. 연필을 입술로 깨무는 습관은 그다지 심각하지 않았으리라는 생각이 드는군요. 왜냐하면 당신 책상 위에 놓여 있는 받침대에는 생각의 흔적 따위가 발견될 무슨 자국 같은 것이 전혀 남아 있지 않아 감탄하게 되니까요. 당신이 제 책상을 본다면 깜짝 놀랄 거예요. 잉크 자국으로 책상을 더럽히며 당신에게 편지를 쓰는 일이 앞으로도 오래 계속된다면, 아마 엄

---

16. 마리아의 오빠 막스 폰 베데마이어가 전사한 날.

마는 잉크 자국을 지우는 데 사용하는 마지막 남은 예쁜 종이를 숨겨 버리고 말 거예요. 그리고 당신 부모님께 저의 버릇없는 모습을 내버려 두지 마시라고 말씀드리는 게 좋을 거예요. 이제는 거의 지나칠 정도로 제멋대로니까요. 당신이 뭔가 조치를 취하지 않는다면, 점점 더 버릇이 없어져서, 나중에 그 나쁜 열매가 고스란히 당신에게 돌아가게 될 수도 있답니다.

지금 막 로테[17]가 당신의 30일자 편지를 가져다주었어요. 좋은 당신, 당신이 저를 이토록 사랑하시니 감사할 뿐입니다. 당신의 편지가 오는 날은 얼마나 큰 기쁨의 날이며 축제의 날이 되는지 어떻게 표현하면 좋을까요? 이보다 더 큰 기쁨이 있으리라고는 상상할 수 없을 정도입니다. 당신으로 인한 행복을 천천히 느껴서 다행입니다. 그렇지 않다면 터질 듯한 행복을 도무지 감당할 수 없을 테니까요.

당신은 제가 집에서도 할 일이 많을 테니 더 오래 집에 머물러 있는 게 좋을 것이라고 생각하시는군요. 그러나 사람이란 집에 있으면, 게다가 집에는 일하는 소녀가 이미 둘이나 되니, 서로 못살게 굴거나 일 때문에 머리채를 잡고 싸우게 될지도 모릅니다. 저는 우리 집에 있는 소녀들을 밀어내고 싶은 마음이 없으며, 무엇보다도 당신이 오시는 날에 아무 의무에도 매이지 않고 완전히 자유로운 상태이고 싶습니다. 그래서 우선 크니프호프에 가 있으려 합니다. 거기서 일하던 비서가 병들었는데, 그녀의 일을 가능하다면 메꾸어 주고 싶기 때문입니다. 그 후에는 영어와 불어를 배우고자 합니다. 도시에 가 있으면, 드디어 바이올린 교습도 받을 수 있을 거예요. 더욱이 아무 일도 하지 않고 시간을 허비하는 것은 그다지 권장할 일이 못 된답니다.

언제 결혼식을 올리면 좋을지, 엄마에게 넌지시 말을 건네 보았어

---

17. 로테 피프커. 본회퍼의 부모님 집에서 일하던 소녀.

요. 엄마는 여전히 조금 완강하신 편이지만, 그래도 많이 양보하셔서 성탄절이 아니라 1월 중순쯤이라면 괜찮겠다고 하시더군요. 그 정도면 큰 승리를 거둔 셈이에요. 그리스도의 현현절[18]이나 1월 13일은 어떻겠어요? 그러면 우리가 약혼한 지 정확하게 1년입니다! 물론 엄마는 몹시 염려하고 계시지만, 어쩌면 당연한 일이라고 볼 수 있으며, 나중에는 모든 것이 좋아질 거예요. 한스-페터는 기분이 아주 좋을 때면 제 소파에 앉아서 결혼 이야기를 듣고 싶어 합니다. 어떤 꽃들이 단상 위에 올려 질 것이며, 어느 방이 당신의 침실이 될지, 당신 침대 옆 작은 탁자 위에는 어떤 책이 놓이게 되고, 어떤 그림이 침대 머리맡에 걸려 있게 될지, 손님들은 어떤 순서로 입장하며, 누가 축하 인사를 전하게 될지, 모든 것이 이미 정해져 있다는 사실 앞에 당신은 웃고 말 거예요. 그러나 저의 결혼에 대한 이야기는 항상 조금은 동화 속 이야기처럼 들린답니다. 그러나 수많은 동화 속 이야기들이 현실이 되었듯, 우리 이야기도 현실이 될 수 있지 않을까요?

지금 저는 크리스티네를 알텐부르크 기숙학교에 데려다 주고 돌아오는 길이에요. 부모님께서 당신을 면회하러 가고 안 계셔서, 아쉽지만 만나 뵙지 못하고 떠나야 할 것 같아요. 그런데 부모님께서 털옷을 가지고 가셨더군요. 그렇게 하시지 말았어야 했는데……. 털옷은 혹시라도 필요할까 하여 가져다 놓긴 했지만 당신이 그 옷을 입을 일이 없기를 바랄 뿐입니다. 다만 당신이 추위에 떨어야 한다면, 언제라도 꺼내어 입을 수 있으니 다행입니다.

방금 당신 형 카알-프리드리히가 오셨어요. 제가 아무도 눈치채지 못하게 조용히 당신 형에게 빠져 있다는 사실을 아세요? 그러나 염려할 필요는 없답니다. 그분이 당신과 닮은 모습만 사랑하니까요. 어제

---

18. 1월 6일로 기독교의 축일—옮긴이.

당신은 약혼녀를 잃을 뻔했습니다(그 사실을 믿어 주지 않는다는 사실이 유감이에요!). 알텐부르크 기숙학교에서는 제가 어린 학생들을 맡아 가르쳐 줄 것을 제안했습니다. 그 제안이 얼마나 유혹적이던지. 알텐부르크에서 보낸 날들은 정말이지 무척 아름다웠거든요.

당신의 끔찍한 상처는 어떤가요? 당신이 무슨 책을 읽고 있는지 알려 주세요. 할 수만 있다면, 저도 같은 책을 읽겠어요. 이 편지가 당신에게 가는 마지막 편지가 된다면 얼마나 좋을까요. 또 바보 같은 편지를 썼습니다. 그러나 당신이 이토록 바보 같은 약혼녀를 선택했으니, 당신의 어리석음이기도 하지요! 언젠가 이 문제를 두고 당신과 진지하게 대화해야 할 것 같아요.

그러나 제가 바보 같더라도 저에 대한 사랑을 간직해 주세요. 당신을 너무나도 사랑하니까요.

당신의 마리아

나의 디트리히!

1943. 10. 15. 패치히

오늘로서 우리가 역사적인 음악회를 가진 지 꼭 1년이 되었습니다. 당신도 지금 그날을 회상하고 계실지? 그러나 당신이 그날을 정확하게 기억하지는 못할 거예요. 왜냐하면 저도 일기장에 기록된 날짜를 보고서야 알았으니까요.[19] 그때 당신이 저를 집까지 바래다주지 않은 것이 참으로 유감입니다. 그날 저는 열쇠를 두고 나와서 한 시간 반이나 차가운 돌계단에 혼자 앉아 있어야 했거든요. 마침 지나가던 소녀가 멈

---

19. 부록 참조.

줘 서서 잠시 말 상대가 되어 주어 다행이었지요. 돌계단에 앉아 멍하니 밤하늘을 올려다보고 있던 그날 밤처럼, 도무지 저 자신을 알 수 없고 모든 것이 불분명하게 느껴진 적은 없었답니다. 그날 당신이 제게 무슨 말을 했는지 기억하고 계세요? 당신이 한 말에 대해 저는 지금까지도 감사하고 있습니다. 당신은 아버지와 한스-프리드리히 폰 클라이스트-레초브를 신뢰하는 말을 하셨지요. 그 말이 제게 얼마나 큰 도움이 되었는지, 당신은 상상도 못할 거예요. 언젠가 그날의 대화를 계속할 수 있기를, 그래서 결론을 내릴 수 있기를 바랍니다. 그때 베를린에서 보낸 시간으로 인해 외할머니께 무척 감사하게 되는군요. 그 후에 모든 것이 미궁에 빠지고 혼란을 겪게 된 것은 모두 제 탓입니다. 그러한 잘못을 지울 길이 없다는 사실이 새삼 분명해지면, 제 마음이 얼마나 괴로운지 이해하시겠지요. 사실 이런 이야기는 하지 말아야 옳을 것입니다. 저는 얼마나 어리석은지요.

요즘 외할머니와는 그 어느 때보다도 좋은 관계를 이루고 있습니다. 외할머니 자신은 그 사실을 알지 못하는데, 언제나 변함없이 저를 사랑하셨고 저에게 특별한 애착을 느끼셨으니까요. 요즘 외할머니는 거의 매일 한 통의 편지를 보내 주시며 당신 이야기를 들려주고 있습니다. 무엇보다도 외할머니 댁에 있는 가구들을 이것저것 선물하려 하시며, 당신이 가지고 싶다던 수수께끼 같은 물건도 이미 당신에게 주셨답니다. 다만 도대체 그 물건이 무엇일지 굉장히 궁금해 하시지요. 비밀을 지킬 테니, 그것이 무엇인지 가르쳐 줄 수 없나요? 최근에 외할머니는 그분이 돌아가신다면 가장 좋을 것이라는 말씀을 하시더군요. 그러면 초록색으로 장식된 예쁜 그릇 세트를 선물할 수 있다고 하시면서요. 외할머니 말씀을 듣고, 그럴 바에야 차라리 꽃병으로 커피를 마시는 것이 낫다며 강력하게 항의했습니다. 사실 외할머니의 그릇 세트는 전혀 필요하지도 않습니다. 아버지 친구분이며 우리 집 아이들이 삼촌이라 부르며 따르던 파펜 아저씨[20] (현재 터키 대사로 가 계신 분) 가 이미 그릇 세트를 선물하기로 약속하셨거든요. 그분 말씀에 의하면 전혀 볼품없는 단순한 그릇이라고 하지만, 당신은 그것으로도 충분히 행복할 수 있겠지요.

엄마는 당신 편지에 개인적인 안부가 들어 있기라도 하면 무척 기뻐하십니다. 그러나 엄마에게 직접 편지를 쓸 필요까지는 없을 거예요. 당신이 엄마에게 편지를 드려야 할지 순종하는 마음으로 여쭈어 보았을 때, 엄마는 한바탕 웃기만 하셨습니다. 그 대신 당신 편지 중 일부분을 엄마에게 읽어 드려도 되겠지요?

이제 저의 미래에 대한 꿈이 또다시 깨어지는군요. 크니프호프에서 일하는 비서가 병이 나서 그곳으로 가서 돕기로 했는데, 룻-앨리스 언니는 크니프호프에서의 일이 끝나는 대로 야흐린으로 와서 조카를 돌보는 일을 거들어 주기를 바라고 있어요. 그러나 아직 거기까지는 확실하지 않답니다. 11월 19일 조카의 세례식에 당신도 참석하게 될까요? 룻-앨리스 언니는 그렇게 된다면 최고의 세례식 선물이 될 것이라고 하더군요. 엄마는 제가 설거지도 못하고 청소도 할 줄 몰라서 아무 도움도 되지 않을 것이라고 생각하고 계세요. 거기에 당신까지 반대 의사를 표명하신다면, 저로서는 달리 도리가 없지요.

당신이 쓴 글의 교정을 제게 부탁하게 되는 일이 없는 한, 저는 모든 면에서 부끄러움을 피할 길이 없을 것 같습니다. 그러나 그 일마저도 제게는 무리한 요구가 될 테지요. 로테는 당신이 요리를 아주 잘한다고 말하더군요. 당신이 승마나 사교춤을 가르칠 수 없는 것이 유감입니다. 그렇다면 적어도 역할을 바꾸기라도 할 텐데. 결국 당신이 제

---

20. 프란츠 폰 파펜 Franz v. Papen(1879-1969). 중앙 정치가. 1932년 제국 수상. 1933-1934년 히틀러 내각 부수상, 1939-1944년 터키 독일 대사. 제1차 세계 대전 당시에는 마리아의 아버지 한스 폰 베데마이어의 내각 동료였음.

가 하는 일을 보며 어이없어 하는 동안, 저는 당신이 하는 일을 보며 감탄하며 할 말을 잃어버리는 일만 남았지 뭐예요.

제가 보내는 편지가 정기적으로 도착하나요? 이곳은 다시 정상으로 돌아온 듯합니다. 당신에게 더 나은 편지를 쓰려면 어떻게 해야 할까요? 모든 것이 어리석고 미쳐 버린 상태인데, 편지까지도 그런 세상에 발을 맞추고 있는 듯합니다. 지난번 면회에서 부자연스러운 모습을 보인 것을 용서해 주세요.

한스-베르너가 옆에서 호른을 불고 있는데, 당신이 이곳에 함께 있다면 벌써 한 대 쥐어박았을 것이라고 말해 주었답니다. 그러나 그는 웃으면서 대답하기를, 당신이 그렇게 할 수 있을지 한번 증명해 주어야 믿겠다는군요. 매일 아침 '어쩌면 오늘이 바로 그날이 아닐까!' 하는 생각을 합니다. 삶은 계속 이어지고, 우리에겐 날마다 새롭게 살아갈 힘이 공급되는군요.

나의 디트리히, 당신은 제 가까이 있습니다.

당신을 생각하며 언제까지나 당신 곁에 있을, 당신의 마리아

내 사랑 디트리히!

1943. 10. 19. 패치히

이곳에서는 오늘 사냥 축제가 있었습니다. 전쟁 중이고 아버지도 안 계시는데 사냥이라니, 아주 이상한 느낌이 드는 행사였습니다. 그러나 많은 손님들이 다시 연미복과 드레스를 꺼내 입고, 가벼운 대화를 나누며 기분 좋게 즐길 수 있어 무척 기뻐했습니다. 축제 분위기에도 불구하고, 제 마음에는 채워지지 않는 빈 공간이 커다랗게 자리하고 있었습니다. 그러한 공허함을 안고 가벼운 환담을 즐긴다는 것은 불가능

한 일이지요. 그래서 이 공허함을 조금이라도 채우려면 글을 쓰는 게 좋을 것이라는 생각이 들었습니다. 10월 8일자 당신의 편지가 오늘 아침 일찍 배달되었습니다. 저는 그 편지를 사냥을 하는 동안 줄곧 사냥복 조끼 주머니 속에 넣어 두고 기뻐했습니다. 지난번 면회에 대해 당신이 쓴 내용을 읽고는 웃음이 나왔습니다. 저의 면회가 당신을 기쁘게 했다면, 언제나 편지로 알려 주세요. 그렇지 않으면 저는 갑자기 믿을 수 없게 되고, 그것은 최악의 상태라고 할 수 있습니다. 다음번에는 우리가 하고 싶은 말이나 묻고 싶은 것을 기록해 두는 것이 좋겠어요. 저도 말하려던 것의 절반도 말하지 못했지 뭐예요. '당신 곁에 있다'는 한 가지 사실이, 다른 모든 생각이나 의지, 말보다 훨씬 중요하기 때문에, 그 순간에는 무슨 말을 하든 아무래도 좋으니까요. 그곳에서 교실 맨 첫 줄에 앉은 학생처럼 꼼짝하지 않고 있는 것은 겉모습일 뿐입니다. 우리의 생각과 감정은 아주 가까이 함께하고 있으며, 아무도 그 사이를 비집고 들어오거나 방해할 수 없으니까요. 그러나 그 순간에는 당신과 단둘이 있고 싶은 갈망이 어느 때보다 절실해지는 것도 사실입니다. 이 그리움이 더 커질 수도 있을까요? 저는 날마다 그리움이 최고 절정에 이르렀다고 생각하지만, 그 시간이 지나고 나면 다시금 더 커져 있는 그리움을 느끼곤 합니다. 당신이 없었다면 올 한 해 저의 삶은 얼마나 초라했을까요? 제가 당신의 청혼에 "예"라고 대답했던 것이 아주 이기적인 결정이라는 생각이 들 정도입니다. 가끔은 제가 진실로 당신을 사랑한다면, 차라리 당신의 선택이 잘못되었음을 알려 주는 것이 옳지 않았을까 하는 생각을 하기도 한답니다. 그러나 당신은 저를 선택하셨습니다! 그리고 한 가지 믿으셔도 되는 것은, 제가 인내하며 기다릴 수 있다는 것이에요. 당신 편지를 받을 때마다 저는 언제나 새롭게 힘을 얻으며, 당신이 그러한 힘과 용기를 주는 것으로 인해 감사하게 됩니다.

벌써부터 우리 약혼을 눈치챈 에리히는, 기회 있을 때마다 담배 한 개피씩을 내 손에 쥐어 주며 당신에게 안부하여 달라고 부탁하더군요 (저는 벌써 당신을 위해 네 개피나 모았답니다). 큰아버지[21] 께서도 당신에게 안부를 전하셨습니다. 큰아버지는 항상 당신에 대해 자세히 물어보시며, 당신을 만나게 될 날을 큰 기대를 갖고 기다리십니다. 에리히가 저의 약혼 사실을 드러내고 말아서, 이제 저의 연애담을 들려주어야 합니다.

이곳에서 열릴 다음 축제 때는 매우 행복할 것입니다! 당신이 그 축제를 기쁨으로 기다린다면, 저도 다른 모든 것을 뒤로하고 행복할 것입니다. 저는 당신 곁에 있으며, 당신도 항상 저와 함께함을 알고 있어요.

당신의 마리아

사랑하는 디트리히!

1943. 10. 23, 크니프호프Kniephof

당신 편지[22]에 빨리 답장을 써야 한다는 생각이, 요즘 저를 놓아주지 않고 있습니다. 릴케에 대한 당신의 평에 대해 저는 동의할 수 없습니다. 제 생각이 틀렸을 수도 있지만, 한 예술가의 편지에는 다른 사람과의 관계보다 예술가 자신이 더욱 드러나는 것이 아닐까요? 물론 카푸스[23]는 자기에게 쓴 릴케의 편지에서 감동을 받았을 것입니다. 그러나 릴케는 이 편지가 카푸스에게만 적용된다고 생각하며 편지를 쓰지는

21. 프란츠-유스트 베데마이어. 쉰라데 영지에 살고 있던 마리아 아버지의 맏형.
22. 1943년 10월 8일자 편지.
23. 「젊은 시인에게 보내는 편지」는 문학 지망생이었던 프란츠 크사버 카푸스가 자신이 받은 릴케의 편지를 릴케 사후에 책으로 출간한 것—옮긴이.

않았을 거예요. 그건 아무래도 좋아요. 어쨌든 우리가 다른 사람의 사상이나 생각, 인생관에 공감하게 되는 것은, 그 사람이 숨겨진 깊은 삶의 본질을 드러내고 깨우쳐 주기 때문이 아닐까요? 사실 그런 본질적인 것을 제외한 다른 모든 것은 우리에게 아무런 감동도 주지 못하며, 때가 되면 저절로 사라져 버리고 마니까요. 저는 제 인생을 릴케에게 맞추지 않을 것이며, 외할머니가 아주 자세히 묘사하고 계신 것처럼 당신과의 결혼에 맞추지도 않을 것입니다. 우리는 서로 본질적인 면에서 같은 생각을 품고 있기에, 지금 염려할 것은 없다고 확신합니다. 저는 아무것도 일방적으로 강요하지 않을 것이며, 무슨 말이든 들을 준비가 되어 있습니다. 그리고 들은 것을 모두 저의 것으로 소화해내며, 조옮김하여 나 자신의 것으로 만들어 갈 것입니다. 사람들은 누구나 읽고 들은 것을 우선 자신의 음색으로 바꾸어야 하는 것 아닐까요? 당신이 제 말을 이해하는지, 아니면 엉터리라고 생각하는지 말씀해 주세요.

지금 저는 크니프호프에 와 있습니다. 제가 이곳에서 해야 할 일은 꽃병에 꽃을 꽂고, 전화를 받으며, 환자들과 대화를 나누고, 작은 아이들을 돌보는 것 등입니다. 그러나 제가 이곳에 있는 가장 큰 이유는 그냥 이곳에 있고 싶어서입니다. 일은 전혀 힘들지 않아요. 오늘 저녁에는 음악회가 열렸답니다. 안네[24]가 연주를 했는데, 저는 그녀의 연주를 매우 좋아합니다. 어쩌면 제게 음악적 재능이 없기 때문인지도 모르겠어요. 어쨌든 이런 자각 때문인지 저는 음악회를 무척이나 즐기는 편입니다. 내일은 일요일인데, 하루 종일 야흐린에 있는 룻-앨리스 언니 집에 가서 보내기로 했어요. 저는 새로 태어난 조카의 대모가 되었는

---

24. 마리아의 형부인 클라우스 폰 비스마르크의 막내 여동생으로, 후에 작곡가 고트프리트 폰 아이넴 Gottfried v. Einem과 결혼.

데, 가서 조카를 보고 받은 인상과 함께, 다른 사람들이 이구동성으로 말하듯 정말 그렇게 기쁨이 넘치는 아이인지 당신에게 알려 드리겠어요. 가끔은 클라우스 폰 비스마르크 형부와 함께 말을 타기도 합니다. 또 형부는 저를 오토바이 뒷좌석에 태우고 들판을 달리기도 한답니다. 오토바이를 타는 그 자체는 매우 재미있고 흥미진진하지만(특히 나이 든 숙녀분이 오토바이를 보고 질색을 하는 것을 보면), 저는 벤진과 관계된 모든 것에 왠지 거부감이 느껴집니다. 그보다는 말을 타는 것이 수백 번 낫지요. 26일[25]에는 집에 갈 수 없을 테지만, 사실 그날 집에 있고 싶지도 않아요. 그러나 당신에게 편지를 쓸 거예요. 당신의 생각이 저를 인도해 줄 것이라 믿으니까요.

조만간 다시 만나게 되기를 바라며, 당신의 편지를 애타게 기다립니다.

당신의 마리아

사랑하는 나의 디트리히!

1943. 10. 26. 크니프호프

이곳 크니프호프의 넓고 큰 계단에 앉아, 무릎 위에 편지지를 올려놓고 편지를 쓰기란 쉽지 않군요. 그러나 이곳이 당신에게 편지를 쓸 수 있는 유일한 장소입니다. 왜냐하면 오늘 밤 저는 클라우스 형부의 할머니를 돌보아야 하는데, 그 병실에서는 밝은 등을 켤 수 없기 때문입니다. 저는 오늘 밤을 지새우며 당신과 나, 그리고 우리의 생각으로 시간을 보내게 되리라는 사실 앞에 기뻐하고 있어요. 당신이 저를 생각

---

25. 마리아의 오빠 막스의 첫 기일.

해 주시니 얼마나 감사한지요. 그러니까 오늘은 정말이지 좋은 하루가 될 거예요. 어제 저녁에는 침대 머리맡에 사진들을 걸어 놓았답니다. 그 옆에는 장미 한 다발과 촛대를 세워 두었지요. 아침에 눈을 떠서 초에 불을 켜고 위로에 넘치는 매일의 성구[26]를 읽었을 때, 고향 집에 와 있는 듯한 큰 평안이 느껴졌습니다. 그 집에는 모두가 함께 모여 있지요. 아버지와 막스 오빠, 엄마와 형제자매들, 그리고 당신도. 당신은 막스 오빠를 잘 아시지요. 그를 잘 아는 사람은 그다지 많지 않답니다. 오빠에 대한 이야기가 나오면 사람들이 그를 잘 모른다는 느낌을 받곤 했습니다. 그래서 저는 막스의 사진들과 편지를 그들에게 보이고 싶지 않았습니다. 그러나 당신은 그를 알았습니다. 그가 당신을 아주 좋아했다는 사실을 미루어 볼 때 알 수 있어요. 그리고 당신이 막스를 알고, 또 저를 안다는 사실이 제게 얼마나 큰 도움이 되는지 모릅니다. 그에 대해 따로 설명하지 않아도 되니까요.

이 시간 저는, 1년 전 오늘 우리가 마지막으로 단둘이 함께하는 시간을 가졌던 일에 대해 쓰고 싶어요.[27] 외할머니 병실에서 함께 성경 말씀을 묵상한 후 깊은 감동을 느낀 저는, 당신의 말씀에 대해 감사를 표하고 싶었습니다. 그러나 말을 할 수가 없었지요. 왜 말하지 못했는지 지금도 알 수가 없습니다. 그러나 왠지 그럴 수가 없었습니다. 그 후 당신은 갔고, 저는 닫힌 문 앞에 서서 이기적인 제 자신에게 화를 내었습니다. 그런데 당신이 다시 한 번 병실 초인종을 눌렀습니다. 「매일의 성구」 소책자를 두고 갔다며……. 분명히 암시하는 바가 있지 않았을까요? 그럼에도 불구하고 저는 말하지 못했어요. 제가 어떤 사람

---

26. 1943년 10월 26일 화요일 매일의 성구, "주 여호와께서 모든 얼굴에서 눈물을 씻기시며"(사 25:8). "곧 살아 있는 자라. 내가 전에 죽었었노라. 볼지어다. 이제 세세토록 살아 있어 사망과 음부의 열쇠를 가졌노니"(계 1:18).
27. 1942년 10월. 프란치스쿠스 병원에서 외할머니 간병을 하기 위해 머물렀던 마리아의 베를린 체류 마지막 날.

인지 아시겠지요. 그러나 오늘은 당신에게 말하려 합니다. 제가 그 일요일과 당신이 한 모든 말을 결코 잊지 않으리라는 것을. 그날 당신의 말씀을 들었을 때, 제가 그 말을 결코 잊을 수 없으리라는 사실을 알았습니다.

안타깝게도 룻-앨리스 언니의 건강이 호전되지 않고 있어요. 그래서 저는 며칠 더 언니에게 오겠다고 약속했어요. 마음 같아서는 속히 베를린으로 가고 싶지만, 지금 언니의 간호인마저 떠나고 없는 상태여서 제가 그 일을 맡아야 함을 이해해 주시겠지요.

31일에는 말을 타고 사냥을 하기로 계획했습니다. 클라우스 형부가 아주 좋은 말을 준비해 두었기 때문에 그날이 몹시 기다려집니다.

이만 줄여야겠군요.

매일 매 순간 당신과 함께하며, 마음을 가득 담아 안부를 전합니다.

당신의 마리아

* 1943년 11월 10일 면회 허가.

사랑하고 사랑하는 나의 마리아!

1943. 11. 10, 테겔

3일을 더 기다려야 당신에게 편지를 보낼 수 있지만, 적어도 오늘 편지를 써 놓기라도 해야겠다고 결심했습니다. 그러면 생각으로만이 아니라, 편지지 위에서 당신과 대화할 수 있는 그날 오후가 되기까지 7일이나 기다려야 합니다. 그럼에도 불구하고! 오늘 당신과 이곳에서 함께 보낸 시간은 너무 행복했습니다. 룻-앨리스의 건강 상태가 좋지 않다는 편지를 받은 후[28], 이번에는 당신 면회를 기대할 수 없으리라 생각했습니다. 그런데 당신이 왔습니다. 너무 짧은 시간이었지요. 물론 당신에게 묻고 싶은 말들과 부탁할 것들을 잊지 않기 위해, 어제와 오늘 빠짐없이 기록해 두었습니다. 그러나 모두 잊어버리고 말았습니다. 당신이 내 옆에 와서 잠시 함께 소파에 앉아 있을 수 있다는 단순한 사실 앞에, 당신이 내 곁에 있다는 그 단순한 사실 앞에 다른 것은 중요하지 않았습니다. 당신은 밤새 환자 곁을 지키느라 밤잠도 자지 못한 채 기차를 탔을 테지요. 역에 내려서는 아마 점심도 거른 채 바로 이곳으로 향했을 테지요. 당신은 그게 당연한 것처럼 말했습니다! 그래요, 마리아! 당신이 당연하게 여기는 일 속에서, 나는 도무지 이해할 수 없는 행복, 결코 당연하게 여길 수 없는 행복을 발견하며, 그것은 마치 기적과도 같습니다! 내 앞에는 당신 사진이 걸려 있습니다. 한 주 동안 그 사진을 보며 만족해야 하는데, 사진을 보고 있으면 마치 당신 목소리가 들리는 듯하며, 당신의 웃음소리도 들리는 것 같습니다. 그러나 우리는 웃고 있으면서도 약간은 슬픔을 느끼게 되지요? 당신의 눈을 보며 당신의 손길을 느낍니다. 그러면 모든 것이 다시 현실이 됩니다. 이 모든 것에 대해 어떻게 당신에게 감사할 수 있을까요? 당신이 내 곁에 있으므로 모든 것이 좋다는 말 밖에 다른 말을 할 수 없습니다. 그리고 힘든 인내의 시험 기간을 올바른 태도로, 조용히 감사함으로 견디어 낼 수 있도록 서로에게 도움이 되기를 원할 뿐입니다. 지난 몇 개월 동안 우리가 져야 했던 짐으로 인해 더욱더 빛나는 행복이 우리를 기다리고 있으며, 어쩌면 모든 결혼 관계에 주어진 십자가를 부분적으로 이미 감당해 냈을 것이라고 소망해서는 안 될까요? 우리가 하나님의 길을 미리 알려 해서는 안 되지만, 가장 험난한 시간을 살

---

28. 1943년 10월 26일자 마리아의 편지 참조.

아갈 때에도 하나님이 결코 우리를 내버려 두지 않으시고 오히려 더욱 강하게 하나로 묶어 주실 것임을 아는 것은 중요합니다. 당신이 지난주에도 즐거워할 수 있는 날이 있었던 사실로 인해 기쁩니다. 당신 조카 세례식에 참석할 수 있다면 얼마나 좋을까요? 룻-앨리스와 그녀 남편의 안부 인사에 대해, 그리고 보내 준 책에 대해 감사의 마음을 전해 주십시오. 폴크만-레안더[29]는 내가 특별히 좋아하는 작가이며, 오늘은「어부와 그의 아내」를 읽을 예정입니다. 우리가 함께 지낼 수 있는 어부의 오두막이라도 있다면! 그러나 모든 것이 합력하여 선을 이룰 것이며, 그것이 우리에게 진실로 선이라는 사실을 우리가 이해하게 될 날이 올 것입니다. 감방으로 돌아오니 23일과 26일자 당신의 편지가 기다리고 있더군요. 나도 릴케에 대한 당신의 의견에 전적으로 동의합니다.[30] 당신 생각을 잘 이해할 수 있을 뿐 아니라, '어떻게 살아야 할 것인가'에 대한 당신의 생각이 나와 일치한다는 사실로 인해 매우 기쁩니다. 우리의 좋으신 사랑하는 외할머니나, 릴케, 제삼자가 아니라, 결혼은 우리 두 사람의 일이며 우리에게 선사된 삶이라는 사실이 중요합니다. 사랑하는 마리아, 잘 지내길 바랍니다. 자유의 몸이 되어 우리가 함께할 날이 오기까지, 하나님께서 우리를 지켜 주시기를! 장모님과 형제자매들, 그리고 외할머니에게 특별히 안부해 주십시오. 무엇보다도 당신에게 온 마음을 담아 사랑의 안부를 전합니다.

당신의 디트리히

추신. 방금 두 시간 정도 책을 읽었습니다. 얼마나 특별한 사랑으로 이 책들

---

29. 리하르트 폰 폴크만-레안더Richard von Volkmann-Leander,「프랑스식 벽난로 앞에서의 꿈들 Traumereien an französischen Kaminen」(1871).
30. 1943년 10월 23일자 편지에서.

을 골라서 보냈는지 느낄 수 있었습니다. 이제는 잠자리에 누워야 합니다. 잘 자요!

사랑하는 디트리히!

1943. 11. 12. 야흐린Jarchlin

언니의 귀여운 아들 고트프리트가 옆에서 놀면서 저를 잠시도 가만히 두지 않지만, 당신에게 편지를 써야 한다는 생각에 펜을 들었습니다. 그동안 편지가 없었던 것으로 인해 화를 내지는 않을 테지요. 왜 편지를 쓸 수 없었는지 자세한 이야기는 나중에 하기로 하겠습니다. 지금은 다시 편지를 쓰고 있으니까요.

지난 면회 시간이 자주 떠오릅니다. 어떻게 그토록 어리석은 말을 하고 말았는지 아무리 생각해도 이해할 수 없고 민망한데도, 왠지 자꾸만 그 시간이 떠오릅니다. 그런 말 따위야 부수적인 것에 불과하며, 나중에는 모든 것이 달라질 테니까요. 너무 달라서 비교조차도 할 수 없게 될 테니까요. 우리는 정식으로 약혼했다고 할 수 없는 것이 사실입니다. 그러니 나중에 정식으로 약혼을 할 거예요! 우리가 바로 결혼식을 올리게 되지는 않겠지요? 저는 적어도 어느 정도 평범한 약혼자들이 가지는 시간을 가져 보고 싶습니다. 정말이지 그런 시간을 갖고 싶습니다. 휴양도 할 겸 함께 스키를 타러 가면 어떨까요? 중요한 것은 우리가 정말 단 한 번이라도 둘만의 시간을 갖는 것입니다. 패치히에서도 가능한 일이긴 하지만, 그러려면 우선 당신을 모든 친지들에게 소개하러 다녀야 하고, 그 후에는 예법에 따라 친지들이 줄을 지어 우리를 다시 방문하러 오겠지요. 무척 피곤한 일이에요. 그러니 우리 둘은 어디론가 여행을 떠나 버리고, 그 사이 패치히에서는 우리 결혼을 준비하도록 하는 게 좋겠어요. 어떻게 생각하세요? 방금 전화로 외할머니께 당신의 안부 인사를 전해 드렸는데, 얼마나 기뻐하셨는지 모릅니다. 외할머니는 제가 어느 날 밤 춤을 춘 것에 대해 당신에게 고백했는지 물으시더군요. 그 일을 당신에게 고백해야 하는지 몰랐습니다. 이미 당신에게 말하긴 했지만, 죄스러운 마음으로 고백한 것은 아니었거든요. 만약 당신이 저의 속죄를 명하신다면, 늦었지만 그렇게 하겠어요. 그러나 당신이 춤추는 것을 심각한 죄로 여길 것이라고는 생각할 수가 없군요. 그런데 외할머니는 제가 프리드리히-빌헬름 폰 디스트에게 반했다는 거예요. 그가 한스-프리드리히 폰 클라이스트-레초브를 닮았다고 말씀드렸던 것을 문제 삼고 있는 것이지요. 당신 누님 바바라 폰 도나니는 당신도 춤을 출 수 있다고 하던데요. 정말 멋있어요!

고트프리트는 집 짓기 나무토막 장난감을 손에 들고, 제 눈앞에서 이리저리 뛰어다니며 말하는군요. "슬픈 생쥐 이모, 고피도 디트리히 삼촌에게 편지를 쓸래요." 그래서 그때마다 편지 쓰기를 중단하고, 이모다운 교육적인 처신은 하지 못하고 있습니다. 저처럼 조카에게 마음을 온통 빼앗긴 이모는 없을 거라는 생각이 드는군요. 그를 당신에게 데려가서 한번 보여줄 수 있다면 얼마나 좋을까요.

조카 세례식은 17일로 정해졌어요. 그날이 부모님의 은혼식 날이어서 그렇게 정한 것입니다. 당신은 우리를 이상하게 생각하겠지요. 그러나 중요한 것은 당신이 우리 생각을 한다는 것 아니겠어요? 제가 이 작은 아이의 대모라는 사실에 대해 썼던가요? 제가 이 아이의 대모가 될 수 있어 정말 기뻤답니다. 아이의 이름이 한스나 막시밀리안이 될 것이라 생각했거든요. 이 아이가 아들로 태어나서 정말 좋았어요. 바깥은 춥고 우중충한, 전형적인 11월 날씨입니다. 이곳에 와서 난로에 불을 지피는 방법도 배웠어요. 정말 어렵더군요. 실수할 가능성이 셀 수 없이 많았는데, 그런 만큼 안락한 분위기 속에서 지인들과 만날 기회도 많아지지요. 오전에는 고트프리트와 함께 산책하러 가서, 말을 타는 것이 어떻게 가능하며, 백마가 어떻게 백발이 되지 않을 수 있는지에 대해 오랫동안 이야기하곤 한답니다. 우리와 마주치는 사람이라면 누구에게나 말을 걸고, 이런저런 대화를 나눈답니다. 돌이란 돌은 모두 집어들어, 웅덩이가 나타나면 그 속에 던져 넣지요. 만나는 개들은 모두 쓰다듬어 주고, 말이 나타나면 '뛰어라 뛰어 기수야'라는 노래를 불러 줍니다. 밤이 되면 슬픈 생쥐 이모는 우리가 함께 보았던 모든 것을 주제로 노래를 불러야 하는데, 이모가 나무토막에 대해서 아는 노래가 없으면 아빠가 나중에 그 노래를 불러 주어야 한답니다. 제가 칙칙폭폭 기차를 타고 디트리히 삼촌에게로 가는 여행에 관해서 이야기할 때나, 수많은 군인들에 대해 이야기할 때가 제일 좋습니다. 그러면 "그 다음은?"이라는 질문이 끝없이 이어지며, 반쯤 잠이 든 상태에서도, "슬픈 생쥐 이모, 계속 이야기해 주세요. 그 다음은?······"

제 마음은 작은 나무토막처럼 여러 갈래로 찢겨 있습니다. 이곳에 계속 머물고 싶은 마음, 집에 가고 싶은 마음, 크뢰신이나 베를린으로 가고 싶은 마음 등. 19일쯤 집으로 돌아가서, 첫 강림절 때쯤[31] 베를린에 머물게 된다면 좋을 것 같기도 합니다. 그러면 세 번째 강림절 때 다시 패치히로 가서 성탄 구유극을 함께 준비할 수 있을 테니까요. 그때는 당신도 함께하게 되겠지요! 당신이 감옥에 있다는 사실을 알면서, 성탄을 축하할 수 있으리라고는 생각할 수도 없습니다.

한스-베르너와 저는 작은 사냥 놀이(말을 타고 하는 사냥이 아니라는 의미에서)를 계획 중이에요. 아마도 셋이나 넷 정도가 함께할 거예요. 정말 재미있답니다. 당신은 한번도 사냥을 한 적이 없나요? 발터 본회

---

31. 아드벤트Advent. 독일 그리스도인들이 성탄절이 되기 4주 전부터 가정마다 촛불을 밝히며 아기 예수의 오심을 기리는 기다림의 절기를 일컫는 말—옮긴이.

퍼의 사진 중에는 사냥복을 입고 찍은 것이 있던데요. 사냥을 배울 생각은 없나요? 사냥은 승마보다 쉬우며, 실제로 삶에 유용하기도 하답니다. 메딩에의 남편도 사십이 되어 처음으로 사슴 한 마리를 명중시켰다고 하더군요. 당신이 패치히의 사냥 대회에 참석할 수 있다면 얼마나 좋을까요!

교회에서는 각 사람에게 적합한 일이 있다고 생각해요. 한 사람은 오르간을 칠 수 있겠지요. 아니면 둘이서 함께 뭔가를 배우는 것도 좋겠어요. 제가 예배 때 찬양을 틀리게 할까 봐 항상 두려워한다고 생각하나요? 사실 저는 예배 때 함께 찬양하는 것을 엄청나게 좋아합니다. 그러나 제가 창피한 줄도 모를 정도로 용감하게 굴 것이라고 생각하신다면, 당신 생각을 약간 바꾸는 편이 좋을 것입니다.

룻-앨리스 언니가 안부를 전해 달라고 간곡히 부탁하는군요. 그런데 언니가 보낸 소시지도 묵상하면서 드시나요?

사랑의 마음을 전하며, 당신의 마리아

내 사랑 디트리히!

1943. 11. 18, 패치히

지금 저는 다시 패치히로 돌아와 있습니다. 제가 늘 사용하던 낯익은 책상 앞에 앉아서 당신에게 편지를 쓰니 비할 데 없이 즐겁군요. 다시 이곳에서 당신에게 편지를 쓰게 되기를 바라는 마음이 간절했습니다. 11월 4일자 당신의 편지[32]가 옆에 놓여 있고, 저는 그 편지로 인해 당신에게 감사할 뿐입니다. 야흐린에 사시는 할머니가 우리 약혼에 가장

---

32. 이 편지는 더 이상 남아 있지 않음.

중요한 역할을 했다는 말은 금시초문이며, 당신이 일찍이 선교와 관련된 일을 했을 것이라고는 전혀 눈치채지 못했습니다. 사실 매년 야흐린에서 열렸던 선교대회에 대한 저의 기억은 끔찍하기만 합니다.[33] 오빠와 언니, 그리고 저는 그 당시 일곱 살에서 열한 살 사이였는데, 항상 라스벡에서 그곳까지 가서 선교대회에 참석해야 했습니다. 작열하는 듯한 한낮의 태양 아래 몇 시간이고 앉아서 불쌍한 흑인 소년의 이야기를 들어야 하는 것은 지루하고 곤욕스러운 일이었지요. 쉬는 시간에 먹게 될 맛있는 케이크가 산더미처럼 쌓여 있는 것은 아무 도움도 되지 않았습니다. 문제는 제가 지금도 선교대회를 그때처럼 지루하게 여길지도 모른다는 사실입니다. 아니면 지루하게 느껴지더라도 아무 말 않고 조용히 참아야 할까요? 엄마와 룻-앨리스 언니는, 제가 당신의 아내가 되면 아마도 더는 어처구니없는 일을 한다거나 그러한 말을 입 밖에 내지는 않을 것이라며 아주 다행스러워 하고 있습니다. 저는 벌써부터 당신의 영향력이 놀랍다는 말을 듣게 될 그날이 오기를 기다리며 기뻐한답니다.

 그런데 한스-베르너는 호른이라는 금관악기를 전혀 불 줄 모릅니다. 당신이 제 편지를 제대로 읽지 않았거나, 그게 아니라면 제가 거짓말을 했다는 것인데요. 그 둘 중 어느 쪽이 더 나을지 판단이 서지 않는군요. 한스-베르너가 불었던 호른은 단순한 세 개의 음을 가진 사냥용 호각이었습니다. 그 호각은 말을 타고 사냥을 할 때, 총을 쏘아도 된다는 신호를 보내기 위해 사용하는 것이지요.

 패치히의 모습을 미리 상상해 볼 수 있도록 사진 몇 장을 동봉합니다. 그러나 지금 바깥 풍경은 완전히 벌거숭이가 되었습니다. 우리가

---

33. 클라우스 폰 비스마르크의 할머니인 헤드비히 폰 비스마르크는 해마다 크니프호프에서 선교 축제를 열었음.

결혼할 계절이 이토록 황량하다니 참으로 안타깝군요. 당신도 저처럼 꽃을 좋아하나요? 막스 오빠는 꽃에 대한 탐닉으로 인해 제가 심판 날에 꾸중을 듣게 될 것이라고 예언하기도 했답니다. 나중에, 도시를 빠져나가서 꽃을 꺾어도 되는 곳까지 함께 산책을 하기로 해요. 그러면 우리 집에는 항상 예쁜 꽃이 꽂혀 있게 될 테지요.

어제는 야흐린에서 세례식이 있었어요. 정말 아름다운 날이었어요. 형제자매들이 얼마나 큰 사랑으로 작은 부분까지 세심하게 마음을 써서 준비를 했던지, 그곳에 참석한 사람들은 마냥 행복하기만 했습니다. 교회는 빨간 나뭇잎으로 단장했고, 제가 특별히 좋아하는 흰색과 붉은색 국화꽃이 제단에 놓여 있었답니다. 아름다운 찬양을 불렀고, 목사님은 고린도전서 13장 말씀을 아주 인상 깊게 전했어요. 세례 받은 아이의 이름은 '한스 막시밀리안 귄터'랍니다.

저녁에는 라스벡에서 오신 마리아 이모[34]가 노래를 불렀고, 안네 폰 비스마르크가 반주를 했어요. 사람들은 그녀의 연주를 그다지 좋아하지 않지만, 저는 안네의 연주를 듣는 것이 즐겁습니다. 제 생각에는, 그녀의 연주를 즐기기 위해서는 그녀 특유의 연주법을 알고 이해해 주는 배려가 필요한 것 같아요. 나중에 그녀를 만나게 되면 당신도 그녀를 좋아할 것이라 생각합니다.

오늘은 동생 페터와 라라[35]를 데리고 패치히로 향하는 여행길에 올랐습니다. 페터가 객차에서 입을 떡 벌리고 놀라움을 연발하는 장면은 그야말로 장관이었습니다. 기차가 30분 정도 정차할 때, 우리 셋은 항구 여기저기를 정신없이 뛰어다녔습니다. 페터가 그곳에 있는 배들을 모두 보기를 원했기 때문이지요. 페터는 항구에서 일하는 사람 누구에

---

34. 마리아 어머니의 큰언니. 라스벡 영지에 살던 국무 장관 헤르베르트 폰 비스마르크와 결혼.
35. 마리아의 어린 동생들인 페터(1936년 출생)와 베르부르크(1932년 출생, 애칭은 라라).

게든 다가가 모자를 벗어 정중하게 인사를 건네었습니다. 그리고 우리가 미처 못 본 사이에, 선원 한 사람과 자기도 한번 배에 타게 해 줄 수 있는지 거래를 하고 있었지 뭐예요. 패치히에 도착하니 마을이 온통 떠들썩했습니다. 밤에 영국 비행기가 그곳에 와서 숲 속 어딘가에 폭탄을 투하했다는군요. 불이 타는 과정에서 창문 하나가 깨어졌고, 어느 농가는 문이 저절로 열리기도 했다고 합니다. 이곳 사람들은 이미 물건들을 지하로 옮기기 시작했습니다.

11월 25일에는 베를린으로 가서, 성탄절까지 그곳에 있을 생각입니다. 그 후에 우리 둘이 함께 패치히로 돌아와서 이곳에서 성탄을 축하하기로 해요!

수없이 많은 사람들이 당신에게 안부를 전해 달라고 요청했습니다. 그들이 누구인지 다 기억할 수 없지만, 그 누구와도 비할 수 없는 사랑의 안부를 전합니다.

당신의 마리아

추신. 참고로 이 편지지[36]는 저의 취향이 아니라, 삼촌 한 분이 좋은 뜻으로 선물해 주신 것입니다.

내 사랑 마리아!

1943. 11. 21. 테겔

오랜 기다림 끝에, 어제는 당신과 장모님이 보낸 편지[37]를 받고 매우

---

36. 연두색 편지지.
37. 1943년 11월 12일자 마리아의 편지.

기뻤습니다. 정말 고마워요! 오늘은 고인들을 기리는 주일이니, 모두들 교회에 가서 십자가 앞으로 나아갔을 테지요. 언젠가 슈티프터는 이런 아름다운 말을 한 적이 있었습니다. "고통은 깊고 깊은 땅 속에 영원히 묻혀 있을 보화를 사람들에게 드러내 보이는 가장 거룩한 천사라네. 이 세상의 온갖 기쁨을 통해서가 아니라, 고통으로 인해 사람들은 위대해진다네."[38] 정말 그러합니다. 정신 깊은 곳까지 느껴지는 단절의 고통은 가치가 있으며, 우리는 이 고통에 대해 논쟁하며 거부할 필요가 없다고, 지금의 처지에 있는 나 자신에게 거듭 말하곤 합니다. 그러나 그 고통은 항상 새롭게 이겨내어야 하는 것입니다. 그리고 고통보다 더 거룩한 천사가 있는데, 그것은 바로 하나님으로 인해 기뻐하는 것이지요.

당신이 이 편지를 받을 때쯤이면 이미 강림절 기간이 시작되겠군요. 강림절은 제가 특별히 사랑하는 시간입니다. 이것저것 부차적인 일로 소일하며, 자나 깨나 자유의 문이 '바깥에서' 열리기를 소망하며 살아가야 하는 감옥에서의 나날은 강림절에 대한 적절한 예화가 될 것 같습니다. 몇 년 전부터 멀리서 듣기만 했던 패치히의 성탄극을 올해는 볼 수 있을지!

눈이 쌓여 있는 곳 어딘가로 둘이서 여행을 떠나자는 당신의 생각은 참으로 훌륭합니다. 프리드리히스브룬도 괜찮은 곳이긴 하지만, 그때쯤 카알-프리드리히 형님 가족이 그곳에 가 있지 않을까 싶군요. 당신과 함께 여러 친지들을 방문하는 것도 아주 좋을 것 같습니다. 그 후

---

38. 원문은 "고통은 거룩한 천사, 이 세상의 모든 기쁨을 통해서가 아니라 고통으로 인해 사람들은 더욱 위대해졌다네."(1859년 2월 3일 구스타프 페히빌에게 쓴 슈티프터의 편지에서) 「마음의 지혜, 아달베르트 슈티프터의 사상과 숙고 *Weisheit des Herzens. Gedanken und Betrachtungen von Adalbert Stifter*」(1941), 베를린. 디트리히는 이 문장을 「마음의 지혜」에서 발견했으며(DBW 8, 182), 이 책에서는 슈티프터의 편지 원문과는 약간 다른 표현으로 소개했음. 이 책을 부모님께 돌려보내면서, 철자에 점을 찍는 방법을 이용하여 그의 유언장에 관한 암호를 전하기도 함(DBW 8, 203).

에 우리가 단둘이 시간을 보내고 싶어 하면, 아무도 인색하게 굴지는 않으리라 생각합니다. 적막한 산 속에서 단둘이 겨울밤을 보내는 것은 그다지 흥미롭게 느껴지지 않지만, 적당한 시간이 오면 하얗게 눈 덮인 산으로 여행을 떠날 수도 있겠지요! 그러니 생각할 수 있는 모든 것을 바라고 꿈꾸는 일은 지금부터 하기로 합시다. 그러면 내게 자유의 날이 오고 모든 것을 조망할 수 있을 때, 꼭 필요한 것에 중점을 두면서도 충분히 빠르게 일을 계획할 수 있을 것입니다. 그날이 오기까지 당신은 무엇을 해야 할까요? 그저께 있었던 공습경보를 생각하면 당신이 베를린에 체류하려는 계획에 대해 기뻐할 수가 없군요. 그러나 이미 확고하게 결정된 사항이라면, 불안한 마음을 지나치게 조장하고 싶지는 않습니다.

한스-베르너와 함께 말을 타고 사냥을 하기로 한 것은 참 잘한 일입니다. 당신에게 기쁨을 주는 일이라면 나 역시 기쁘니까요. 당신이 이미 짊어지고 있는 많은 짐들에 또다시 근심을 더하여 주는 것만이 나를 불안하게 합니다. 예전에 사냥을 하러 간 적은 없습니다. 저녁 무렵 수렵장이나 숲 가장자리에 즐겨 앉아 있었고, 어스름해지면서 그곳에 짐승들이 모습을 나타내기라도 하면 심장이 고동치곤 했던 기억이 있을 뿐입니다. 물론 그 짐승들에게 총을 겨누고 싶은 마음은 추호도 들지 않았습니다. 그럴 필요가 없는데 왜 사냥을 하고 싶겠어요? 그러므로 패치히의 사슴들은 앞으로도 내 앞에서 두려움을 느낄 필요가 전혀 없을 것입니다. 그러나 승마는 다릅니다. 당신과 함께 말을 타고 숲으로 들로, 확 트인 대지 위를 달릴 날을 얼마나 고대하는지! 사냥을 몹시도 즐겼던 프리드리히 빌헬름 1세가, 만나는 목사들마다 사냥이 죄인지 아닌지 묻곤 했다는 것을 알고 있나요? 그 질문에 프랑케[39]를 포함한 모든 목사들은 현명하게 처신했고, 사냥은 죄가 아니라고 대답했지요. 그럼에도 불구하고, 다른 모든 일이 그렇듯 사냥은 모든 사람에게 맞는 일은 아닙니다. 사냥복을 입은 발터 형님의 사진을 본 적이 있다고 했지요. 발터 형님은 산지기와 함께 정기적으로 숲을 찾곤 했는데, 아마도 그가 살아 있다면 지금쯤 산지기가 되어 있을지도 모르겠습니다. 그가 열다섯인가 열여섯 살에 쏘아 맞힌 산양은 그에게 엄청난 체험이었던 것으로 기억합니다.

비스마르크 가의 소시지를 '묵상'하면서 먹느냐고 물었지요? 그 표현은 아마 당신이 상상하는 이상으로 정확한 표현일 것입니다. 이곳으로 보내어진 모든 '물질적인 것'은, 식사 시간이 되면 당신들의 사랑과 신실함, 당신들 모두와 함께 나누는 교제의 상징으로 변하게 됩니다. 매일의 식탁에 사랑하는 이들과 함께 앉을 수 없고, 혼자 식사해야 하는 이곳의 부자유스러운 상황에서, 당신들의 식탁에 손님으로 초청받았음을 소중하게 기억하는 시간이지요. 그러므로 당신들의 식탁에서 나의 감방 안으로 들어오는 모든 것을, 사실상 '묵상하며' 먹게 되는 것이지요. 식사 교제는 함께 식사하는 것 이상을 의미하니까요. 아직 장모님의 편지에 대해 감사의 말도 하지 못했는데, 벌써 편지지가 다 채워지고 말았군요. 언제나 이야기하듯 편지를 쓰시는 장모님의 편지를 무척이나 사랑합니다. 장모님의 편지를 읽으면서 일상생활에 일어난 작은 일 하나하나 마치 함께 겪는 것처럼 느끼려 애씁니다. 장모님께 감사의 마음을 전해 주십시오. 장모님은 얼마나 선한 마음을 가지셨는지!

사랑하는 마리아, 잘 지내길 바랍니다. 모든 것에 대해 고맙기 그지없습니다.

사랑의 키스를 보내며, 디트리히

---

39. 프랑케August Hermann Franke. 뛰어난 교육자로서, 당시 교회뿐 아니라 독일 사회 전반에 큰 영향을 끼쳤음―옮긴이.

나의 디트리히!

1943. 11. 22. 패치히

오늘 11월 10일자 당신의 편지를 받았습니다. 이번에는 편지가 유난히도 빨리 도착했고, 저도 특별히 기뻤습니다. 면회 후의 편지는, 당신이 쓰는 편지 중에서 제게는 가장 중요하답니다. 저는 면회가 당신에게 도움이 되었는지 의심스러워서 자주 괴로워하곤 하니까요. 일반적으로 '약혼한 상태'는 지금 우리의 모습과는 아주 다르잖아요. 마음속에는 수백 수천의 하고 싶은 말들과 해야 할 말들이 쌓여 있는데, 면회실에 앉아서 지루하고 표면적인 대화만 나누어야 한다니요. 차라리 흐느껴 울고 싶은데도, 시끄럽게 떠들어 대야 한다니요. 그런데도 어쩐지 기쁘고 행복한 감정에 젖어드는 이러한 모순을 저는 도무지 이해할 수가 없습니다. 이렇게 뒤죽박죽이 되어 버린 감정과 생각으로, 어떻게 당신에게 조금이라도 힘이 될 수 있을지 알 수가 없습니다. 만약 당신이 저의 면회를 기뻐하지 않거나, 차라리 한 번 정도는 오지 않기를 바란다면, 분명히 제게 말하거나 편지로 알려 주실 테지요.

정말이지 당신에게 말해야만 할 것들, 물어보아야 할 것들이 한없이 많습니다. 제 속에 있는 긴장이 날마다 커지고 있어, 모든 것을 털어놓을 수 있기만을 바라며, 더는 시간을 끌어서는 안 된다는 느낌이 듭니다. 처음에는 당신에 대한 모든 생각을 일기장에 기록하곤 했습니다. 그러나 지금은 더 이상 그렇게 하지 않습니다. 그러면 한번은 일기장의 디트리히, 다른 한번은 편지의 디트리히, 또 한번은 면회 시간의 디트리히로 분산되어 버리기 때문입니다. 그것은 끔찍스러운 일이지요. 저는 당신을 부분적으로 원하지 않을 뿐더러, 꾸며낸 생각 속의 당신을 원하지도 않으니까요. 이런 마음을 당신은 잘 이해하실 테지요! 사실 지금 이런 말을 하고 있는 것 자체가 의미가 없습니다. 제가 당신을 얼마나 그리워하는지 당신은 잘 알고 계실 테니까요. 도대체 무엇 때문에 이런 말로 당신을 힘들게 해야 할까요? 보세요, 제가 항상 이렇게 정리가 되어 있지 않고, 혼란스러워하고 있다는 사실을! 그리고 이러한 혼란은 감정에서뿐만 아니라, 저의 모든 생각 속에서도 마찬가지로 일어나는 현상입니다. 그것은 마치, 미로에 빠져들었는데, 이 미로에서 빠져나갈 수 있는 길을 명확하게 알고 있으며 정확한 답을 알고 있으면서도 그 길을 찾을 수 없고, 도저히 오를 수 없는 높은 담장 앞에 서 있는 듯한 막막한 느낌에 비유할 수 있을 것입니다.

단 한 번이라도 제 방에서 당신 곁에 앉아 이 모든 것을 털어놓을 수 있다면 좋겠습니다. 당신에게 많은 것을 해명하고 싶습니다. 어쩌면 당신이 알고 있는 것보다 해명해야 할 일들이 훨씬 더 많을 수도 있습니다. 한 번쯤, 당신에게 편지를 쓰는 것이 얼마나 힘든지에 대해서도 말할 수 있다면 좋겠습니다. 저는 당신에 대해 너무 모르면서도, 당신을 아주 잘 알고 있습니다. 이것 역시 제게는 익숙하지 못하며 혼란스러운 부분입니다. 때로는 면회 시간이 두려울 때도 있습니다. 면회 시간이 어떤 결과를 가져올지 알 수 없고, 좋은 시간이 되어야 한다는 것 외에는 아무것도 느낄 수 없기 때문입니다. 저를 생각할 때, 무엇이 당신을 괴롭히는지 말해 주세요. 제가 멀리 떨어져 있어 괴로운가요, 아니면 당신의 배필로서 충분하지 못한 것 같아 괴로운가요? 아니면 제가 근심에 싸여 있는 것으로 인해 슬픈가요? 저로 인해 슬퍼하지는 마세요. 제가 당신을 사랑하며, 언제까지나 당신의 마리아로 머물러 있을 것이라는 사실을 분명히 아셔야 합니다.

1943년 11월,

베를린에 심한 공중폭격이 가해졌다. 디트리히의 매형 한스 폰 도나니의 감방에 폭탄이 터지는 바람에, 도나니는 뇌 전색증으로 사경을 헤매게 되었고, 샤리테 병원의 사우어브루흐 교수에게로 옮겨졌다. 테겔 형무소의 거의 모든 창문들이 깨졌으며, 고등군법회의 건물이 크게 손상되어 심문에 필요한 자료들이 소실되었다. 소실된 자료를 보완하기 위해, 렘베르크에 가 있던 뢰더 검사가 소환되었다. 패치히의 저택은 베를린에서 온 피난민들로 넘쳐났다. 이러한 나날을 보내며 본회퍼는 다시 유언장을 고쳐 썼고, 얼마 후에는 함께 갇혀 있는 사람들을 위해 기도문을 작성했다.

1943년 11월 26일,

다섯 번째 면회 허가. 공습으로 인해 건물이 크게 훼손되어 방문자들의 면회가 느슨하게 처리되었다. 그리하여 디트리히는 부모님과 약혼녀, 때마침 부상으로 인해 리사에서 휴가를 보내고 있던 에버하르트 베트게를 동시에 만날 수 있었다. 디트리히의 편지 참조(DBW 8, 209).

마음 깊이 사랑하는 디트리히!

1943. 11. 27. 패치히

내일은 강림절이 시작되는 날입니다. 강림절을 맞을 모든 준비가 끝났습니다. 우리는 함께 모여 앉아 찬양을 부르며 작은 강림절 집을 만들었고, 그 속에 과자와 카드를 달아 놓았습니다. 강림절 장미 화환도 만들어 걸어 놓았습니다. 그리고 지금 저는 당신에게 편지를 쓰기 위해 두 개의 촛불을 방으로 들고 왔습니다.

오늘 당신은 무슨 생각을 하며 잠자리에 들었을까요? 저도 당신과 똑같은 생각을 하고 싶어, 당신의 생각을 알고 싶습니다. 내일 당신은 제가 보낸 작은 강림절 장식환의 촛대에 불을 켜고 수많은 강림절 노래들을 떠올릴 테지요. '문을 활짝 열라', '오 사람들이여, 진실하여라'와 같은 강림절 노래도 생각할 테지요. 이 찬양곡의 마지막 절을 당신도 특별히 좋아하나요?

오 주 예수님,
이 거룩한 계절에
당신의 선하심과 긍휼하심으로
가련한 저로 준비되게 하소서.
마구간 구유로부터
제 마음속 깊이 들어오소서.
그러면 제 마음과 입술로
당신에게 항상 감사의 찬송을 드리리.

그리고 에베소서 3장 14절 이하, 고린도전서 13장, 시편 90편을 읽어 보세요. 이 말씀들은 제가 가장 좋아하는 성경 구절이랍니다. 이 성경 구절은 저의 강림절에 항상 함께하는 말씀입니다. 새로운 교회력이 기다림과 소망의 절기에 새로운 각오로 시작되는 것이 좋습니다. 마치 매일 새로운 아침이 시작되는 것처럼 말이에요. 그러나 제 생각에는 사망자들의 주일[1]에 새 교회력이 시작되어도 좋을 것 같아요. 그러나 다른 사람들은 이런 저를 이해하지 못하겠지요.

베를린에서의 시간을 생각합니다. 그 시간이 얼마나 아름다웠는지를 떠올리며, 다시 면회 허가를 받으려 합니다. 한번쯤 면회 시간에 우리 둘만의 시간을 갖도록 허락해 달라고 요청하면 어떨까요? 당신은 이런 요청은 너무 염치없는 것이라 생각하나요? 첫 인상에서 풍기는 선한 이미지와는 달리 제가 전혀 위험인물이 아니라고 할 수는 없겠지만, 그렇다고 금지된 것을 말할 수 있기에는 너무 어리석지요. 그냥 단 한 번이라도 당신과 단둘이 있고 싶을 뿐입니다. 약혼 기간이 일 년이 지났는데도 단 한 번도 둘만의 시간을 가진 적이 없는 사람이 품을 수 있는 자연스러운 소망이지요.

아마도 제가 최근에 보낸 편지는 베를린에서 불타 버렸는지도 모르겠어요. 어쨌든 저는 요즘 당신의 편지를 전혀 받지 못하고 있으며, 그것은 괴로운 일입니다. 아침에 잠을 깨면, 제일 먼저 떠오르는 생각이 '아마도 오늘은 편지가 올 테지!'입니다. 그리고 마침내 우편물이 배달되면, 저는 정말이지 정신을 못 차린답니다. 그런데 우편물 속에서 당신의 편지를 찾지 못하면 완전히 정신을 잃어버리고 말지요. 편지가 며칠 전까지만 해도 제 눈으로 직접 보고 싶은 당신의 감방 안에 당신과 함께 있었고, 당신이 사용하는 탁자 위에 놓여 있었으며, 당신에게 속해 있던 것이라는 생각이 들면 마음이 따뜻해집니다. 아예 당

---

[1] 독일 기독교에서 강림절이 시작되기 전 주일을 사망자들의 주일이라 함. 고인들을 기억하는 주일로서 영원의 주일이라고 부르기도 함—옮긴이.

신 자신을 편지 봉투에 넣어 이곳으로 보낼 수 없는 것이 참으로 애석하군요. 그렇게 하면 그들은 검열 과정에서 당신을 발견하고 내던져 버리고 말겠지요. 영원히 애석할 뿐입니다!

산책을 하면서 당신과 많은 이야기를 나눕니다. 당신을 알게 된 순간부터 당신에게 모든 것을 말할 수 있는 이유가 무엇인지, 저 자신도 완전히 이해할 수 없습니다. 지금까지 그런 사람은 단 한 사람, 아버지 뿐이었습니다. 그러나 신뢰와 사랑은 이성으로 설명할 수 있는 것이 아니지요. 그러니 저의 신뢰에 대해 고마워할 필요는 없습니다. 이러한 신뢰는 저로서도 도무지 이해할 수 없는 크나큰 선물이니까요. 저 자신이 노력한 것이라곤 아무것도 없습니다. 제가 당신을 알게 되었을 때, 저도 모르는 사이에 신뢰가 함께 찾아왔습니다. 당신에 대한 생각을 떨쳐 버리려고 시도하기 전까지는 정말이지 저 자신의 감정을 믿지 않았고, 도리어 정반대로 생각했습니다. 그때 당신에 대한 생각을 떨쳐 버리는 것이 가능하지 않으며, 그렇게 하려면 나 자신도 함께 떨쳐 버려야 한다는 사실을 알게 되었습니다. 저로서는 달리 생각하는 것이 불가능했으니까요. 그리고 또 달리 생각할 수 없는 것이 어쩌면 당연할지도 모르겠습니다.

저를 위해서라도, 당신이 그 끔찍스러운 베를린에서 빠져나올 수만 있다면! 제가 당신을 찾을 수 없는 곳으로 가야 하더라도, 폭탄이 떨어지지 않는 곳에서 당신이 안전하기만 하다면! 그렇다면 정말 감사할 것입니다.

디트리히, 잘 지내세요. 저를 자주, 많이많이 생각해 주세요. 저는 당신이 필요하고, 또 당신의 생각이 저를 도울 수 있음을 압니다.

제 생각은 항상 당신을 찾고 있으며, 당신 곁에 머물러 있습니다.

당신의 마리아

사랑하는 이여!

1943. 12. 1, 클라인-크뢰신 Klein-Krössin

당신에게 방금 편지를 보냈지만, 또 편지를 쓰고 싶어 펜을 들었습니다. 이곳 클라인-크뢰신에서는 당신이 아주 가까이 있는 듯합니다. 당신이 옆방에 앉아 있으며 당신 곁으로 가고 싶으면 문만 열면 된다는 상상을 아무 어려움 없이 할 수 있으니까요.

저는 이곳에 방금 도착했습니다. 외할머니는 다시 수면 장애로 괴로워하시며, 일찍 잠자리에 드셨습니다. 그래서 저는 예전에 당신이 머물던 '만족의 방'[2]에 올라와 앉아 있습니다. 1년 전, 제가 방문차 이곳에 들렀을 때 이 방에 머물던 누군가가 '푸른 방'으로 거처를 옮겨야 했었지요. 그때 이 방은 담배 냄새로 찌들어 있었고, 그래서 저는 무서운 꿈을 꾸었습니다. 그때 당신은 이 방에서 어떤 꿈을 꾸었나요?

저에 대해 지나치게 좋게 기대하지는 마세요. 나중에 당신이 실망하게 되기를 바라지 않으니까요. 어쩌면 당신은 저를 오직 꿈에서만 좋게 알고 있는지도 모르겠습니다. 제가 당신이라면, 분명히 저와 결혼하지 않을 테니까요. 다시 한 번 곰곰이 생각해 보시는 게 좋겠지요! 어쩌면 좋은 성품을 가진 사람은, 나쁜 성품을 가진 다른 사람과 결혼하여 서로 보완하는 게 아닐까 싶기도 합니다.

당신의 청혼에 응한 것은 참으로 이기적인 선택이었다는 생각이 듭니다. 지금까지 살아오면서 지난 한 해만큼 이기적이었던 적은 결코 없었습니다. 더욱 나쁜 것은, 그 사실을 분명히 알면서도 달리 어쩌지 못하고 계속해서 이기적으로 사는 것입니다. 이곳에 머무는 동안 당신

---

2. 클라인-크뢰신의 저택에서 제일 위층에 있던 방 중의 하나로, 디트리히는 이곳에서 1942년 6월 「윤리 Ethik」 원고를 씀.

이야기를 많이 하게 될 거예요. 사실 다른 사람들과는 당신 이야기를 거의 하지 않는답니다. 언제부턴가 몹시 사랑스러워진 한스-베르너와 가끔 당신 이야기를 할 뿐이지요. 마음 같아서는, 아무에게도 말하지 않고 오직 당신에게 직접 말하고 싶습니다. 하지만 이곳에 머무는 동안 외할머니는 당신 이야기를 하실 것입니다. 외할머니는 당신 이야기를 하는 것을 무척 좋아하시고, 저 역시 당신 이야기를 듣는 것을 좋아하니까요. 그러나 저는 또다시 이기적이 되어, 말해야 할 것들을 말하지 않고 당신과 나만을 위해 간직하게 될 거예요.

우리가 함께 있는 시간은 어떨까요? 사실은 상상이 안 됩니다. 한 가지 분명한 것은 매우 아름다운 시간이 될 것이며, 우리 둘은 행복하리라는 것입니다. 무엇보다도 당신이 기뻐하게 되길 바랍니다. 저는 당신을 기쁘게 하는 것이라면 무엇이든 할 거예요. 당신을 행복하게 하는 것이 무엇인지 제가 알 수 있도록 도와주셔야 해요. 왜냐하면 당신이 행복할 때에만 저도 행복할 수 있으니까요.

이곳 클라인-크뢰신에서, 저는 우리들의 푸른 소파에 앉아 보곤 할 것입니다. 나중에 우리가 점심 식사를 한 후 이 소파에 함께 앉아 있는 모습을 한번 상상해 보세요! 당신은 담배를 피우고, 저는 옆에 앉아서 당신에게 아름다운 이야기를 하는 거예요. 그곳에는 우리를 방해하거나 엿보는 사람이 없습니다. 저는 손님들이 오는 것을 좋아하고, 자주 손님들을 맞을 거예요. 그러나 정말이지 단둘만의 시간을 가져 보고 싶습니다. 그러니 방문 앞에 '여행 중'이라는 팻말을 붙여 놓고, 아무도 들어오지 못하게 하는 거예요. 당신이 피아노를 치는 모습을 보게 될 날이 오기를 기다립니다. 당신은 뛰어난 음악적 재능을 가졌지요. 작곡도 할 수 있나요? 당신이 작곡한 곡을 연주하거나, 제 생일에 선물하는 것은 어떨까요?

제 눈꺼풀은 저만큼 당신을 사랑하지 않는 것 같습니다. 그렇지 않다면 이렇게 계속해서 눈이 감기지는 않을 텐데요. 하지만 저는 자면서도 계속 당신 꿈을 꿀 거예요. 제가 당신을 사랑한다는 것과 말로 표현할 수 있는 것 훨씬 이상으로 당신을 그리워한다는 것, 그리고 날마다 당신을 기다리고 있다는 것은 꿈이 아니랍니다.

용감하고 선량한 내 사랑 디트리히, 언젠가 당신의 아내가 될
당신의 마리아

추신. 동봉한 사진들은 외할머니 댁에서 발견하고 손에 넣었습니다!

내 사랑 마리아!

1943. 12. 1, 페겔

지난주에는 악몽 같은 밤들이 이어졌고[3], 그로 인해 한동안 편지를 보낼 수 없었음을 당신도 어느 정도 추측하고 있었으리라 생각합니다. 이에 대한 자세한 내용은 부모님께 들어서 알고 있을 테지요. 공습으로 인해 많은 사람들이 화를 입었고, 우리 살아남은 사람들은 당연히 아무 말 없이 궁핍을 감수하고 있습니다. 깨어진 창문이나 추위, 더 나빠진 급식 따위로 불만을 표한다는 것은, 지금 상황에서는 거의 뻔뻔스럽게 여겨질 뿐입니다. 그러나 한 가지 정말 참기 어려운 것은, 이렇게 어려운 날에 다른 사람들을 도울 길이 막혀 있다는 사실입니다. 실제로 겪어 보지 않고서는 이러한 처지가 어떠한지 상상조차 할 수 없을 것입니다. 그러나 더 중요한 일들이 너무 많으므로, 여기에 대해 많은 말을 하고 싶지는 않습니다.

---

3. 전략적으로 밤마다 집중적인 공습이 있었음.

사실 나보다는 당신에게 훨씬 힘든 날들이었을 것 같군요. 이제는 잠시나마 다시 안정이 찾아오기를 바랍니다. 무엇보다 당신이 베를린으로 오지 않는다니 안심이 됩니다. 현재 부모님 집은 폭격으로 훼손된 상태여서 머물기에 불편할 것입니다. 아기 예수의 말구유 탄생 그림 주위에 걸어 놓은, 당신이 보내 준 강림절 장식물과 추위를 막아 주는 따뜻한 외투가 끊임없이 당신을 생각하게 합니다. 그리고 당신이 나를 생각하며 느끼고 행하는 모든 일이, 항상 새롭게 솟아나는 감사가 되어 내 마음을 넉넉히 채워 주고 있습니다. 지금 감옥 안은 평화롭고 고요하여, 성탄을 기다리는 강림절 분위기가 감돌고 있습니다. 어린 시절부터 알고 있는 헤아릴 수 없이 많은 강림절 노래들과 성탄곡들이, 마치 순전하고 선한 권능처럼 나를 감싸 주는 듯합니다.[4] 그러니 당신이 말구유 성탄극을 준비하며 폭격을 피해 찾아온 피난민들을 돌보며 잘 지내고 있으리라 확신하듯, 당신도 나로 인해서는 정말이지 아무 염려도 할 필요가 없습니다. 우리를 괴롭히는 것이 무엇인지 우리는 잘 알고 있습니다. 그러나 불안과 근심 속에 싸여 있는 것보다 평화와 신뢰 속에서 서로를 생각하는 것이 낫습니다.

우리는 특별히 아름다운 성탄절을 앞두고 있다는 생각이 듭니다. 이번 성탄절에는 모든 외적인 염려를 접고, 오직 본질적인 것에만 마음을 쏟을 수 있는 환경이 만들어져 있으니까요. 예전에는 성탄 선물 준비에 온통 마음을 빼앗기곤 했습니다. 그러나 지금은 아무것도 선물할 것이 없으니, 하나님께서 그리스도의 탄생을 통해 우리에게 주신 선물이 더욱 밝은 빛을 발하는군요. 우리의 두 손이 비어 있을수록, 루터가 죽음을 앞두고 한 마지막 말의 의미가 무엇인지 더 잘 이해하

---

4. 본회퍼가 이 세상에서의 마지막 성탄절을 앞두고 약혼녀에게 보낸 선물인 '주님의 선하신 권능에 싸여 Von guten Mächten'이라는 시를 떠올리게 됨.

게 되는 것 같습니다. 루터는 이렇게 말했지요. "우리는 거지입니다. 이 말은 진실입니다." 우리의 거처가 보잘것없을수록, 이 땅에서 우리 마음이 그리스도의 처소가 되어야 한다는 사실을 더 잘 이해할 수 있습니다. 그러니 낙심하지 말고 확신 속에서 다가오는 성탄절을 맞이합시다. 하나님의 자비하심으로 이 성탄절에 우리가 다시 만날 수 있다면, 우리는 서로에게 이 땅에서 선사할 수 있는 가장 아름다운 성탄 선물이 될 테지요! 그리고 우리 가족들을 위해서도 얼마나 좋을까요! 한 사람 한 사람에 대한 그리움이 얼마나 큰지, 수개월을 홀로 보낸 까닭에 그야말로 사람에 대한 목마름이 있습니다. 다만 처음에는 많은 사람들과 오래 함께 있는 것에 적응하지 못할 것 같아 걱정스럽기도 합니다. 사실 예전에도 가족 친지들이 모여 잔치를 할 때면, 그러한 잔치를 몹시 좋아했음에도 불구하고, 틈만 나면 30분 정도 내 방으로 피하여 홀로 시간을 보내다 나오곤 했습니다. 이번에는 당신도 나와 함께 도망쳐 나온다면 좋겠군요! 그렇다고 해서 내가 사람을 싫어한다고 생각하지는 마십시오. 유감스럽지만 사람들이 굉장히 힘든 존재라고 생각하는 것은 사실입니다. 이렇게 사교성이 부족한 나의 성격은 조만간 잘 알게 될 겁니다. 그러나 예의범절에 어긋난 행동을 할 정도는 아니니 겁먹을 필요는 없습니다.

 이만 줄여야겠군요. 편지를 끝맺을 때마다 작은 이별이 반복됩니다. 그러나 머지않아 이런 이별이 없는 재회의 기쁨을 오랫동안 맛보게 되리라 소망합니다. 내 사랑 마리아, 잘 지내길 바랍니다. 장모님과 외할머니, 형제자매들에게 안부를 전합니다.

사랑의 입맞춤으로, 당신의 디트리히

사랑하는 나의 디트리히!

1943. 12. 6. 클라인-크뢰신

창 밖을 내다보며 당신 생각에 잠기게 됩니다. 베를린에서 우편물이 배달되지 않으므로, 지금은 당신의 편지를 받을 수 없음을 잘 압니다. 거의 불가능한 일인 줄 알면서도, 갑자기 문이 열리며 당신이 제 앞에 서 있는 모습을 수도 없이 그려 봅니다. 당신은 그렇지 않다고 하시지만, 지금 저는 하고 싶은 말을 하지 못하고 또 무슨 말을 하고 싶은지조차 모르는 엉터리 편지 한 통을 쓰고 있습니다.

바깥에는 눈이 깊숙이 쌓여 있고, 나무는 헐벗어 뻣뻣하게 굳어 있는 것이 추워 보입니다. 벌거벗은 나뭇가지들은 끝끝마다 차가우며, 변함없이 늘 푸르른 소나무만이 어머니처럼 따뜻하군요. 고요한 정적이 아름답습니다. 겨울잠을 자는 것이 아니라, 경이로워서 가만히 멈춰 서 있는 듯합니다.

조용히 숲 속을 걷노라면, 전쟁과 감옥, 파괴된 도시들이 있다는 사실이 믿어지지 않습니다. 그럼에도 불구하고, 겨울은 슬픔과 죽음에 가장 가까운 계절임에 틀림없습니다.

아버지 무덤이 눈으로 덮여 있을 때면, 그곳에 가서 생각에 잠기곤 합니다. 추운 계절이 되면 막스 오빠 생각도 많이 납니다. 모든 기억이 다시 생생하게 살아나는 것이지요. 1년 전, 저는 이 길을 수도 없이 걸으며 아버지와 오빠 생각을 했습니다. 많은 생각은 할 수 없었고, 생각을 계속 이어가지도 마무리 짓지도 못하면서 항상 똑같은 생각만 되풀이했습니다. 그 생각이 당신에 대한 생각도, 나 자신에 대한 생각도 밀어내었습니다. 슬픈 일이었습니다. 그러나 당신은 제게 많은 도움을 주었습니다. 저를 도울 힘이 어디서 나왔는지 모르겠습니다. 저라면 도저히 그렇게 할 수 없었을 것입니다. 당신에게 고맙다는 말은 하지 못하겠습니다. 고맙다는 말은 하루에도 수백 번 의례적인 공손한 말로 사용되기 때문입니다. 그러므로 저는 고맙다는 말 이상의 말을 하고 싶습니다. 그 말이 무엇인지 당신은 아실 테지요! 나의 디트리히! 혼자서 어떻게 성탄절을 보내야 할지 알 수 없습니다. 어떻게 그럴 수가 있어요? 외할머니는 당신에게 성탄 편지를 써서 보내라고 하시지만, 저는 그러고 싶지 않습니다. 자꾸만 당신이 제 곁으로 오리라는 생각이 들기 때문입니다. 당신 생각은 다른가요?

이곳 클라인-크뢰신에서 보내는 날들은 매우 아름답습니다. 외할머니께서 주무실 때에만 혼자만의 시간을 가집니다. 그 외의 시간에는 외할머니와 함께 손뜨개질을 하며 이야기를 나누거나 산책을 합니다. 때로는 작은 정원용 마차를 타기도 하고, 성탄절 준비를 하기도 합니다.

외할머니께 당신의 「나를 따르라」[5]라는 책을 조금씩 읽어 드리기도 하는데, 그러면 외할머니는 제가 이해하지 못하는 부분을 설명해 주십니다. 지금 저는 약간 대화에 굶주려 있는 상태입니다. 패치히에서는 대화하고 싶은 마음이 들지 않아서 항상 혼자 있길 좋아했습니다. 당신에게 물어보고 말하고 싶은 것 외에는 달리 말할 것이 없기도 했지요. 그러므로 차라리 혼자 산책하러 가거나, 아무도 찾지 않는 제 방에 들어가 있었습니다. 그러나 이곳에서는 외할머니께서 당신 이야기를 하십니다. 외할머니가 당신 이야기를 하는 것이 마음에 들지 않나요? 그러나 그 시간은 정말 좋아요. 외할머니는 같은 이야기를 반복해서 들려주시지만, 저는 기꺼이 다시 듣습니다. 외할머니는 얼마나 이야기를 잘 하시는지, 예전의 그 일을 마치 듣는 사람도 함께 겪은 듯

---

5. 「나를 따르라Nachfolge」, 1937년 뮌헨의 카이저 출판사에서 출간된 이 책은 본회퍼가 생존할 당시에 이미 특별한 반향을 불러일으켰고, 그의 이름이 널리 알려지는 계기가 됨.

한 착각이 들 정도입니다. 가끔 생각이 일치하지 않을 때도 있습니다. 뜨거운 감자 같은 주제가 있거든요. 그러면 외할머니는 아무 말 없이 속으로 이렇게 생각한답니다. '디트리히는 분명 반대 입장일걸!' 그러면 저도 생각하기를, '디트리히가 이곳에 있다면, 외할머니도 사실이 그러함을 인정하실 거야!'

방금 면회 허가서를 받았어요. 당신과 다시 만나 대화를 나눌 수 있어 무척 기쁩니다. 분명히 좋은 시간이 될 거예요. 그렇지 않을 수 없지요.

외할머니께서 당신에게 간곡한 안부를 전하십니다. 제게서도 수많은 안부 인사가 당신을 향해 가며, 편지에 다 쓰지 못하는 많고 많은 말들을 당신 귀에 대고 속삭입니다.

사랑을 간직해 주세요.

당신의 마리아

* 1943년 12월 10일 면회 허가.
1943년 12월 15일 에버하르트 베트게에게 보낸 디트리히의 편지 참조.

"이제 우리는 거의 1년이나 약혼한 상태인데, 아직 단 한 시간도 둘만의 시간을 가져 보지 못했다네. 정말 어처구니없지 않은가? 약혼 시절에 속한 모든 것들, 감각적이고 에로스적인 것은 애써 억눌러야 하며, 뢰더의 눈앞에서 우리는 첫 키스를 해야 했지. 그다지 중요하지 않은 것에 대해 이야기하며 편지에 써야 했고, 한 달에 한 번씩 만나서는 학교 의사 위에 앉아 있는 학생처럼 나란히 앉아 있다가 다시 헤어져야만 했네. 서로에 대해 아는 것보다 모르는 것이 더 많으며, 함께 경험해 본 일이라곤 아무

것도 없지. 우리는 완전히 따로 떨어져서 살아가고 있으니까. … 마리아
는 그것이 마치 당연하다는 듯이 담담하게 견디어 내고 있다네. 지난 면
회 때처럼 의기소침해질 때도 있긴 하지만. 성탄절에도 어떻게 될지 알
수 없다는 나의 말에, 그녀는 한숨을 쉬며 이렇게 말했지. '아, 이런 시간
이 너무 오래 계속되지 않기를!' 동시에 나는 그녀가 나를 버리지 않으리
라는 사실을 분명히 알고 있네."(DBW 8, 236)

나의 디트리히, 나의 모든 것!

1943. 12. 10, 베를린

지금 저는 종이 한 장을 앞에 놓고 당신에게 감사 편지를 쓰려고 앉
았습니다. 그러나 말이나 편지라는 매체로 전할 수 있는 것보다 훨씬
더 강하게 당신이 함께하고 있음을 느낍니다. 몇 시간 전만 해도 우리
는 함께 앉아 있었지요. 당신의 모습을 생생하게 떠올리며, 당신의 말
을 몇 번이고 되새겨 봅니다. 도무지 이해할 수 없는(저로서는 완전히 믿
을 수도 없는) 커다란 행복과 경이감이 저를 감싸고 있습니다. 당신 옆
에 앉아서 당신을 바라보면, 아픔은 사라지고, 크고 아름다운 당신만
남습니다! 당신과의 이별이 오늘처럼 힘들고, 당신을 뒤로하고 닫히
는 문이 그토록 야속한 적은 없었습니다. 그러나 슬픈 눈빛은 하지 마
세요. 제가 당신 곁에 있으며, 제 마음이 당신과 함께 걸어가고 있다는
사실을 기억하세요. 저는 혼자 뒤에 남겨져서 공허하게, 본질도 없이
떠돌기를 원치 않습니다. 다른 모든 것은 한낱 꿈과 같으며, 꿈에서조
차 당신을 생각하지 않고는 아무것도 보거나 들을 수 없습니다. 당신
은 제 생각을 가져갔으며, 저는 더 이상 저의 생각을 저만의 것으로 소
유하고 싶지 않습니다. 모든 것이 당신 것입니다. 당신이 선물한 책[6]으

로 인해 밤에도 잠들 수 없을 것 같습니다. 아직 한 줄도 읽지 않았지만 그 책을 사랑합니다. 당신이 선물한 책이 제 옆에 놓여 있고, 책이 거기에 있다는 사실만으로도 기뻐하게 됩니다. 저를 위해 당신이 주신 것! 당신이 쓴 헌정의 글을 읽고 또 읽으며 마냥 기뻐합니다. 당신의 사랑에 감사할 뿐입니다.

이제 성탄절이 다가오고, 당신은 이곳에 없습니다. 비록 우리는 떨어져 있지만 아주 가까이 있을 것입니다. 저의 생각이 당신을 찾아갈 것이며, 당신과 함께 계속 걸어갈 것입니다. 우리는 함께 '땅 위에는 평화'를 노래할 것이며, 기도하고 간구할 것입니다. 무엇보다도 "높은 곳에서는 하나님께 영광을!"이라고 찬양할 것입니다. 구세주께서 하늘문을 열어 주시기를, 그리스도께서 탄생하신 깊고 어두운 밤에 우리로 기쁨에 넘치게 하시기를, 당신과 저, 우리 모두를 위해 간구합니다.

사랑의 입맞춤으로, 당신의 마리아

내 사랑 마리아!

1943. 12. 13, 테겔

성탄 전에 석방될 수도 있으리라는 희망을 포기하는 것은 아니지만, 이제는 당신에게 성탄 편지를 써야 할 것 같습니다.[7] 사랑하는 마리아, 성탄절에 내 사랑의 표시로 단지 이 편지만 받게 되는 일이 있더라도 용기를 잃지 말아요. 힘든 시간이 될 것이지만, 그 힘든 마음을 서로에

---

6. 「8세기에 걸친 사랑의 편지들Briefe der Liebe aus acht Jahrhunderten」, Friedrich Percyval Reck-Malleczewen 엮음. 디트리히는 이 책을 헌정의 글과 함께 약혼녀에게 선물함. 1942년 10월 31일 부모님께 보낸 편지 참조(DBW 8, 180).
7. 아래 해설에서 인용되는 에버하르트 베트게에게 보낸 1943년 12월 22일자 디트리히의 편지 참조.

게 숨길 필요는 없을 것입니다. 신의 섭리를 도무지 이해할 수 없어 힘이 들고, 어차피 인간들에게 지워져 있는 모든 어두움 위에 왜 이해할 수 없는 쓰라린 이별의 고통까지 주어졌을까 하는 의문이 우리를 괴롭힐 것입니다. 이해할 수 없는 것을 마음으로 수긍하며 받아들인다는 것은 쉬운 일이 아니며, 모든 것이 눈먼 우연일 뿐이라고 생각해 버릴 위험이 도사리고 있습니다. 이런 생각에 사로잡히면, 마음속에 불신과 쓴뿌리가 돋아나게 됩니다. 그러면 우리 삶과 인생길, 우리에게 일어나는 일들이, 마치 사람의 손에 의해 좌지우지되는 것처럼 여기는 유치한 생각에 빠져들기 쉽습니다. 이렇게 모든 것이 우리를 괴롭히며 더 이상 저항할 힘조차 없을 때, 성탄 메시지는 때를 놓치지 않고 우리 생각이 틀렸으며, 우리 눈에 악하고 어둡게만 보이는 것이 사실은 선하고 환한 빛이라는 것을 말해 줍니다. 왜냐하면 모든 것이 하나님께로부터 온 것이기 때문입니다. 단지 우리 눈이 잘못 인식하고 있을 뿐입니다. 하나님은 구유에 계시며, 가난함 속에 부요함이, 밤에 빛이, 버려짐 속에 도움이 있습니다. 우리에게는 아무 악한 일도 일어나지 않습니다. 사람들이 우리 인생을 힘들게 하는 것처럼 보이더라도, 결국에는 하나님의 은밀한 사랑이었음이 드러나게 될 것입니다. 그리고 그 모든 것을 통해 이 세상과 우리 인생을 다스리시는 하나님을 섬기게 될 뿐입니다. 우리는 이렇게 말하는 것을 배워야 할 것입니다. "내가 비천에 처할 줄도 알고 풍부에 처할 줄도 알아 모든 일에 배부르며 배고픔과 풍부와 궁핍에도 일체의 비결을 배웠노라. 내게 능력 주시는 자 안에서 내가 모든 것을 할 수 있느니라."(빌 4:12-13) 이번 성탄절은 특별히, 우리가 이런 고백을 할 수 있도록 도울 것입니다. 이것은 외부에서 일어나는 모든 일에 대해 태연자약하는 스토아 식의 태도가 아니라, 그리스도께서 함께하심을 알기에 실제로 고통을 견디며 진실로 기뻐하는 것입니다.

내 사랑 마리아, 이런 자세로 이번 성탄절에 기뻐합시다. 다른 이들과 더불어 성탄절을 기쁨으로 맞이하십시오. 감옥에 있는 나에 대해 끔찍한 그림을 그리지 말고, 그리스도께서는 감옥에도 찾아오시며 나를 외면하지 않으리라는 사실만 생각하십시오. 성탄절을 보내며 편안한 마음으로 읽을 수 있는 좋은 책이 있다면 좋겠습니다. 당신도 그렇게 할 수 있다면 좋겠습니다. 다른 모든 짐들을 지고 감내하면서, 이런 식으로 잠시 잊어버리는 것도 좋을 테지요. 사실 마음의 고통을 정직하게 극복했을 때에야, 비로소 어느 정도 거리를 두고 생각하는 법도 배우게 되며, 마침내 잊을 수도 있는 것입니다. 그러나 순서를 뒤바꾸어 처음부터 아예 잊어버리려 애쓰는 것은 옳지 않으며 열매도 없습니다. 사랑하는 마리아, 우리가 이미 느끼고 있는 것에 대해서는 말하지 맙시다. 우리는 그 말이 무엇인지 이미 알고 있으며, 한 마디 한 마디 할 때마다 마음만 힘들어지니까요. 무엇보다도 자신에 대한 연민에 빠지는 것을 경계하길 원합니다. 그것은 우리를 향하신 하나님의 선하신 뜻을 모욕하는 행위가 될 테니까요. 그러므로 어떠한 어려움 속에서도 이사야와 더불어 이렇게 말하기를 원합니다. "그것을 상하지 말라. 거기 복이 있느니라."(사 65:8) 이 성탄절에 그렇게 합시다!

방금 11월 27일과 12월 1일자 당신의 편지 두 통과 외할머니의 편지가 도착했습니다. 당신이 기쁨에 넘치는 편지를 쓰면, 내 마음의 현이 켜져서 오래도록 여운을 남깁니다. 당신의 '영적 성장'에 대한 외할머니의 칭찬에 대해 '농담'이라고 여백에 토를 달아놓은 것은 무례하다는 생각이 드는군요. 나 역시 그러한 인정과 확언을 좋아하지는 않지만, 외할머니와 같은 분은 그런 말씀을 할 권리가 있지 않을까 생각합니다. 사랑에 넘치는 외할머니 편지에 대해 감사의 마음을 전해 주십시오. 당신이 가족들 중에 외할머니를 가장 많이 닮았으니, 어쩌면 아주 먼 훗날에 당신 역시 외할머니와 같은 편지를 쓰게 되지 않을까 생각합니다. 그러나 지금은 당신이 쓰는 것과 같은 편지를 받는 것이 기쁩니다. 왜냐하면 당신 편지에는 당신의 모습이 그대로 담겨져 있고, 내가 원하는 것은 현재 당신의 모습 그대로이기 때문입니다. 이런 면 저런 면을 짜깁기 해놓은 모습이 아니라, 당신 그 자체가 나를 행복하게 합니다. 내 마음을 달리 표현하지 않아도 되리라 생각합니다. 내 곁에서 나와 함께 걸어가 달라는 부탁, 내가 당신을 사랑하는 남편이고 싶듯, 나의 사랑하는 아내요 배필이 되어 달라는 부탁 외에는 당신 삶에 보태어 줄 것이 아무것도 없습니다.

이제 사랑과 기쁨에 넘치는 날들을 보내며, 나도 그 모든 기쁨을 함께 누리게 해주길 바랍니다. 큰 감사로 장모님께 안부를 전하며, 형제자매들에게 사랑으로 안부하여 주길 바랍니다. 항상 변치 않는 마음으로 존경하는 외할머니께 안부를 전하며, 잊을 수 없는 아름다운 기억들과 힘든 기억들로 가득한 키코브의 가족들에게 안부하여 주십시오. 콘스탄틴 폰 클라이스트-레초브를 자주 생각합니다. 라스벡의 가족들에게도 안부하여 주길 바랍니다. 이제 내 사랑 마리아, 당신을 포옹하며 사랑의 입맞춤으로 평안을 전합니다.

당신의 디트리히

내 사랑 디트리히!

1943. 12. 15, 패치히

바깥에는 멀리 베를린에서 들려오는 총소리가 또렷합니다. 너무나 소름끼치는 일입니다! 이제는 베를린으로 가는 기차를 탈 수가 없군요. 차라리 지금 제가 베를린에 머물고 있다면 얼마나 좋을까요. 그러면 그곳에서 무슨 일이 일어나고 있는지 알 수 있을 텐데요. 그곳에 홀로 남겨진 당신을 생각하면 온몸이 오싹해집니다. 하나님께서 당신을 보호하시며 안전하게 지켜 주시기를! 파괴된 베를린 시가지에 대한 생각이 저를 놓아주지 않습니다. 왜 사람들은 서로에게 이토록 무서운 악을 행하는 것일까요. 아주 이상하게 들릴 수도 있지만, 베를린 거리를 걷고 있을 때 이런 말을 주고받는 것을 들었습니다. "사람들이 아직도 전쟁을 할 수 있다는 것, 자기 자신의 복지나 그들이 가진 돈, 안락한 삶보다 더 중요하게 여기는 어떤 것이 있다는 것은 좋은 일이야." 베를린 사람들이 담담하게 말하는 것을 보며 놀랍기도 했으나, 제게는 낯설고 이해할 수 없는 일입니다. 아마도 이런 태도가 운명을 감당하는 그들만의 유일한 처세술일 수도 있겠지요. 그 이유가 무엇인지 정확하게 알 수 없지만, 만약 정말 이것이 이유라면 슬픈 일입니다. 전쟁이 일어나야만 겨우 자신의 부유함을 깨닫고 감사하게 되며, 감사치 않은 삶에 대해 반성할 수 있다면 슬픈 일입니다. 감사란 우리 스스로가 촉매 역할을 할 수 있는 많지 않은 일 가운데 하나가 아닐까요?

우편물 속에 당신이 보낸 아름다운 편지 한 통이 들어 있었습니다.[8] 당신의 편지는 너무도 사랑에 넘칩니다. 그리고 당신은 편지를 쓸 때마다 저를 너무 좋게만 표현하는군요. 무엇보다 패치히의 말구유 성탄극까지 생각해 주시다니요! 지금 우리는 매일 성탄극을 준비하며 기뻐한답니다. 당신이 이곳에서 함께 성탄극을 준비할 수 있다면 얼마나 좋을까요. 당신이 없는 빈자리가 너무 크고, 성탄극을 준비할 때에는 더욱 그러합니다. 왜냐하면 성탄극은 우리의 성탄절에 결코 빠질 수 없는 것이고, 어쩌다가 단 한 번이라도 성탄극을 함께 준비하지 못하는 일이 발생하면 흐느껴 울고 싶을 정도로 향수병을 앓게 되니까요. 게다가 당신이 이곳에 없으니 제 마음이 어떻겠어요?

---

8. 1943년 12월 1일자 디트리히의 편지.

성탄절에 당신이 이곳에 오지 못한다는 사실을 알게 된 어린 두 동생은 기절할 뻔했습니다. 이나는 우리 둘에게 줄 선물 하나를 만들었는데, 이제 감옥에 있는 당신을 무엇으로 기쁘게 해야 할지 모르겠다며 울음을 터뜨리려 했습니다. 한스-베르너는 이미 오래전부터, "이제는 말구유를 만들 때, 왕의 편에 서서 나를 도와줄 남자가 한 명 생겼어!"라고 말하며 당신을 기다렸습니다. 성탄극에 등장하는 말구유를 만들고, 크리스마스 트리에 장식물을 매다는 것이 우리에게는 아주 거룩한 일이랍니다. 그 일은 집을 떠나 있던 사람도 도울 수 있는 일이지요. 엄마는 구유를 만들고, 남자들은 오른쪽 왕의 편에 서고, 소녀들은 왼쪽 목자 편에 서게 되는데, 이때 가장 좋은 상자와 돌, 나뭇가지, 가장 예쁜 이끼를 차지하기 위해서는 아주 민첩하게 움직여야 한답니다. 작년에 한스-베르너는 우리 자매들에 비해 매우 불리했답니다. 제가 당신을 대신하여 조금 도와주지 않는다면 이번에도 다르지 않겠지요. 지금 한스-베르너는 황달로 인해 침대에 누워 있습니다. 그러나 손으로 만들 수 있는 것이라면 무엇이든 만들며, 제가 그의 방에 들어가기라도 하면 이상하게 소리치곤 합니다. 가사일을 돕는 소녀는 그가 침대보를 톱으로 잘라 먹고 망치로 커피잔을 깨뜨렸다며 하소연하더군요. 어쨌든 아주 낭만적이고 비밀스러운 어떤 것이 당신을 위해 만들어지고 있음이 분명합니다.

우리 형제자매 넷은 엄마가 특별히 사랑하는 돌림 노래를 연습하느라 오랫동안 함께 모여 있습니다. 엄마 몰래 연습을 해야 하기 때문에 우리는 아주 외진 방에 숨어 있으며, 엄마에게 들키지 않으려고 어린 페터는 망을 보고 있답니다. 돌림 노래는 아주 어렵습니다. 그래서 연습이 끝난 후엔 우리의 노래 솜씨가 자랑스러워 서로 부둥켜안고 좋아할 때가 있는가 하면, 서로 상대 쪽이 틀렸다며 머리채를 붙잡고 싸우기 직전인 경우도 있습니다. 엄마 앞에서 직접 공연할 때에는 어떤 장면이 마지막이 될지 의문이랍니다.

밤마다 당신이 선물한 책에서 편지 하나씩을 읽고 있습니다.[9] 그리고 당신에게 편지를 쓸 때 베껴 쓰고 싶은 부분도 많이 발견했습니다. 그러나 이 책에서 가장 아름다운 부분은 단연 당신이 쓴 헌정의 글이랍니다. 저는 책을 읽은 후에는 항상 당신의 글을 마지막으로 읽는답니다.

디트리히, 모든 것에 대해 감사합니다. 저의 생각과 평안의 인사를 모두 받아 주시길!

당신의 마리아

추신. 엄마는 당신 편지에서 엄마에게 향하는 글이 있으면 무척 기뻐하십니다. 외할머니도 마찬가지입니다!

나의 사랑 디트리히!

1943. 12. 19, 패치히

지금 제 손은, 저의 첫 번째 대자녀에게 선물할 마을 풍경을 그리느라 온통 물감으로 얼룩져 있어요. 방에는 별과 비단 종이, 장식용 끈들이 어지럽게 흩어져 있고, 후추를 넣어 만든 성탄 과자 냄새와 소나무 향기가 물씬 풍기는 가운데 촛불이 환하게 타오르고 있답니다. 어제는 숲으로 가서 당신에게 가져갈 만한 크리스마스 트리를 찾아보았습니다. 보세요, 정말 성탄절이 되었지요!

제가 사랑하며 돌아볼 수 있는 많은 사람들이 있고, 지금 그 일들

---

9. 1943년 12월 10일자 마리아의 편지 참조.

속에 파묻혀 있을 수 있으니 참으로 행복한 일입니다. 또 바로 그 일이, 제가 해야 할 일 가운데 가장 중요한 부분을 차지하고 있다는 사실은 얼마나 기쁘고 마음 설레게 하는지요.

그러나 마음 한구석에는 아주 작은 아이이고 싶은 바람이 있음을 발견하게 됩니다. 아주 작은 아이가 되어 아버지 무릎 위에 가만히 앉아서, 성탄 장식으로 예쁘게 꾸며진 방이 어두웠다가 밝게 변해가는 모습을 바라보며, 영혼의 세포 하나하나 기대감에 들떠 기뻐할 수 있다면! 성탄절에 가장 중요한 것은 다른 사람을 기쁘게 하는 것이 아니라 자기 자신이 기뻐하는 것 아닐까요? 다른 사람을 기쁘게 하려고 정신없이 바쁘게 뛰어다니느라 우리 어리석은 어른들은 그 사실을 잊고 있지요. 어린아이들이 기뻐하듯 저도 온 마음으로 기뻐하고 싶습니다. 그런데 그렇게 기뻐하는 것이 왜 이리도 어려울까요?

아, 다시 슬픈 소식들이 날아들었습니다. 가까운 지인들이 전사한 소식, 가진 것을 모조리 잃어버린 친구들 소식. 이런 상황에서 성탄절 준비로 분주하다니, 너무 공허하고 무의미하지 않나요? 우리는 오직 거룩한 고요함과 커다란 평화에 대한 갈망으로 불타올라야만 하지 않을까요? 어젯밤 저는 이런 생각을 하며 크리스마스 트리를 들고 숲 속을 걸었습니다. 깊고 깊은 밤하늘에는 셀 수 없이 많은 별들이 기뻐하며 하얀 눈 위에서 반짝거리고 있었지요. 모든 성탄절은 하늘에서 시작되고, 하늘로부터 우리를 찾아옵니다. 당신에게로, 그리고 저에게로 와서, 우리 힘으로 할 수 있는 것보다 더욱 강하게 우리로 다시 하나가 되게 하지요.

"원하건대 주는 하늘을 가르고 강림하시고, 주 앞에서 산들이 진동하기를."(사 61:1) 어디에 나오는 말씀인가요? 이번 성탄절에 많은 사람들의 가슴에서 터져 나오게 될 외침이 아닐까요? 모든 것을 잃어버린 사람들에 대한 생각을 자꾸만 하게 됩니다. 고향 잃은 작은 아이 그리스도는 그들에게 무슨 말을 해줄 수 있을까요?

디트리히, 당신은 '아름다운 성탄절이 될 것'이라고 썼습니다. 당신은 어디에서 이런 말을 할 수 있는 용기를 얻은 것일까요? 이렇게 말해 주셔서 고맙습니다. 우리의 성탄절이 무의미하게 지나가게 해서는 안 될 것입니다. 더 나아가 이 성탄절은 아름다운 성탄절이 되어야 할 것입니다. 저의 생각을 모두 모아 아름다운 생각으로 당신을 생각할 것입니다. 당신이 느낄 수 있도록!

오, 디트리히, 제대로 된 편지를 쓰지 못해서 슬픕니다. 그러나 우리가 얼마나 가까이 있는지, 우리가 마침내 함께 있게 될 그날이 오기까지 아무 말도 필요하지 않음을 당신도 느끼나요?

다시 면회 허가를 받았습니다. 면회 허가증을 손에 쥔 후로는 세상이 완전히 달라 보입니다.

내 사랑 디트리히, 당신을 만날 수 있어 기쁩니다.

이렇게 형편없는 성탄 편지는 이제 마지막이에요. 그리고 이 편지는 현현절이 되어서야 도착하겠지요. 지금 저는 면회를 할 수 있다는 한 가지 사실 외에는 아무것도 생각나지 않습니다.

많고 많은 사랑스러운 생각들에 둘러싸여, 당신의 마리아

---

* 1943년 12월 22일 마리아의 면회.
부모님께 쓴 1943년 12월 25일자 디트리히의 편지 참조.

"22일 한 번 더 이곳을 찾은 마리아는 …"(DBW 8, 244).

* 마리아는 이 면회에 대해 회고하며 이렇게 기록했다.

"제가 집에서부터 그 큰 크리스마스 트리를 들고 그곳까지 왔다는 사실이 두 명의 간수와 디트리히를 매우 유쾌하게 만들었습니다. 디트리히는 크리스마스 트리를 감방에 들여 놓고 안락하게 숙박시키려면, 아마도 성탄 기간 동안 서서 지내야겠다고 말했습니다. 결국 크리스마스 트리는 디트리히가 들어가서 볼 수 있도록 허락된 간수의 방으로 옮겨졌습니다. 그는 그 일을 두고 자주 나를 놀렸으며, 부활절에는 왜 부활절 토끼를 가져오지 않았느냐고 불평했습니다. 그러나 그는 '우리는 웃고 있으면서도 약간은 슬퍼한다'는 편지를 썼습니다."(미국에서 출간된 「또 다른 편지들The Other Letters」에서)

1943년 11월 18일,

본회퍼는 제국 고등군법회의로부터 12월 17일에 공판이 열릴 것이라는 통보를 받았다. 본회퍼는 공판 결과 성탄 전에 감옥에서 풀려날 수도 있을 것이라 예상했다. 그러나 이러한 희망은 그의 소송이 연기됨으로써 깨어지고 말았다. 외부에서 사건 경과를 지켜보던 가족들과 친구들은 심문이 징집 기피라는 가벼운 죄에 국한되지 않을 수도 있다는 걱정으로, 가능하면 본회퍼가 한스 폰 도나니와 함께 심문을 받게 되도록 조처를 취했다. 1943년 12월 22일자 편지에서, 본회퍼는 친구 에버하르트 베트게에게 그의 심정을 이렇게 토로하고 있다.

"이제는 성탄절을 가족과 친구들과 함께 보낼 수 없다는 사실이 결정된 듯 보이네. 그러나 아무도 내게 그 말을 할 엄두를 내지 못하고 있네. 왜일까? 내가 자제력을 잃어버리기라도 할까 봐 걱정하는 것일까, 아니면 날이면 날마다 헛된 희망을 품고 살아가는 것이 오히려 나을 것이라고 생각하는 것일까? 불쌍한 마리아. 분명하게 말해 준다면 그녀도 훨씬 견디기 쉬울 텐데. 영국인들은 이런 상태에 적합한 말로 '애타게 한다tantalisieren'(그리스 신화 탄탈루스의 고통에서 유래한 영어 단어 tantalize. 신들의 노여움을 사서 지옥에 떨어지게 된 탄탈루스는 목까지 차오르는 물속에 서 있어야 하는 형벌을 받았는데, 목이 말라서 물을 마시려 하면 물이 흩어져 버리고, 탐스러운 과일이 달린 나뭇가지가 눈앞에 있어도 따서 먹으려 하면 멀리 달아나 버리고 말았다고 함—옮긴이)라는 단어를 만들어 내었지. 괜한 동정심으로, 사람들은 마리아와 나를 몇 주 동안이나 애를 태운 것이지. … 앞으로 더욱 불행한 일이 생기더라도, 나로 인해 염려하지 말기를 바라네. 다른 형제들도 이미 감당해야 했으니까. 그러나 믿음 없이 이리저리 동요하며 아무 행동도 하지 않고 끝없이 숙고하는 것, 어떠한 모험도 감행하려 들지 않는 것이 정말 위험한 것이라고 생각하네. 내가 사람의 손에 있지 않고 하나님 손에 있다는 분명한 확신이 내게는 절대적으로 필요하네. 그러면 혹독한 고난도 견디기 쉬운 것이지. … 이런 면에서 적이 좋은 친구보다 훨씬 덜 위험하다네. 어쩌면 자네는 이 말을 이해할 수 있는 유일한 사람일지도 모르지. 내 생각에 마리아도 이미 이러한 사실을 느끼고 있을지도 모르네. 앞으로 나를 생각할 때마다 이 말을 염두에 두기 바라네. 주께서 땅을 진동시키사 갈라지게 하셨사오니 그 틈을 기우소서. 땅이 요동함이니이다(시 60:2) …"

너무도 사모하는 나의 디트리히!

1943. 12. 23. 패치히

벌써 잠들어 있을 시간이지만, 당신에게 편지를 쓰기 위해 다시 일어났습니다. 얼마 전 우리가 함께 있던 시간을 떠올리면 어떤 생각이 드나요? 제가 쓴 편지 중에서 당신을 근심하게 하는 것이 있다면 말씀해 주세요. 그러고 싶지는 않았습니다. 그러나 저는 한결같이 무슨 의도를 품은 채 편지를 쓸 수는 없습니다. 가끔은 느끼는 그대로 그냥 단순하게 쓰고 싶습니다. 그러나 그럴 수는 없습니다. 그렇게 하면 뒤죽박죽 두서없는 편지가 되어 전혀 이해할 수 없을 테니까요. 그러니 어쩌다가 제 편지에서 그런 모습을 보게 되더라도 너무 심각하게 생각하지 말아 주세요. 그것은 분명 제 생각의 한 토막을 담고 있을 테지만, 정녕 한 토막일 뿐이며 그 속에는 훨씬 더 많은 것이 담겨져 있으니까요. 당신이 이 사실을 이해한다면 저를 이해하는 것이라 생각합니다.

지난 면회 시간을 아름답게 여기는 것이 저의 착각에 불과한지 부디 편지로 알려 주세요. 저는 당신을 보게 된다는 기쁨이 너무 커서, 문이 열리고 당신이 들어오기까지 기다리기가 힘들었습니다. 그리고 마침내 당신이 들어왔을 때, 제게는 그 순간이 바로 성탄 선물이었고, 정말 행복했습니다. 저는 항상 그때를 떠올리며 당신 편지들을 읽을 것입니다. 그러면 아름다운 성탄절이 되리라 생각하니까요.

저를 당신과 바꿀 수 있다면! 제가 당신을 대신하여 감옥에 갇혀 있을 수 있다면 너무도 행복할 것입니다. 옛날에는 그런 일이 가능하지 않았던가요? 현대는 너무 악해요! 오늘 크리스마스 트리를 세워 놓은 거실에 예수님의 말구유 탄생 장면을 꾸미면서, 당신이 없는 빈자리로 인해 무척 허전했습니다. 새로운 아이디어가 떠오를 때마다, 각 인물상을 들고 제일 먼저 당신에게로 달려가 당신 의견을 물어볼 수 있기를 바라는 마음이 간절했습니다. 당신이 기뻐할 때에야 비로소 저도 기뻐할 수 있음을 아시지요. 만약 당신이 갑자기 나타나서 제 앞에 서 있다면, 그리하여 우리 둘만의 시간을 가질 수 있고 하고 싶은 말들을 할 수 있게 된다면! 그 순간을 꿈꾸어 보면 너무 감격스러워 심장이 터져 버리고 말 것 같아, 억지로 다른 생각을 해야 합니다.

불행한 사랑에 대한 꿈을 꾸었습니다. 아버지는 항상 너무 좋은 꿈만 꾸곤 하셨는데……. 어떤 사람은 꿈을 대수롭지 않게 여기기도 하지만, 꿈이 실제로 맞아떨어지는 경우도 있잖아요. 저는 꿈을 항상 진지하게 받아들이곤 했는데, 그때마다 꿈과는 전혀 다른 일이 일어났습니다. 다행이지 않나요? 당신!

아마도 지금 저는 영성이 풍부한 편지를 써야 할 것입니다. 그러나 그럴 수가 없습니다. 그러기에는 제가 너무 행복하기도 하고 슬프기도 하여 뒤죽박죽 혼란스러우니까요. 저는 당신께 똑같은 말을 반복할 수 있을 뿐입니다. 비록 짧은 순간이지만, 당신 옆에 앉아 있는 시간은 아름다우며, 지금도 당신 옆에 앉아 있고 싶다고. 이것은 진부한 말이 아니며, 날마다 새로워지는 감정입니다. 그리고 당신을 만난 후에는 항상 당신 곁에 있고 싶은 소원이 더욱 강해지는 듯합니다. 성탄절 기간에 한 번 더 당신을 찾아가려 합니다. 당신은 누군가 당신을 위해 작은 선물을 가져다 놓기만 해도 기쁘다고 하셨으니까요.

어쩌면 조만간 당신의 편지가 도착할지도 모르겠군요.

　　　　　　　　　　　　　　　　　마음을 다해, 당신의 마리아

내 사랑 마리아!

1943년 거룩한 밤, 테겔

지금 이 순간 할 말이 참으로 많지만, 도리어 침묵할 수밖에 없습니다. 마음은 평화롭고 감사의 기억들로 가득합니다. 아무것도 행한 것 없이 받아 누리는 은혜를 조금이라도 나누고 싶은 마음은 모든 위험과 유혹 앞에서도 평안하기만 합니다. 방금 성탄 이야기를 읽고, 당신이 가져다준 찬송가의 성탄곡 가사를 조용히 음미했습니다. 그리고 찬양 몇 곡을 가만히 음송하는 가운데, 당신과 가족들, 전쟁터에 있는 형제들, 이곳 테겔 형무소에 함께 있는 사람들을 생각했습니다. 내 앞에는 당신이 가져다준 촛불이 타오르고, 당신이 선물한 작은 성모상(당신 아버지의 선물)[1] 뒤에는 「매일의 성구」[2]가 펼쳐져 있습니다. 매일의 성구 왼쪽에는 '기도하는 손'[3]이, 오른쪽에는 당신이 직접 만들어서 선물한 당신 모습이 담긴 사진첩이 열려 있습니다. 그 위쪽으로 당신이 만든 강림절 장식환이 걸려 있고, 뒤쪽 침대 모서리에는 당신이 뜨개질한 장갑과 당신이 직접 골라서 보낸 책들이 놓여 있습니다(장모님과 외할머니께서 보내신 책들과 함께). 성탄 과자들이 놓여 있고, 지금 손목에 차고 있는 시계는 장인어른이 전사하실 때 지녔던 것으로, 당신이 가져와서 직접 내 손목에 채워 주며 선물한 것입니다. 나의 마리아, 이곳 감방 안을 둘러보면 눈길 미치는 곳 어디에나 나를 둘러싸고 있는 당

---

1. 1943년 6월 20일자 마리아의 편지 참조.
2. 「매일의 성구 Die Losungen」는 진젠도르프 백작이 '헤른후트 형제단'을 이끌며, 처음에는 다음날 하루를 위한 성구를 나누어 주다가, 1731에 처음으로 책으로 만들어졌다. 신약과 구약에서 각각 한 말씀씩 을 뽑아 만든 매일의 성구는, 그때 이후 전쟁이나 사회적 변혁, 혼란의 와중에서도 단 한 번도 중단되지 않고 매년 작은 책으로 나왔으며, 교파를 초월하여 그리스도인들의 일용할 말씀으로 널리 사랑받고 있음—옮긴이.
3. 알브레히트 뒤러의 그림.

신을 발견하게 됩니다. 이 시간에는(지금은 다섯 시) 모두들 교회에 모여 있겠군요. 당신은 분명 멀리 떨어져 있지만, 당신이 매일 해오던 대로 나를 생각하며 하나님께 간구하고 있을 테지요. 사랑하는 사람들이 서로 떨어져 지내야 하는 것은 참으로 괴로운 일입니다. 그러나 우리는 결코, 정말이지 결코 떨어져 있지 않습니다. 내가 의도한 바는 아니었다고 할지라도, 지난 시간 나로 인해 당신이 받아야 했던 고통을 어떻게 보상할 수 있을까요? 내 사랑 마리아, 살아 있는 동안, 아니 죽어서도 당신을 사랑하는 것 외에는 달리 아무것도 할 수 있는 게 없습니다. 그리고 내 눈에는 마치 기적처럼 보이는 당신의 사랑을 구하는 것밖에는 아무것도 할 수 없습니다. 오늘 때맞추어 도착한 당신의 훌륭한 성탄 편지[4]로 인해 감사합니다. 당신 편지의 단어 하나하나가 성탄 선물이 되었습니다.

    장모님과 외할머니의 안부 인사에 대해 마음 깊이 감사하다고 전해 주십시오. 우리가 얼마나 풍성한 사랑에 둘러싸여 보호받고 있는지. 나와 당신의 가족들을 생각할 때면, 우리 두 사람과 우리의 미래를 위해 평안의 기원과 소원, 기도가 끝없이 이어지고 있음을 느낍니다. 뿐만 아니라 오늘 저녁 각 전선에 흩어져 있는 수많은 옛 제자들이 나를 생각할 것이며, 그중 전사한 30명 이상의 제자들도 우리의 이해와 인식 능력을 초월하여 우리와 함께 그리스도의 전 교회와 더불어 영원한 성탄절을 축하할 것입니다.

    이제야 당신이 가져온 선물 꾸러미에 눈길이 미치는군요. 당신이 준비한 선물은 얼마나 훌륭한지요. 오늘 점심 무렵, 예기치 못한 선물 상자를 받았습니다. 당신 손으로 뜨개질했을 따뜻한 스웨터에 대해서도 아직 고맙다는 말을 하지 못했군요. 그 스웨터를 보고 너무 기뻐서

---

4. 1943년 12월 15일이나 19일자 마리아의 편지.

바로 입었습니다. 스웨터는 따뜻하면서도 가벼운 것이 정말 좋습니다. 내 사랑 마리아, 우리를 예수 그리스도께로 부르시는 하나님의 사랑에 대한 확고한 믿음으로, 서로를 향한 우리의 사랑과 가족들과 수많은 친구들의 사랑 속에서 위로를 누리며 확신 있게 새해를 맞이하기로 합시다.

언제까지나, 당신의 디트리히

추신. '겨울 이야기'라는 말이 더 적합할 슈티프터의 「성탄 이야기」[5]는 그가 쓴 가장 훌륭한 이야기라고 생각합니다. 그 책을 다시 읽을 수 있어 기쁘군요. 정말 고마워요!

오직 내 사랑 디트리히!

1943. 12. 25., 패치히

우리는 크리스마스 트리 앞에 앉아서 오랫동안 함께 찬양을 불렀습니다. 마구간의 마리아와 요셉, 소와 낙타, 그리고 구유 안에 누인 아기를 바라보며 모든 생각과 염려, 우리의 온 마음을 구유 앞에 깔려 있는 짚단 위에 내려놓을 수 있었습니다. 말구유로부터 깊고 깊은 고요가 흘러나왔습니다. 사람들이 모두 잠든 후에, 저는 정원으로 나가서 잠잠히 감사함으로 당신 생각에 잠겼습니다. 항상 제게 도움이 되어 주셔서 고맙습니다. 저의 생각과 힘이 당신에게도 도움이 된다면 얼마나 좋을까요! 깊고 어두운 밤, 저의 생각은 머나먼 길을 떠납니다. 활활 타오르던 촛불과 함께 한낮의 소음과 불안, 기쁨의 환호성이 모두

---

5. 「거룩한 밤 Der Heilige Abend」이라는 제목의 책.

사그라지고 안팎이 고요해진 지금, 다른 소리들이 깨어납니다. 일상이 침묵을 강요한 소리들과 울림들이 들려옵니다. 당신에게로 가는 소리들, 당신에게서 오는 소리. 서늘한 밤공기와 어둠의 비밀 앞에 마음이 열리며, 이해할 수는 없으나 왠지 위로가 되는 선한 힘이 솟아납니다. 그리고 한 가지 더, 죽은 이들은 산 자들에게 말하기 위해 밤을 이용한다는 사실을 아시나요? 그들이 정말 천사가 되어 있다는 생각이 어린아이들의 유치한 믿음이 아니라는 사실을 아시나요? 저는 그것을 확신하고 있으며, 당신도 그러길 바랍니다. 하루 중에 단둘이 대화하기에 밤보다 더 나은 시간이 있을까요? 보세요, 그러므로 그리스도께서는 천사들을 대동하시고 우리를 방문하는 시간으로 밤을 택하지 않았겠어요! 그리고 오늘이 바로 그 성탄절입니다! 하나님께서 당신의 슬프고 고통으로 지친 마음에 참된 성탄의 기쁨과 모든 지각 위에 뛰어난 하나님의 평강으로 채워 주시길 기도합니다.

내 사랑 디트리히, 저는 매우 슬프지만, 결코 절망하지는 않을 것임을 아시나요? 저는 슬프지만, 잠잠히 당신을 아주 많이 사랑합니다.

성탄절에 제가 어떤 선물을 받았는지 알고 싶으세요? 그 선물은 선물대 위에 올려놓고 눈으로 볼 수 있는 것이 아닙니다. 그러나 지금 선물대 위에 놓여 있는 요란한 선물들보다 훨씬 크고 참된 선물이지요. 그 선물에 대해서는 감사조차도 할 수 없는데, 기쁨이 다른 모든 생각이나 행동을 덮어 버리고 온 마음을 가득 채워 버리기 때문입니다.

제가 받은 선물은 나의 행복, 나의 기쁨, 나의 소망, 나의 생각과 감정일 뿐만 아니라, 나의 전 인생이며 나의 모든 것입니다. 무엇인지 알 것 같나요? 오늘 당신이 바로 그것을 제게 선물했음을 아시나요? 수많은 사람들 속에 있으면서도, 너무 외로워서 울어야만 한다면 도대체 어떻게 해야 하나요? 디트리히, 이런 저를 용서해 주세요.

우리의 성탄절이 어땠는지 조금 이야기할까요? 23일 저녁, 갑자기 노동청으로부터 외국인 노동자들을 위해 작은 성탄 축하 행사를 준비하라는 지시를 받았습니다. 그 행사는 올해 새로 생긴 것이었어요.[6] 그래서 우리는 점심 식사 후 곧바로, 서로 다른 네 그룹의 노동자들에게로 가서 성탄 축하 행사를 시작했습니다. 우선 그들에게 크리스마스 트리를 선물하고, 모든 사람들에게 성탄 과자와 사과를 선물했습니다. 어린아이와 어른들의 눈에 성탄의 빛이 반사되어 빛나는 모습을 바라보는 것은 행복한 일이었습니다. 오후 네 시에는 학교에 다니는 아이들에게 선물을 전했습니다. 성탄절이면 구석구석 아버지의 모습이 떠오르지 않는 곳이 없고, 어디선가 아버지의 목소리가 들려올 듯합니다. 마을 아이들을 향한 사랑에 넘치는 말들, 성탄 이야기를 들려주던 음성, 성경 구절을 암송한 아이들에게 하던 칭찬, 소년들의 머리를 쓰다듬어 주던 손, 오랜 전통에 따라 작은 소녀들에게 주어지던 앞치마를 뒤에서 묶어 주던 모습이 고스란히 그곳에 있었습니다. 물론 아이들은 그때처럼 멋진 성탄 선물을 받지 못했습니다. 그러나 작은 책 한 권과 마분지 장난감을 받고서도 환호성을 지르며 기뻐했습니다. 각 가정마다 유용하게 쓸 수 있는 선물이 전해졌습니다. 이 작은 선물들이 모두 합당한 가치를 발하고, 아이들과 어른들 모두에게 성탄 과자를 담은 접시조차도 기쁜 선물로 받아들여지는 모습을 지켜보는 것은 참으로 행복했습니다. 그 후 우리는 교회에 갈 수 없는 사람들도 성탄의 기쁨을 나눌 수 있도록, 마을을 돌며 노인들이나 특별한 슬픔 속에 있는 이들을 찾아가 찬양을 불렀고, 그들 한 사람 한 사람에게 촛불 하나씩을 전해 주었습니다. 아주 어두워졌을 때, 우리는 모두 함께 넓은 밤나무 가로수 길을 따라 교회로 향했습니다. 당신이 함께 있었더라

---

6. 전쟁이 점점 더 불리해지자, 지금까지 성가시게 여기던 외국인 노동자나 전쟁 포로들에 대해 우호적인 태도를 보임.

면! 패치히의 저녁 예배는 우리 모두의 자랑입니다. 사실 성탄 이야기와 어린이 성가대와 교인들이 돌아가며 아주 많은 노래를 부르는 것이 전부이지만, 예배에 참석한 사람들은 찬양과 기쁨의 물결에 휩싸이게 되지요. 교회가 살아있음을 이 시간보다 더 절실하게 느끼는 때는 없습니다. '오, 기뻐하는 자여'라는 곡으로 오르간 연주가 시작되면, 우리는 모두 밖으로 나가서 연주에 맞추어 어두운 정원을 걷게 되는데, 페터는 엄마가 어째서 그렇게 천천히 걷는지 이해하지 못한답니다. 왜냐하면 예배당 안 크리스마스 트리에는 이미 불이 환하게 밝혀져 있고 선물도 놓여 있기 때문입니다. 그러나 마침내 문이 열리고, 크리스마스 트리의 환한 빛이 구석구석을 밝히기까지 아직 오랜 시간을 더 어두운 곳에서 기다려야 합니다. 그 후 우리는 모두 함께 크리스마스 트리 아래 말구유로 가서 그 앞에 무릎을 꿇고, 마치 아주 작은 아이처럼 밝고 아름다운 모습에 감격합니다.

사냥용 호각과 막스 오빠가 사용하던 사슴 사냥에 쓰는 엽도, 멋진 축구공을 받은 페터가 기뻐 환호하는 소리를 당신도 들었어야 했습니다. 한스-베르너는 방 안이 매우 따뜻한데도, 사냥용 털옷을 걸치고 마치 재무 장관이라도 된 듯 자랑스러워하며 서성거렸습니다. 어린 소녀들은 즉시 양탄자 위에 배를 깔고 슈피리의 책들에 빠져들었지요.[7] 저는 흰 무늬가 있는 드레스용 옷감을 받았는데, 그것으로 커튼을 만들면 좋을 것 같습니다. 연회용 드레스는 이미 몇 벌이나 있고, 사실 앞으로 입을 일도 없을 테니까요. 가문의 문장이 수놓아진 책상보, 어머님께서 주신 예쁜 목걸이, 많은 책들, 그 외에도 여러 가지 선물을 받았지만 그렇게 흥미로운 것은 아닙니다. 그중에서 당신이 어머

---

[7]. 스위스의 아동 여류 문학가 요한나 슈피리Johanna Spyri의 책. 우리나라에 잘 알려진 책으로는 「알프스 소녀 하이디」가 있음—옮긴이.

님께 선물했다는 목걸이가 가장 좋은 선물이었고, 벌써부터 저는 그 목걸이를 무척 사랑하게 되었습니다. 그 목걸이를 제게 선물하신 어머님의 사랑의 마음에 감사합니다. 당신에게서 받은 목걸이기에 어머님께도 얼마나 소중한 것이었겠어요. 어머님과 아버님, 당신의 형제자매들, 그리고 에버하르트에 대해서 당신에게 들려줄 이야기가 많습니다. 그러나 편지가 이미 너무 길어졌고, 검열하려면 시간이 걸릴 테니 괜한 화를 부르지는 말아야겠지요. 오늘 같은 날 진노를 살 일은 하고 싶지 않으니까요.

이제 저를 아주 많이 사랑해 주시고, 저에 대한 사랑을 깊이 간직해 주세요. 제가 당신에게 구하는 것이 너무 과하다는 것을 압니다. 그러나 당신이 그렇게 할 수 있을 때까지만 이런 부탁을 하게 되리라는 사실을 아셔야 합니다. 당신이 더 이상 그렇게 할 수 없다면, 그 누구보다도 제가 그런 당신을 잘 이해하리라는 사실을 믿으셔도 됩니다. 우리 언제나 서로에게 아주 정직하기로 해요. 제가 당신의 아내로서 합당해질 수 있도록 노력하리라는 사실을 날마다 약속하고 싶습니다. 그러나 저 자신의 무능함을 너무 잘 알기에 슬픕니다.

이제 곧 새해가 되고, 새해는 우리의 해가 될 것입니다. 우리의 해가 될 새해를 기쁘게 맞이할 수 있기를 바랍니다. 그러나 지금보다 더 당신을 사랑할 수 있으리라고는 생각할 수 없습니다. 제 사랑은 최고 정점에 이르렀으니까요.

당신이 이곳에 계신다면! 모든 것이 다 잘될 거예요.

매우 행복한 당신의 마리아

오직 내 사랑 디트리히!

1943. 12. 31, 패치히

당신은 참으로 친절한 하사관을 두셨어요.[8] 어제 그는 제 가방을 돌려주며, 묻지도 않았는데 아주 친절하게 당신이 얼마나 기뻐했는지 말해 주더군요. 당신이 기뻐했다는 하사관의 말을 듣고, 저는 너무 기뻐서 자꾸만 웃음이 나왔습니다. 아마도 그곳에서 전력 일을 하고 있던 사람들은 제가 약간 정신이 이상한 사람이라고 생각했을 거예요. 제가 당신에게 넣어 줄 수 있는 물건들은 우스꽝스러운 것들뿐인데! 장갑은 손에 잘 맞나요? 혹시 손가락이 너무 길지는 않나요? 잘 맞지 않으면 다시 저에게 돌려주세요. 아버지를 위해 뜨개질을 할 때면, 꼭 맞을 때까지 몇 번이고 돌려받곤 했답니다. 아버지는 항상 새로운 아이디어와 특별 소원이 많았거든요. 그러나 저는 아버지를 위해 선물을 준비하는 것보다 더 즐거운 마음으로 뜨개질을 한 적은 없습니다. 왜냐하면 나중에 그 선물이 정말로 꼭 맞으며 실용적이고 쓸모 있는 물건이 된다는 것을 알았기 때문이지요. 나중에 스웨터도 풀어서 다시 만들었으면 해요. 올이 잘못된 곳이 있는데, 이번에 가져가려고 고치지 못했거든요. 장갑은 반은 아버지가, 나머지 반은 엄마가 보내는 것이라고 할 수 있어요. 실을 준비하신 분은 아버지셨거든요. 소포 속에 들어 있는 초콜릿은 한스-베르너가 보내는 것입니다. 친구인 클라우스 되러[9]에게서 받은 것인데, 당신을 위해 선물했습니다. 이미 그가 너무 귀여워서 목을 껴안아 주긴 했지만, 당신 편지에도 기쁨의 환호성을 보여주신다면 어떨까요? 그러면 제가 그 부분을 읽어 주고, 그도 매우 기뻐할 것

---

8. 1944년 공군기의 폭격으로 목숨을 잃은 하사관 엥엘이었으리라 추측.
9. 클라우스 되러Klaus Doerr. 한스-베르너 폰 베데마이어와 함께 암머제의 숀도르프 기숙학교에 다녔고, 1956년 마리아의 막내 동생과 결혼.

입니다. 한스-베르너는 당신에게 편지를 쓰려고 시도했지만, 서두에서 막혀 좋은 편지지를 벌써 열 장씩이나 꾸겨 버렸다고 하는군요. 그 편지가 당신이 자기에 대해 갖게 될 첫인상이니 만큼 아주 중요하다는 것이지요. 이렇게 중요한 편지인데, 필체까지 너무 엉망이어서 읽기도 어려울 것이라고 합니다. 그가 당신의 편지를 읽는 것보다 당신이 그의 편지를 읽는 것이 훨씬 쉬울 것이라며 위로해 주었지만, 어쩌면 그는 결국 편지를 쓰지 못할 것 같기도 합니다.

1944. 1. 1

어제 저는 이곳까지 쓰다가 편지를 중단해야 했습니다. 바르텐베르크의 트레스코프 가에서 전화를 해서는, 청년들이 아주 많이 모였으니 빨리 그곳으로 오라는 것이었어요. 당신은 바르텐베르크에도 계신 적이 있었지요? 그들이 우리 약혼에 대해 알게 된다면 어떤 표정을 짓게 될지 몹시 궁금해집니다. 눈보라가 세차게 몰아치는 가운데 짐차를 타고 갔기에, 우리는 모두 시퍼렇게 얼어서 그곳에 도착했어요. 그러나 그곳에서의 시간은 즐거웠답니다. 물론 당신 이야기를 하지 않고는 배길 수 없었지요. 아주 이상한 기분이었는데, 그 이야기는 나중에 하기로 하겠습니다.

당신에게 저의 새해 인사가 제대로 전해졌나요? 어제 저녁, 저는 줄곧 당신 생각을 했습니다. 우리는 환한 크리스마스 트리 불빛 아래 앉아서 노래를 불렀고, 헬마[10]는 뤼트게르트 부인과 함께 훌륭한 음악을 연주했습니다. 한니발은 다리를 절고 지벤은 새끼를 밴 상태여서, 자정을 기하여 한스-베르너와 함께 설맞이 승마를 하기로 했던 계획

---

10. 헬마 벰머Helma Bemmer. 베를린의 첼로 연주가로서 한스-발터 슐라이허의 첼로 선생님이기도 했으며, 베를린 폭격을 피해 패치히로 온 사람들 중 한 명.

은 유감스럽게도 무산되고 말았습니다. 대신 저는 오랫동안 산책을 했습니다. 그 시간에 당신도 잠에서 깨어 있었다는 사실을 알 수 있어 기쁩니다. 내년에는 둘이 함께 산책을 하기로 해요. 그러나 아직 거기까지는 생각하지 않겠습니다. 지금은 오직 감사해야 하며, 또 진실로 감사하고 있다는 사실만 생각하겠습니다. 그리고 제 앞에는 지나온 모든 날보다 더 아름다운 한 해가 기다리고 있으며, 제가 넘치는 소망 가운데 확신을 가져야 한다는 사실만 생각하려 합니다. 무엇보다도 당신의 존재로 인해, 제가 당신에게 의미 있는 존재라는 사실로 인해 감사할 것입니다.

당신도 파울 게르하르트가 지은 '이제 우리 함께 들어가세'라는 새해 찬양곡을 읽어본 적이 있을 테지요. 당신도 그 찬양곡을 읽을 것 같아, 저는 저녁마다 자주 이 찬양 가사를 읽곤 합니다. 이 찬양을 매우 좋아하거든요.

1월 5일부터 알텐부르크로 가서 저학년 아이들을 맡기로 했습니다. 벌써부터 그날이 기다려지는군요. 만 10세부터 13세까지의 어린 소녀들은 참으로 사랑스럽답니다. 도시에서 무슨 일이 일어나고 있는지 모르고, 모든 가능성을 빈틈없이 재어보지 않으며, 예쁘게 보이지 않더라도 별 문제 삼지 않는 아주 붙임성 있는 시골 아이들이지요. 무엇보다도 크리스티네와 함께 있을 수 있고, 그녀가 그곳 생활을 조금이나마 견디기 쉽게 해줄 수 있어 기쁩니다. 그러나 당신 생일에는 다시 베를린으로 가 있을 거예요. 제가 얼마나 당신을 사랑하는지 잊지 마시길!

마리아

내 사랑 마리아!

1944. 1. 2. 테겔

삶을 진지하게 살아가는 사람이라면, 어느 누구도 지나간 한 해를 보내는 것을 아쉬워하지는 않으리라 생각합니다. 그러나 우리 기억 속에 지난 한 해는 중요한 해로 자리매김하고 있어야 할 것입니다. 우리가 지난해를 아무런 쓴뿌리 없이 진실로 감사하며 돌아볼 수 있다면 얼마나 좋을까요. 언제까지 이런 시간이 계속될지 알 수 없는 상황 속에서 보내야 했던 한 해는 사실 길고도 긴 시간이었습니다. 그렇지만 감옥에서 보낸 시간으로 인해 잃어버린 것이 무엇인지 정확하게 알 수 없는 것과 마찬가지로, 감옥에서의 체험이 앞으로의 인생에 얼마나 큰 유익이 될 것인지도 세월이 흐른 후에야 분명해질 것입니다. 내 사랑 마리아, 지난 30일 당신은 이곳으로 와서 소포를 들여보냄으로써 연말을 보내는 나에게 특별한 기쁨을 선사했지요. 아마도 어머니 생신을 축하하려고 베를린에 왔다가 집으로 돌아가는 길에 들렀으리라 추측합니다. 당신의 소포로 인해, 어린 시절 성탄절이 지난 후에 항상 다시 한 번 채워지곤 했던 오색찬란한 접시가 떠올랐습니다. 당신이 가져온 접시는 얼마나 굉장했던지! 그로 인해 당신의 접시는 텅 비어 버리고, 장모님과 형제자매들이 지나치게 쥐어뜯기고 있다는 인상을 받지나 않았는지 염려스러울 뿐입니다. 정말로 고맙고, 당신이 내게 너무도 큰 기쁨을 선사했다는 사실을 알길 바랍니다. 당신이 어머니 생신에 방문해 주어, 고마운 마음 이를 데 없고 기쁘기 그지없습니다. 어머니는 당신을 무척 좋아하십니다. 고부간에 서로 그토록 잘 이해하니, 얼마나 기쁜지 모르겠습니다. 세상에서 흔히 있는 일이긴 하지만, 나는 시부모와의 불화는 있을 수 없는 일이라 생각하며, 우리는 결코 그런 일이 일어나게 하지 않으리라 확신합니다. 사실 그런 생각을 하는 것조차도 도무지 불가능하게만 보입니다. 장모님 자신이 겪어야 했던 큰 시련과 고통에도 불구하고, 장모님이 나를 위해 행하신 일을 평생 잊지 않고 기억하며 감사할 것입니다. 당신 가족과 나의 가족이 모두 이렇게 든든한 기초 위에 서 있고, 우리도 그런 가정을 이루고자 하니, 혹독한 시련이 닥쳐오더라도 넉넉히 견디며 이겨낼 수 있으리라 생각합니다. 당신 가문, 곧 당신 가족과 클라이스트 가족, 비스마르크 가족이 가장 가까운 혈육의 죽음을 감당하는 모습은 평생 본이 될 것이며, 지난 시간 나의 작은 고난을 이겨내는 데에도 좋은 본보기가 되었습니다. 이런 면에서, 한스-프리드리히와 유르겐-크리스토프 폰 클라이스트-레초브의 전사로 인해 슬픔의 시간을 보내던 외할머니께서 어떻게 슬픔을 견뎌 내는지 곁에서 지켜볼 수 있었던 몇 주간의 시간은 내게 특별한 의미가 있었습니다.[11] 아름다운 시가 많이 담겨 있는, 당신이 보낸 시집에 대해서도 고마운 마음을 전합니다. 그 시집은 막스가 당신에게 선물한 것이 아니었나요? 우리가 서로 편지를 쓰지 않아도 될 시간, 가까이에서 함께 있게 될 시간이 머지않아 올 것입니다.

    내 사랑 마리아, 그날이 오기까지 기뻐하며 살아갑시다. 모든 것에 대해 감사합니다. 하나님께서 우리 모두를 보호해 주시기를!

언제까지나 당신의 디트리히

내 사랑 디트리히!

1944. 1. 5, 알텐부르크 Altenburg

알텐부르크에 도착하자마자 지하실[12]에 앉아서, 도리스 팔레에게만

---

11. 1941년 디트리히는 폐렴 치료를 위해 룻 폰 클라이스트-레초브 부인의 영지 키코브에서 휴양했음.

보낼 수 있는 지저분한 지하실 냄새가 나는 편지를 씁니다.

오늘 하루는 너무 짧았어요. 당신은 욕을 하는 것에 대해서 엄마나 외할머니와 같은 의견일 테지요. 그럼에도 불구하고, 베를린의 전철에 대해서는 달리 적당한 표현을 찾을 수가 없습니다! 전철로 인해 말하려던 모든 것을 잊어버리고 말았으니까요. 다만 2월 4일[13]을 기다리며 기뻐할 수 있어 다행입니다.

당신 곁에 앉아 있으면, 당신의 손을 잡고 바깥으로 나가서 큰 문 두 개를 지나 거리로 나갈 수 없다는 사실이, 그대로 당신과 함께 마냥 걸어갈 수 없다는 사실이 도무지 이해가 되지 않습니다. 우리가 지금까지 함께 보낸 시간이 여덟 시간이라는 것은 사실이 아닙니다. 면회 시간을 일상의 한 시간과 비교할 수는 없으니까요. 그 시간이 의미하는 바는 훨씬 크며, 영구히 존재하는 어떤 것의 작은 단면이라고 할 수 있을 테니까요. 당신도 그렇게 생각하지 않나요? 그러나 그 시간은 항상 너무나도 빨리 지나가 버립니다. 지금 저는 다시금 당신을 만날 날을 애타게 기다리며, 그날까지 참고 기다려야 하는 것이 무척 힘들기만 합니다. 저는 기차를 타고 갔다가 잠시 후 또 떠나와야 하지요. 떠나는 기차에는 정말 오르고 싶지 않아요. 어떨 때엔 발을 구르며 "이제는 그만!"이라고 외치고 싶습니다. 정말이지 저를 위해 당신을 소유하려는 것이 아닙니다. 당신이 머나먼 여행을 떠나기라도 한다면, 그래서 더는 당신 곁에 머물 수 없고 심지어 당신의 편지조차 받을 수 없게 되더라도, 저는 매우 행복하며 감사할 것입니다. 그러나 이러한 생각은 아무 의미가 없을 테고, 발을 동동 구르는 것도 마찬가지일 테지요.

---

12. 비행기 폭격에 대한 공습경보로 인해 지하로 대피.
13. 디트리히의 생일.

당신을 슬프게 하는 편지를 쓰고 싶지는 않았습니다. 당신 마음이 아프면 저도 똑같이 아플 뿐이니까요. 그러나 모든 것을 말할 수 있어야 하지 않겠어요? 제대로 표현하지 못한다는 사실은 잘 알고 있지만.

당신에게 모든 것을 털어놓았으니, 이제는 당신 옆에서 보낸 시간이 너무 아름다웠다고 고백할 수 있습니다. 성탄절과 축일들을 보낸 후에는 당연히 당신에게 가야 했습니다. 얼마나 오래 있을 수 있느냐가 아니라, 다시 한 번 당신 곁에 있을 수 있다는 사실이 중요하니까요. 성탄절 이브에 제게 편지를 써 주셔서 감사합니다. 당신의 성탄절 편지에 대한 감사의 말을 당신에게 직접 하고 싶었습니다. 그 편지에 대한 감사의 마음을 단순히 종이 위에 쓸 수는 없었습니다. 오직 행동으로 답할 수 있을 뿐, 말로도 표현할 수 없었습니다. 그런 날이 오기를! 그 편지는 당신이 쓴 편지 중에서도 가장 아름다운 편지였습니다.

이곳 알텐부르크에서는 모두들 저를 사랑으로 반겨 주었습니다. 그 중에는 저의 매우 사랑하는 선생님이자 친구인 유타 폰 쿨베르크도 있지요. 벌써부터 그녀와 함께 보낼 저녁 시간들이 기다려집니다. 그녀는 매우 명민하면서도 아주 폐쇄적이지만, 그녀처럼 선량하고 따뜻한 마음을 가진 사람은 찾아보기 어렵답니다. 제가 당신을 알기도 전에 그녀는 이미 당신의 「나를 따르라」를 읽었고, 그것이 그녀가 받은 가장 아름다운 성탄 선물이었다며 제게도 그 책을 읽도록 강권했다는 사실을 말한 적이 있나요? 하지만 그녀는 릴케도 아주 좋아한답니다! 어쨌든 에른스트 윙어[14]보다 릴케를 더 좋아하는데, 저로서는 이해가 되지 않기도 합니다. 어쨌든 당신이 릴케를 좋아하지 않는 것이 제게 문제가 될 것이라고는 생각하지 마세요. 오히려 그것이 거의 아무 문제

---

14. 에른스트 윙어Ernst Jünger. 당시 그가 쓴 「대리석 절벽 위에서Auf den Marmorklippen」(1939)는 저항 문학으로 읽혔으며, 나치 정부의 정체를 폭로하는 암호로 간주되었음.

가 되지 않는다는 사실 앞에 저 자신도 무척 놀라고 있으니까요. 사실 지금까지 그런 일은 일어나지 않았습니다. 그래서 제가 도대체 어떤 사람이며, 무엇을 생각하고 행하는 것인지 스스로도 놀랄 때가 많습니다.

이제 그만 쓰는 것이 좋을 듯합니다. 그렇지 않으면 이렇게 혼돈스러운 편지를 쓰는 것으로 인해 제가 혼란스러워한다고 느끼실 테니까요. 작은 소녀 한 명이 제 옆에 앉아 매일 떼어 낼 수 있는 달력을 만드는 것을 보며, 저도 그런 달력을 만들고 싶었습니다. 그러나 이제 29일만 지나면 다시 당신 곁에 있을 수 있습니다. 그리움이 가득한 사랑으로 언제나 당신을 생각하며.

당신의 마리아

내 사랑 디트리히!

1944. 1. 7., 알텐부르크

우선 당신이 원하던 사진 몇 장을 보냅니다. 아버지 사진은 지금 가지고 있는 것이 없으니, 패치히로 가면 보내 드리도록 하겠습니다. 막스의 사진은 다른 것을 첨부해야 했습니다. 그 사진들은 1년 반 간격으로 찍은 것인데, 두 번째 사진에 대해 거부하지 말아 주세요. 많은 사람들이 그 사진 속 그의 외모만을 보며 멋있다거나 건장해 보인다고 말합니다. 그게 전부입니다. 그러나 저는 그 사진을 사랑합니다. 그것은 그의 마지막 사진이며, 당시 그의 모습이었습니다.[15] 오랫동안 눈을 들여다보기만 하면, 옛날의 막스 그대로임을 알 수 있을 거예요. 아버지 빈소 사진은 나중에 다시 돌려주세요. 그 사진은 러시아에서 보내

---

15. 소위 복장의 사진.

온 뒤로 항상 지니고 다녔던 사진입니다.

　이곳에서 저는 비헤르트의 「모든 사람」이라는 책을 다시 발견했습니다.[16] 이 책은 참으로 놀랍습니다. 비헤르트의 책 중에서 최고로 꼽고 싶습니다. 당신도 읽어 보시길 바랍니다. 그러나 그 책을 보내 달라고는 하지 마세요! 만약 당신이 이 책을 나쁘게 평가하게 된다면, 차라리 저도 그 자리에 함께 있고 싶으니까요.

　지금 저는 비티코를 읽고 있습니다.[17] 지금까지 슈티프터의 책은 「편지」와 「거룩한 밤」을 읽었을 뿐입니다. 제가 릴케를 좋아하는 것은, 많은 작가들 사이에서 선별했다기보다, 단순히 릴케를 읽으면서 얻은 게 많았기 때문이라는 사실을 말씀드려야겠습니다. 그러나 이제는 당신이 슈티프터에 대해 하는 말을 더 잘 이해할 수 있을 것 같습니다. 그의 언어만을 기준으로 평가한다면, 비티코는 아주 뛰어난 작품으로 간주할 수 있을 듯합니다. 물론 문학 작품을 언어만 따로 떼어 내어 평가할 수는 없겠지요. 책 전반에 흐르는 그의 언어는 분명하고 단순하며 투명할 뿐 아니라, 참되고 힘이 넘치더군요. 이제 반 정도 읽은 상태이니, 다 읽고 나서 나중에 다시 한 번 쓰기로 하겠습니다.

　오늘은 당신에게 이곳 알텐부르크에 대해 소개하고 싶어요. 이곳에서 저는 정말이지 너무 잘 지내며, 이 생활에 도리어 적응이 안 될 정도입니다. 하루 일과에 대해 묘사하기로 할까요?

　아침 7시 15분 전 저는 침대를 박차고 일어나서, 아이들이 손톱까

---

16. 에른스트 비헤르트Ernst Wiechert, 「모든 사람. 어느 무명인의 이야기」*Jedermann. Geschichte eines Namenlosen*』(1932).
17. 디트리히는 1943년 11월 초 아달베르트 슈티프터Adalbert Stifter의 소설 「비티코*Witiko*」를 발견함. "지난 열흘 동안 저는 이곳 형무소 도서관에서 우연히 발견한 「비티코」의 인상에 사로잡혀 있습니다. 이 책은 제가 알고 있는 책들 가운데 가장 훌륭한 책 중의 하나라고 생각되며, 언어와 등장인물들의 순수함으로 인해 아주 특별하고 기이한 행복감에 빠져들게 합니다." 1943년 11월 9일 편지 참조(DBW 8, 182).

지 깨끗이 씻는지, 혹시라도 구멍 난 스타킹을 신은 아이는 없는지 살피며, 아직 끈을 제대로 묶지 못하는 아이들을 도와줍니다. 그 후에는 아주 딱딱한 교육적인 표정(안경을 끼지 않은 것이 약간 유감스러운데, 그러면 두 배로 효과가 있을 듯하거든요)을 지으면서, 맛없는 수프를 사정없이 두 국자씩 퍼 주지요. 아이들의 얼굴은 목석이라도 동정을 느낄 정도이지만, 딱딱한 표정을 한 수도원장 같은 사람 앞에서 어쩌겠어요? 예전에 저는, 그 수프를 먹으면서 차라리 숨이 막혀 죽었으면 좋겠다고 생각한 적이 있었답니다. 그래야 수도원장이 수프 맛이 얼마나 나쁜지 알고, 더는 그 수프를 먹어야 하는 벌을 주지 않기를 바랐기 때문입니다. 그러나 그런 일은 일어나지 않았고, 지금 대대손손 그 수프를 먹으면서 고통 받고 있습니다.

식사 후에는 아이들을 모두 학교로 쫓아 보내고, 조용한 시간을 즐기면서 도울 만한 일이 있으면 돕기도 하고 뜨개질을 하기도 합니다. 당신 생일 선물을 만들고 있는데, 아마도 별로 예쁘지 않고 이상하게 보일지도 모르겠습니다. 세 시간 정도 지나면, 가장 어린아이들부터 차례로 돌아와서는 '끔찍한 받아쓰기'로부터 시작하여 숙제를 할 수 없다는 등의 끝없이 이어지는 불평을 들어줍니다. 때때로 아이들은 독일어 작문을 쓰면서 잉크 얼룩이 생긴 일로 인해, 아니면 "집에서는 할 수 있었는데!"라고 말하며 눈물을 흘리기도 하지요.

점심 식사 후에는 시험을 봅니다. 그때 저는 학급 강단에 앉아서 훔쳐보거나 서로 소곤대는 아이가 없는지 살핍니다. 혹시라도 연필을 깎아야 하는 아이가 있으면, 우선 앞으로 나와서 물어보아야 하지요! 이 기회를 틈타 더는 어쩌할 수 없을 정도로 많은 엉뚱한 일들이 생깁니다. 이 작은 소녀들 마음속으로 들어가 이해하기란 결코 쉬운 일이 아니랍니다. 예를 들어, 4×7을 네 가지 다양한 방법으로 계산할 수 있다는 사실을 아시겠지요?

1) 4×7   2) 7×4   3) 4+4+4+4+4+4+4   4) 7+7+7+7

문제가 되는 것은 네 가지 서로 다른 방법에서 네 가지 서로 다른 답이 나오기도 한다는 것입니다.

오늘 1월을 주제로 쓴 작문은 장관이었어요. "시저는 1월을 만들었네! 그러나 진짜 독일인은 호르눙이 1월을 만들었다 하네! 나는 여기에 무엇을 덧붙여 써야 할까?" 그러면 저는 할 말을 잃고 말지요. 이 작문의 주인공은 아홉 살이며, 무척이나 귀여운 아이랍니다.

저는 과외 공부도 지도합니다. 영어(당신이 한번 들어 보게 된다면!)와 수학을 가르치지요. 그리고 가끔은 저도 정말 화를 내기도 한답니다. 아주 큰 죄가 있는데, 예를 들어 복도에서 미끄럼을 탄다든지, 휘파람을 부는 것, 머리끈을 잃어버린다든지, 앞치마 묶는 것을 잊어버리는 것이지요.

어제는 아이들을 오랫동안 찾아다녀야 했는데, 돌로 만든 뒷계단에서 둘씩 큰 쟁반에 앉아 미끄럼을 타고 노는 게 아니겠어요? 너무 즐거운 모습이어서, 하마터면 저도 함께 미끄럼을 타고 놀 뻔했습니다! 아주 착하게 행동한 날에는 저녁 시간 침대맡에 앉아서 함께 노래를 부르는데, 아이들이 특별히 좋아하지요. 모두들 조용해지면 크리스티네를 한 번 더 들여다본 후에, 저도 방으로 들어가서 밤늦도록 혼자만의 시간을 가진답니다. 정말 홀가분한 시간이지요. 가끔 쿨베르크가 와서 함께 이야기를 나누기도 하고, 그 외에는 아무도 오지 않아요. 저 혼자만의 시간을 가질 수 있어서 무척이나 좋습니다. 그 시간에 라디오에서 제가 좋아하는 U나 E 음악[18]을 듣기도 하고, 창틀에 앉아 멀리 도시 위로 펼쳐지는 멋진 경치를 바라보기도 합니다. 이러한 경치가 담긴 엽서 한 장을 구해서 당신에게 보내려 하는데, 그러면 당신도 매

---

18. Unterhaltungsmusik과 ernste Musik의 약자로 대중음악과 클래식 음악을 지칭.

일 저녁 제가 당신을 생각하며 어떤 꿈을 꾸는지 알게 되겠지요.

당신에게 이야기하듯 편지를 썼습니다. 도리스 팔레는 이런 편지를 10분 편지라고 하더군요. 제가 언젠가는 외할머니와 비슷한 편지를 쓸 수 있으리라는 기대는 하지 마세요. 당신은 제가 외할머니 외에도 누구를 닮을 수 있는지 아세요? 저는 외할머니 못지않게 저의 친할머니[19]도 닮았답니다. 어떤 사람이 아름다운 영화배우들 중에서 가장 아름다운 부분만 모아서 새로운 얼굴을 만들려고 시도한 적이 있었다고 하더군요. 그런데 그 결과가 어떠했는지 아세요? 소름끼치는 모습이었습니다. 저에게서도 그와 비슷한 결과가 나올지 어떻게 알겠어요? 천사 같은 부모나 조부모에게서 악마 같은 자식이 나올 수 있다는 것은 다른 방식으로는 이해할 수 없습니다. 외할머니도 '뒤엉켜 있는 혼란mixtum compositum'에 대해 말씀하십니다. 당신이 제게서 발견한 한 가지 색상의 작은 모서리만 보고, 저라는 존재 전체가 어떠리라고 상상하는 일은 없기를 바랍니다. 그것은 단지 모서리일 뿐, 전부는 아니니까요. 그러나 당신은 충분히 빨리 제가 어떤 사람인지 알게 될 테니, 너무 서둘러 당신의 환상을 깨뜨릴 필요는 없겠지요!(아니면 제가 너무 뻔뻔스러운가요?) 제 속에 진지한 면과 우스꽝스러운 면이 함께 자리하고 있다는 사실이 이해가 안 됩니다. 편지 한 통을 저에 대한 이야기로 가득 채우는 것도 무척 고된 일이군요. 야만적인 이기주의! 다음번에는 더 나은 편지를 쓰도록 하겠습니다. 이제는 자러 가야겠어요. 그것만이 제가 지금 할 수 있는 가장 현명한 행동인 듯하니까요.

잘 지내세요. 2월 4일을 기뻐하며, 제 편지를 너무 심각하게 받아들이지 마세요.

당신의 바보 같은 마리아

---

19. 앨리스 폰 베데마이어, 출생 이름은 폰 베델Von Wedel.

너무나도 사랑하는 나의 디트리히!

1944. 1. 13, 알텐부르크

오늘은 우리가 약혼한 지 꼭 일 년째 되는 날입니다. 여기에 무슨 말이 더 필요할까요? 저는 하루 종일 "일 년, 일 년"이라는 말만 되풀이하면서 더는 말을 잇지 못했습니다. 끝없이 길어 보였던, 그해 11월 1일에 생각했던 일 년보다 훨씬 더 길었습니다. 제 인생에서 지난 두 해는 결코 잊을 수 없을 것입니다. 그 시간은 살아온 모든 시간을 합한 것 이상이었으니까요. 뭔가 보상해야 한다는 생각은 하지 마십시오. 그런 생각은 마음만 아프게 할 뿐입니다. 더군다나 그것은 저의 고통이 아니라 당신의 고통이며, 당신은 제게 그 고통 일부를 함께 나누어 가지게 하셨으니까요. 당신의 고통을 함께 나눌 수 있어서 얼마나 감사한지 모릅니다. 우리가 함께 지고 가는 것이기에, 저는 그 고통마저도 사랑합니다. 우리가 함께 나눌 수 있는 것이 너무 없으니까요. 화내지는 마세요. 사실이 그러니까요. 이해하시겠어요?

이제 비티코를 끝까지 읽었습니다. 책은 마지막 부분에 이를수록 점점 더 아름다워졌습니다. 당신이 이 책을 사랑할 수밖에 없음을 이해할 수 있습니다. 제가 당신보다 먼저 이 책을 읽었다면 당신에게 보내 드렸을 테니까요. 이 책은 어딘지 모르게 당신을 닮았더군요. 분명이 책은 제가 좋아하며 즐겨 읽는 책과는 완전히 다른 종류의 책이지만, 저도 이 책을 사랑할 수밖에 없습니다.

밤에

벌써 밤이 깊었습니다. 오랫동안 공습경보가 울렸고, 저는 지하 대피소에서 아이들에게 책을 읽어 주었습니다. 그러나 당신에게 계속 편지를 쓰고 싶은 마음에, 책 읽어 주는 일에 온전히 집중할 수 없었습니다. 오늘 같은 날엔 밤새워 당신에게 편지를 써야 할 것 같습니다. 아니, 당신과 밤새워 대화한다는 표현이 더 정확할 것 같습니다. 꼭 하고 싶은 말들이 이토록 마음 가득 쌓인 적은 없었으니까요. 그러나 적당한 말을 찾을 수가 없습니다. 오늘 저녁에는 창틀에는 앉아 떠도는 구름을 바라보았습니다. 구름이 옮겨가며 서로 밀치기도 하고 다시 흩어지기도 하는 모양을 바라보았습니다. 그 모양은 마치, 예측할 수도 없고 정지되어 있을 수도 없는 세상사를 느끼고 이해하도록 형상을 입혀 놓은 듯했습니다.

디트리히, 당신이 너무도 그립습니다. 그냥 하늘 끝까지 그립습니다. 이렇게 창틀에 올라앉아 하늘을 바라보는 것이 좋습니다. 그러면 하늘의 한 부분은 저의 것이 되니까요. 하늘까지 올라가 꿈을 꾸고, 그 하늘이 다시 나에게로 내려오는 꿈을 꿉니다. 언젠가 우리 둘의 모습이 어떠할지 아주 분명하게 그려질 때까지. 그건 아마 땅 위에서 누리는 하늘의 모습이겠지요(heaven on earth).

당신이 보낸 편지 두 통을 받았어요. 당신이 편지를 쓸 때 어깨 너머로 지켜볼 수 있다면 얼마나 좋을까요. 종이 위에 놓인 당신의 손이 글을 쓰고 있는 모습, 고개를 약간 갸우뚱하게 하고 무언가를 골똘히 생각하느라 이마에는 주름이 져 있는 당신 모습을 자주 상상해 보곤 합니다. 그러나 그 모습이 어떠할지 정확하게는 알 수 없습니다. 당신이 전화번호를 적어 주었을 때 처음으로 당신이 뭔가를 쓰는 모습을 보긴 했지만, 그것은 단지 숫자였을 뿐이니까요.

저는 당신이 편지에 쓴 숫자를 특별히 좋아합니다. 당신이 숫자를 쓸 때의 모습이 어떠한지 알고 있으니까요. 사실은 당신 어깨 너머로 이것저것 훔쳐볼 생각은 꿈에도 없습니다. 당신이 좋아하지 않을 테니까요. 당신의 편지로 인해 감사합니다. 그 편지를 매일 아침 일찍 읽고서는, 하루 종일 덮어 두었다가 다음날 아침 다시 펼쳐서 읽을 수 있다는 생각으로 기뻐합니다. 당신의 편지는 항상 새롭고 사랑스럽기만 하답니다.

당신에게 할 말이 더 있습니다. 1년 전 당신에게 막 편지를 부친 후[20], 외할머니가 머물러 계시던 슈테틴으로 갔습니다. 그때 외할머니께서는 당신이 나와 인연을 맺지 않기로 결심했다고 말씀하시더군요. 그 말은 참으로 끔찍했습니다! 가끔 제가 악몽을 꾸기라도 한다면, 그것은 바로 당신에게 이런 편지를 받게 되는 것입니다. 대충 이런 내용이 되겠지요. "경애하는 자비로운 아가씨! 이런 소식을 전하게 되어 참으로 유감스럽습니다……." 그러나 당신은 그렇게 하지 않으셨고, 이렇게 좋은 편지를 썼습니다. 어쨌든 제가 처음에 외할머니께 모든 것을 말씀드리지 못한 이유를 아시겠지요!

이제 정원으로 나가는 문의 열쇠가 꽂혀 있는지 가서 보아야겠어요. 열쇠가 있으면 잠시 바깥 공기를 쐬러 나가려 합니다. 좋은 밤, 잘 주무세요. 그리고 우리가 머지않아 함께 있을 것이며, 항상 함께하리라는 사실을 생각하세요.

당신의 마리아

내 사랑 마리아!

1944. 1. 14. 데겔

오늘 장모님이 보내신 성탄 선물, 곧 장인어른이 그분의 아버지에 대해서 기록한 책을 받았습니다.[21] 지금 내 마음이 이토록 감동되는 것은, 장모님이 내게 이토록 선하게 대하시는 까닭에서인지, 아니면 오

---

20. 1943년 1월 13일자 마리아의 편지. 그날 이후 마리아와 디트리히는 이날을 그들의 약혼일이라 생각함. 부록 참조.
21. 마리아의 아버지 한스 폰 베데마이어가 쓴 「아버지에 대한 기억 *Erinnerungen an Vater*」(1935), 패치히, 출간되지 않음. 쇤라데의 막시밀리안 폰 베데마이어에 대한 기록.

늘 그 기록을 읽으면서 경험한 장인어른과의 조용한 만남 때문인지 모르겠습니다. 다음 며칠은 장인어른과의 이러한 만남이 계속되겠지요. 지금 우리가 약혼한 지 일 년이 되었다는 사실도 중요한데, 당신 없이는 장모님과 장인어른을 생각할 수 없으며, 당신이 두 분 속에서 나를 만나고 있기 때문입니다. 오직 깊은 감사와 존경의 마음으로 생각하게 되는 부모님이 계시다는 것은 얼마나 큰 행복입니까! 우리에게는 똑같이 이러한 행복이 주어졌습니다. 몇 년 전, 부모가 자녀들의 '친구'가 될 수 있는가에 대해 외할머니와 대화를 나눈 적이 있습니다. 그때 저는 결코 그럴 수 없다고 말했고, 지금도 마찬가지입니다. 사람은 질서를 무시해서는 안 되며, 그럴 때에야 질서가 순결하고 신성하게 지켜지기 때문입니다.[22]

내 사랑 마리아, 지난 며칠 동안 아주 훌륭하고 사랑스러운 당신의 편지들이 연이어 도착했는데, 그중에서도 특히 성탄절에 쓴 편지를 꼽고 싶군요. 약혼 1주년을 맞은 오늘쯤 당신이 편지를 받아볼 수 있도록 즉시 답장을 쓰고자 했던 시도는 수포로 돌아가고 말았습니다. 지난 1년 동안 우리 사이에 일어난 일은, 결코 한 통의 편지 속에 담아낼 수 없다는 생각이 너무도 강렬했습니다. 어쩌면, 말이 없어도 이해할 수 있는 것을 말로 옮겨 놓는 것은 좋지 않은 일인지도 모르겠습니다. 사람들이 갈망하는 실재는, 말을 사용하여 그 실재로 통하는 다리를 놓아 보려 해도 둘 사이의 차이가 너무 커서 도저히 그럴 수 없더군요. 오는 17일 패치히에서, 아침에 당신이 계단을 내려오기를 기다리다가, 당신을 발견하고는 당신을 향해 뛰어가는 장면을 그려 봅니다. 그 순간 당신이 그곳에 있다는 사실에 대해, 나를 위해 그곳에 있어 준 당신에게, 무슨 감사의 말을 입 밖에 낼 수 있을까요? 아니면 오직 함께

---

22. 1944년 1월 22일자 디트리히의 편지 참조.

있는 그 자체로 너무 감격스러워, 다른 모든 것은 무색하게 되어 버리고, 말 없는 말로 말하게 될지도 모르겠습니다. 실재가 너무 강렬하게 제 영혼 앞에 나타나면, 할 말을 잃어버리게 되는 것을 경험하곤 했습니다. 그 순간에 말이라는 것은, 말이 없을 때면 강하고 분명하며 고요하던 것을 도리어 약하게 하고 혼란스럽게 하며 불안하게 할 뿐이라는 생각이 듭니다. 제 말을 이해하겠습니까? 분명히 이해할 것입니다! 우리가 함께 있게 될 첫날을 그려 보면, 둘이 방 안에 앉아서 이야기를 나누는 모습이 아니라, 숲 속을 나란히 걸어가는 모습, 함께 보고 경험하며 이 땅 위에서 실재 삶과 부대끼고 있는 모습이 그려집니다. 그날에 대한 갈망은 매우 크고, 이 갈망이 우리 두 사람 모두의 갈망임을 압니다. 하나님께서 이 소망을 이루어 주시기를!

내 사랑 마리아, 저는 언제나 당신의 디트리히이며, 그리고 언제까지나 그러하길 원합니다.

당신의 디트리히

추신. 한스-베르너가 나를 위해 초콜릿을 내어준 것은 참으로 큰 희생입니다. 그 초콜릿은 일을 하면서 새 힘이 필요할 때마다 아주 조금씩 떼어 먹습니다. 정말 고맙다고 전해 주세요! 말구유와 이나의 계란용 작은 접시에 대해서도 고맙다고 전해 주세요. 이 모든 것을 보고 있으면 얼마나 기쁜지 모릅니다. 그러나 그들을 실제로 보게 될 날을 더욱 큰 기쁨으로 기다립니다! 외할머니께 받은 반가운 편지에 대해서도 감사의 마음을 전해 주십시오. 부모님께서는 아마도 여행을 떠나실 것 같습니다. 그분들을 모시고 클라인-크레츠로 동행할 수는 없을까요? 그러나 그곳은 너무 조용하고 고독하겠지요? 장인어른의 빈소 사진은, 당신이 항상 간직할 수 있도록 즉시 편지에 넣어 돌려보냅니다. 장인어른의 시계는 매일의 기쁨입니다!

사랑하고 사랑하는 나의 디트리히

1944. 1. 16, 알텐부르크

당신의 편지 두 통[23]을 이곳에서 받게 되어 행복합니다. 이번에는 일부러 다른 편지들을 모두 집에 두고 왔거든요. 그러나 글로 쓰여진 당신의 말이 그리웠습니다! 저를 생각하면서 당신의 성탄절에 대해 묘사해 주셔서 고맙습니다. 당신의 주변 모습을 이제는 아주 정확하게 상상할 수 있게 되었어요. 당신이 여러 물건들을 진열해 놓고, 그렇게라도 제가 당신 곁에 있을 수 있도록 해주셔서 큰 위로가 되었습니다. 당신이 그렇게 하리라고는 생각하지 못했거든요! 그러나 이제는 그래야만 했음을 이해할 수 있습니다. 아마 아버지와 막스 오빠도 그렇게 했을 거예요. 당신 편지에서 아버지와 막스 오빠를 기억하며, 그들이 우리가 닿을 수 없는 먼 곳에 있지만, 우리와 함께 성탄절을 축하하고 있다고 하셔서 고맙습니다.

당신은 우리가 지난 한 해를 돌아보며 감사로 넘치길 원한다고 하셨지요.[24] 우리가 만난 시간은 겨우 여덟 시간에 불과했지만, 정말 감사할 것이 많습니다(그러나 저는 작년 한 해가 지나간 것이 더 감사합니다!).

지난 30일 베를린에 간 것은 당신의 오색찬란한 접시를 채우려는 목적이 더 컸다는 사실을 고백해야겠습니다. 그러나 제가 어머님께 기쁨을 드렸다고 하시니 정말 기쁘군요. 사실은 29일에 사냥을 했기 때문에, 저녁 무렵에 제가 베를린으로 떠나려고 하자 모두들 아쉬워했어요. 그래서 31일에는 다시 집으로 돌아오기로 약속해야 했습니다. 결국 저는 잔치 음식을 축내는 일만 거들고 왔을 뿐이지요. 시부모님께

---

23. 1944년 1월 2일자 편지와 아마도 1943년 성탄전야에 쓴 디트리히의 편지.
24. 1943년 1월 2일 편지 참조.

서 저를 언제나 사랑스럽게 맞아 주셔서 얼마나 감사한지 모르겠어요. 어떨 때엔 전화가 불통이어서, 어쩔 수 없이 아무 예고 없이 방문하는 데도 어머님께서는 정말 기뻐하십니다. 그러니 당신을 볼 수 없더라도 저는 즐거운 마음으로 베를린에 간답니다. 당신이 엄마에 대해 쓴 편지 내용은 엄마를 기쁘게 할 것이며, 그로 인해 저는 두 배나 더 기쁘답니다.

당신은 저지 독일어 방언으로 쓰여진 누가복음을 그다지 좋아하지 않았지요? 그러나 당신이 오랫동안 패치히에 머물면서 마을 사람들 모두 저지 독일어로 말하는 것을 들으면, 제가 방언으로 쓰여진 복음서를 좋아하는 이유를 이해할 수 있을 거예요. 지역 방언으로 복음을 들으면 성경 이야기들이 일상생활 용어로 다가오고, 다시 일상생활에서 함께 동행하게 되거든요. 예전에 콘퍼만덴 수업[25]을 받을 때, 성경이 우리를 과거로 데려가는 듯하여 몹시 열광한 적이 있었습니다. 그러나 정작 실제 삶에는 별로 도움이 되지 않았지요. 과거 이야기를 현재 우리의 삶에 어떻게 적용시켜야 하는지 배우지 못했고, 또 우리 삶에 적용시켜야 하는 줄도 몰랐습니다. 그 후 학교에서 성경을 분해하고 해석하는 것을 배워야 해서 몹시 힘들었습니다.[26]

어머님께서는 제가 말을 타고 있는 모습이 담긴 사진을 당신에게 보내 주었으면 좋겠다고 하시더군요! 저는 그런 사진들이 자랑처럼 보여 싫습니다. 좋은 의도를 가진 자랑으로 당신에게 보내 드리긴 하지만, 그렇게 보이지 않더라도 제 잘못은 아닙니다. 너무 많은 사진을 보내게 되면 결혼식 영화 상영 준비에 차질을 빚게 될 것입니다. 지금

---

25. 독일에서 만 12세에서 14세 사이의 청소년들이 교회 목사님과 2년에 걸쳐 매주 그룹으로 성경을 공부하며 기독교 신앙 교육을 받는 것. 그 후에 견신례를 받게 됨-옮긴이.
26. 독일에서는 초등학교 때부터 의무적으로 개신교나 가톨릭을 선택하여 종교 수업을 받아야 함-옮긴이.

저는 우리 결혼식에서 상영할 사진들을 모으고 있는 중이거든요.[27]

이곳에서 하는 일은 제게 큰 기쁨입니다! 그럼에도 불구하고, '벌써 2월 4일이면 얼마나 좋을까'라는 생각을 끊임없이 하고 있습니다.

어제는 기숙학교 원장님의 생신이었습니다. 모두들 들뜬 하루였지요. 저는 어린아이들과 함께 연극을 상연했는데, 그들이 얼마나 연기를 잘 하는지 정말 귀여웠습니다. 어린 소녀들이 그토록 뛰어난 연기력으로 너무도 자연스럽게 연극을 할 수 있다는 사실에 놀라움을 금할 수 없을 정도였습니다. 총 연습 시간에는 거의 완벽한 상태여서 더 이상 다듬거나 고칠 부분이 없었습니다. 그렇다고 해서 저의 기대 수준이 낮은 것은 결코 아니랍니다. 무대에서의 상연은 아주 성공적이었습니다. 당신은 이날이 얼마나 축제 분위기였는지 상상이 되지 않을 테지요. 이날에 결코 빠져서는 안 되는 아주 전통적인 의식이 있답니다. "원장님 생신을 축하드리며, 건강과 기쁜 날들을 기원합니다!" 아침에 기숙학교 아이들 한 명 한 명 원장님 앞으로 나가서 무릎을 살짝 굽히며 이렇게 말하고는 원장님 손에 입 맞추는 의식입니다. 숙녀 한 사람이 식탁으로 원장님을 수행할 때에는, 항상 한 계단 뒤에서 따르게 됩니다. 이 행사에 다시 한 번 참석할 수 있어서 무척 즐거웠습니다. 그것은 마치 할머니의 젊은 시절에 대해 기록한 책을 읽는 것 같았지요.

이곳에는 아주 멋진 분장용 의상실이 있습니다. 그곳에서는 증조부와 옛 조상들의 모습을 볼 수 있고, 그러면 그 복장으로 어떤 연극을 할 수 있을지 차례로 떠오른답니다. 당신도 연극하는 것을 좋아하나요?

---

27. 독일에는 결혼식 연회 자리에서 신랑 신부의 사진들을 모아 영상으로 보여주는 전통이 있는데, 이 시간을 통해 신랑 신부의 자라 온 모습을 한눈에 볼 수 있음—옮긴이.

지금 저는 「말테의 수기」[28]를 읽고 있어요. 이 책을 읽어 보니, 예전에 막스가 그 책을 읽지 말라고 경고한 이유를 알겠더군요. 그러나 이제 저도 이 책을 읽을 수 있을 만큼 성장했을 테지요? 무엇보다도 당신이 이 책을 추천했으니까요! 그러나 이 책을 당신에게 보내 드려야 할지는 모르겠습니다. 우선 끝까지 읽어 보아야겠지요.

2월 4일, 당신에게 갈 날이 무척 기다려집니다. 당신 옆에 있을 수 있는 날이 이토록 가까우니, 계속 편지만 쓰고 있기에는 인내심이 바닥나고 말았습니다.

하나님께서 당신을 보호해 주시기를! 이 말에 '저를 위해서'라고 덧붙이면 안 될까요?

마리아

내 사랑 디트리히!

1944. 1. 19. 알텐부르크

우편이란 슬픈 제도이며, 당신의 신부는 참으로 인내할 줄 모르는 소녀입니다. 그러나 우편물이 가득 들어 있는 자루 속 어딘가에 이미 오래전에 이곳에 도착했어야 할 당신의 아름다운 편지가 숨어 있다는 사실을 알면서도 어떻게 참을성을 잃어버리지 않을 수 있겠어요? 이곳 우편배달부는 이미 너무 늙어서 기숙학교로 올라오기도 힘들 정도입니다. 그래서 저는 자주 긴 복도를 지나 아래층 창가로 달려가서, 멀리서 그가 올라오는 모습이 보일 때까지 하염없이 기다린답니다. 그러

---

28. 릴케Rainer Maria Rilke, 「말테의 수기」*Die Aufzeichnung des Malte Laurids Brigge*,(1910), 라이프치히. 일기 형식으로 쓰여진 소설.

면 그는 환한 미소를 지으며, 아마도 당신이 상상할 수 있는 가장 지루한 편지들을 건네주면서, 그가 한 일이 마치 기적이라도 되는 양 자랑스러워하지요. 그러나 오늘 또다시 나의 실망스러운 표정을 목격한 그는, "아가씨, 다른 사람을 찾는 것이 나을 것 같군요. 이 사람은 편지를 너무 안 쓰니, 이래서는 안 되지요!"라고 말하더군요. 그의 제안을 어떻게 생각하세요?

오늘 이나는 아주 흥분하여 학교에서 돌아와서는, 지리 시간에 간디에 대해서 배웠다고 하더군요. 그가 항상 금식 투쟁을 했다며, 당신도 그렇게 할 수 없는지 묻더군요. 그러나 이 제안에는 제가 동의할 수 없습니다. 당신 에너지의 비결이 어디에 있는지는 증명할 필요도 없을 테니까요.

당신 생일날엔 어떤 케이크를 구울까요? 당신이 좋아하는 음식에 대해 아는 것이 거의 없습니다. 당신 가족들도 당신이 즐겨 먹는 음식에 대해서는 의견이 분분하더군요. 당신이 구운 간을 좋아한다는 것은 알고 있는데, 그러면 제 몫까지 덤으로 받게 될 테니 아주 실용적이지 뭐예요.

당신 생일날 장미를 가져가고 싶어, 알텐부르크에 있는 꽃집이라는 꽃집은 모두 찾아다니며 장미를 구했지만, 지금 이 시기에 장미가 있는 곳은 없더군요. 당신 생일이 겨울이어서 어쩔 수가 없네요. 나중에 당신 생일날엔 스노드롭[29]을 가득 꽂아놓기로 해요. 저는 스노드롭도 아주 좋아한답니다. 벌써부터 그날이 기다려지는군요. 그날에는 수많은 찬양과 꽃과 더불어 아침 식사로 케이크를 먹는 거예요(아버지는 그렇게 하셨답니다!). 손님들과 함께 커피를 마시고, 특별히 사랑하는 사람들과는 저녁 식사까지 함께 들기로 해요. 그러나 밤 열 시에는 모두

---

29. 겨울철 눈 속에서도 피어 올라오는 방울꽃 모양의 하얀 꽃—옮긴이.

집으로 돌아가게 하고, 우리 둘만 남아 축하 파티를 하는 거예요. 물론 당신이 지루해 하지 않는다면! 큰 잔치가 있을 때, 한 번씩 조용히 빠져나가 홀로 있는 시간을 가져야 한다는 점에서 저도 당신과 똑같습니다.[30] 그리고 공원으로 나가 산책을 하는 거예요. 그 모든 장면이 또렷하게 그려지는군요. 산책을 할 때에는 함께 산책하는 것에 지나치게 익숙해져 버린 하로만 데리고 가기로 해요. 당신이 잠시 혼자 있는 시간을 가지는 것이 예의범절에 어긋날 정도로 심각할 것이라고는 생각하지 않았습니다! 그러나 아마도 당신은 제 곁에서 푸른 기적[31]을 경험하게 될 거예요. 일찍이 아버지가 웃으면서 말씀하기를, 저는 모든 예법이나 관습에 대한 감각을 무시하고 살아간다고 하셨거든요. 그리고 그 말씀은 틀린 게 아니랍니다. 무엇보다도 제가 데려오는 남자들 중 세 번째까지는 그냥 웃어 버리고, 네 번째가 되어서야 비로소 말을 시작할 것이라 하셨습니다! 그런데 당신은 제가 데려온 첫 남자입니다!

이곳 기숙학교 목사님은 당신, 곧 당신이 쓴 책들에 대해 경의를 표하는 분이에요. 그러나 그분은 저를 그다지 좋아하지 않으며, 아주 형편없이 대한답니다. 아마도 그분은 이렇게 하는 사람들 중 마지막이 아닐 것이며, 우리의 약혼에 대해 알게 되면 뒤로 자빠질 사람들 중 첫 번째도 아닐 것입니다. 이런 생각이 들어 저는 원치 않게 기숙학교에 계신 나이 많은 숙녀 두 분에 대해 속으로 웃고 말았습니다. 이런 생각을 하기보다는 나의 디트리히에게 편지를 쓰고 싶은데 자꾸 그쪽으로 생각이 흘러가는군요.

지금 저는 독서를 아주 많이 하고 있어요. 쿨베르크는 제가 책 한

---

30. 1943년 12월 1일자 디트리히의 편지 참조.
31. 반길 수 없는 전혀 예치기 않은 일. 곧 본회퍼가 마리아 자신의 나쁜 면을 보게 되어 매우 놀랄 것이라는 뜻—옮긴이.

권을 다 읽기도 전에, 꼭 읽어야 할 책이라며 적어도 두 권의 책을 더 가져다줍니다. 그중에는 있는 줄도 몰랐던 책도 있답니다. 그러나 쿨베르크는 정말 훌륭한 책들을 소장하고 있어서, 시간 가는 줄 모르고 그녀의 책장 앞에 쪼그리고 앉아 있을 수 있지요.

그 외에도 저에게 아주 도움이 되는 친구가 생겼습니다. 이곳 성에는 러시아 공주 한 명이 살고 있는데, 물론 독일계이며, 1917년 러시아를 떠나왔습니다. 그녀는 극장에 공작 직위의 특별석을 가지고 있어서, 제가 연극을 보고 싶으면 그녀에게 전화만 하면 된답니다. 그러면 그녀가 저를 데리고 들어가고, 저는 극장의 귀빈석에 앉아 무료 관람을 즐길 수 있지요. 동시에 이곳 알텐부르크 극단은 너무 단출하고, 한 번 상연한 연극에 대한 사랑이 얼마나 오래 지속되는지, 같은 극을 50번째 상연한다는 사실도 아셔야 합니다. 하지만 그러면 어떻습니까?

오늘은 저녁 내내 어린 소녀들과 함께 어둠 속에서 숨바꼭질 놀이를 했습니다. 숨바꼭질이 얼마나 재미있는 놀이인지 당신은 상상이 안 될 거예요. 또한 당신의 마리아가 얼마나 노는 데 푹 빠진 고양이가 될 수 있는지 상상하기 어려울 겁니다. 그러면 모든 권위주의는 사라지고 말지요.

예외적으로 편지를 한 번 더 읽어 보니, 내용이 모두 단순한 난센스에 불과하군요.

제게서 더는 기대할 것이 없다는 사실이 분명해졌지요. 그럼에도 저는 '디트리히가 이곳에 있기만 하다면!'이라는 생각만 끊임없이 합니다. 이 생각은 자꾸만 커져서 다른 생각들이 차지할 자리를 빼앗아 버립니다. 그리고 '마침내 2월 4일이 되면!'이라는 생각이 불현듯 스쳐 지나갑니다. 다음에는 아버지께서 절망적인 상황에서 항상 부르곤 하셨던 찬양 하나를 가져가도록 하겠습니다.

우리가 기다리는 그날이 오기까지, 한 시간은 60분이 아니라 120분이군요. 그런데 당신 곁에 있으면, 한 시간은 6분도 채 되지 않아요!

제가 항상 이렇게 바보 같은 편지만 쓰고 있을 것이라고 생각하지는 마세요. 가끔 저는 구멍 난 양말을 깁기도 하는데, 그럴 때면 무척 뿌듯하답니다. 당신의 양말도 깁게 될 날이 오기를! 그러나 너무 큰 구멍을 만들지는 말아 주세요. 큰 구멍은 아직 깁지 못하니까요.

당신의 편지는 제게 측량하지 못할 기쁨이며, 제가 당신을 한없이 그리워한다는 사실을 기억해 주세요. 그리고 제가 당신을 찾아가면 아주 조금이라도 기뻐해 주세요.

당신의 마리아

1944. 1. 22

… 장인어른께서 그분 아버지의 교육 방법에 대해 써 놓은 부분이 아주 인상적이었습니다.[32] 아버지가 아들을 대하는 이러한 준엄한 태도는, 거룩한 아버지 직분[33]에 대한 자부심에서 나오는 분명한 능력과 내적인 확신의 증표라고 생각합니다. 오늘날 사람들은 약할 대로 약해져서, 혹시라도 자녀의 사랑을 잃어버릴까 두려워하며 자신을 자녀들의 동료나 친구 정도로 깎아내리고 있습니다. 그리고 그 결과 부모의 자격을 상실해 버리고 말지요. 저는 진정한 자녀양육 없는 이러한 양육을 불쾌하게 생각합니다. 우리 부모님들은 이런 면에서 의견이 상통하리라 생각합니다. …

---

32. 1944년 1월 14일자 디트리히의 편지 참조.
33. 「윤리*Ethik*」에서 디트리히 본회퍼는 아버지 직분을 이렇게 정의하고 있다. "부모는 하나님을 대신하여 자녀를 양육하며 교육해야 할 의무를 부여받았다."(DBW 6, 58)

* 1944년 1월 24일 면회 허가.

내 사랑 디트리히!

1944. 1. 25, 알텐부르크

어제의 만남은 너무 아름다웠기에, 면회 후에는 오히려 슬퍼지고 말았습니다. 너무 감사가 없는 태도일까요? 아니, 분명 그렇지 않아요. 당신 생각을 하기만 해도 저는 감사하지 않을 수 없으니까요. 그러나 감사와 기쁨이 항상 함께 따라와야 하는 것은 아니지 않을까요? 기뻐하면서도 슬픔을 덮어 버리거나 몰아내려고 애쓰지 않아도 되는 그런 감사가 있다는 것, 슬픔으로 인해 감사가 더 깊어지고 아름다워질 수도 있다는 사실을 지금에야 체험하게 되었습니다. 아버지와 막스가 전사할 당시에는 그것을 몰랐습니다.

당신이 '아버지의 기억'에 대해 말씀하셔서 몹시 기뻤습니다. 아버지가 글로 남겨 놓은 것은 참으로 적습니다. 그러나 당신에게 이미 말씀드렸듯이, 아버지의 기록을 읽는 것보다 아버지를 더 잘 알 수 있는 방법은 없을 것입니다. 제가 지금 감옥에 갇혀 있으며 어느 정도 작가적 소양을 갖추었다면, 저도 아버지에 대한 기억을 쓸 것입니다. 제가 아버지와 가장 많은 시간을 보냈으니, 우리 형제들 중 그 일을 할 수 있는 적임자는 저일 테니까요. 나중에 아버지께서 제게 쓰신 편지를 보여 드리겠습니다. 아버지는 매일 엄마에게 편지를 쓰셨지만 우리에게 쓴 편지는 드물어서, 제가 받은 아버지의 편지는 많지 않습니다. 그러나 그 편지는 제게 아주 소중하며, 그 편지에 대해서 아는 사람은 아무도 없습니다.

아침 일찍 세계 일주를 떠나듯 여행길에 올랐다가, 저녁 무렵 다시 이곳으로 돌아와 있는 기분은 아주 독특합니다. 갑자기 모든 것이 달라져 있으니까요. 이전에는 노란색이었던 것이 지금은 초록색으로 보이며, 의문 부호가 찍혔던 부분은 이제 진한 느낌표로 바뀌어 있어요. 이 모든 느낌표에 대해 당신에게 얼마나 감사하게 되는지 글로 표현하기 어렵군요. 공습에 대한 경보신호는 참으로 부적절한 기구입니다. 그로 인해, 지난번 편지에 철자법이 틀린 곳이 있다는 사실을 자연스럽게 알려 드리려 한 것을 까맣게 잊어버리고 말았으니까요. 그 다음 날 아이들의 작문을 훑어보면서, 제가 초등학교 3학년 아이들이나 저지를 실수를 했음을 알고 깜짝 놀랐습니다. 제가 정서법을 만들었다면 '아마도wahrscheinlich'라는 단어에서 분명 'h'를 없앴을 것입니다. 그것이 훨씬 논리적으로 보이니까요.

저를 작은 책자로 만들어서 당신 겉옷 주머니에 넣어 둘 수 없는 것이 유감입니다. 그렇게 한다면 당신은 저를 주머니에서 꺼내기만 하면 되고, 아무 방해 없이 오랫동안 대화를 나눌 수 있을 텐데요. 그러다가 당신이 일을 해야 하면 저를 겉옷 주머니 속에 다시 넣어 두고 단추를 잠그면 되지요. 그러면 저는 당신이 저를 필요로 할 때까지 잠잠히 기다리고 있을 텐데요. 사람들은 왜 이런 동화를 만들었을까요?

저는 또 제대로 된 편지를 쓸 능력을 상실해 버렸군요. 오늘 오후 내도록 네 명의 아이들을 데리고 불규칙 동사를 연습하며 내일 있을 시험을 준비했는데, 별 성과 없이 지금 제 머릿속에도 'put, put, put!' 만 맴돌고 있습니다. 아이들과의 연습은 마치 벽을 기어오르는 것 같아서, 오늘 저녁 당신에게 편지를 쓸 것이라는 생각으로 위로를 삼았습니다. 그런데 지금 저는 또 이렇게 형편없는 편지를 쓰고 있습니다. 그러나 제가 당신에게 무슨 말을 할 수 있을까요? 어둠이 깔리는 이 시간에 저는 당신 곁에 앉아 있고 싶으며, 이별을 생각하지 않고 앞으로 오래도록 함께할 사람에게 말하듯 말하고 싶습니다. '당신이 나와 함께 있다'는 생각만으로 마냥 행복한 사람이 되어, 아름답고 가벼운 일상의 일들을 자연스럽게 말하고 싶습니다.

당신이 듣고 싶다면, 너무 심사숙고해서 김빠진 생각도 아니며, 상황에 따라 달라지는 말도 아닌, 지금 막 떠오른 생각을 말하고 싶습니다. 당신이 소파에 손을 얹고 제 옆에 앉아 있습니다. 그 손에 대해, 저는 당신에게 할 말이 많습니다. 제가 그 손을 처음 보았을 때, 오래전부터 알고 지낸 것처럼 친밀하게 느껴졌으며, 정확하게 알 수 없는 무언가를 연상하게 만들었습니다. 저는 자주, 처음 만날 때부터 왜 당신을 그토록 신뢰하게 되었을까 자문해 보곤 했습니다. 아마도 제가 당신의 손을 알았기 때문이라 생각합니다. 이 세상의 많은 사람들이 너무도 난폭하고 무정하며 오그라든 손을 가지고 있습니다. 그렇지만 당신 손은…….

저의 여행은 아주 성공적이었어요. 저는 창 밖을 내다보며 오직 당신만 생각했습니다. 그리고 혼자라는 생각이 들지 않도록, 제 손을 가장 최근에 받은 당신의 편지 두 통이 들어 있는 주머니 속에 넣어 두었답니다.

어제 저녁 당신에게 썼던 편지는 산산조각이 되어 휴지통으로 들어갔습니다. 그러나 제가 쓴 모든 편지는 감옥이라는 곳을 생각하지 않아도 될 날이 오고, 실제로 당신과 단둘이 있게 될 그날이 오기까지는 모두 난센스로 머물 것입니다.

언제까지나 당신을 생각하며, 당신의 마리아

사랑하는 디트리히!

1944. 1. 28, 알텐부르크, 밤에 쓰는 편지

요즘은 하루 일과가 끝나고 날이 저문 후에야 저의 하루가 시작됩니다. 그때에야 비로소 해야 할 일에 대한 생각이나 불안한 생각을 모두 떨쳐 버리고 조용한 시간을 가질 수 있으니까요. 다른 사람들의 눈에 띄게 하고 싶지 않고, 항상 보는 것보다 더 가깝고 현실적으로 느낄 수 있어, 낮에 서랍 속에 넣어두었던 사진들을 이 시간에야 꺼낸답니다. 그러면 아버지와 막스, 패치히의 집, 꽃들과 편지들이 주위를 둘러싸고, 저는 소파로 가서 앉는데, 당연히 발을 높이 쳐들고 앉아 있다는 사실을 아셔야 해요. 책이 별로 마음에 들지 않고 다른 일도 하고 싶지 않으면, 저녁 내내 무척 지루하게 앉아서 꿈만 꾸고 있을 때도 있답니다. 우리가 패치히에 함께 있게 되면, 우리는 분명 숲으로 가서 산책을 할 것입니다. 그러나 항상 걷고 있지만은 않을 거예요. 나무둥치에 앉거나, 너도밤나무들이 줄지어 늘어서 있는 개울가에 앉아서 꿈을 꾸기도 할 것입니다. 꿈이란 매일 실제로 경험하는 일보다 더 가까이 있는 것이 아닐까요? 꿈은 아무 말도 없고 아무 표현이 없어도, 함께 있다는 사실 외에는 다른 생각을 전혀 하지 않아도 서로의 생각을 교환할 수 있게 하니까요. 오늘 당신 편지를 읽으면서 당신도 그렇게 느끼고 있음을 알게 되었습니다. 그것이 제게 얼마나 커다란 선물이 되었는지 모릅니다.[34] 본질적인 것 앞에서, 말이란 차라리 잠잠히 침묵해야 함을 기억하기를 원합니다. 누구에게나, 말하고 종이에 쓸 수 있는 언어란 완전하지 않을 수 있다는 것을! 생각이나 꿈을 통해 당신에게 끝없이 전하는 마음을 말로 표현할 수 없어 슬퍼질 때면, 당신이 편지에

---

34. 1944년 1월 14일자 디트리히의 편지 참조.

써서 보낸 내용을 언제라도 다시 읽을 수 있으니 감사합니다.

당신이 패치히에 오실 그날, 당신이 저를 향해 달려오게 될 그날, 함께 숲 속을 걸어가는 장면을 묘사한 부분을 읽으면서, 실제로 그런 날이 오기를 바라는 갈망이 저를 사로잡았습니다. 그러면 패치히에 대한 그리움, 당신과 함께할 패치히에 대한 그리움에 젖어듭니다. 패치히에서 당신을 본 적은 없지만, 당신이 없는 패치히는 더 이상 저의 고향이 아니랍니다. 일 년 전부터, 패치히에서 걸어 다닐 때면 당신 생각을 하지 않은 적이 없습니다. 얼마나 자주 제 눈 하나를 당신에게 줄 수 있기를, 그래서 당신도 제가 보고 향유하는 모든 것을 함께 누릴 수 있기를 바랐는지 모릅니다. 이렇게 생각하는 것이 감사가 없는 마음임을 알지만, 모든 아름다운 것을 혼자 보아야 하는 것은 기쁨이 반이 되는 정도가 아니라 전혀 기쁨이 아니며, 당신 생각에 슬퍼질 뿐입니다. 그러나 지나간 날 하루하루는 우리가 함께할 날에 조금 더 가까이 다가가게 할 테지요. 물론 시간상으로! 당신의 편지 하나하나가 손을 활짝 펴고 다가오는 듯합니다. 때로는 당신의 활짝 편 손을 만질 수도 있다는 사실을 아세요?

당신이 아버지의 회상록에 대해 쓴 단어 하나하나에 대해 감사합니다. 그중 몇 줄을 엄마에게 읽어 드려도 될까요? 엄마가 무척 기뻐하시리라는 생각이 들기 때문입니다. 일 년 전 10월, 슐라이허 댁에 초청 받아 간 적이 있었지요. 그때 받은 인상은 참으로 벅차고 감격스러웠습니다. 당신 가족처럼 견고하게 하나로 뭉쳐서 서로 조화를 이루는 가정이 도시에 있을 수 있다는 사실이 놀라웠습니다. 지난 몇 년간 저는 가정들이 파괴되고 혼란에 빠지는 모습을 지켜보면서 슬프고 용기를 잃어버리기도 했었거든요.

당신은 부모가 자녀들의 친구여서는 안 되며, 친구일 수도 없다고 썼지요. 그러나 여기에 대해 토론하기 위해서는, 우선 '우정Freundschaft'

이 무엇을 뜻하는지 정의를 내려야 한다고 생각합니다. 우정이라는 단어는 너무 자주 천박하게 사용되는 경향이 있으니까요. 만약 그 말이 '동료'라는 뜻으로 사용될 뿐 '친밀한freundlich'이라는 뜻에서 한참 벗어나 있다면, 저도 당신 의견에 전적으로 동의합니다. 그러나 우정이라는 말에는 더 많은 의미가 담겨 있다고 생각합니다. 제가 우정을, 인간이 세상에서 공유할 수 있는 최상의 가치라고 여긴다고 해서 놀라지는 마세요. 당신을 납득시킬 만한 설득력을 갖춘 논리를 전개할 수도 없고, 어쩌면 제가 생각하는 우정이 무엇을 의미하는지조차 올바로 설명하지 못할 수도 있습니다. 저는 당신에게 이 말을 할 수 있을 뿐입니다. 제게는 오직 한 분 친구가 있었는데, 바로 아버지였다는 사실입니다.

이렇게 말해서는 당신이 이해할 수 없겠지요. 조금만 기다려 주세요. 나중에 모두 이야기해 드리겠어요. 그러면 당신은 일 년 전 11월에 있었던 일까지 모두 이해하게 될 거예요. 아버지 빈소 사진을 다시 돌려주셔서 고맙습니다. 당신의 깊은 배려로 인해, 그리고 이 사진을 당신으로부터 다시 받아서 갖게 되어 기쁩니다!

이제는 정말 피곤하군요. 디트리히, 지금 당신이 제 곁에 있고, 당신에게 이렇게 말할 수 있다면 얼마나 좋을까요. "당신은 너무나도 사랑하는 나의 디트리히"라고. 저는 자주, 언제나 새롭게, 반복해서 이렇게 말하곤 합니다. 어쩌면 당신에게는 직접 그 말을 할 수 없을지도 모릅니다. 그러면 겨우 "디트리히, 디트리히"라고 말할 수밖에 없을 테지요!

당신의 마리아

1944. 1. 31, 테겔

… 이 괴로운 시절에, 아침부터 저녁까지 아무 근심걱정 없는 아이들

과 함께 지낼 수 있다는 것은 얼마나 행복한 일입니까. 그럼에도 불구하고 불안한 마음이 달래지지 않는다면, 적어도 잔잔한 물결이 되도록 할 수는 있을 테지요. 우리 마음이 어디에서 쉼을 얻는지 알고 있으니 얼마나 감사한 일인가요. 어제 읽은 복음서 말씀인 폭풍우를 잠잠케 하는 장면은[35], 이렇게 말해도 된다면, 제가 가장 사랑하는 성경 이야기입니다. 어젯밤 공습경보가 울리는 동안 이 말씀을 생각했습니다. 훗날 우리가 세상의 평화와 고요에 대해 다시 말할 수 있으려면 고요해진 마음이 전제되어야 할 것입니다. 외할머니와 장모님, 형제자매들에게 안부하여 주십시오. …

* 1944년 2월 4일 면회 허가.

나의 사랑 디트리히!

1944. 2. 4. 베를린

기차를 타고 떠나기에 앞서, 오늘 면회 시간의 만남에 대해, 당신의 말과 당신의 눈, 그리고 모든 것에 대해 고마운 마음을 전하고 싶습니다. 다른 사람이 지켜보는 자리에서, 제 마음속에 이미 오래전부터 강하게 자리 잡고 있으면서 당신에게 말하게 될 날을 기다려 왔던, 그러나 그 말을 하기에 너무 서툴렀던 일로 슬퍼하지 마세요. 오직 저 자신보다 더 큰 것이 저와 함께 자라고 있음을 믿으세요. 나의 디트리히, 우리가 서로 온전히 함께할 그날을 생각하며 기뻐하세요. 오래 걸리지는 않을

---

[35]. 마태복음 8장 23절. 1944년 1월 29-30일 에버하르트 베트게에게 쓴 편지 참조(DBW 8, 304).

것입니다. 그날에 우리는 매우 기뻐하게 되겠지요.

저를 생각하세요. 저는 오늘 저녁 내내 기차를 타고 가면서, 그리고 그 후에도 계속 당신을 생각할 것입니다. 오늘은 모든 사물이 크고 기이한 행복 속에 잠기게 될 거예요. 동시에 이 행복은, 그리움으로 인해 저를 병들게 하고 말겠지요. 아, 당신!

당신의 마리아

나의 사랑 디트리히!

1944. 2. 7, 알텐부르크

당신을 만나고 돌아온 후 바로 편지를 쓰려고 했지만, 계속 한심스러운 서두에서 벗어나지 못하고 있습니다. 하고 싶은 말을 당신 곁에 가서도 하지 못하면서, 한 주씩이나 걸려야 도착하는 지루한 편지에 무슨 말을 쓸 수 있겠어요. 아마도 아주 체계적으로 다시 시작해야 할 것 같습니다. 이번에는 집에서 당신 편지를 모두 가져왔습니다. 제 원칙은 고정 관념을 거슬러 생각할 수 있다면 두 배로 좋다는 것입니다. 물론 양심에 거리끼는 일이 없는 경우에 한해서이지요. 외할머니께서는 저의 이런 원칙에 대해 항상 나무라시지만 말이에요. 지금 당신 편지는 매일 반복해서 읽는 작품이 되었습니다. 아니, 작품이라기보다는 손으로 잡을 수 있는 확실한 재산이라고 할 수 있어요. 저는 매일 이 사실에 대해 당신에게 감사하게 됩니다. 제게 편지를 쓰는 것이 어려우리라는 사실을 알고 있습니다. 어떻게 그렇지 않을 수 있겠어요? 어쩌면 가능할지도 모르지만, 저에게는 당신이 쉽게 편지를 쓰도록 할 수 있는 재량이 없군요. 저는 너무 자주 미래를 꿈꾸며 살고 있습니다. 그날이 오면 서로에 대한 생각으로 슬퍼하고, 우리 마음을 짓누르던 것이 모두 사라질 것이라는 기대를 갖습니다. 그러면 현재의 순간을 잊고, 지금 당장 해야 할 일이 무엇인지도 잊어버립니다. 그러나 이런 저를 괘념하지 마시고, 당신이 항상 쓰던 그런 편지를 써 주세요. 당신의 편지가 제게 어떤 의미가 있는지 당신은 알 수 없을 거예요. 당신 편지는 슬픔에 잠긴 저를 도우며, 그 슬픔을 변형시키지 않으면서도 깊은 행복과 커다란 감사로 마음을 가득 채워 줍니다.

지나치게 꿈속에서 살고, 미래를 바라보며 사는 것은 옳지 않은 걸까요? 현재 품고 있는 의문과 괴로운 상념들에 대해, 우리가 함께 있으면 해결될 일이라며 간단하게 답해 버리고 마는 것은 너무 비겁한 행동일까요? 저는 당신 없이 이러한 복잡한 의문들을 풀 수가 없습니다. 그러나 당신이 제 곁으로 오시면 모든 것이 다 잘될 것이라 믿습니다. 그날을 간절하게 소망하며, 큰 인내심을 갖고 기다릴 것입니다.

카드놀이로 허비하기에는 시간이 너무 소중하다고 말씀하신 당신이, 저는 정말이지 너무도 자랑스럽습니다.[36] 당신의 이런 말이 저를 얼마나 기쁘게 하는지 당신은 알 수 없을 거예요. 그리고 저를 기쁘게 하는 당신의 말은 이 하나가 아니랍니다. 단지 생각만 해도 기뻐하게 되는 당신의 말들을 저는 많이 알고 있습니다. 그러나 지금의 시간이 소름끼치도록 끔찍하기에, 그런 말을 계속할 필요가 없다는 것도 알고 있습니다.

이제는 이곳 장막을 걷고 천천히 떠날 준비를 해야 합니다. 방금 찾아뵙고 인사하는 일을 모두 마쳤고, 이제는 다시 작별 인사를 하러 사람들이 찾아올 것입니다. 사실은 이곳에 더 오래 머물고 싶기도 합니다. 제 몸에는 집시의 피가 흐르고 있지 않아서, 새로운 곳에 적응하는 것도 또 그곳에서 다시 떠나는 것도 힘이 든답니다. 그러나 집으로 돌

---

36. 디트리히는 성탄절에 그의 누이 크리스티네 폰 도나니에게서 카드Patience-Karten를 선물 받았음.

아가는 것은 말할 수 없이 즐거운 일이긴 합니다.

제가 읽어야 할 책들을 추천해 주세요! 그리고 당신이 제 편지를 서서 읽고 있다면 우선 앉으세요. 돌바닥에 앉는 것이 그다지 즐거울 거라는 생각은 들지 않지만 말이에요. 지금 저는 두꺼운 신학책을 읽고 있는데, 그 책은 제가 예상했던 것과는 달리 그다지 지루하지 않군요. 제가 이 책을 읽는 것은 좀 더 당신 가까이 있고 싶어서일 뿐, '부르카르트하우스'[37]와 같은 목적에서는 아니랍니다. 어쨌든 저는 지금 이 책을 흥미 있게 읽고 있습니다. 이 책은 파울 쉬츠의「복음」이라는 책입니다[38](이제 당신이 그의 책을 좋아하지 않는다는 것이 문제군요).

「스페인의 장미 나무」[39]를 다시 한 번 읽어 보고, 조금이라도 아름답게 여겨지는 부분은 없는지 말씀해 주세요. 제게는 아주 중요합니다. 릴케보다 훨씬 중요한데, 릴케는 혼자서도 아름답게 생각할 수 있기 때문입니다.

이 작품에서 리산더 옥타비아가 연인에게, 자신에게 쓰는 편지를 다 쓴 후에는 항상 태워서 그 재를 장미가 서 있는 땅에 부으라고 부탁하는 대목을 저는 특별히 좋아합니다. 그는 다른 사람이 읽을 수 있는 기록된 말이 아니라, 그 사람이 품고 있는 생각, 곧 그 사람을 생각하며 선사한 것이 형상을 취하게 되는 것이 중요하다는 사실을 알기 때문이라고 말했지요.

그리고 죄와 죄책에 관해 말하는 부분에 대해서도 생각해 보세요. 그 대목은 외우지 못하지만, 생각으로 짓는 죄와 행위로 옮겨진 죄 사이에는 차이가 별로 없다는 말은 정말 옳다고 생각합니다. 죄된 생각

---

37. 베를린-달렘의 부르카르트하우스Burckhardthaus는 교회에서 봉사하는 여성들을 교육하기 위한 개신교 센터였음.
38. 파울 쉬츠Paul Schutz,「복음Das Evangelium」(1939). 동시대를 살아가는 사람들의 모습을 묘사하는 작품. 1944년 2월 18일자 디트리히의 편지 참조.
39. 베르너 베르겐그루엔Werner Bergengruen,「스페인의 장미 나무Der spanische Rosenstock」(1940).

은 위험합니다. 왜냐하면 그러한 생각을 떨쳐 버리기가 쉽지 않기에 곧 행동으로 이어질 수도 있으니까요.

그리고 가장 아름다운 부분은 모든 사랑의 컵 속에 담겨진 한 방울의 죄책에 관한 이야기입니다. 거기에 신의와 용서에 대해 무엇이라고 쓰여 있는지 읽어 보세요. 그리고 언젠가 아주 자세하게, 왜 당신은 이 책을 좋아하지 않는지 편지에 써 주세요. 이 책에 대해서는 나중에 좀 더 이야기해 드리겠어요.

쿨베르크가 폰타네 전집을 빌려 주었습니다. 저는 폰타네의 책들이 무섭도록 두려운데, 폰타네가 쓴 이야기들을 좋아할 수 없기 때문입니다. 시부모님 댁에서 오후에 휴식을 취할 때면 그곳에 놓여 있는 「슈테힐린」[40]을 읽곤 했는데, 그 책은 너무 두껍고 이제 겨우 몇 장만 읽은 상태여서 뭐라 평하기는 어렵군요.

그럼 이제 잘 지내세요, 디트리히. 저의 편지나 말을 너무 심각하게 받아들이지 마세요. 오직 "제가 당신을 사랑한다"는 말만은 진실입니다.

당신의 마리아

추신. 가끔 카알-프리드리히 본회퍼와 전화 통화를 합니다. 그의 목소리가 당신 목소리와 너무 비슷해서, 그의 목소리를 듣기 위해 그레테가 집에 있는 시간에 그를 한 번 더 방문할까 합니다. 그렇게 할 수 있다면 정말 기쁘겠습니다. 한 주 후면 집으로 돌아가게 되는데, 그때 시부모님도 함께 모시고 가고 싶군요. 정말 좋을 거예요. 그러면 우리 둘이서 함께 기차 여행을 하게 될 날, 당신에게 패치히의 모든 것을 보여주게 될 그날을 끊임없이 떠올리게 될 테지요.

---

40. 테오도르 폰타네Theodor Fontane, 「슈테힐린Der Stechlin」. 1898년 출간된 폰타네의 마지막 작품.

상상이 안 될 정도로 아름답기만 합니다. 그러나 그날은 반드시 올 것이며, 저는 매일 그날을 기다리며 기뻐합니다.

M.

너무도 사랑하는 나의 디트리히!

1944. 2. 10, 알텐부르크

오늘 우체부가 당신의 편지를 가져다주었어요. 저는 너무 기뻐서 우체부의 목이라도 껴안아 주고 싶었지만, 당신에게 그다지 바람직한 태도가 아닌 듯하여 겨우 자제했답니다. 오늘은 다른 어느 때보다 간절한 마음으로 당신의 소식을 기다리고 있었어요. 그런데 기다림에 지쳐 거의 포기한 상태가 되어서야 비로소 우체부는 당신 편지를 전해 주었습니다. 아직 편지 봉투를 뜯지 않고 앉아서 일을 하는 기분은 놀랍고 기이하답니다. 성탄절을 기다리며 어두운 방 안에 앉아 있는 기분이랄까요? 이런 편지가 제 앞에 있으면, 저는 아주 뒤죽박죽이 되어 버립니다. 아이들은 '이때다!' 하며 눈을 반짝거리고, '오늘 그녀는 기분이 몹시 좋아 보이니, 때를 놓치지 말고 이용하자!'라고 생각하지요. 정말이지 저는 아이들이 글씨 연습을 하는 공책을 잉크로 더럽혀도 화난 표정을 지을 수가 없답니다. 당신이 자주 편지를 쓸 수 없는 것이 차라리 다행스러울 정도지요. 그렇지 않으면 아이들과 기숙학교 원장님은, 머지않아 제가 책임지고 일을 맡아서 할 능력이 없다고 평가하게 될 테니까요. 오늘 아이들과 함께 '도둑들, 그리고'라는 놀이를 했어요. 그런데 그 놀이를 어두운 방에서 했기 때문에 기숙학교 원장님은 이맛살을 찌푸리며 훈계하셨지요. 첫째로 이런 놀이는 남자아이들이 하는 놀이이고, 둘째는 어두운 곳에서 하기에 적합하지 않은 놀이이며

(그러나 밝은 장소에서는 모든 재미가 사라지고 맙니다), 셋째로 이런 놀이를 하는 순간 권위라는 것은 깡그리 무너져 버리기 때문입니다.

당신이 한때 알텐부르크 기숙학교의 한 사람이었던 제가 어떻게 이곳에 기가 질리지 않을 수 있을까 물으신다면, '도둑들, 그리고'라는 놀이를 권위의식 없이 함께 즐기는 것이 가장 좋은 방법이라고 말씀드릴 수 있을 거예요.

제 경험을 기초로 했을 때, 기숙학교는 각 사람에 맞게 결정해야 한다는 생각입니다. 그러나 제가 이곳에서 돌보는 열 살에서 열두 살 사이의 소녀들은 가정에 문제가 있어서 아이를 돌볼 수 없는 경우라든지, 아니면 부모들이 아이를 감당하지 못하는 경우, 그것도 아니면 학교 공부를 따라가지 못하는데도 부모가 아이를 돌볼 충분한 시간이 없어서인 경우가 대부분입니다. 이 세 가지 경우는 모두 끔찍하고, 잘못의 결과는 고스란히 아이에게 나타나게 됩니다. 자녀의 잘못이나 약점을 거울처럼 자신에게서 발견할 수 있는 부모가 자녀를 가장 잘 도울 수 있지 않을까요? 그런데 부모들이 자기보다 다른 사람이 자기 자녀를 더 잘 이해하며 교육할 수 있을 것이라고 생각한다는 사실은 참으로 이해할 수 없는 일입니다. 그 아이들이 자기 자신에게도 가정에도 마음을 두지 못하고, 기숙학교에도 적응하지 못하여, 쉽게 여러 물결에 이리저리 휩쓸려 다니는 모습을 보는 것은 슬픈 일입니다. 그런 모습은 견고하고 안정된 가정환경에서 자란 아이들에게서는 찾아볼 수 없는 모습이었습니다. 물론 나이도 어느 정도 영향을 미치겠지요. 저는 동생들이 열세 살 전에는 집을 떠나 생활하게 되지 않기를 바랍니다. 그로 인해 일 년 더 같은 학년을 반복하게 되더라도, 오히려 그게 나으리라 생각합니다.

저는 열한 살에 슈테틴으로 갔고, 열두 살에 이곳 기숙학교로 왔습니다. 사실 너무 빨리 집을 떠난 셈이지요. 그러나 집에 대한 그리움이 아무리 커도, 집으로 완전히 돌아가 살고 싶지는 않아요. 저는 이 시간을 통해 부모님이 계신 집과 고향이 얼마나 든든한 마음의 버팀목인지 알게 되었습니다. 그리고 이 시간을 통해 자립적으로 배우며 행동하게 되고, 여러 가지 경험을 쌓으면서 자기 인생을 든든히 세워가게 된다고 생각합니다. 이런 시간을 통해서만이 사람들은 부모님과 고향을 진실로 사랑하고 이해하며 소중히 여기게 되지 않을까요? 또한 부모를 신적인 존재로 여기던 어린 시절 사고에서 벗어나 부모도 연약한 인간임을 아는 것이, 고통스럽거나 관계에 금이 가지 않으면서 자연스럽고 당연하게 받아들여지게 된다는 장점도 있습니다. 아버지께서 돌아가시는 날까지 그분도 연약한 인간일 수밖에 없음을 인식하지 못한 저의 경우는 예외라고 할 수 있겠지요.

부모가 자식과 친구처럼 지내는 것에 대한 당신의 거부감에 완전히 동의할 수는 없습니다. 부모님께서 저를 양육하기 위해 고심하며 규칙을 정해 놓았을 것이라고 생각하지 않기 때문입니다. 엄마는 제가 항상 근심 덩어리였다고 하시지만, 저는 아버지와 함께 승마를 하면서 모든 것을 털어놓을 수 있었습니다. 또 함께 재미있는 일들을 수없이 많이 경험했고, 그런 아버지께서 우리를 책망하시면 감사함으로 달게 받는 것이 너무도 당연했으니까요.

그러나 자녀의 사랑을 받기 위해서 그들의 동료가 되어 버리는 것은 자녀를 잃어버리는 지름길이라는 생각에는 전적으로 동의합니다. 이런 면에서 아버지에게는 우리가 너무나 소중한 존재였기에 결코 동료로 여기지 않으셨지요.

당신이 패치히에 있게 되면, 저녁 시간에 엄마와 함께 벽난로 옆에 앉아서 아버지 이야기를 듣기로 해요. 당신이 아버지를 아주 잘 알게 되는 것은 저를 아는 것보다도 더 중요합니다. 그러면 제가 말하려고 하는 요지를 분명하게 이해하게 될 거예요. 부모와 자식 관계에 대해 우리가 느끼고 생각하는 것은 근본적으로 차이가 없다고 생각합니다.

이 문제에 대해 너무 길게 쓴 것을 이해해 주세요. 아마도 일 년 전이라면, 제 의견에 대해 당신이 웃어 버릴 것이라고 생각했을지도 모르겠습니다. 그러나 이제는 제 의견을 여성 특유의 어리석은 논리에 불과하다며 무시하지 않으리라는 사실을 압니다.

제가 베를린에 가지 않아서 당신을 근심하게 만든다는 것은 나 자신에게도 끔찍한 일입니다. 당신은 제가 지금 당장이라도 베를린으로 가고 싶어 한다는 사실을 아셔야 합니다. 엄마 생각이 저보다 낫다고 인정하며 그 뜻에 따르는 것은 저로서도 힘든 일입니다. 엄마가 내린 결정에는 충분한 이유가 있을 것이며, 당신에게 모든 것을 말해 주실 것입니다. 제가 분도르프[41]로 가기로 한 것은 어쩌면 극단적인 이기주의라고 볼 수도 있습니다. 이런 이기주의가 싫으면서도 따를 수밖에 없는 것은 모두 당신 탓입니다. 가장 쉬운 방법은 당신이 빠른 시일 내에 출감하여 함께 패치히로 가는 것뿐이지요. 사람들은 왜 이 단순한 사실을 이해하지 못하는 걸까요!

모레 저는 드디어 이곳을 떠납니다. 이곳을 떠나는 것은 아주 간단한 일인데도, 제게는 정말이지 어렵습니다. 크리스티네는 그 이야기만 나오면 울먹이기 시작합니다. 특히 작은 친구 코린나 벤첼은, 제가 집에 도착하자마자 그녀가 전하는 안부를 받을 수 있도록 오늘 이미 편지 한 통을 써 놓았습니다. 그와는 반대로 저의 작은 검은 악마는 오늘 옆 좌석의 친구에게 이런 쪽지를 써서 보냈답니다. "'고맙게도'[42], 마리아가 토요일에 이곳을 떠난대." 불행히도 그 쪽지를 들켜 버리고 말아서, 그 아이는 오후 내내 훌쩍거리며 다녔습니다. 그래서 그 쪽지 때

---

[41] 마리아의 사촌 중 하나인 디트리히 폰 트루흐제스와 그의 아내 헤드비히 부부Dietrich und Hedwig v. Truchseß의 영지. 운터프랑켄의 하스푸르트 지역에 위치하고 있음.
[42] '고맙게도Gott sei Dank!'라는 말을 그대로 옮기면 '하나님께 감사를!'이라는 뜻이 됨—옮긴이.

문에 화를 내지 않는다는 사실을 설명하느라 진땀을 빼야 했습니다. 그러나 이런 경우에 '고맙게도'라는 말을 사용해서는 안 된다고 훈계하면서, 인상이 굳어지는 것을 막기 위해 애를 먹었습니다.

내일 송별 파티에서 아이들이 연극을 상연합니다. 물론 저는 전혀 모르는 연극이며, 제게는 깜짝 선물이 될 것입니다.

기숙학교 원장님께서 오늘 저를 부르시더니, 분도르프에 머물기 싫다면 원장님께 편지를 쓰라고 하더군요. 그러면 이곳 기숙학교 교사로 영원히 머물 수 있도록 임용하겠다고 합니다. 이 제안에 대해 어떻게 생각하세요? 제가 여덟 조각으로 나뉠 수 없는 것이 유감입니다. 그러면 그중 한 조각은 이 편지에 넣어 당신에게 보낼 수 있을 정도로 작아지지 않을까요?

이나 학급 아이들을 데리고 '막스와 모리츠'라는 연극을 상연했는데, 눈물을 흘리는 동시에 웃어야 했습니다. 그러나 당신이 함께할 수 없어서 저는 엉엉 울고만 싶었습니다. 베를린을 지나가면서도 당신에게 가지 못한다는 사실로 인해 울고 싶습니다.

그렇지만 저는 당신의 사랑스러운 편지를 새로 받았고, 이 편지로 인해서는 결코 울지 않을 것이며 기쁨에 넘칠 것입니다. 당신은 제게 너무 좋은 분입니다. 그토록 잘 대해 주시면 감당하기에 벅찹니다. 편지마다 조금씩만 사랑을 담아 보내 주세요. 그러면 저는 마음 깊이 감사할 거예요.

당신의 마리아

1944. 2. 12, 테겔

… 며칠 독감으로 인해 누워서 지냈다는 소식을 부모님을 통해서 듣고, 오랫동안 편지를 쓸 수 없었던 이유를 알게 되었으리라 생각합니

다. 지금 머리는 너무 멍하여 단지 콧물을 쏟아 내는 도구일 뿐, 더는 생각을 담은 주체 구실을 못 하고 있습니다. 벌써 혼수 지참금이 모아졌나요? 어디에서 라디오를 구할 수 있을까요? 나의 베히슈타인 그랜드 피아노를 세미 그랜드 피아노와 바꿀 수 있는지 알아봐 주세요. 그리고 우연히 쳄발로를 발견하게 된다면 즉시 장만해 주세요! 쳄발로를 주문한 지 이미 3, 4년 정도 지났지만, 아직도 받지 못하고 있습니다. 이렇게 지루한 편지를 쓰는 것에 대해 용서를 구합니다. …

1944. 2. 15, 테겔

… 릴케의 「말테의 수기」[43]를 구할 수 있을까요? 최근에는 학문 관련 서적만 읽고 있으며, 틈틈이 당신이 보낸 쉐펠[44]을 읽고 있을 뿐입니다. 폰타네 작품을 읽고 있나요? …

내 마음의 사랑 디트리히!

1944. 2. 16, 패치히

지난번 편지를 보낸 후 거의 매일 기차를 타고 이곳저곳 다녀야 했기에 오랫동안 편지를 쓰지 못했습니다. 분도르프에 가게 되면 이렇게 절제되지 못한 삶에 종지부를 찍을 수 있을 테니, 정말이지 다행이라고 해도 좋을 듯합니다.

엄마는 당신을 면회하신 후 무척 기뻐하시는데, 당신도 그랬으면

---

43. 1944년 1월 14일자 마리아의 편지 참조.
44. 그 당시 많이 읽혔던 소설인 요셉 빅토르 폰 쉐펠Joseph Viktor von Scheffel의 「에케하르트, 10세기 이야기 *Ekkehart. Eine Geschichte aus dem 10. Jahrhundert*」(1855).

좋겠습니다. 그러나 누구보다도 제가 가장 기뻐하고 있음을 당신은 이해하리라 생각합니다. 우리가 약혼한 사이임이 조금 더 확실해지는 듯 보이니까요. 물론 외면적인 것에 불과하지만, 이것도 중요하지 않다고 말할 수는 없으니까요. 엄마는 면회 때 무슨 이야기가 오고갔는지에 대해 너무 말을 아끼십니다. 그러나 그럴 권리가 있음을 인정합니다. 그냥 누군가 당신 이야기를 하는 것을 듣는 것이 좋아서 알고 싶을 뿐입니다. 엄마는 오늘 약간 면회 후유증을 보이고 있습니다. 아마 당신도 이런 후유증을 경험했을 테지요. 처음 기쁨의 시간이 지나고 나면, 다르게 말하거나 행동해야 했다는 생각, 또 말할 것을 잊어버렸다는 생각 등이 수도 없이 떠오르지 않나요? 그러면 슬픔에 빠지게 되잖아요. 엄마도 이런 모습을 보이는 것이 제게는 위로가 됩니다. 그러나 당신이 근심하고 있지나 않을까 하여, 더는 엄마의 모습에 위안을 삼거나 위로 받고 싶지 않습니다. 그리고 당신에게 슬퍼하지 말라는 말을 하고 싶어서, 다만 당신 곁에 머물러 있을 뿐입니다. 당신에게 이미 이 말을 세 번씩이나 했다고 기억하지만, 제게는 아주 중요하기 때문에 다시 한 번 똑같은 말을 하고 싶습니다. 저는 네 단어만 있으면 전혀 상상하지 못한 힘이 모든 생각과 모든 절망, 곤궁으로부터 저를 이끌어 올려 줍니다. 그러므로 제 걱정은 하지 마세요. 이 말을 하는 것은 당신이 저를 알지 못하길 바라서가 아니라, 정말이지 불필요한 염려이기 때문입니다. 왜 제가 깊은 슬픔에 잠기곤 한다는 사실을 부인하겠어요? 그러나 당신은 제게서 이 슬픔을 가져가려 하지 마시고, 당신의 슬픔까지 저에게 주세요. 이렇게 말한다고 해서 화내지는 마세요. 제가 당신이 행하려 하고 행하고 있는 모든 것을, 할 수만 있다면 함께 행하고 싶어한다는 것을 잘 아실 테니까요.

우리가 맺은 조약을 깨지 않기 위해서는 당신이 병들었다는 사실 앞에 흥분하지 말아야 합니다. 그러나 당신이 열이 나서 자리에 누워 고통하고 있는데도, 저는 그 사실조차 모르고 있었다고 생각하면 온몸에 소름이 끼칩니다. 당신이 이곳에 있다면 그런 병 따위야 가볍게 이겨낼 수 있겠지요. 그러면 저는 당신 침대 옆에 앉아서, 당신이 원한다면 이야기도 하고 책을 읽어 드릴 수도 있을 것이며, 아무것도 하지 않고 다만 당신 곁에 있는 것만으로 기뻐할 수도 있을 테니까요.

오늘은 저를 기쁘게 하는 일을 했답니다. 바로 제가 열한 살 되던 해부터 모아 놓은 편지 중에서 아버지가 보낸 편지를 따로 정리해 철하여 둔 것입니다. 이 두꺼운 서류철을 당신에게 가지고 갈 수 있기를 바라는 마음에서입니다. 이 편지를 읽으며 당신은 많은 것을 알게 될 거예요. 먼저 당신 약혼녀가 도대체 어떤 사람인지 알게 되겠지요. 편지에는 저의 약점이나 잘못들이 많이 기록되어 있으니까요. 또 아버지와 저의 관계가 어떠했는지도 알게 될 것입니다. 아버지는 언젠가 알텐부르크 기숙학교에 있던 제게 이런 편지를 쓰기도 했답니다. "내 머리에도 두 갈래로 땋아 내린 머리카락이 사라게 해서 네 기숙학교에 들어가고 싶구나. 그러면 다시 나의 '슬픈 생쥐'와 함께 있게 될 테고, 신나게 놀려 줄 수 있을 것이며, 그 후에는······." 이런 편지들에 아버지가 저의 가장 좋은 친구였음을 증명할 수 있는 구절들이 얼마나 많은지, 베껴 써서 보내고 싶은 심정입니다. 그러나 이 모든 이야기는 나중에 당신에게 직접 하겠어요.

아버지 소천을 애도하기 위해 보낸 편지들 속에서 당신이 엄마에게 보낸 편지를 발견했어요.[45] 그때는 당신이 엄마에게 편지를 보냈다는 사실을 전혀 몰랐습니다. 그 당시 저는 그러한 조위 편지를 거부했으니까요. 그러나 오늘 당신의 편지는 아주 새롭고 강하게 다가왔습니다. 지금 제가 당신을 무척 사랑하기 때문만은 아닙니다. 그 편지를 통

---

45. 1942년 8월 25일자 편지(DBW 16, 305f).

해, 당신이 아버지를 알았으며 사랑했다는 사실을 발견하게 되어 감사합니다. 그것이 제게 얼마나 중요한지 당신은 잘 아실 테지요.

편지 정리하는 것을 도운 라라가 아버지 필체를 전혀 읽을 수 없다는 사실이 슬펐습니다. 아버지 없이 자라기에는 너무 어린 나이입니다. 그리고 무의식 가운데 형성되었을 빈자리를 채워 줄 사람이 그녀 인생에 나타나기까지는, 아직 긴 세월을 기다려야 할 것입니다.

이제 라라에게도 당신 이야기를 들려주었습니다. 그녀도 이미 어느 정도 알고 있긴 하지만, 풍문을 통해 자세히 알게 되는 것은 좋지 않기 때문입니다. 제 이야기를 듣는 라라는 그렇게 어리지 않았으며 너무 사랑스러웠습니다. 어쩌면 라라도 당신에게 편지를 쓸 것입니다. 사람들은 라라가 저의 복사판이라고 말하기도 합니다. 그러나 제가 라라 나이였을 때는 라라처럼 상냥하지 않았답니다.

다시 면회 허가를 받았고, 그 전에 슈페스 슈탈베르크 이모를 만나야 하므로 서둘러 길을 떠나야 합니다.

당신에게 갈 수 있어서 얼마나 기쁜지 모르겠습니다. 그와 동시에 다시 당신에게 가게 될 날이 오기까지 오래 기다려야 한다는 사실이 슬프군요.

할 수만 있다면, 저를 사랑해 주시고 생각해 주세요. 저는 항상 당신만 생각할 것입니다.

당신의 마리아

1944. 2. 18, 테겔

당신이 쉬츠[46]를 읽는다니 매우 기쁘군요! 그러나 동시에 웃고 말았다

---

46. 1944년 2월 7일자 마리아의 편지 참조.

는 사실에 대해 용서해 주길 바랍니다. 지난날 신학자들 가운데 쉬츠만큼 저의 비난을 산 책을 쓴 사람은 없기 때문입니다. 그러나 단순하게 말해도 된다면, 그 책은 신학자들에게 위험할 뿐 당신에게는 그렇지 않으리라고 생각합니다. 어쨌든 그 책에 대한 강력한 해독제로 키르케고르의「공포와 전율」,「그리스도교의 훈련」,「죽음에 이르는 병」과 같은 책들을 읽는다면 매우 기쁘겠습니다. 혹시 예레미아스 고트헬프의「베른 사람들의 정신」[47]을 읽어 보았는지요? 그 책도 권할 만합니다. 제가 아주 사랑하는 돈키호테가 당신에게도 의미가 있는지 알고 싶군요. 그리고 빌헬름 마이스터는?[48] 나에게는 이런 책들이 더 중요하며, 폰타네는 나중에 읽어도 된다고 생각합니다. 슈티프터의「내 증조부의 서류철」[49]이라는 책을 알고 있습니까? 그리고 이제 베르겐그루엔에 대해서 …

* 1944년 2월 20일 면회 허가.

---

47. 예레미아스 고트헬프Jeremias Gotthelf,「시대정신과 베른인의 정신Zeitgeist und Bernergeist」(1851-1852), 2부작으로 된 소설.
48. 괴테Johann Wolfgang Goethe,「빌헬름 마이스터의 수업 시대Wilhelm Meisters Lehrjahre」(1795/1798);「빌헬름 마이스터의 편력 시대Wilhelm Meisters Wanderjahre」(1829).
49. 슈티프터Adalbert Stifter,「내 증조부의 서류철Die Mappe meines Urgroßvaters」(1841).

1944년 마리아의 여동생 크리스티네의 견신례. 왼쪽에서 세 번째가 마리아.

"앞으로 한 주 동안 나의 오관이 바짝 긴장하고 있지 않으면 안 된다네." 본회퍼는 에버하르트 베트게에게 보내는 1944년 2월 22일자 편지에서 이렇게 썼다. 제국 고등군법회의는 새로운 수사 국면에 접어들었고, 이로써 소송의 날이 가까워지는 듯 보였다. 이제 본회퍼는 석방에 대한 기대를 접었고, 강제수용소에 보내질지도 모른다고 추측했다. 함께 일을 도모했던 뮌헨의 요셉 뮐러도, 3월 3일과 4일에 있었던 소송에서 무죄 선고를 받았지만 자유의 몸이 되지는 못했다. 카나리스는 제독 자리에서 물러나 라우엔슈타인 성에 가택연금 상태로 지내고 있었다. 본회퍼는 계속 인내해야만 했고, 한스 폰 도나니의 병으로 인해 소송 날짜는 자꾸만 연기되었다. 3월 초에 있을 예정이던 소송이 5월로 연기되었고, 어쩌면 전쟁이 끝나도록 소송은 없을지도 모를 일이었다. 그 사이 그의 약혼녀는 이미 운터프랑켄 지역의 분도르프로 가서, 사촌 헤드비히 폰 트루흐제스 댁의 가정교사로서 새로운 환경에 적응하고 있었다.

나의 사랑 디트리히!

1944. 2. 23, 분도르프 Bundorf

오랫동안 편지가 없는 것으로 인해 저에 대한 걱정이 많았으리라 생각합니다. 그간 너무 정신없이 바빠서, 저는 겨우 종이를 자리에 놓아 둘 수 있을 뿐이었습니다. 무엇보다도 며칠 후엔 당신을 만나게 될 텐데, 두 주 후에나 받게 될 편지를 써야 한다는 사실이 의미가 없어 보이기도 했습니다.[1]

이곳으로 오기 전에 당신을 볼 수 있어 참으로 기뻤습니다. 다시 오랫동안 집을 떠나 있는 것을 배워야 합니다. 집을 떠나 생활하는 것이 어렵지 않을 것이라 여겼는데, 사실은 착각에 불과했던 것 같습니다. 특히 약혼한 상태에서는 시간도 감정도 두 배가 되어 버리니까요. 그러나 함께 있던 시간에 대한 기억이 제게 기쁨을 줍니다. 무엇보다 너무나 아름다운 당신의 편지를 받아서 가져올 수 있었습니다. 그러니 풀이 죽어 있을 이유가 전혀 없지요. 다만 제가 다시 당신을 찾아가게 될 날까지 시간이 오래 걸린다는 사실이 슬플 뿐입니다. 그 대신에 할 수 있는 대로 자주 편지를 쓰기로 하지요. 지난 이틀 동안 겪어 본 바로는 이곳 생활이 결코 만만하지는 않을 것 같습니다. 그러나 흥미로울 것 같아요. 무엇보다도 이렇게 좋은 사람들과 함께 생활할 수 있다는 것은 행복한 일입니다. 분도르프를 이렇게 상상하면 될 거예요.

숲이 우거진 높은 산 사이로 긴 골짜기가 뻗어 있고, 그 한가운데 세워진 큰 교회를 중심으로 아주 작은 마을이 자리 잡고 있습니다. 저

---

1. 부모님께 보낸 1944년 3월 2일자 디트리히의 편지. "장모님께서 부모님의 방문을 애타게 바라고 있습니다. 다만 마리아가 집에 없는 것이 유감입니다. 오늘 저는 바이에른에서 보낸 그녀의 첫 편지를 받았습니다."(DBW 8, 348)

는 이렇게 예쁘고 소박한 집들이 옹기종기 모여 있는 풍경을 본 적이 없습니다. 집집마다 멈춰 서서 그 예쁜 집을 들여다보고 싶어집니다. 교회 옆에는 성이 있답니다. 우리가 사는 곳에서는 볼 수 없는 산성이라고 할 수 있지요. 두꺼운 벽들이 수많은 각을 이루고 있으며, 경사지고 닳아빠진 나무 계단을 밟고 올라가면 두꺼운 원형 탑이 나오고, 안락한 느낌을 주는 돌출 창문들과 철을 박아 넣은 육중한 떡갈나무로 만든 문이 있습니다. 이 성을 처음 보는 순간 저는 비티코를 떠올려야 했습니다. 성에 들어서면, 가장 먼저 복도로 이어지는 큰 홀이 나옵니다. 그곳에는 어두운 색상의 그림이 그려진 큰 벽장들이 있고, 나무를 그대로 사용하여 세운 기둥이 낮은 천장을 지탱해 주고 있지요. 중앙에는 갈색 접시와 컵들이 놓여 있는 깨끗한 식탁이 있고, 오래전에 만들어진 낡은 의자들이 여기저기 놓여 있답니다. 우리는 이곳에서 식사를 합니다. 이곳은 아주 추운데, 안락하고 따뜻하게 하는 것이 전통에 어긋난다고 보기 때문입니다. 그러면 저는 탑을 찾아갔던 비티코 생각을 하게 됩니다.[2] 그곳도 이와 비슷한 모습이었을 것 같아요. 분도르프 영지는 클라인-레츠의 절반 크기입니다. 귀족의 저택이 엄청나게 큰 것에 비해, 땅은 상대적으로 아주 작다고 할 수 있을 것입니다. 그러므로 지난 800년간 이곳에서 살아온 트루흐제스 가문은 스파르타식의 검소한 생활을 해야 했으며, 높은 위치에서 다스리고 지배하지 않았음을 알 수 있습니다. 어쨌든 이러한 생활 방식은 그들의 고상함과 지도자의 직무를 한층 돋보이게 해주었을 것입니다.

제가 머물고 있는 방에는 커다란 벽난로가 있고, 벽난로에는 장작이 활활 타오르고 있습니다. 아늑하게 타오르는 벽난로를 보면 누구든 그 앞에 앉아 있고 싶어지지요. 이곳에서 저는 수업도 하고, 당신

---

2. 아달베르트 슈티프터의 장편 역사 소설 속에 등장하는 '비티코'.

에게 편지도 쓰며, 제가 대모 역할을 맡은 네 살 된 조카 코르둘라에게 동화를 들려주기도 하면서 구멍 난 양말들을 깁습니다. 제 방 바로 옆에는 작은 예배당이 있으며, 그곳에서 매일 성경 묵상 시간을 가진다는 사실을 한번 상상해 보세요. 제가 오르간을 칠 수 있다면 얼마나 좋을까요! 그래서 지금이라도 오르간을 배워야 하지 않을까 생각하며 오랫동안 고심했습니다. 그러나 저는 정말이지 음악적 재능이 너무 없고, 저의 서투른 솜씨로 인해 나중에 당신은 기뻐하기보다 화가 날 때가 더 많을 것입니다. 제게 주어진 재능은 목사 아내로서는 전혀 불필요한 것들뿐입니다. 그리고 목사 아내에게 꼭 필요한 재능은 전혀 갖추지 못했습니다. 저는 아름다운 음악을 들으며 "참 아름다워, 정말 마음에 들어!"라는 말을 할 뿐 더는 말을 잇지 못한답니다. 음악이 아름다우면 아름다울수록 할 수 있는 말은 더욱 적어지고, 겨우 다른 사람들이 하는 말에 동감을 표시할 수 있을 뿐입니다. 음악이란 제게 빛을 보내는 광원과도 같아서, 제게 닿아서 따뜻하게 해주기도 하고 그냥 곁을 스쳐 지나가기도 하지요. 그러면 저는 이 발광체에 완전히 자신을 내맡긴 채, 감히 그것을 만져 본다거나 분석하고 설명하려는 생각 따위는 못 하게 돼요. 조금은 그 광원이 나를 부숴 버리지나 않을까 하는 두려움에서, 그러나 가장 큰 이유는 그럴 능력이 없기 때문에 마치 월권행위처럼 느껴지기 때문입니다.

오늘은 당신 편지에 대한 답을 하려고 했는데, 다시금 바보 같은 소리만 늘어놓고 말았군요. 방금 크리스토프 폰 트루흐제스가 수업을 하러 왔고, 편지는 지금 보내야 하기 때문에, 당신 편지에 대한 답은 나중으로 미루어야 하겠습니다.

잘 지내시길 바랍니다. 그리고 저도 당신에게 갈 수 없어서 몹시 힘들다는 사실을 잊지 말아 주세요. 그러나 언젠가 우리가 완전히 함께할 수 있는 날이 온다면, 그때는 모든 것이 더욱 아름다울 것입니다.

그때까지 저와 함께 소망하며 기다려 주세요.

당신의 마리아

나의 사랑 디트리히!

1944. 2. 27. 분도르프

코를 간질거리는 따스하고 아름다운 봄 햇살을 이 편지에 넣어 함께 보낼 수 있다면 얼마나 좋을까요. 창 밖으로 내다보이는 전경은 동화처럼 아름답고, 저는 당신에게 편지를 쓰고자 하는 굳은 결심으로 당장 뛰어나가고 싶은 마음을 간신히 참고 있습니다. 이곳의 광경은 이러합니다. 크리스토프는 제 옆에 앉아서 고장 난 병사들에게 흙으로 만든 새 팔과 다리, 총을 달아 주고 있습니다(말할 수 없이 지저분하지요). 코르둘라는 장난감 부엌 놀이를 하면서 찬송가를 흥얼거리고, 어린 한스-마르틴은 카톨릭의 그리스도 아이와 같은 손 모양을 하고는 소란스럽게 주변을 기어 다닙니다. 이런 환경 속에서 당신에게 보낼 편지 한 통이 쓰여지는 것이지요.

기숙학교 교육 방법으로 인해 당신이 격노하는 것에 대해 생각해 보았습니다.[3] 제가 유일하게 위험하게 여기는 것은, 사춘기 시절인 열여섯 살 소녀들을 기숙학교로 보내게 되면 정반대의 효과가 나타날 수도 있다는 것입니다(저를 보세요! 유감스럽게도 아직까지 사춘기에서 벗어나지 못하고 있답니다). 그러나 기숙학교 형태는 새로 도입되었거나 만들어진 법의 극단적인 적용이 아니라, 예전에는 아주 당연시되던 것이 지금은 낡은 것이 되고 말았을 뿐입니다. 기숙학교에서 현대 교육

---

3. 현재 남아 있지 않은 편지에 있던 내용.

의 원칙이 적용되기를 바랄 수는 없습니다. 그것은 부모의 역할이지요. 다른 모든 면에서 저도 당신의 말에 동의하지만, 노동이나 여가 활동을 할 때에 기숙학교 숙녀들이 지나치게 소란스러워서는 안 된다는 점에서는 기숙학교 원장님이 옳다고 생각합니다. 단지 열 살에서 열두 살 소녀들은 아직 숙녀가 아니라는 사실을 잊고 있는 것이 문제지요. 이렇게 어린 소녀를 기숙학교에 받아들인 것은 그리 오래 되지 않았답니다. 예전에는 김나지움 4년차[4] 학생들이 이곳으로 왔고, 복숭아 뼈까지 내려오는 드레스를 입었으며, 그 학생들을 부를 때 'Sie'[5]라는 존칭어를 사용했답니다. 저도 경험했던 일이지요!

「그리고 어느 날 문은 열린다」라는 책을 당신에게 보낸 것은 비교해 보라는 뜻이 아니었음을 아셨으면 합니다.[6] 저자는 책 속에서 자신의 모습이 보이기를 원하지 않으며, 책 뒤로 완전히 숨을 수 있기를 바란다고 말씀한 적이 있었지요.[7] 그 말은 책 자체만을 전체로 생각하고 싶은 제게 더욱 확신을 주었습니다. 그러나 그것이 책을 어떤 한 사람의 창작물로 보지 않고, 작가와는 상관없는 것으로 여기는 태도라고 오해하지는 말아 주십시오.

그런데 당신의 주장에 대해 당신 스스로 경의를 표하지 않는다는 사실은 참으로 흥미롭습니다. 정말이지 저는 한 번도 그 편지를 쓴 사람이 누구인지, 그것을 출판하는 것이 무례한 행동인지, 아니면 편지가 진실인지 등의 문제로 고심하지 않았습니다. 저의 이런 태도가 무

---

4. 독일 학제는 초등학교 4년을 마치면 대학 진학을 염두에 둔 김나지움과 실업계로 나누어짐. 과거 독일 김나지움은 7년제였으며, 김나지움 4년차는 우리나라 중학교 2학년에 해당함—옮긴이.
5. 독일어 2인칭 대명사 'Du'는 친밀한 관계나 어린아이에게 사용하며 'Sie'는 낯선 사람에게 존칭으로 사용함. 그러나 하나님과 부모, 가족은 친밀한 관계를 적용하여 'Du'를 사용함—옮긴이.
6. 안니 프랑케-하라Annie France-Harrar의 소설, 「그리고 어느 날 문은 열린다Und eines Tages öffnet sich die Tür」(1940), 튀빙겐.
7. 현재 남아 있지 않은 편지에 있던 내용.

관심에서 나온 것이라고 할 수도 있겠지만, 그것은 제게 중요하지 않았습니다. 저는 작품 속에 담겨 있는 사상에 관심을 가지고, 멋진 저술을 읽는 것으로 기뻐하며, 절묘한 문장에 흥미를 느낍니다. 책을 다 읽은 후에는, "이것은 마음에 들고, 저것은 별로야! 이것은 배웠고, 저것은 버려야지!"라고 말할 뿐입니다. 그것으로 끝입니다. 그런 책에서 무엇을 더 바라야만 할까요? 저는 책을 읽으면서, 또 책을 다 읽은 후에도 그 책으로 인한 기쁨이 있습니다. 그리고 가끔 당신에게 가져가는 신경에 거슬리는 책들을 통해, 당신도 그런 책을 즐겨 읽을 수 있도록 머리를 열어 주어야 한다고 생각했던 것을 용서하시길 바랍니다. 저는 그와 비슷한 또 한 권의 책을 가지고 있습니다. 그러나 그 책은 꾸며 낸 이야기이며 아주 일방적이어서, 당신이 그 책을 제 책장에서 발견하게 되면 갈기갈기 찢어 버리게 될 것이라는 예고를 받은 적이 있습니다. 그때까지는 제 책장에 꽂혀 있을 테지요.

지금 저는 카로사의 「아름다운 미혹의 시절」이라는 책을 읽고 있습니다.[8] 흥미로운 책이기는 하지만, 크게 마음에 드는 책은 아닙니다. 책을 읽으면서 '그는 이 책을 쓰기를 원했으나 쓰지 않아야 했다'는 느낌을 떨쳐 버릴 수가 없었습니다. 그러면 곧장 떠오르는 생각이 '왜 이 책을 쓰고 싶었을까?'라는 의문이지요. 이 질문에 대해서는 답을 찾지 못했습니다. 카로사는 책이 자신보다 더 위대해지는 것을 거부했기에, 그의 책은 위대하지 않습니다.

당신은 비티코에 대해 너무도 아름다운 말들을 썼더군요.[9] 그 말들로 인해 당신에게 감사하게 됩니다. 당신은 너무도 분명하고 선하게 말로 표현할 줄 압니다. 당신이 쓴 편지를 읽으면, 당신과 함께 책에

---

8. 한스 카로사Hans Carossa, 「아름다운 미혹의 시절Das Jahr der schonen Täuschungen」(1941).
9. 현재 남아 있지 않은 편지에 있던 내용.

대해, 그리고 다른 많은 것들에 대해 이야기하고 싶은 동경이 생깁니다. 제 속에서 이미 느끼고 있었지만 어떻게 표현해야 할지 모르던 것을, 당신은 명확한 표현으로 분명하게 드러내 주니까요.

앞으로 며칠 동안은 건축가 한 사람이 수시로 와서 일을 하게 됩니다. 한번은 그와 아주 흥미로운 대화를 나눈 적이 있는데, 당신에게도 물어보고 싶어요. 예술 작품의 아름다움을 올바로 이해하기 위해서는 그 작품이 표현하는 것과 의미하는 것을 전적으로 인정할 수 있어야 한다고 생각하지 않으세요? 어느 건축가가 기독교에 대해 완전히 부인한다면, 그는 아름다운 교회 건물을 정말 아름답게 여길 수는 없지 않을까요? 그런데도 그가 아름답다고 주장한다면 올바른 미적 감각이 무엇인지 모르고 있는 것은 아닐까요? 저의 아름다움에 대한 감각은 머리에만 국한된 것이 아니라, 그 미적 대상에 대해 몸과 영혼이 일체가 되어 느끼고 인정해야 하는 것입니다. 그렇지 않으면, "왜인지는 모르겠으나, 그것을 아름답다고 말할 수는 없습니다!" 당신도 왜 그렇지 않은지에 대해 항상 이유가 있어야만 하는 사람들에 속하는지요? 엄마와 외할머니는 그런 사람에 속한답니다.

베를린에 공습이 없었다는 소식을 들을 때면 얼마나 감사한지요. 이곳에서는 베를린 사정이 어떠한지 쉽게 가서 볼 수 없어 괴롭습니다.

그러나 이곳 분도르프에서 저는 아주 잘 지냅니다. 크리스토프를 가르치는 일은 큰 기쁨입니다. 이 소년은 한스-베르너를 많이 닮았는데, 특히 산만하고 느리며 꿈과 환상에 빠져 있는 면에서 더욱 그러합니다. 많은 인내가 필요하지만 조금씩 나아지고 있습니다. 사촌인 헤시 폰 트루흐제스가 당신에게 안부를 전해 달라고 하는군요. 헤시는 항상 너무도 사랑스럽게 당신에 대해 물어보고, 이 혹독한 시간이 빨리 지나가길 누구보다 간절히 바라고 있습니다. 우리는 많은 시간을 함께 보내며 서로를 좋아합니다. 그러나 제가 가장 바라는 것은 당신 생각을 하며 당신 곁에 머무는 것이라는 사실을 아실 테지요. 제가 당신을 얼마나 사랑하는지 느낄 수 있나요?

당신의 마리아

디트리히, 나의 사랑 디트리히!

1944. 3. 2, 분도르프

크리스토프가 옆에 앉아 공부를 하면서, 몇 초마다 어처구니없는 질문을 던지고 있습니다. 이런 상황이지만 당신에게 편지 쓰는 것을 더는 미룰 수가 없군요.

오늘 아침 잠에서 깨어 일어났을 때, 무언가 좋은 일이 있으리라는 예감이 들었답니다. 그래서 아침을 먹자마자 집에서 나가 우체국 쪽으로 달려가서는 반 시간 가량 안절부절못하며 밤베르거스 이그나츠와 앙에브란츠 토니 사이에 놓인 나무 벤치에 앉아 있었지요. 그런데 정말 아버님께서 보내신 두꺼운 편지를 받았답니다. 이런 편지는 집으로 돌아오는 길에 봉투를 뜯어서 열어 보기에는 너무 귀한 것이지요. 당신에게서 오는 편지는 기이하고 놀라운 감정에 휩싸이게 하니까요.

그러나 세 통의 편지가 한꺼번에 올 줄은 생각조차 못했고, 너무 기뻐서 어쩔 줄 몰라 할 뿐이었습니다.

디트리히, 당신은 저를 너무도 행복하게 했습니다. 분도르프는 간 데없이 사라지고, 저는 오직 당신 곁에 있습니다. 당신 곁에 있는 것은 너무 아름답고 분명하며 깊고 깊어서, 말로는 표현할 수도 없고 표현하고 싶지도 않습니다.

당신은 제 곁에 있으며 저는 당신을 사랑합니다. 그것이 전부이며, 정말이지 '전부'입니다.

모든 일들에도 불구하고 저는 매우 행복한 약혼녀이며, 이러한 행복을 아무도 빼앗아 갈 수 없다고 당신에게 말해야겠습니다.

제가 이곳으로 오기를 원치 않았다는 사실을 말하는 것은 어쩌면 옳지 않은지도 모르겠습니다. 그 말은 당신을 괜히 힘들게 만들 뿐이니까요. 그러나 지금은 이곳에 있는 것이 정말 좋으며, 감사하고 행복합니다. 다만 그리움은 여전하여 날마다 부활절이 되기만을 손꼽아 기다리고 있습니다. 당신도 그리움이 생길 때마다, 제가 다시 당신을 찾아가리라 생각하며 기뻐하세요. 저를 생각하며 우리 미래의 삶을 생각할 때, 당신은 마냥 기쁘지 않나요?

얼른 따뜻한 봄이 되어 당신을 고통스럽게 하는 감기에서 쾌유하신다면 참으로 안심이 되겠습니다. 당신이 퉁퉁 부어서 무거운 머리로 괴로워하는 동안, 저는 이곳에 가만히 앉아서 아무것도 할 수 없다는 사실이 견딜 수 없습니다. 제가 독감에 걸려 본 경험은 당신이 어떤 상태일지 짐작할 수 있게 할 뿐 아무 도움도 되지 않는군요.

쉬츠에 대한 당신의 거부반응[10]으로 인해 너무 심하게 웃는 바람에, 아래층에 있던 헤시는 제가 정상이 아닌 줄 알고 소스라치게 놀라서 뛰어올라 왔습니다. 그 후 제가 한 첫 번째 행동은 그 두꺼운 책을 가벼운 마음으로 한숨을 쉬며 짐 가방 속에 집어넣고 자물쇠를 채우는 것이었습니다. 쉬츠의 책은 이제 그 가방 속에서 영원히 쉬게 될 것입니다! 그런데 당신은 일련의 책을 항목으로 만들어 저를 혹독한 학교로 인도하는군요.[11] 이제부터 저는 무슨 일을 하기 전에 우선 수줍어하며 당신에게 물어보아야 하고, 결국 '공포와 전율'로 '병들어 죽을 때까지' 키르케고르를 읽어야 하겠군요.[12] 지금까지 저는 그 책을 읽

---

10. 1944년 2월 18일자 디트리히의 편지 참조.
11. 1943년 11월 28일자 에버하르트 베트게에게 보낸 디트리히의 편지 참조(DBW 8, 214).
12. 10번 참조.

기에는 수준이 너무 높을 것이라는 말만 들었습니다. 그러나 책을 구할 수 있다면 읽어 보려 합니다. 제가 「나를 따르라」 2부를 아직도 읽지 않았다고 생각하는 듯하여 약간 마음이 상하기도 했습니다. 지금 당장 한 번 더 「나를 따르라」를 읽을 것이며, 그 다음으로 「빌헬름 마이스터」(이 책은 벌써부터 기대가 됩니다)를 읽을 것입니다. 그리고 「돈키호테」도 읽겠습니다. 돈키호테에 대해서는 항상 스페인의 지독한 바보라는 선입견으로 인해 읽고 싶은 호기심이 생기지 않았습니다. 그러나 '당신'이 추천하는 책이니 선입견을 버리려 합니다.

당신은 '베르겐그루엔'에서는 할 말을 잃었다고 했지요![13] 당신 의견이 옳다고 생각하지만, 가끔 아주 바보 같은 사람들도 있답니다. 예를 들어 당신의 약혼녀 같은 사람이지요. 침묵하는 것을 이해하지 못하고, 그래서 한 번쯤 말로 표현되면 감사하는 사람들 말입니다. 각각의 책들은 의미하는 바가 있으며, 각 사람에게 약간씩 다른 무엇인가를 말해 주기 때문에, 각 사람이 다르게 느끼는 것에 대해서는 차라리 침묵해야 한다는 것인가요. 그러나 왜 두 사람이 서로 침묵해야 하는지 말해 주세요. 서로 모든 것을 터놓고 말해야 할 순간이 있다면 바로 이 순간이 아닐까요? 제가 시인과 어린 소녀 사이에 일어난 일이 사실일 것이라고 말하더라도 당신은 전혀 다른 판단을 하게 될 수 있겠지요. 그런데 왜 그 사건이 기이한 것이어야만 하나요? 저는 일상의 평범한 삶이 좋습니다. 왜냐하면 그것이 참이니까요.

기숙학교 원장님의 교육 원칙에 대한 당신의 항의는 일리가 있습니다. 그러나 제가 그녀의 질책이나 훈계로 인해 비관하리라고 생각하지는 마세요. 오히려 저는 울음을 터뜨리지 않기 위해 아랫입술을 꽉 깨물어야만 했습니다. 그러나 당신에게 이런 면도 있다는 사실을 알기

---

13. 10번 참조.

위해, 당신이 쓰게 될 편지는 읽어 보고 싶습니다. 사실 그런 반응이 생소한 것은 아닙니다. 오래전에 선생님 한 분이 시험 시간에 제게 컨닝 혐의를 둔 사건으로 인해, 막스 오빠는 화가 나서 거의 제정신이 아니었던 적이 있습니다. 저는 오빠가 그토록 화를 내는 모습은 처음 보았는데, 우리에게 그런 짓을 하지 않는다는 것은 명예가 걸린 문제였기 때문입니다. 어쨌든 그 선생님과의 사이에 어느 정도 평화를 되찾기까지 무척 애를 먹어야 했습니다.

왜 어린 소녀가 제가 빨리 떠나기를 그토록 기다렸는지 알고 싶다고 하셨지요. 아마도 그 소녀는 저에 대해 '객관적인 판단'을 내렸을 거예요. 그러나 가장 확실한 이유는 기숙학교에서 매일 일정한 분량의 찬양 가사를 암송해야 하는데, 그녀가 외우지 못했으므로 세 번씩이나 다시 외워서 오도록 한 일에 대한 반응일 듯합니다.

당신이 엄마의 면회에 대해 편지에 써 주셔서 무척 기뻤습니다. 사실 지난번 면회 때 여러 가지를 미리 말해 주어야 했을지도 모르겠으나 엄마가 원하지 않았습니다. 무엇보다도 당신은 제가 말하지 않더라도 엄마가 우리 둘이 함께하는 것을 기꺼워하시며 우리 관계를 기뻐하신다는 사실을 알겠지요.

자세한 내용은 엄마가 직접 당신에게 말할 날이 올 거예요. 당신이 결혼에 대해 언급하지 않은 것은 매우 옳았다고 생각합니다. 현재 그런 말은 엄마 마음을 무겁게 할 뿐이겠지요. 우리가 함께 있게 되고 결혼하기에 적합한 때가 오면, 무슨 일이 있더라도 둘이서 일을 성사시킬 수 있을 테니까요.

내일은 아침 일찍 일어나 영주의 마부 노릇을 해야 합니다. 제가 무척 좋아하는 사촌인 디츠 폰 트루흐제스를 기차역까지 마중하러 가야 하거든요. 저는 이 일을 하는 것이 즐거운데, 굉장히 좋은 말도 있고 사촌도 매우 멋있기 때문입니다. 그러나 마차를 몰고 도로 배수구 속에 빠지는 일이 생기지 않으려면 이만 편지를 줄이고 잠을 자러 가야 하겠지요.

일요일에는 시간이 많으니 그때 다시 편지를 쓰도록 하겠어요.

다시 한 번 당신의 아름다운 편지들에 대해 감사의 마음을 전하고 싶습니다. 잠시 제 방으로 들어오셔서, 당신 목을 안고 사랑하며 행복한 눈으로 당신을 바라보게 해주세요.

당신의 마리아

나의 사랑 디트리히!

1944. 3. 7, 분도르프

모든 사람들이 대대적인 베를린 공습에 대해 이야기하고 있습니다.[14] 참으로 끔찍한 일입니다. 저는 지금 모든 근심과 두려움을 안고 당신에게로 피하는 것 외에는 아무것도 할 수 없습니다. '모든 근심은 항상 기도가 되어야 한다'고 편지하신 적이 있지요.[15] 당신이 이 말을 해주셔서 감사합니다. 당신은 간결한 말 한마디로 마음속에 복잡하게 얽혀 있는 커다란 갈등을 간단하게 해결해 주는 능력이 있습니다. 슐라이허 댁에서 열린 음악회[16]에 갔을 때 저는 처음으로 그 사실을 알았고, 그 후에도 명쾌한 당신의 말은 오래도록 마음에 남아 있곤 했습니다.

폭풍우를 잠잠케 하신 복음서 이야기를 읽으면서, 이 이야기를 풀어 주셨던 당신의 말들을 기억해 내고, 마침내 당신에 대한 생각에서 평안을 얻게 되었습니다.[17] 그러나 당신이 심한 폭격을 견디어 내는

---

14. 1944년 3월 6일 디트리히는 그가 읽는 「매일의 성구」에 처음으로 대낮에 공격을 받은 베를린 상황에 대한 메모를 남겼음(DBW 8, 355).
15. 현재 남아 있지 않은 편지에서.
16. 부록 참조.
17. 1944년 1월 31일자 편지 참조.

동안 당신 곁에 있을 수 없다는 사실에 생각이 미치면 괴로운 심정이 됩니다.

일상생활에서보다 위급한 순간에 더 많은 진실이 드러나게 되므로, 모든 것을 헛되다 여기거나 의미 없게 생각하지 않을 당신에게는 더욱 견디기 힘든 시간일 것입니다. 이런 생각을 하면 두 손을 가슴 위에 모으고 평정을 유지하기가 얼마나 어려운지 모르겠습니다. 무엇보다 그러한 공습이 있은 후에, 당신은 도움이 절실히 필요한 사랑하는 사람들을 위해 아무것도 할 수 없는 처지가 못 견디게 힘들 테지요. 그것이 당신을 얼마나 고통스럽게 하는지 느낄 수 있습니다.

당신은 감옥에 있는 시간을 '고난' 당하는 것으로 생각하지 말자고 썼지요.[18] '왜'라는 질문을 던지며 이유를 찾아 고민하거나 고통스러운 생각으로 절망하지 말고, 우리에게 현재 주어진 매일의 과제를 전심으로 감당해 나가며, 그렇게 함으로써 함께 목표를 향해 전력하자고 하셨지요. '고난'이란 제자리에 멈춰 서서 '더는 아무것도 할 수 없는 상태'가 아닐까요? 하나님은 우리가 원하는 것과는 다른 과제를 나누어 주신다고 썼지요. 그래요, 하나님은 항상 우리가 뱀을 달라고 할지라도 계란을 주시는 분입니다.[19] 자주 정반대의 사실을 경험하곤 하면서도, 반복해서 지금 손에 있는 것이 뱀이라고 생각하는 저의 모습이 부끄럽습니다.

나중에 우리가 함께할 날이 오면, 우리에게 이 시간을 주신 하나님께 감사하게 될 것이라고 하셨지요. 이 모든 것을 당신에게 허락하시고, 더 많은 것을 주시기 위해 많은 것을 빼앗아 가신 하나님은 당신을

---

18. 여기에 상응하는 편지는 남아 있지 않음. 같은 시기에 디트리히는 에버하르트 베트게에게 이런 편지를 썼음. "이곳에서 두 번째 수난절을 맞으면서, 장모님이나 외할머니의 편지에 나의 '고난'에 관해 이야기하는 것에 대해 마음으로부터 거부감이 생긴다네. 내게는 그렇게 하는 것이 말의 오용처럼 보이며, 이런 일을 지나치게 극화해서는 안 된다고 생각하기 때문이네."(DBW 8, 356)
19. 누가복음 11장 12절.

매우 사랑하심에 틀림없습니다. 그리고 일 년 전 당신과 약혼하도록
인도하신 하나님은 저도 사랑하시는 것이지요. 그때는 늦지도 빠르지
도 않은 가장 적합한 때였습니다. 우리가 이 시간을 서로 분리되어 혼
자서 견뎌 내야 했다고 생각해 보세요. 무엇보다 한 여인에게, 남편과
이렇게 가까이 있으면서 미력이나마 도움이 될 수 있다는 사실보다
더 아름다운 일이 어디에 있겠어요? 우리가 지금 해야 할 일이란 우리
에게 주어진 모든 것을 동원하여 사랑으로 채우는 것 아닐까요. 저는
제게 선사된 사랑을 너무도 사랑하는 나의 디트리히 당신에게 모두
다시 선물할 것이며, 그 모든 사랑의 조각 하나하나에 대해 언제까지
나 감사할 것입니다.

이곳에서의 하루는 아주 규칙적이에요. 오직 당신의 편지만이 이
규칙적인 삶을 근본적으로 뒤흔들며 뒤죽박죽으로 만들어 놓을 힘이
있답니다. 정말이지 그러기에 부족함이 없습니다. 당신의 편지 세 통
을 한꺼번에 받은 후, 즉시 베를린으로 가는 기차에 오르고 싶었습니
다. 그러나 제게는 면회 허가증이 없었습니다.

당신의 편지들은 정말 아름다워요. 저는 그 편지들을 읽고 또 읽으
면서, 어떤 부분은 세 번, 네 번, 다섯 번까지도 반복해서 읽는답니다.
당신이 엄마의 면회를 그토록 기뻐해 주시니 제게 기쁨이 됩니다. 사
실 다르게는 생각할 수 없었습니다. 그러나 당신이 즉각 당신의 기쁨
을 알려 준 것만으로도 너무 행복합니다. 다음에 당신에게 갈 때(저의
모든 생각은 그날을 향해 날아가고 있습니다) 릴케의 책을 가져다 드리겠습
니다.[20] 그때까지 기다려 주세요. 그리고 너무 비판하는 마음으로 읽지
말아 주세요. 저는 「오르페우스」와 「두이노의 비가」를, 그것이 시이기
때문에 더욱 좋아합니다. 이런 책들은 놀라운 마력으로 저를 끌어당기

20. 릴케의 「말테의 수기」.

지요. 이렇게 긴 연설을 하는 것은 당신에게 릴케는 아무 말도 하지 못할 것이며, 아무것도 아닌 존재로 남게 되리라는 사실을 오래전부터 알고 느꼈기 때문입니다.

R. 슈나이더의 저작 가운데서 아름다운 시들을 새롭게 발견했습니다.[21] 그리고 '베르겐그루엔'에서도!

쉬츠는 완전히 덮어 버렸습니다. 당신은 그의 책이 제게는 해가 되지 않겠지만, 신학자들에게는 위험할 것이라 하셨지요. 당신에게 "신학은 도저히 이해가 안 되는 학문"이라는 아주 쓰라린 말을 해야겠습니다. 지금까지 만나본 신학자들에게서 받은 느낌은, 그들은 순전하고 명백한 믿음의 문제를 이성으로 설명하려 한다는 것입니다. 다행히 우리 둘은 아직 그런 신학적인 대화를 나누지 않았지요. 그들은 믿는 것을 우선 이성으로 이해하려고 하기 때문에 결국에는 전혀 믿지 않게 되더군요.

말씀을 강해해야 할 필요성에 대해서는 반박의 여지가 없습니다. 언젠가 알텐부르크에서 열린 성경 학교에 3일 동안 참석한 적이 있었습니다. 그런데 3일 내내 들은 것이라고는 부활에 관한 논쟁거리들과, 사람들이 생각해 낼 수 있는 모든 가능한 견해와 의견을 모아 놓은 강의들이었습니다. 이 날들을 품위를 잃지 않고 한숨지으며 견뎌 낸 후, 제가 내린 결론은 이러했습니다. 이 사람들은 모두 부활을 믿거나, 아니면 작은 부분까지 그토록 오래 논쟁하면서도 의견이 일치하지 않는 것을 보니 두 쪽 다 부활을 믿지 않는다는 가장 좋은 증거가 아닐까 하고! 그때 저는 15세 아니면 16세 정도의 나이였고, 부활에 대한 믿음은 제게도 당연한 것은 아니었습니다. 그러나 그 이후로 이런 식의

---

21. 라인홀트 슈나이더Reinhold Schneider의 「지금은 거룩한 시간 Jetzt ist der heiligen Zeit」(1941)을 일컫는 것이라 추정. 그 당시 많은 사람들이 개인적으로 복사하여 읽었으며, 이미 1944년 1월에 디트리히는 그가 쓴 「소나테Sonatte」(1939)를 받은 바 있음(DBW 8, 285 참조).

신학은 제게 거부감을 안겨 줄 뿐입니다.

지금 제가 신학적인 책을 손에 든다면, 그것은 옳은가 틀린가 하는 모든 의심을 배제한 말씀 강해입니다. 서로 다른 견해로 승부를 겨루기에는 말씀은 제게 너무도 거룩하니까요.

이제 당신은 저를 어리석다고 할지도 모릅니다(어쩌면 당신이 그렇게 생각하도록 하는 것이 이 편지를 쓴 목적일 수도 있지요)! 언젠가 기회가 오는 대로, 제 생각에 틀린 부분이 있다면 말씀해 주시기를 부탁합니다. 그리고 왜 목사는 항상 신학자여야 하는지도 말씀해 주세요. 제가 하는 말의 의미를 이해하리라 생각합니다. 저는 잘못을 직시하고 고칠 준비가 되어 있습니다. 그러나 저 혼자 해결할 수는 없군요.

이제 빨리 마무리를 지어야 하겠습니다. 벌써 한밤중이 지났거든요. 침대에 눕기 전에 당신 편지를 한 번 더 읽으려 합니다. 그러면 아마도 당신 꿈을 꾸게 될지도 모르지요. 보통 저는 전혀 꿈을 꾸지 않고, 건강하게 잠을 아주 잘 자는 편입니다. 나중에 당신 곁에 있게 되면, 이곳 남부 지방에서의 시간이 너무 길었다는 생각 따위는 까맣게 잊어버리겠지요. 그때 우리는 함께 있다는 사실만으로 기뻐하겠지요! 그때까지 인내심을 가지고 건강하게 잘 지내세요. 생각 속에서라도 함께하며, 당신에게 키스하게 하시길!

당신의 마리아

추신. 편지를 훑어보니 한 가지 짚고 넘어가야 할 부분이 있다는 생각이 듭니다. 어떻게 말해야 할지 잘 모르겠지만, 제가 당신의 일에 대해 거부한다고는 생각하지 마세요. 완전히 정반대입니다. 제 말을 이해했는지 알려 주세요.

사랑하고 사랑하는 나의 마리아

1944. 3. 11, 테겔[22]

제삼자의 참관 없이 당신에게 편지를 쓰고, 당신에게 말할 기회를 더는 기다릴 수 없군요. 제삼자가 함께 들여다보는 일 없이 당신에게 내 마음을 보여주고 싶기 때문입니다. 이 세상에서 오직 우리 둘에게만 속한 것, 낯선 이의 귀에 들어가게 되면 그 거룩함이 손상되고 말 무엇인가를 말하고 싶습니다. 나는 오직 당신에게만 속한 것을 제삼자에게 보이지 않을 것입니다. 그렇게 하는 것은 당신 앞에 허락되지 않은 일이며, 순결함과 품위를 상실한 행위라 생각하기 때문입니다. 내 사랑 마리아, 아무 말 없이 생각하고 꿈꾸며 나를 당신에게로 이끌어 연합하게 하는 것이 무엇인지는 나의 팔로 당신을 품을 수 있는 그날이 오면 분명하게 드러날 것입니다. 그날은 반드시 올 것이며, 우리가 그 시간을 조급하게 앞당기려 하지 않고 신실하게 서로를 기다린 만큼 더욱더 참되며 축복될 것입니다. 당신이 장모님과 함께 이곳에 왔을 때, 겨우 1분 정도 얼핏 당신을 보자마자 이미 시야에서 잃어버려야 했을 때, 더는 참을 수 없다는 생각이 들었습니다. 그러나 그곳에는 낯선 사람들이 있었고, 아직 우리 사랑이 완성되는 시간은 아니었습니다. 저는 다시 기다려야만 했고, 고귀한 보물을 계속 은밀히 감추고 지켜야만 했습니다. 그 일이 쉬울 것이라고 생각합니까? 이 보물을 비유로 말하자면, 그것은 금이나 진주가 아니라, 불행한 결과를 초래하지 않기 위해서 아주 조심스럽게 다루어야 하는 다이너마이트이며 라듐이라는 사실을 이해하겠습니까? 규정에 따라 목소리를 높여 말해야 하고, 규정에 따라 거리를 두어야 하며, 그리하여 모든 것이 제삼자의 시

---

[22] 이 편지는 보초를 서던 하사관 크노브라우흐의 도움으로 몰래 전해짐.

선에 노출된 상태에서는 완전히 불가능한 일입니다! 그것은 완전한 적막 속에서 하늘로부터 선사된 기이하게 드문 순간에, 오직 당신 귀에만 속삭이듯 말할 수 있는 것이기 때문입니다. 내가 당신을 있는 모습 그대로 사랑하며, 당신의 젊음과 기쁨, 강함과 선함, 자부심으로 가득한 모습, 완전히 나의 것인 당신을 사랑한다고 하는 말을 듣지 마세요. 마리아, 그 말 뒤에 감추어져 있는 당신, 우리의 미래에 대한 동경이 무엇인지 들어 보세요. 딱딱한 문자를 보지 말고, 그 문자 뒤에 숨겨져 있는 것을 보십시오. 오직 당신의 마음이 열릴 때에야 비로소 왜곡되고 이기적이며 서투르고 연약한 마음이 이 땅에서 안식을 얻으리라 믿는 그 마음을 보십시오.

내 사랑 마리아, 우리 서로 완전히 터놓고 이야기하도록 합시다. 우리가 정말 온 마음으로 사랑하는 사이라는 사실을 믿기 어려울 때도 있습니다. 우리는 서로에 대해 아는 것이 너무 없습니다. 그러나 이러한 의심이 내 마음을 갉아먹으려 할 때마다, 나는 그 의심을 쫓아내었습니다. 당신은 도대체 어떻게 나를 사랑할 수 있었을까요? 당신의 사랑은 참이었고, 미래에도 더욱더 참되어질 것입니다! 그 사랑은 움터서 자라나는 싹이기 때문입니다. 그 사랑은 오랫동안 땅 속 깊이 묻혀 있었기에 눈으로 볼 수 있는 아름다움으로 성장하기까지 많은 시간을 요할 것입니다. 그러나 그렇기에 더욱 강하고 더욱 오래 지속될 것입니다. 나의 착한 마리아, 우리는 이미 주어진 이상의 것을 서로에게 기대하지 말아야 합니다. 우리는 아무것도 강요하지 말아야 합니다. 지금까지 단둘이 있은 적이라고는 단 한 번도 없다고 할 수 있는 처지에서(나는 이것 역시 하나의 섭리라고 여기며 자주 경이감에 휩싸이곤 합니다), 어떻게 서로를 완전히 이해하며 완전한 조화를 이룰 수 있겠습니까? 어떻게 현재 주어진 상황에서 작은 사랑의 표적을 올바로 받아들이고 해석할 수 있겠습니까? 우리가 간절히 바라는 것들이 아직 나타나지 않았다고 해서 인내심을 잃어버려야 하겠습니까? 도리어 우리는 손에 잡힐 듯한 하나님의 선하심으로 인해, 그 풍성한 선하심으로 인해 기뻐하고 또 기뻐해야 하지 않겠습니까? 나는 이 혹독한 시절에 하나님께서 내게 허락하시고 선사하신 것에 대해 결코 불만스럽게 여길 수 없습니다. 이 혹독한 시간에 내 곁에 당신이 있다는 것은 은혜일 뿐입니다. 이 은혜는 내가 이해할 수 있는 차원을 훨씬 뛰어넘는 것입니다. 그런데 어떻게 아직 허락되지 않은 것으로 인해 원망할 수 있겠습니까?

사랑하는 마리아, 장모님이 어제 이곳에 오셨다는 사실을 당신도 알고 있을 테지요. 우리는 좋은 대화를 나누었고, 저는 장모님에게 한없이 감사할 뿐입니다. 그러나 지난해 약혼 초기에 발생했던 것과 같은 큰 근심으로부터 벗어나기 위해서 이 편지를 당신에게 쓰는 것이 옳다고 생각했습니다. 당신에게 숨겨서는 안 된다고 생각하기에 말하는 것입니다. 사랑하는 나의 마리아, 내가 지금 말하는 것으로 인해 슬퍼하지 말아요. 결혼의 과정에서 약간의 근심이 따르는 것은 피할 수 없을 것입니다. 당신이 나를 만나고 난 후 어딘지 모르게 만족스럽지 못한 것 같다고 장모님은 말씀하시더군요.[23] 그래서 이런 제안을 하셨는데, 아마도 외할머니의 권고일 듯하군요. 그 제안이란 당신을 만날 때마다 짤막한 성경 강해를 한 후 함께 묵상 시간을 가지면 어떻겠냐는 것입니다. 장모님은 당신이 가져온 질문으로 우리가 대화를 나눌 수도 있을 것이라 하시더군요. 마리아, 생각해 보세요. 문제의 핵심은 그런 데 있는 것이 아닙니다. 그렇게 하는 것은 낯설고 부자연스러울 뿐입니다. 우리는 주어진 짧은 시간에 무엇을 '해야' 하는 것이 아닙니다. 이 시간에 나는 당신에게 뭔가 아주 특별하고 위대하며 중요

---

23. 1944년 1월 29-30일 에버하르트 베트게에게 보낸 디트리히의 편지 참조(DBW 8, 302f).

한 것을 바라는 것이 아닙니다. 아침저녁으로 우리가 항상 하는 일이 무엇인지 너무나도 잘 알고 있지 않습니까? 나는 단순히 당신 자체를, 의식적으로 노력할 필요 없이 있는 모습 그대로의 당신을 원하며, 그것이 모든 중요한 것이나 위대한 것보다 더 중요하고 더 위대합니다. 왜냐하면 거기에 하나님의 손에서 흘러나오는 실제 삶이 있기 때문입니다. 함께 있는 것이 그렇지 않은 것보다 분명 더 아름답겠지요. 그러나 현재 우리가 함께하는 것이, 훗날 우리가 어떤 모습으로 함께 살아가기를 원하는가 하는 것보다 더 중요하지는 않을 것입니다! 사랑하는 마리아, 절망과 의심이 엄습해 오면 당신 스스로 내게 편지를 쓰십시오! 수다와 험담 그 자체인 보초병이 옆에 함께 앉아 있는데, 내가 장모님께 무슨 말을 해야 했을까요? 나는 장모님을 잘 이해할 수 있으며, 이 혹독한 때에 당신 곁에 장모님이 계시다는 사실이 얼마나 기쁜지 모릅니다. 그러나 오직 당신에게 말하고 싶은 것을 다른 사람에게 말할 수는 없으며 말해서도 안 되는 것입니다. 그것은 당신과 나에게만 속한 것이며, 언제까지나 우리 둘만의 것이기 때문입니다. 내 말을 이해할 수 있겠습니까? 그리고 당신도 나와 같은 생각인가요? 외할머니께서는 나의 성격이 폐쇄적이며 속을 터놓지 않는다고 말씀하신 적이 있는데, 그런 생각이 한번 말로 내뱉어지면 고정관념으로 남아 있기 쉽다는 것이 우려됩니다. 여기서 외할머니가 말하는 폐쇄성이란, 내가 가까운 사람들에게도 모든 것을 터놓고 이야기하지 않으며 또 그렇게 하려고도 하지 않는 것입니다. 그러나 부모님에게나 형제자매들, 외할머니와의 친밀한 관계에도 불구하고, 어떤 부분에서는 이 사람과 또 다른 부분에서는 저 사람과 말하지 못할 것이 분명히 있습니다. 그 사람이 그러한 교류에 속해 있지 않기 때문이지요. 외할머니는 그렇게 하는 것을 좋아하지 않으시지만, 나는 그것을 옳다고 여기기에 달라지지 않을 것입니다. 나를 정말로 아는 사람들, 부모님은 물론이고, 클라우스 형이나 크리스텔 누나, 에버하르트 베트게와 같은 이들은 나를 폐쇄적이라고 생각하지 않을 것이라 믿습니다. 그리고 사랑하는 마리아, 언젠가 당신은 내가 폐쇄적인 성향과는 얼마나 거리가 먼 사람인지 알고 놀라게 될 것입니다. 그래요, 속에 무언가를 감추고 있는 것이 얼마나 힘들며, 타인에게는 감추어 두어야만 하는 것을 당신과는 나누게 될 그날을 얼마나 간절히 소망하는지! 대부분의 사람들은 나를 조용하고 소심하다고 여기며 심지어 내가 자신들을 거부하는 듯한 인상을 받기도 하지만, 당신은 전혀 다른 나를 알게 될 것입니다. 외할머니는 내가 우리 만남에서 더 많은 것을 기대한다고 생각하시는 듯합니다. 이러한 생각보다 더 큰 모순이 있을까요? 외할머니가 이런 면에서 나를 너무 모른다는 사실 앞에 놀랄 뿐입니다. 마치 내가 항상 깊이 있고 영성이 풍부한 대화만 하기를 원하는 것처럼! 우리가 이미 가장 근본적인 면에서 일치한다는 사실을 알기에, 지금 현재 일어나고 있는 일들이 우리에게 부딪쳐 오게 하며 일상생활 속에서 서로를 알아 가는 것이 중요하다고 생각합니다. 우리가 근본적인 것을 추구해야 할 시간이 올 것입니다. 그러나 근본주의가 아니라, 일상생활 속에 하나님이 계십니다.[24]

   내 사랑 마리아, 당신은 몇 시간 동안 나와 아주 가까이 있었군요. 이제 편지를 봉투 속에 넣습니다. 그러면 다시 기다림의 시간이 시작됩니다. 나와 함께 기다려 주세요! 부탁입니다! 오래오래 당신을 마음 깊이 포옹하고 사랑하게 해주십시오. 그리고 당신 이마에 맺힌 근심을 씻어낼 수 있게 해주십시오. 당신에게 근심이 있다는 사실만이 나의 유일한 근심입니다. 그리고 당신이 사랑 안에서 나와 함께 기다리

---

24. 1944년 1월 23일 에버하르트 베트게에게 보낸 디트리히의 편지 참조. "그 사실들에 선행하여 여전히 너무 많은 인간적인 실패와 은폐, 죄책이 있을지라도, 거기에는 하나님이 계신다네"(DBW 8, 288).

며 인내한다는 사실이 날마다 나의 위로가 됩니다. 하나님께서 예정하신 날에는 모든 것이 아름답게 잘될 것입니다. 마리아, 나와 함께 그날을 기다리며 기뻐해 주세요!

언제까지나, 언제까지나 당신의 디트리히

추신. 이 편지는 보통과는 다른 과정을 거쳐 당신에게 전해지는 것이니, 서신으로나 말로나 언급하지 말아야 합니다. 그러나 당신이 이해했다는 것과, 당신이 근심하지 않을 것이며, 모든 실수와 모순에도 불구하고 당신 마음에 나를 간직하겠다는 사실을, 어떤 방법으로든 알 수 있도록 즉시 편지해 주길 부탁합니다. 만약 이 편지에서 내가 잘못 표현한 부분이 있다면 용서하십시오. 내가 말하고 싶은 것은 오직 한 가지, 우리 사이에 다른 어떤 것도 끼어들어서는 안 된다는 것이었습니다. 근심도, 말없는 비난도, 은밀한 자기비판도, 고의적인 것이나 인위적인 것, 그 어떤 것도, 정말이지 아무것도 끼어들어서는 안 됩니다. 우리는 있는 모습 그대로 서로를 영접하는 가운데 깊이 사랑해야 할 것입니다. 그리고 그 사랑 안에서 자라야 할 것이 자라게 하며, 채워지지 않은 시간에나 우리의 바람이 성취되는 시간에나, 주어진 그대로를 받아들일 수 있어야 할 것입니다. 사랑하는 마리아, 우리가 서로를 진실로 사랑한다면 이 일은 가능할 것이며, 우리 사이에 사랑 외에는 아무것도, 정말이지 사랑 외에는 아무것도 끼어들지 못할 것입니다! 하나님께서 우리를 보호해 주시기를, 우리를 인도하시며 필요한 힘을 주시기를!

당신의 디트리히

다시 한 번 편지를 읽는 가운데, 가끔 근심에 싸이는 당신 문제를 이야기하신 장모님에 대해 한 줄기 비난의 그림자가 드리워져 있는 듯한 인상을 줄 수 있다는 생각이 들었습니다. 나는 장모님의 말씀에 다만 감사할 뿐이며, 한 가지 분명하게 말하고 싶었던 것은, 내가 직접 대답해 줄 수 있도록 당신이 직접 그 말을 해주었으면 좋겠다는 것입니다. 그 말은 장모님이 더없이 좋으신 분이라 할지라도 그분에게 할 수 있는 말이 아니기 때문입니다. 왜냐하면 사랑의 말은 당신에게만, 내 사랑, 내 사랑, 오직 당신에게만 속한 것입니다!

그리고 하나 더 말하고 싶은 것은, 당신도 내가 얼마나 외할머니를 존경하며 그분을 따르는지 알 것입니다. 나는 그분을 잘 알고 있다고 생각합니다. 우리는 그분이 얼마나 우리 미래를 마음에 담고 기도하는지 잘 알고 있습니다. 그러나 지지난해 겨울에 있었던 그 모든 곤경을 생각할 때, 우리 둘을 위해서도 장모님이나 외할머니 자신을 위해서도, 외할머니가 전혀 문제도 아닌 것으로 무거운 짐을 지게 해서는 안 된다고 생각합니다. 그렇게 되면 그때처럼 일이 복잡하게 얽히게 될 것입니다. 그러므로 우리 스스로 문제를 해결해 나가는 것이 옳다고 확신합니다. 우리 둘을 위해서, 그리고 나중을 위해서 그것이 최선이라고 생각하지 않습니까? 당신도 이미 몇 번이나 그렇게 언급한 바 있기에, 우리 생각이 근본적으로 비슷하리라 생각합니다. 이렇게 말하는 이유가 우리를 사랑하고 염려하는 사람들에게 상처를 주기 위해서가 아니라 오직 당신을 사랑하기 때문임을 이해하겠습니까? 당신은 분명히 이해할 것입니다! 잘 지내길 바랍니다! 심사숙고하지 말고 당신 마음에 있는 그대로 즉시 답장해 주세요. 그리고 그 편지를 통해 당신의 디트리히를 행복하게 해주십시오.

나의 사랑 당신!

1944. 3. 12, 분도르프, 영웅 기념일

다시 당신의 아름다운 편지가 왔습니다.[25] 그 편지에 대해 너무너무 감사하다는 말을 하고 싶군요. 당신이 이 시간을 어떻게 이겨내는지 느낄 수 있는 편지를 받을 때마다 한없이 기쁩니다. 당신이 경이로움에 대해서 쓴 내용을 저는 잘 이해합니다. 당신은 얼마나 아름답고 분명하게 표현할 수 있는지요! 그러한 경이로움은 오직 커다란 신뢰 속에서만 자랄 수 있겠지요. 어떻게 신뢰가 감사로 가는 길이 되는지 보이는 듯합니다. 그리고 그 감사는 참된 감사입니다. 우리가 함께 놀라워하며 기적을 보는 은혜를 주시도록, 그리하여 함께 감사하는 은혜를 주시도록 기도하겠습니다. 그 속에서 모든 것을 길어 낼 수 있지 않을까요?

요즘 우리의 면회 시간에 대해 많은 생각을 하게 됩니다. 제가 쉽게 당신에게 갈 수 없게 된 후, 면회 시간이 가지는 의미를 더욱 잘 알게 되었습니다. 최근에 엄마와 외할머니는 그 문제를 두고 대화하시고는, 편지마다 다음 면회에서 어떻게 처신해야 할지 권면의 말씀을 하십니다. 당신과 저를 끔찍이 생각해서 하시는 말씀이지요. 세세한 부분까지 다 언급할 수는 없지만, 당신 생각을 말씀해 주세요. 어차피 가장 중요한 것은 말할 수 없는 상황에서 깊이 있는 대화를 시도하는 것이 무슨 의미가 있을까요? 우리가 이미 알고 있는 것을 거듭 이야기하며, 우리가 매일 하고 있는 그 일을 그곳에서 함께하는 것이 그토록 중요할까요? 분명히 중요하겠지요. 그러나 그것보다 훨씬 더 중요한 것이 있습니다. 당신도 같은 생각인지 알 수 없지만, 제게 가장 중요한

---

25. 이 편지는 남아 있지 않음.

것은 '당신 옆에 앉아 있다'는 사실입니다. 아주 짧은 시간이긴 하지만, 그 시간은 이곳에서 외롭게 보내는 몇 주를 넉넉히 채워 주고도 남습니다. 아무 말 없이 옆에 앉아 있기만 할 수도 있겠지만, 그 시간이 대화를 허락받은 시간인 만큼 말을 주고받는 것이지요. 우리는 사소한 것에 매이지 않고, 말의 뜻을 파헤치려 하지도 않으며, 오직 크고 본질적인 것에 대해 감사하길 원하지 않나요? 우리 둘은 불완전함에서 오는 괴로움을 너무도 잘 알고 있습니다. 최근에 당신이 아주 정확하게 표현했듯이, 우리는 방석이 깔린 의자 위에 앉아 있기라도 하듯 연기할 필요가 없다고 생각합니다. 그렇지 않으면 면회 시간에 하는 말이란 항상 거의 같을 뿐이겠지요. 제 말을 이해하시겠어요? 제게 답장해 주세요!

부활절[26]에 저는 이곳에 머물기로 했습니다. 부활절에는 많은 사람들이 이곳을 찾을 테고, 모든 방문객들이 부활절 휴가를 즐기도록 배려하는 마음에 헤시는 언제나처럼 자기 몸은 돌아보지 않고 죽도록 일할 것입니다. 무엇보다 당신에게 갈 수 없는데 제가 어디로 가겠어요? 한스-베르너는 군사훈련소 모집 명령을 받아 집에 없고, 엄마는 세 명의 어린 동생들과 베를린 폭격을 피해 찾아온 피난민들과 함께 부활절 토끼를 기쁘게 찾으며 부활절을 축하하겠지요. 그곳에 디트리히 생각에만 몰두하고 있는 마리아는 낄 수가 없습니다. 적어도 이곳에는 제가 책임지고 해야 할 일이 있으니, 당신도 제가 이곳에 있는 게 낫다고 생각하지 않으시나요? 물론 집에 대한 향수도 있고, 무엇보다 당신에 대한 그리움으로 힘들 테지만, 그것은 집으로 가는 여행길에 오른다고 해서 해결될 문제가 아니니까요.

이곳에서 저는 아주 잘 지내고 있습니다. 크리스토프는 장점과 단

---

26. 1944년 4월 9일.

점 모두 한스-베르너와 매우 비슷한 사랑스러운 아이입니다. 그러나 공상에 잠겨 있기를 좋아하고, 신경이 예민하며 산만해서, 배움의 즐거움을 맛보기도 전에 지나치게 엄격하게 대해야 하는 것으로 마음이 무거워지곤 합니다. 그렇지만 분명히 좋아질 것이라 생각합니다. 다른 한편으로, 그는 정말 다재다능하며, 꾸밈이 없고 마음이 활짝 열려 있습니다. 무엇보다 따뜻한 마음씨를 가지고 있고, 마음이 감동될 정도로 깊이 신뢰하는 까닭에 사랑하지 않을 수 없는 아이입니다.

저는 틈틈이 거의 수족이 마비된 상태인, 매우 연로하신 사촌의 시어머니[27]를 돌봅니다. 하노버나 크니프호프, 알텐부르크에서도 그랬듯이, 제게는 항상 늙은 숙녀분들을 돌보는 과제가 주어지는 듯합니다. 그분은 '좋았던 옛 시절' 이야기를 아주 흥미롭게 들려주시곤 하는데, 유리로 만들어진 오래된 낡은 장롱을 소중하게 보관하고 있습니다. 저녁 무렵 바퀴가 큰 경마차를 끌고 함께 산책하러 나가기라도 하면, 일찍이 바이마르 궁정에 드나들던 시절에 대해, 어떻게 약혼을 했으며(놀랍도록 단순하게) 어떻게 자녀들을 낳았는지에 대해서도 들려주십니다. 그렇게 보내는 저녁 시간에 우리는 매우 행복하며 서로 좋아합니다.

제가 방적 기술을 배웠다는 사실을 아직 말하지 않았지요. 그 일은 아주 어렵고, 아직은 제대로 할 수 있다고 주장하기도 어렵습니다. 그러나 그 일은 매우 즐겁고, 하루 일과를 모두 마치고 벽난로 주위에 둘러앉아 네 명이서 함께 실을 짜고 있으면 참으로 행복하답니다. 주말에 디츠가 이곳에 와 있을 때는 실을 짜는 우리에게 책을 읽어 주고, 그렇지 않은 경우에는 함께 노래를 부르거나 서로 이야기를 나눕니다. 헤시는 놀라울 정도로 영민한 여인입니다.

---

27. 마르타 폰 트루흐제스. 폰 샤우로트 가문 출신.

이곳에는 아주 오래된 좋은 도서관도 있어서, 안락의자에 앉아 시간 가는 줄 모르고 책에 빠져 있을 수 있어요. 너무 멋있는 일이지요. 지금 저는 「빌헬름 마이스터」를 읽기 시작했고, 그 책을 손에서 놓지 못하고 푹 빠져들 위험에 처해 있습니다. 당신이 책들을 추천해 주시면 정말 고맙겠습니다. 혼자서 책을 고르면 당신 마음에 들지 않는 것들뿐이니까요.

당신은 독감에서 완전히 쾌유하셨는지? 면회 허가증이 나왔다는 엄마의 편지를 받았습니다. 그런데 저는 아직도 면회 허가를 받지 못하고 있으니 이해할 수 없는 일입니다. 지난번 베를린 공습이 있던 날인 목요일에 엄마가 당신을 면회하러 가시는 것으로 인해 매우 염려스럽습니다.

이 소름끼치는 공습! 폭격은 저로 하여금 정신을 못 차리게 만드는군요. 조금이라도 더 빨리 소식을 전해 들을 수 있다면 좋을 텐데요. 디츠가 군대에서 접하는 소식을 항상 밤베르크에서 전화로 알려 주긴 하지만, 그 소식은 너무 제한되어 있고 당신의 마리아는 겁이 아주 많은 토끼입니다!

이 형편없는 편지로나마 마음 깊은 곳에서 우러나오는 사랑의 안부를 전합니다.

언제나 그리운 생각에 잠겨, 당신의 마리아

나의 사랑 디트리히!

1944. 3. 27, 분도르프

너무 생생하고 강렬하게 당신 꿈을 꾸었습니다. 그래서 더는 잠을 이룰 수 없고, 다시 마음의 평안을 찾기 위해 당신에게 편지를 쓸 수밖에 없습니다. 꿈은 다른 사람에게 이야기해서는 안 된다고들 합니다. 꿈 이야기는 상대를 무척 지루하게 할 뿐이니까요. 그러니 저도 꿈 이야기는 하지 않고, 잠에서 깰 때의 느낌에 대해서만 말하려 합니다. 당신 옆에 앉아 있을 수 있다는 사실, 그것이 단지 꿈에 불과할지라도, 그토록 당신 가까이 있을 수 있다는 사실로 인해 큰 기쁨과 함께 깊은 슬픔을 느낍니다. 그리고 아주 분명하게 바로 그것이라고, 또 그럴 것이며 그래야 한다고 느낍니다.

지금 당장 당신에게 가고 싶지만, 여전히 면회 허가증을 받지 못하고 있으니 어쩔 도리가 없군요. 또 당신에게 가더라도 무슨 말을 할 수 있을까요? 나를 괴롭히는 것이 무엇인지 당신에게 담담히 말하고 싶었지만, 그럴 수 없었습니다. 당신 앞에 무엇을 숨기고 싶어서가 아니라, 당신 곁에 있으면 모든 것이 너무 분명해지고 좋기에 '당신, 당신!'이라는 생각을 할 수 있을 뿐, 더 이상 아무것도 제 내면을 괴롭히지 못했습니다. 당신 옆에 앉아 있다는 것이 무엇을 의미하는지, 당신 옆에 앉아 있는 동안에는 '더 특별하고, 더 위대하고, 더 중요한 것'[28]이라곤 없다는 사실을 다른 사람들은 결코 이해할 수 없을 것입니다. 그러나 집으로 돌아와 홀로 있으면, 그 추가 완전히 다른 방향을 가리킬 수 있다는 사실을 이해하실 것입니다. 부모님이나 형제자매들, 그리고 제가 정말 좋아하는 사람들은 모두 그들이 알고 싶어 하는 것이라면 무엇이든 털어놓고 이야기해 주는 사람으로 저를 알고 있습니다. 그들이 제 마음 깊숙이 들여다보는 것을 결코 어렵게 한 적이 없기 때문입니다. 그러나 아버지와 막스 오빠의 전사 소식을 들은 후로는 모든 것이 달라졌습니다. 그러자 모두들 이런 저를 이해하지 못하게 되었고, 제게만 속한 것, 나와 당신에게만 속한 무엇인가가 있다는 사실 역시

---

28. 1944년 3월 11일자 디트리히의 편지 참조.

이해하지 못하는 것입니다. 저를 이해하지 못하기 때문에, 서로 고심하다가 결국엔 저를 매우 아프게 하는 결론에 이르고 마는 것입니다. 제가 이런 말로 누군가에게 혐의를 두거나 고소하려는 것이 아님을 아실 것입니다. 저는 그들 모두를 너무도 사랑하며, 그들이 그렇게 하는 이유는 오직 저를 돕기 위해서라는 사실을 잘 알고 있습니다. 그러나 차라리 가만히 있는 것이 옳을 것입니다. 저는 누군가의 도움이 필요한 것이 아니며, 무엇보다 제게는 당신이 계시니까요. 당신은 제게 그들 모두를 합한 것 이상의 의미이며, 저 역시 그들 모두를 합한 것보다 더욱 당신에게 속해 있으니까요. 여기에 의문이 남을 수 있을까요?

엄마는 당신과의 면회에 대해 긴 편지를 보내셨습니다. 아마도 엄마가 면회 허가를 받았기 때문에, 제게는 면회가 허락되지 않는 걸까요?

외할머니께서 엄마와 나눈 대화에 대해 편지를 보내셨을 때, 엄마가 면회를 하면서 당신과 어떤 이야기를 하게 될지 예측하고 있었습니다.[29] 그래서 저는 급한 불을 끄는 심정으로 서둘러 편지를 보냈으나, 너무 늦게 도착하고 말았습니다. 그 대화를 막았어야 했는데…….

디트리히, 그러나 제가 어떻게 해야 했을까요? 이미 입 밖으로 나온 말은 주워 담을 수 없고, 다른 말로 그 말을 되돌리는 것은 더더욱 불가능한 일입니다. 그 말들이 당신을 아프게 한다는 사실을 알고 있으면서도, 저는 그 일을 막기 위해 길을 떠나지 않았습니다. 당신은 지금 큰 근심에 싸여 있고, 그것은 모두 제 잘못으로 일어난 일인데도, 저는 무력하게 마냥 바라보고 있을 뿐입니다. 지금 제가 할 수 있는 일이라고는, 고작해야 당신에게 이렇게 말하는 것이지요. 그 말은 모두 사실이 아니니 믿지 말라고, 오직 저만 믿고 제가 당신에게 하는 말만 믿으며, 저를 변함없이 사랑해 달라고. 그러면 당신은 제가 달리 생각

---

29. 1944년 3월 9일.

하거나 느낄 수 없음을 알게 될 것입니다.

그러나 이것도 올바른 방법은 아닙니다. '만족스럽다'는 말이 도대체 무슨 말인가요? 누가 여기에서 만족스럽기를 바란단 말인가요? 저도 아니며, 당신도 아닐 것입니다.

저는 당신에게 아무런 해명도 할 수가 없군요. 제가 아무 해명을 하지 못하더라도, 그냥 저를 신뢰하며 믿어 줄 수 없나요? 저는 정말이지 아무것도 할 수 없고, 다만 당신 곁에 있고 싶을 뿐이며, 당신 옆에서 실컷 울고만 싶습니다. 그리고 "디트리히, 용서해 주세요!"라고 말하고 싶습니다.

그런 말이 나오게 된 것은 모두 제 잘못입니다. 그러나 그것은 제가 생각하며 느끼는 것과는 다릅니다. 저는 당신이 면회 시간에 저를 위해 한 일이나 하지 않은 일에 대해 항상 감사했습니다. 당신은 저를 알며, 당신이 느끼든 느끼지 못하든 다른 모든 사람들보다 저를 더욱 잘 알고 있습니다. 당신은 제가 필요로 하는 것이 무엇이며, 아직 감당할 수 없는 것이 무엇인지를 분명히 알고 있습니다. 엄마가 보낸 편지 첫 문장을 읽으면서 무슨 일이 있었는지 직감할 수 있었습니다. 그러나 엄마 자신은 그 사실을 알지 못하며, 당신과 나눈 대화로 인해 기뻐하고 계십니다. 그러므로 저도 엄마에게 아무 말도 하지 않을 것입니다.

제가 당신을 외할머니보다 더 잘 안다고 말하더라도 지나친 말은 아닐 것입니다. 저는 당신이 외할머니가 말씀하시듯 그렇게 폐쇄적이라고 생각해 본 적이 없습니다. 저는 많은 것을 말 그대로 믿지 않았는데, 그 반대를 증명할 수 있어서라기보다, 당신 옆에 앉아 있던 그 시간에 저는 겉모습으로만 당신 곁에 머문 것이 아니었기 때문입니다.

오, 디트리히, 우리가 함께 있을 때면, 그리고 서로를 생각할 때면, 다른 사람들은 모두 잊도록 해요. 그래요, 뭔가를 억지로 '하려고' 하지 말아요. 억지로 뭔가를 해야 한다는 생각만 해도 불행해지고 면회 시간이 두려워집니다. 그러나 그런 일은 없을 것입니다. 제가 당신 옆에 있을 때면, 다른 어떤 방해도 없이 오직 당신이 거기 있을 뿐입니다. 우리가 이렇게 함께하는 동안 무슨 특별한 말이나 행동을 해야 하는 것도 아니며, 다른 사람의 도움 따위도 전혀 필요하지 않습니다.

더는 쓸 수가 없군요. 당신은 잘 이해하리라 믿습니다. 제가 인내할 것이라는 사실과 모든 슬픔에도 불구하고 당신에게 큰 감사의 마음을 품고 있음을 아셔야 합니다. 그리고 당신에 대한 제 사랑이 언제까지나 변함이 없듯, 감사의 마음도 영원할 것입니다.

당신은 제 곁에 계시며, 저는 마음에 간직한 당신을 더는 놓아줄 수 없습니다.

당신의 마리아

* 1944년 3월 30일 면회 허가.
마리아의 면회에 대해 디트리히는 에버하르트 베트게에게 보낸 1944년 4월 2일자 편지에서 이렇게 썼다.

"며칠 전 마리아가 이곳에 왔었고, 3월 29일 패치히에서 아버지 생신 잔치를 앞당겨 축하한 일에 대해 아주 자세히 들려주었네. 마리아는 그곳에 가 계신 부모님을 만나기 위해 이틀 시간을 내어 긴 여행길에 올랐네. 아침에 부모님의 방문 앞에서 노래를 불러 드리고, 아침 식사는 마리아와 장모님과 함께 단출하게 나누었고, 시골에서 나는 음식으로 상당히 푸짐한 생일 잔칫상을 차린 후, 한스-베르너가 생일 축하 연설(나로서는 가장 놀랍게 생각되는)을 했으며, 마리아 방에서 커피를 마시는 순서로 생일 파티가 진행되었다네. 그 후에 마리아와 장모님은 다시 여행길에 올라야 했다네. 이 소식으로 인해 나는 매우 기뻤다네. 무엇보다 그렇게 즉흥적으로 열린 생일 파티에 마음을 열고 응하신 부모님을 생각하며 매우 기뻤다네."(DBW 8, 375)

사랑하고 사랑하는 나의 디트리히!

1944. 3. 31, 분도르프에서 늦은 밤에

드디어, 드디어, 다시 분도르프입니다. 당신에게 편지를 쓰고 싶은 마음이 너무 간절하여, 이곳에 도착하기까지 기다리기가 힘들었습니다.

아, 여행을 하는 동안 줄곧 떠오른 당신에 대한 생각을 모두 이 편지 위에 기록할 수 있다면! 그것은 아마도 혼돈 그 자체이겠지만, 그럼에도 불구하고 당신은 모두 이해하며 느낄 수 있으리라 확신합니다.

당신도 우리의 재회가 매우 아름다웠으며, 지금 행복하다고 느끼는지 속히 편지해 주시길 바랍니다. 당신이 면회실 안으로 들어오는 순간, 모든 문제가 안개처럼 사라져 버리고 말았습니다. 왜 그토록 슬퍼했는지, 편지를 쓸 때마다 제대로 말하지 못하는 이유가 무엇인지 도무지 이해가 되지 않았습니다. 모든 것이 아무 문제도 아닌 작은 오해로 인해 생겨났습니다. 사전에 서로의 의견을 조율하지 않았음에도 불구하고, 우리 생각이 완전히 일치하고 있다는 것은 얼마나 멋있는 일인가요! 우리 둘은 문제의 본질을 분명히 알고 있었습니다. 지금 저는 마치 눈에서 비늘이 떨어져 나간 것처럼 모든 것이 선명하게 보입니다. 우리에게는 오직 우리 둘만의 성채가 있으며, 우리 사이를 비집고 들어오려는 손들을 이제는 함께 밀어내어야 한다는 것을! 그 사실을 분명히 알고 느끼도록 이 모든 일들이 일어난 것입니다. 그래요, 우리는 우리 둘만의 소파에 앉아 있으며, 한동안은 아무것도 나타나지 않습니다. 그러나 서서히 지평선 저 너머로 아주 조그맣게 사람들의 모습이 보이기 시작합니다. 그들이 어떤 방법으로든 우리 사이를 비집고 들어와서 우리 관계를 갉아먹는 일은 용납될 수 없을 것입니다.

당신에게 잠시 엄마 이야기를 하고 싶습니다. 제가 엄마를 얼마나 사랑하는지, 어려운 시간을 보내고 있는 제게 엄마가 아빠 역할까지

했다는 사실을 당신도 잘 아실 테지요. 엄마의 영혼과 마음은 한없이 큰 힘으로 우리 형제들 모두를 보듬어 안고, 우리로 하여금 매일의 삶을 살아갈 버팀목이 되어 줍니다. 그러나 때로는 그녀도 알지 못하는 사이에 그 강렬한 모성애가 부정적으로 작용하여, 나중에 스스로 후회하게 될 일, 바로잡기 아주 어려운 일을 하기도 합니다. 그러나 영혼의 힘이 가진 좋은 면과 나쁜 면은 동전의 양면과 같아서 서로 분리할 수 없는 것입니다. 그러므로 하나를 간과하고 무시하면서 다른 좋은 면만 사랑할 수는 없습니다. 우리 패치히 아이들은 엄마의 강한 영혼의 힘이 너무도 소중하다는 사실을 압니다. 그러므로 우리는 그 부정적인 면도 함께 사랑하는 법을 배워야 하는 것입니다. 우리는 이런 면에서 서로 도와야 할 것입니다. 그렇게 할 때만이 마음 한 구석이 딱딱해지지 않고, 우리의 관계가 아무 방해 없이 천천히 자라가기 위해 우리 주변에 세워져야 할 든든한 보호막을 가지게 될 것입니다.

제 말을 이해하시겠어요? 제가 이 말을 꼭 해야 하는 이유는, 그런 일이 있은 후 "이제 모든 일이 해결되었고 다시 제자리를 찾았다"고 말하면서 쉽게 잊어버려서는 안 되며, 그 일을 통해 우리가 함께 자라가야 한다고 생각하기 때문입니다. 두 손을 무릎 위에 가만히 올려놓고 지겨운 표정을 지으며, 이런 문제를 아무렇지도 않은 듯 지나쳐 버리고 말기에는, 우리 둘 다 너무 자부심이 강한 사람들일 것입니다.

방금 제가 쓴 편지를 다시 읽어 보니 당신에게 용서를 구해야 할 것 같다는 생각이 드는군요. 그럼에도 불구하고, 이 편지를 꼭 써야만 하는 제 마음을 당신은 반드시 이해하리라고 확신합니다. 이만 줄이겠습니다. 이번 여행을 통해 많은 것을 경험하기도 했으나, 동시에 매우 복잡한 여행이기도 했습니다. 무엇보다 카알-프리드리히 본회퍼와 대화를 나눌 수 있어 기뻤습니다. 제 생각에 그는 라이프치히 대학을 분명한 신념을 가지고 떠난 듯했습니다. 아마 당신 추측이 틀린 것 같습니다. 그와 함께 보낸 시간은 매우 즐거웠습니다.

　　당신 부모님과 함께 패치히에서 보낸 시간을 떠올리면 지금도 마음이 벅차오릅니다. 그 시간은 엄마에게도 쉼이 되었으리라 생각합니다. 엄마는 시부모님과 함께 보낸 시간에 대해 즐겁게 이야기하시며, 시부모님과 그토록 마음이 잘 통하는 것으로 인해 무척 기뻐하십니다.

　　이제 저는 미치도록 피곤하고, 당신에게 진한 키스와 함께 밤 인사를 전합니다. 제가 당신을 얼마나 사랑하는지 느낄 수 있나요? 당신?

마리아

사모하는 디트리히!

1944. 4. 4, 분도르프

오늘 당신은 침대에 걸터앉아 급하게 쓰는 편지로 만족해야 할 것 같습니다.

　　매시간 손님들이 들이닥쳐서, 집은 차고 차서 이제는 완전히 꽉 차버렸습니다! 저는 너무 분주하여 거의 폭발 직전이라고 할 수 있을 듯합니다. 이곳에 모여든 각양각색의 사람들이 어떻게 함께 조화로운 부활절을 보내게 될지 의문스럽기만 합니다.[30] 어쨌든 지금까지는 사람들의 견해도 관심도 완전히 제각각으로 보입니다.

　　어제는 이 집의 장남과 차남까지 하우빈다 기숙학교[31]에서 돌아왔기 때문에, 집 전체가 완전히 휴가 분위기로 들떠 있습니다. 특히 이 집의 막스는 그의 성격으로 인해 우리의 막스를 떠오르게 하고, 이 집

---

30. 빌헬름 슈탤린Wilhelm Stählin 교수가 인도한 베르노이헤너 수련회. '거룩한 열망'이라는 주제로 열렸음.
31. 하우빈다는 힐트부르크하우젠에 위치한 기사의 영지로서, 폰 트루흐제스 가문의 두 아들이 이곳 기숙학교에 다녔음.

의 우도는 외모가 막스 오빠를 꼭 빼어 닮았습니다. 갑자기 막스 오빠를 닮은 친척들을 만나고 보니, 울어야 할지 웃어야 할지 알 수가 없습니다.

지금 온 집안의 생각과 행동은 오직 부활절에 집중되어 있습니다. 저는 이토록 열정적으로 부활절을 준비하는 것은 처음 보는데, 부활절을 이렇게 보내는 것도 좋아 보입니다. 나중에 우리도 이렇게 부활절을 보내면 어떨까요? 작년 부활절에는 밤 열 시가 되어서야 그날이 부활 주일임을 알았습니다. 많은 간호사들이 휴가를 받아 떠났고, 환자를 찾아오는 방문객들은 한없이 많아서 해야 할 일들이 산더미처럼 쌓여 있었거든요. 마지막으로 저녁 9시에서 10시까지 간호사 모임을 가졌는데, 그때 수간호사는 만프레드 키버의 「특허를 받은 악어」[32] 이야기를 읽어 주었습니다. 다행히 밤 열 시경 공습경보가 울렸으므로, 저는 열 시에서 열 시 반까지 잠시 부활에 대해 묵상하는 시간을 가질 수 있었습니다. 부활절을 그때처럼 보내야 할 일이 더는 없어서 감사한 마음입니다. 그 시간을 돌이켜 보면, 마치 수난절과 부활절을 보내기 위해 이곳에 와 있다는 생각이 들 정도입니다.

그러나 당신이 제 곁에 있게 될 그날이 오기 전에는 부활절의 기쁨을 온전히 누릴 수 없을 것입니다. 아마 당신은 제가 두 가지 전혀 다른 문제를 혼동하고 있다고 생각할 수도 있을 것 같군요. 그러나 저는 전혀 혼동하는 것이 아니며, 아무런 노력을 하지 않아도 그냥 저절로 그렇게 생각하게 된답니다.

저는 사람들이 영적인 것과 세상적인 행복, 사랑하는 것과 기쁨 따위를 지나치게 분리하여 생각하는 것을 좋아하지 않습니다. 제게는 그

---

[32] 만프레드 키버Manfred Kyber, 「동물 이야기 모음집Sämtliche Tiergeschichten」(1936). 그 당시 가장 사랑받던 낭독용 도서 가운데 하나였음.

모든 것이 항상 하나였으니까요. 어쩌면 제가 너무 세상적이어서 그럴지도 모르겠습니다. 그러나 이유 따위는 중요하지 않아요. 저는 그것을 따로따로 분리하여 생각하고 싶지 않으니까요.

우리가 함께 부활절을 축하하게 되면 얼마나 아름다울지 생각해 보세요. 당신도 '그리스도는 사망에 매여 누워 계셨다'라는 찬양을 좋아하나요? 패치히에서는 부활절마다 이 찬양을 불렀고, 그 후에는 '우리는 모두 한 분 하나님을 믿습니다'라는 찬양을 했습니다.

패치히의 부활절이 그리워질 것입니다. 이곳에서는 아무도 이런 찬양을 부르려고 하지 않으니까요. 첫 번째 곡은 리듬이 너무 무거워서 부르지 않고, 두 번째 곡은 '부활절' 가사가 아니기 때문입니다.

당신도 부활절 물을 길어오고, 부모님 침대를 나뭇가지로 치며 노래하는 것[33], 부활절 계란을 찾는 것 등이 부활절에 없어서는 안 될 행사라고 생각하나요? 이곳의 부활절은 너무 거룩하여, 그 모든 전통은 사라지고 없습니다.

제가 이곳 부활절 행사에 대해 반대 의견만을 가지고 화를 내고 있을 것이라고는 생각하지 마세요. 사실은 그 반대입니다. 이곳에서 지금까지와는 완전히 다른 부활절을 보내는 것도 아주 흥미로우며, 새로운 것을 많이 배우고 경험할 수 있어 좋아요.

엄마는 오늘 시부모님과 함께 보낸 시간에 대해 다시 한 번 언급하시며 감격스러워하는 편지를 보내오셨습니다. 무엇보다 아버님께서 말씀하신 한스-베르너에 대한 견해로 인해 무척 기뻐하셨습니다. 부모님들 사이에 그런 대화가 오가는 것은 보기 좋은 일이지요.

물론 엄마는, 지난 화요일 제가 예고도 없이 나타난 것으로 인해 아

---

33. 부활절 아침 아이들이 부모의 방으로 들어가 이불을 작은 나뭇가지로 치면서 "스팁, 스팁, 부활절 계란, 나에게 부활절 계란을 주지 않으면 침대를 두 조각이 나도록 내려칠 거야"라고 말하며 이불을 치던 전통 놀이. 이불 아래로 부활절 계란 몇 개가 보이기 시작하면 나뭇가지로 치는 것을 멈추었음.

직도 어리둥절해 하십니다. 앞으로 한 주 동안은 그 일을 떠올리며 계속 기뻐할 것이라고 하시는군요.

사실 저는 너무 질투심이 없는 것이 문제인데, 당신이 엄마에게 편지를 보낸다면 그 편지에 대해서는 질투심이 생길 수도 있을 것 같아요. 그러니 그 후에는 제게 두 배로 아름다운 편지를 보내야만 해요.

하지만 당신 편지를 받게 되면 엄마는 기뻐서 어쩔 줄 몰라 하실 것이며, 온 집안이 행복한 분위기에 휩싸이게 될 거예요.[34]

그런데 그날 집으로 가서 그 모습을 지켜볼 수 없을 것 같아 슬픕니다. 왜냐하면 4월 19일에 제가 이곳에 남아 있어야 할 가능성이 높으니까요. 이곳에서 '가사 노동의 의무'[35]를 행하고 있는 소녀가 동생의 견신례를 축하하기 위해 집으로 가야 할 것이므로, 그때 헤시를 모른척하고 저도 집으로 가 버릴 수는 없을 듯합니다. 그러나 아직 정확하게는 알 수 없는 일입니다.

내일 아침 일찍 제 사촌인 마사 라어[36]가 오버베메 지역에서 오는데, 아마 당신도 함께 유쾌한 시간을 보낼 수 있을 만큼 특별히 호감이 가는 타입입니다. 그녀는 룻-앨리스 언니 집에서 주중에 간호를 담당한 적이 있었는데, 그때 어느 정도 친분을 쌓게 되었습니다. 지금 저는 그녀를 다시 만날 일을 생각하며 매우 기뻐하고 있으며, 그녀와 함께 보낼 시간이 무척 즐거울 것이라 기대하고 있습니다.

당신은 지금 도저히 읽을 수 없는 필체로 쓰여진 편지를 들고 화를 낼지도 모르겠군요. 저처럼 큰 소리로 욕을 해 버리는 것은 당신의 인품이 허락하지 않을 테니, 당신의 인내심을 더는 시험대 위에 올려놓

---

34. 1944년 4월 10일 디트리히는 마리아의 어머니에게 편지를 보냄(DBW 8, 379).
35. 나치 당시의 사회 제도로서 소녀들은 다른 가정에서 1년 동안 가사 노동의 의무를 행해야 했음―옮긴이.
36. 막시밀리안네 폰 라어. 그녀의 어머니 프리드리케 폰 라어는 한스 폰 베데마이어의 누이 가운데 한 사람이었음.

고 괴롭히지 말아야겠습니다. 다만 당분간은 이런 편지를 계속 받게 되지 않을까 두렵군요.

그러나 불쾌해 하지는 마세요. 이런 필체에도 불구하고 당신에 대한 저의 사랑은 이전과 다르지 않으며, 마음으로부터 더욱 많은 사랑의 안부를 전하고 있으니까요.

당신의 마리아

나의 사랑 디트리히!

1944. 4. 11, 분도르프

오늘 당신의 편지 두 통을 한꺼번에 받고는 얼마나 기쁜지 모르겠습니다. 부활절 기간 내내 당신에게서 오는 소식이 애타게 그리웠습니다. 틈틈이 당신과 대화를 나눌 수도 없고, 홀로 그런 수련회에 참석해야 하는 것은 매우 괴로운 일이었습니다. 오직 당신에게만 물어볼 수 있는 수만 가지 의문이 들었고, 동시에 당신에게로만 달려가서 나눌 수 있는 수많은 깨달음도 있었습니다. 그런데 그렇게 할 수 있는 길이 막혀 있으니, 이를 깨물며 힘들게 견딜 수밖에 달리 도리가 없는 것이지요.

당신에게 하고 싶은 말이 많지만, 저의 답장을 기다리는 당신의 편지가 있습니다.[37] 지금 제가 혼자 있는 것이 어쩌면 우리를 더 가깝게 해주어 좋을 수도 있을 것이라 하셨지요. 당신이 이런 말을 할 수 있다는 사실로 인해 새삼 놀라게 됩니다. 그러나 저는 이 말이 진실임을 너무도 잘 압니다. 당신의 편지를 받은 후 저도 그렇게 생각하고 있음이

---

37. 현재 남아 있지 않은 1944년 3월 26일자 디트리히의 편지를 말함.

분명해졌습니다. 그것은 좋은 일이지요. 이 시간이 우리 관계에 유익이 됨을 알고, 우리가 자유의 몸으로 만나게 될 그날이 속히 오기를 바라며 기도할 것입니다.

아, 당신의 편지는 너무 아름답습니다. 친구 한 명은 매일 약혼자의 편지를 받지만, 참으로 불쌍한 마음이 들 뿐입니다! 그녀는 그 편지를 너무 당연시하고, 편지로 전해지는 사랑 표현이 부족하다는 느낌이 들면 불만을 토로하니까요.

결국 그녀는 당신의 편지가 제게 주는 기쁨의 십 분의 일도 느끼지 못한답니다. 당신의 편지를 받으면 저는 편지 배달하는 아가씨의 목을 껴안아 주고 싶고, 거리에 있는 아이들 모두에게 선물을 나누어 주고 싶으며, 앞뜰에서 노래하며 춤을 추고 싶답니다. 그 후에는 계단을 미친 듯이 뛰어올라가면서 물과 재를 담아놓은 통을 엎질러 버리고, 콩닥거리는 가슴으로 침대 위에 몸을 던지고 싶지요(그러나 마리아, 네 이불이 지저분해지지 않도록 해야 하지 않을까!). 제가 나중에 심장 마비를 일으킨다면, 당신이 너무 다정한 편지를 쓴 까닭임을 아셔야 해요.

그리고 보세요, 당신의 26일자 편지는 도저히 서신으로는 답할 수가 없답니다. 그러나 서신으로 답할 수 없는 것이 무슨 문제가 되겠어요. 당신은 제가 무슨 말을 하고 싶어 하는지, 제게 선물해 준 모든 것들에 대해 얼마나 감사하는지 말하지 않아도 잘 아실 테니까요. 나의 사랑, 선량한 디트리히!

지금 저는 편지 석 장째가 아니라 여섯 장째에 들어갔는데도, 부활절에 대해서 이야기하려고 했던 것은 시작도 하지 못했군요. 푸른 목요일 미사, 성금요일 죽음의 시간에 대한 묵상, 연옥으로 가신 그리스도에 대한 설교, 그리고 부활절 저녁……. 하지만 저는 이 모든 것을 전해 드릴 수가 없습니다. 저는 겨우 겉만 맴돌고 있고, 다시 읽어 보아도 막연하고 애매해서, 당신에게 도저히 아무것도 말해 줄 수가 없습니다. 당신은 그 모든 것이 제게는 낯설었으며, 제가 근본적으로 이해하지 못하고 있음을 알 것입니다. 다만 그 말씀에서 강력한 권능이 느껴졌기에, 저는 모든 것이 너무 크고 새로우며 이해할 수 없어서 두렵기만 합니다. 아버지가 이러한 믿음에 아주 가까웠음을 당신도 아실 것입니다. 그러나 아버지께서 살아 계실 때는 제게 그런 말씀을 해주신 적이 없습니다. 지금 저는 아버지가 왜 말씀하지 않았는지 알 것 같습니다. 그리고 당신이 그 자리에 함께하지 않는다면, 저도 다시는 그러한 모임에 가지 않으려 합니다. 당신은 저와 함께 그런 부활절 시간을 보내길 원하나요? 당신이 그렇게 해주시길 간청하고 싶은 마음입니다.

모든 것이 공허하고 이해할 수 없어서 도무지 함께 예배를 드릴 수 없을 때, 그 자리를 떠나지 않고 계속 앉아 있는 것이 옳지 않다고 생각하는지 말씀해 주세요. 저는 그들과 참된 성도의 교제를 누리지 못하고 나가 버린다면, 비록 그들이 그 이유는 알지 못하더라도 그들에게 방해가 되고 훼방이 되는 것이라 생각했습니다. 올바른 교회라면 모두가 같은 방향을 향해서만 전력투구하는 것이 아니라, 그것을 가로막는 사람들이 있음으로 해서 도리어 전진을 돕는 것은 아닐까요? 저는 잘 모르겠어요. 그러나 제가 그런 입장에 처하면, 그 자리에 계속 앉아서 함께 찬양을 하고 함께 기도하는 것이 어쩐지 옳지 않은 행동이라는 느낌이 드는 것은 분명합니다. 요즘 제가 이런 생각에 몰두하고 있으니, 시간이 나는 대로 이런 문제에 대해 답해 주시길 부탁드립니다.

이곳 교회에서는 항상 이렇게 기도합니다. "평화를 위해 희생한 수많은 죽음이 헛되지 않도록 우리에게 평화를 주십시오." 저는 이 기도에 대해 오랫동안 깊이 생각해 보았고, 그런 기도는 전사자들에게 불의를 행하는 것이라는 결론에 이르렀습니다. 아버지는 그런 기도를 들으면 분명 화를 내실 것입니다. 여기에 '희생'이라는 말 자체가 어울리지 않습니다. 도대체 누가 희생을 했단 말인가요? 확실히 저는 아닙니다. 저는 인간이 할 수 있는 모든 방법을 동원해서라도 막아섰을 것이며, 다른 사람들도 마찬가지일 것이라고 생각합니다. 그러면 전선에서 그들의 의무를 행하고 있는 사람들이 희생하는 것일까요? 그들은 의무를 행하는 것이거나, 아니면 희생하는 것일 테지요. 그러나 군인들은 모두 그들의 의무를 행하고 있을 뿐입니다. 그리고 그래야만 한다면, 이 의무 때문에 그들은 죽음까지도 불사하는 것이지요. 희생이란 도대체 무엇인가요? 그리고 희생을 했다 한들, 어떻게 그 희생에 대한 대가를 요구할 수 있단 말인가요? 막스 오빠는 전선에서 개개인의 생명을 위한 기도는 너무 우스꽝스러우므로, 다만 진실로 의로운 쪽의 승리를 구하든지, 조국과 우리 자신을 위해 최선인 것이 이루어지도록 기도할 수 있을 뿐이라는 말을 했습니다.

제 친구 도리스 팔레는 얼마 전 그녀가 매우 사랑하는 젊은 목사님을 전선에서 잃었습니다. 그것만으로도 너무 슬픈 일인데, 거기에다 그가 행복하지 못했던 이유를 자기 탓으로 돌리며 무척이나 괴로워하고 있습니다. 이 일로 인해 저는 많은 생각을 하게 되며, 지금 제가 당신을 사랑할 수 있음을 감사할 뿐입니다.

사랑이란 사람이 손으로 잡을 수 있거나, 주고 싶은 사람에게 줄 수 있는 것이 아니라, 그냥 그 자체에 맡겨져 있는 것이 아닌가 싶습니다. 사랑은 외부에서 와서, 오직 한 사람을 통해 다른 사람에게로 가며, 그저 그 사람과 함께 머무는 것이 아닐까 싶습니다. 그리고 그 사랑이 없다면, 아무리 사랑에 빠져서 그 사람 가까이 가고 싶어도 멀리 서 있을 수밖에 없다는 생각이 듭니다. 그렇지 않나요?

이제 당신은 이렇게 말하겠지요? "그녀는 문제를 해결하려 하지 않고 세뇌 작업에 모든 방법을 동원하고 있어." 아니, 당신은 이렇게 말하지 않을 것입니다! 그러나 저는 가끔 당신을 교육할 필요가 있는 듯하며, 그것이 성공한다면 아마도 당신은 기뻐할 수 있을 것입니다.

모든 손님들이 떠나고 규칙적인 일상으로 돌아오게 되어 매우 기쁩니다. 축제는 멋있지만 일상생활은 꼭 필요하며, 축제를 무척 사랑하는 제게는 더욱더 필요합니다(이것은 두뇌가 아니라 문장을 삼켜 버린 것입니다).

계속 편지를 쓰기에는 너무 피곤합니다. 그러나 방금 불현듯 떠오른 당신 감방에 대한 생각은 그다지 피곤하지 않군요. 잘 주무세요, 당신. 저를 생각해 주시고, 제 사진을 보며 아주 사랑스러운 말을 해주세요(자기 사진에 대해 질투를 느낄 정도로!). 급히 저를 한번 안아 주셔서, 제가 얼마나 당신을 사랑하는지 가만히 속삭이게 해주세요.

당신의 마리아

내 사랑 마리아!

1944. 4. 16, 테겔

당신에게 이미 생일 축하 편지[38]를 보냈지만, 다시 한 번 쓰고 싶은 마음을 어찌할 수 없고, 마음 같아서는 매일 한 통의 생일 축하 편지를 보내고 싶습니다. 이제 당신은 스무 살이 되는군요! 당신의 스무 살이 인생에서 가장 중요한 경험들과 과제들로 이미 꽉 차 있는 것에 비해, 스무 살이었을 당시 나의 모습은 얼마나 아무것도 모르는 철부지였던가 생각하면 참으로 부끄러워집니다. 그때 나는 인생이 사고와 책들로 이루어지는 것처럼 여기며 첫 번째 책을 썼고[39] 두렵게도 그것을

---

38. 현재 이 편지는 남아 있지 않음.

아주 자랑스러워했습니다. 그러나 그때 누가 나로 인해 유익을 얻었습니까? 누구를 기쁘게 하며 행복하게 했습니까? 그렇지만 당신은? 다행스럽게도 당신은 책을 쓰는 대신, 나로서는 다만 꿈이었을 뿐인 것을 알고 행하며 경험하면서 실제 삶으로 살아내고 있습니다. 지식과 소원, 행동과 감정, 참고 견디어 내는 삶이 당신에게는 따로 동떨어져 있지 않고, 하나의 커다란 전체가 되어 서로를 강하게 하며 완전하게 합니다. 당신 자신은 그 사실을 알지 못할 테고, 그것이 가장 좋은 점이어서, 어쩌면 나도 이런 말을 하지 않는 것이 더 나을지도 모릅니다. 그러니 내가 한 말은 잊어버리고, 나를 위해 항상 지금 그대로의 모습을 간직해 주십시오. 왜냐하면 서로 분리되지 않고 완전한 전체[40]를 이루는 그것이 바로 내가 동경하며 갈망하는 것으로서, 내게 절실히 필요하며, 당신에게서 발견하고 사랑하는 것이기 때문입니다. 당신은 너무도 젊고, 나에게는 항상 그 모습 그대로 남아 있을 것입니다. 나만 아니었다면 당신 인생이 얼마나 달라졌을 것이며, 내가 당신 인생을 얼마나 힘들게 만들었는가 하는 생각이 들면 마음이 괴롭습니다. 이런 말을 하는 것을 용서하십시오. 당신은 참으로 더 나은 배우자, 훨씬 더 나은 배우자를 만나야 했습니다. 그러나 돌이켜 당신의 편지와 면회에 생각을 고정시키면, 당신 속에 있는 순전한 기쁨과 사랑, 인내와 강함을 발견하고 놀라움과 경이로움을 느낍니다. 나의 사랑 마리아, 나로서는 도저히 이해할 수 없는 것이나 믿을 수는 있으며, 그 진실만을 확고히 붙잡고 온전히 기뻐하며 행복을 누립니다. 당신은 내가 당신으로

---

39. 디트리히 본회퍼, '성도의 교제Sanctorum Communio'(1930). 교회를 사회학적으로 연구한 박사 학위 논문, 베를린(DBW 1).
40. 아달베르트 슈티프터의 '비티코' 참조. "청년 비티코는 '전체'를 행하고자 하는 일념으로 세상으로 나갔었네 … 그러나 그는 실제 주어진 삶에 뿌리를 내리며, 항상 경험 있는 노련한 사람들의 충고를 구하면서 그 '전체'를 행했고, 다시 말해서 그 자신이 '전체'의 일원이 됨으로써 전체를 행했네."(DBW 8, 303)

인해 자책하기를 원하지 않으며, 아주 단순하게 당신을 사랑하기만을 원할 테지요. 나도 그러기를 바라며, 내가 당신에게 안겨 준 고통이 전혀 느껴지지 않을 만큼 당신을 사랑하려 합니다.

이 말은 당신 생일날 오직 당신 귀에 대고 속삭이고 싶지만, 여전히 편지로 쓸 수밖에 없군요. 그리고 얼마나 오래 기다려야 할까요? 어제 몇 달 만에 시내에 갔습니다. 그곳 사람들은 매우 친절했으나, 계속 인내하며 기다려야 할 것이라고 하더군요. 그리고 오순절 전까지는 아무 변화도 기대할 수 없을 것이라 했습니다.[41] 우리가 기다리는 그날이 오려면, 어쩌면 이미 한여름이 되어 있을지도 모르겠습니다. 내 사랑 마리아, 당신이 다른 사람을 통해서가 아니라 내게서 듣는 것이 낫다고 생각했기에, 당신에게 즉시 이 사실을 알리는 것이 중요했습니다. 일이 이렇게 되어 가는 것을 이해할 수 없고, 우리 미래는 더욱 불확실하기만 합니다. 그러므로 우리는 서로에 대한 사랑과 신의와 인내로 참고 이기며, 하나님의 뜻과 인도하심에 온전히 복종함으로써 견뎌 나가야 할 것입니다(어쩌면 '복종Unterwerfung'이라는 말 대신 '신뢰Vertrauen'라는 말을 쓰는 것이 더 나은 표현일 수도 있지만, 복종이라는 말이 먼저 튀어나온 것은 우연이 아닐 것이며, 새롭고 어려운 길은 항상 복종을 통해 신뢰로 나아가는 것이기에 이 말을 그대로 두었습니다). 막스의 견신례 때 마가복음 9장 24절로 말씀을 전하며[42], "주님"이라고 말하기는 쉬우나 "사랑하는 주님"이라고 말할 수 있는 것이 중요하다고 했습니다. 지금 저는 그 말씀을 스스로 배우고 실천해야 하며, 당신은 나와 함께, 그리고 나는 당신과 함께 연습해야 할 것입니다. 우리 둘 다 힘든 일에 대해 말하는 것을 좋아하지 않지만, 만약 그것이 우리를 지나치게 힘들어지도록 위협할

---

41. 1944년 4월 11일자 에버하르트 베트게에게 보낸 편지에서도 비슷한 내용의 글을 읽을 수 있음(DBW 3, 391).
42. 1938년 4월 9일 키코브에서 전한 본회퍼의 견신례 설교 참조(DBW 15, 476-481).

1944년 4월 16일 마리아에게 보낸 본회퍼의 편지.

때면, 한 사람이 다른 사람을 돕기를 원할 뿐 아니라 정말 도울 수도 있음을 믿고, 완전히 터놓고 온전한 신뢰 가운데 말할 수 있어야 할 것입니다. 하나님께서 우리의 계획을 끊임없이 무산시킬지라도, 그 이유는 오직 하나님의 더 나은 계획을 우리 삶에 관철시키기 위함입니다. 당신은 그 사실을 믿을 수 있겠습니까? 나의 사랑 마리아, 우리 함께 그 사실을 믿읍시다. 다시 약간 무거운 마음으로 당신 생일을 보내야 하겠군요. 그럼에도 불구하고, 생일 축하 파티를 하겠다고 나와 약속해 주십시오. 이 봄날에 마음껏 기뻐하세요. 그리하여 그 기쁨에 나도 동참하게 해주십시오. 나는 당신과 더불어 기뻐하고 싶습니다.

　내 방 책장 위에 놓여 있는 스페인식 신호등[43]이 당신에게 기쁨이 될 수 있을까요? 나는 그 신호등을 매우 좋아했고, 그 신호등은 지난 15년 동안 내가 머무는 방마다 따라다녔습니다. 그 물건이 당신과 함께 있게 된다면 몹시 기쁘겠습니다. 신호등은 예쁜 빛을 비추는데, 당신 생일날 선물하고 싶군요. 당신 생일에 선물하고 싶은 것은 따로 있었지만, 그 신호등은 제 삶의 한 부분이었으니 당신 곁에 있는 것보다 더 좋은 곳은 찾지 못할 것입니다. 사랑하는 마리아, 잘 지내길 바랍니다. 하나님께서 우리에게 기쁜 날을 선사하시며, 기쁨의 재회를 허락하시고, 무엇보다도 기뻐하는 마음을 주시길!

　당신을 마음으로 감싸 안고 입 맞추며 사랑하게 하기를!

당신의 디트리히

* 1944년 4월 18일 면회 허가.

43. 1928-1929년 바르셀로나 부목사 시절의 기념품.

내 사랑 마리아!

1944. 4. 23, 테겔[44]

오늘 밤 자정을 기해, 당신과 함께 당신의 스무 번째 생일을 축하하고 있습니다. 형무소 안에 있는 시계가 자정을 알리는 소리를 들으며 잠에서 깨어 일어났습니다. 당신 곁에 있기를 간절히 원했던 그날 아침이 되었습니다. 오늘 당신의 방문 앞에는 어떤 노래가 들릴까요? 당신은 모든 괴로움을 뒤로하고 그 노래를 기쁘고 행복한 마음으로 들을 수 있을까요? 그러기를 간절히 바랍니다. 당신 방문 앞에서 생일 축하 노래를 부른 후, 당신 가족들은 지금 내 앞에 펼쳐져 있는 매일의 성구[45]를 읽을 테지요. '기도beten'와 '예수님을 따르는 삶nachfolgen', 그 둘은 항상 서로 함께하며, 어느 하나만으로 존재할 수 없습니다. 확신 있게 기도하고 기꺼이 예수님을 따르는 삶, 그것이 충만한 삶입니다. 미래에 대한 은밀한 궁금증이나 의문을 품고, 가끔 불신앙으로 매일의 성구를 펼치기도 하는 우리에게 이 말씀은 아무 대답도 주지 않습니다. 그것은 우리를 힘들게 하기도 하지만, 오히려 좋은 일입니다. 그러면 우리는 오직 하나님만 의지할 수 있기 때문입니다. 이 말은 얼마나 아름다운 말인가요! 오직 하나님 안에서 살기 위해, '의지하고sich verlassen' '자기 자신을 포기하는sich selbst lassen' 것은 얼마나 아름다운가요! 우리가 그리스도를 따르는 삶을 살면, 우리의 미래는 잘될 수밖에 없습니다. 사랑하는 마리아, 지금 우리가 나란히 함께 있음을 기뻐하며 믿어야 할 것입니다.

---

44. 하사관의 호의로 몰래 전달된 편지.
45. 시편 38편 15절, "내가 주를 바랐사오니 내 주 하나님이 내게 응답하시리이다."
요한복음 12장 26절, "사람이 나를 섬기려면 나를 따르라 나 있는 곳에 나를 섬기는 자도 거기 있으리니 사람이 나를 섬기면 내 아버지께서 저를 귀히 여기시리라."

지난 화요일 당신의 면회는 기뻤고, 당신이 이곳에 오면 언제나 그렇듯 너무 아름다웠습니다. 그러나 슬픈 일이 있지는 않았나요? 아니면 우리가 다시금 새롭게 기다려야 한다는 사실을 당신에게 말해야 하는 것 때문에 나도 마음이 무거워서 그렇게 보였던 것일까요? 내가 당신에게 지우는 짐이 너무 버겁다는 사실을 잘 압니다. 그러나 그럼에도 불구하고, 당신이 버거워하지 않고 나와 함께 기다릴 것임을 단 한순간이라도 의심해야 할까요? 동정심 때문이 아니라 우리가 서로 하나라는 사실을 알기에, 우리가 동고동락하지 않는 일이란 더 이상 없다는 사실을 알기 때문에! 서로 하나가 되었다는 말은 모든 것을 함께 나눈다는 말이 아니고 무엇일까요? 마리아, 우리도 그런 뜻으로 받아들이고 있는 것 아니었나요? 지금까지는 그 버거운 짐이 오직 당신에게 지워졌지만, 이제는 우리 공동의 짐이 되지 않았나요? 오늘 당신 생일에, 지난해 당신이 나와 함께 걸어가며, 멀리 떨어져 있으면서도 모든 것을 나와 함께 나누었던 삶에 대해 온 마음으로 감사하고 싶습니다. 그리고 당신 짐을 불필요하게 더욱 무겁게 만든 나의 모든 잘못에 대해 용서를 구하고 싶습니다. 이제 생각 속에서만이 아니라 실제 삶 속에서, 모든 것을 서로 나누며 살게 될 그날을 소망합시다.

당신이 이 편지를 빨리 받게 되기를 바라는 마음에서, 이 편지는 또 한 번 평범하지 않은 길로 가게 됩니다. 그러나 이런 일이 자주 있을 수는 없을 것입니다. 어제 어머니가 오셔서 당신에게 베드로의 초상화를 보냈다고 말씀하시더군요. 그 말씀을 듣고 매우 기뻤습니다. 나는 그 그림을 보낼 수 없었을 것입니다. 내 책상 위에는 당신이 가져온 봄꽃이 아직도 피어 있습니다. 부모님은 5월쯤에 다시 당신 고향을 방문하려 하십니다. 그 말씀을 듣고 무척 기뻤고, 당신이 에버하르트 베트게와 기회 닿는 대로 편지를 교환하는 것에 대해서도 매우 기쁩니다. 그가 4월 5일 당신에게 편지를 쓴 것도 친구로서 매우 고맙게 생각합니다. 할 수 있는 대로 그의 편지를 내게로 가져와 주면 좋겠군요. 또한 외할머니의 편지가 나에게 큰 기쁨이라는 사실을 알고 있겠지요. 내가 그러한 편지가 남기는 감동과 인상을 얼마나 오랫동안 먹고 살아가는지 상상도 못할 것입니다. 내 삶의 일부가 되어 버린 에버하르트와 외할머니의 편지 없이 살아가는 것은 견디기 어려운 일입니다. 그러나 이런 말로 외할머니를 불안하게 하는 것은 아주 심한 장난이 되겠지요. 때때로, 예를 들어 나를 면회한 후에 에버하르트에게 편지를 쓴다면, 그도 기뻐할 것이며 나 역시 매우 기쁘고 감사하겠습니다. 무엇보다 영지에서 12일간의 휴가를 보낼 수 있게 해달라는 부탁이 긍정적으로 받아들여진다면 매우 기쁘겠습니다.[46] 휴가를 선처해 달라고 부탁한 사람은 당연히 견실하며 품행방정하고 나에게 특별히 우호적입니다. 바이에른에서 휴가를 보낼 수 없다면, 다른 가능한 곳을 찾을 수는 없을까요? 그는 5월 초쯤 여행길에 오르고 싶어 하며, 육체적으로 매우 지쳐 있는 상태입니다.

    사랑하는 마리아, 당신을 마음으로 포옹하며 입 맞추고 언제까지나 더욱더 사랑하게 해주십시오.

당신의 디트리히

* 1944년 4월 25일 면회 허가.

---

[46]. 누군지는 알려지지 않았으나, 디트리히는 테겔 형무소 안에서 일하던 사람 가운데 휴가를 절실히 필요로 하는 사람을 위해 도움을 구한 듯하다.

내 사랑 디트리히!

1944. 4. 26, 분도르프

긴 여행에 지친 몸을 이끌고 방에 들어섰을 때, 당신이 보낸 사랑스러운 장문의 생일 축하 편지가 책상에서 저를 반겨 주어 얼마나 행복했는지 모릅니다.[47] 그 편지를 보는 순간 다시 생기가 돌아왔고, 유쾌하고 즐거운 기분이 되었습니다. 그리고 당신과 함께 보낸 시간이 완전히 현재로 살아나고, 감사를 한 아름 담은 생각은 당신을 향해 급히 베를린으로 날아갔습니다.

당신이 보낸 편지에 어떻게 답을 할 수 있을까요? 다만 그 편지를 읽고 또 읽으며 행복을 느낄 뿐입니다.

당신이 제 생일 파티 사진을 갖고 싶다는 말을 했다면 좋았을 것입니다. 흔히들 상대방의 눈에서 그 사람의 소원을 읽을 수 있다고 생각하지만, 저에게는 타인의 생각을 알아내는 재주가 없답니다. 그럼에도 불구하고 당신은 사진 한 장을 받게 될 테지만, 이곳에서는 달리 방법이 없기에 오래 기다리셔야 할 것입니다.

집으로 가는 길에 당신을 면회하러 갔을 때, 제 모습이 슬퍼 보였다고 하셨지요?[48] 정말 그러고 싶지 않았는데, 저를 용서하세요. 당신 옆에 앉아 있을 수 있는데, 슬퍼할 이유가 어디 있겠어요. 제가 진정으로 기뻐하며 감사하지 않는다면, 정말이지 감사할 줄 모르는 것이지요.

당신은 이곳에서 보낸 부활절에 대해 말해 달라고 하셨지요. 지금 생각해 보니, 그 부활절에 대해 아무 말도 하지 않는 것이 오히려 나을지도 모르겠습니다. 어쩌면 그 일이 당신을 불안하게 하고, 곁에 있

---

47. 1944년 4월 23일자 디트리히의 편지.
48. 같은 편지.

을 수 없는 지금의 처지를 더욱 힘들게 할 수도 있기 때문입니다. 당신 귀에 거슬릴지도 모를 이야기를 숨기려는 의도에서가 아니라, 저 스스로도 정리가 되어 있지 않기 때문에, 아무 말도 할 수 없어서 차라리 입을 다물려고 했던 것입니다. 집에 가서도 그 이야기는 하지 않았습니다. 물론 그 경험이 제게 영향을 미친 것은 사실이지만, 그것을 나의 것으로 만들 생각은 없습니다. 거기에 대해 무엇을 쓸 수 있을까요? 이런 종류의 예배를 무시하고 지나쳐 버리기에는, 저는 철저하게 아버지의 딸입니다. '심장과 신장Herzen und Nieren'[49]으로 함께해야 한다는 말이 성경 어디엔가 나오지 않나요? 오늘날 기독교 예배에 마음으로 함께하기는 쉬우나, 몸의 다른 부분은 교회 문 앞에 차갑게 서 있을 수 있다고 생각합니다. 제가 부족한 탓이라고 생각하지만, 이번 부활절 예배에서 저는 처음으로 전인격과 신체가 온전히 함께해야 한다는 사실을 느꼈습니다. 그리고 시편을 머리로만 생각하고 입으로만 노래하는 것이 아니라, 손과 발, 모든 신체가 함께 찬양할 수 있음을 체험했습니다. 제가 감정에 치우쳐 있었다고는 생각지 마세요. 저는 그 어느 때보다도 분별 있고 말짱한 정신으로 부활절 기간을 보냈습니다.

여기까지 말이 나왔으니, 당신에게 이 말도 해야 할 것 같습니다. 제가 쓰는 내용을 바르게 이해해 주세요. 이곳에서 저를 만나게 된 슈탤린[50]은 헤시에게 이런 말을 했다고 하더군요. "부활 주간을 우리와 함께 보내지 않아도 되도록 마리아를 떠나보내십시오. 내 생각에 아버지와 약혼자 사이에서 분명한 결단을 해야 하는 것을 견딜 수 없을 것입니다. 그리고 이러한 결단 없이는 부활절 후에 아무것도 할 수 없

---

49. '마음 깊은 곳'이라는 뜻이 됨. 시편 7편 9절 후반부, "의로우신 하나님이 사람의 마음과 양심을 감찰하시나이다." 독일어 루터 번역 성경에는 "의로우신 주 하나님은 심장과 신장을 시험하시기 때문입니다denn du gerechter Gott, prufest Herzen und Nieren"로 기록되어 있음—옮긴이.
50. 빌헬름 슈탤린 교수. 베르노이헤너 운동과 미하엘 형제단의 공동 설립자이며, 베데마이어 가문의 친구이기도 했음.

을 것입니다"(당신은 제가 부활 주간을 함께 보내기 위해서가 아니라, 헤시를 돕기 위해 이곳에 남았다는 사실을 기억하고 계실 테지요). 부활 주간을 보낸 후 한참 뒤에야 헤시는 이 말을 제게 전해 주었고, 저는 갑자기 저도 똑같은 생각을 했으며 부활 주간을 없었던 일로 되돌리고 싶은 마음이 있음을 알았습니다. 그러나 동시에 이러한 생각은 진실이 아님을 분명하게 알게 되었습니다. 그러한 생각은 당신과 아버지, 두 사람 모두에게 불의를 행하는 것일 뿐이었습니다. 제가 어느 쪽을 선택해야 한다는 것은 지나친 비약이었습니다. 저는 당신의 약혼녀인 동시에 아버지의 딸이고, 그 둘은 결코 분리할 수 없는 것입니다. 그것은 이 세상에서 제 마음속에 간직되어 있는 가장 귀한 재산입니다. 그리고 마음속에 있는 것을 그 누구도 빼앗을 수 없습니다. 저는 분홍색의 회원 카드도 하얀색의 의무표도 거부감이 들 뿐입니다.[51] 그런 카드가 절대적으로 필요할 수도 있습니다. 그러나 저는 그런 카드 없이 교회에 갈 것입니다. 저는 서로 다른 모든 방향과 길을 탐구하는 가운데 스스로 저의 길을 찾아낼 것이며, 다른 사람들이 이미 걸어간 길을 무턱대고 따라가지는 않을 것입니다. 제가 이미 경험해 보았기에, 이런 생각이 교만이 아님을 압니다.

그 부활절 주간에 대해 할 수 있는 말은 달리 없습니다. 한 가지 분명한 것은 철저히 함께하든지, 아니면 첫날 그곳을 떠나서 차라리 저속한 소설이라도 읽어야 했다는 것입니다. 그렇지 않으면 견디기 어렵기 때문입니다!

제가 지금 쓰는 말이 틀렸는지에 대해 편지해 주세요.

아직도 할 말이 많지만 이만 줄여야겠습니다. 다만 당신 곁에 있던 시간이 아름다웠으며, 당신이 슬퍼하지 말아야 한다는 말을 하고 싶

---

51. 당시 고백교회에는 특별한 회원 카드가 있었음.

습니다. 우리가 만난 후 그날 저녁 시간에 무슨 생각을 했는지 써 주세요. 제 생일날, 한밤중에 당신이 저를 생각하고 있을 때 잠들어 있었다는 사실이 아쉽습니다. 때때로 밤에 잠이 깨어 당신 생각이 간절할 때면, 아마도 당신의 생각이 나를 깨웠을 것이라 생각하곤 했거든요. 실제로 그렇다면 얼마나 좋을까요. 아침 다섯 시 반에 자리에서 일어날 때, 저는 당신이 조금 더 주무실 수 있도록 그야말로 조심스럽게 당신 생각을 한답니다. 제 침대 주위로 당신 감방 크기만큼 선을 그어 놓았습니다. 제가 머릿속에 그려 본 대로 거기에 책상 하나와 의자 하나를 놓아두었습니다. 그곳에 앉으면 마치 당신 곁에 앉아 있는 것처럼 느껴집니다. 정말 그런 날이 오기만을!

당신의 마리아

내 사랑 마리아!

테겔, 날짜를 기입하지 않음[52]

그 누구의 간섭도 없이 오후 시간 바깥에서 햇볕을 쬐며 혼자 조용히 앉아 있는 것은 처음이군요. 거의 있을 수 없는 이 특별한 시간에 조용히 당신을 만나고 싶습니다. 최근에 받은 당신 편지를 가지고 나와 다시 한 번 읽고, 당신과 함께 보낼 자유의 날을 꿈꾸어 봅니다. 그런데 내 글씨를 읽을 수 있을지 모르겠군요. 다행히 이 편지는 다른 사람은 읽지 않아도 됩니다! 우리를 지켜보는 관객도, 우리의 말을 엿듣는 청중도 없이, 둘이서 함께 시간을 보낼 수 있다는 것은 정말 멋있는 일입니다.

---

52. 비밀리에 전해진 편지로, 1944년 4월 말에 썼으리라 추정.

이번에 보낸 당신의 편지는 다른 때에 비해 훨씬 더 오래 걸렸더군요. 그 대신 마침내 편지가 도착했을 때에는 몇 배나 아름다웠습니다. 당신이 부활절 주간에 대해 쓴 편지는 제 마음에 깊은 감동을 주었고 많은 생각을 하게 했습니다.[53] 슈탤린이 했던 악한 말까지 모든 것을 알려 주어 고맙습니다. 그는 스스로 책임질 수 없는 그런 말을 하지 말아야 했을 것입니다. 그들이 그토록 경멸하는 '열광주의'[54]는 도대체 어디에서 발견할 수 있습니까? 그에게서, 아니면 나에게서? 그가 그토록 그리스도인다운 태도에서 벗어나 있다는 사실이 마음 아프군요. 그러한 태도는 고백교회에 대한 쓴뿌리에서 기인했을 것이며, 고백교회에도 전혀 잘못이 없다고 할 수 없을 것입니다. 그러나 그 잘못이란 단지 그들의 미성숙으로 인해 생긴 것일 뿐입니다. 사랑하는 마리아, 당신은 아버지와 나 사이에서 결단해야 할 필요가 결단코 없습니다. 문제의 본질은 전혀 그런 것에 있지 않으며, 문제를 사생활에까지 확대시켜서는 안 될 것입니다. 당신 아버지와 나는 항상 서로를 그리스도 안에 있는 형제로 여겼습니다. 비록 몇 가지 면에서 서로 견해를 달리한다 할지라도, 심지어 상대방에게 오류가 있는 것처럼 보였을지라도, 우리는 상대방에게서 배우고자 하며 서로 열린 자세로 대했을 것이며, 오직 그리스도의 지혜와 사랑 안에서 돕기를 원했으리라고 확신합니다. 게다가 지금은 기독교적인 '견해'의 문제가 아니라, 그리스도 편에 서는가, 아니면 그리스도를 반대하는가를 가르는 중요한 시기입니다. 나는 필요하다면 분명한 결단을 해야 한다고 강력하게 주장하는 입장입니다. 그러나 지금 우리가 처해 있는 이 중요한 시기에, 사람들에게 참되지도 않으며 필요하지도 않은 결단을 강요하

---

53. 1944년 4월 26일자 마리아의 편지 참조.
54. 1930년대 '교회 투쟁'을 하는 동안 본회퍼가 속한 달렘, 곧 니묄러 측 지지자들은 '중립'을 표방하는 자들에 의해 비난을 받았음.

는 일은 결단코 없어야 합니다! 부활절 주간에 당신이 사람의 영향을 받지 않고, 취향 따위에 매이지 않으며, 오직 그리스도에 대한 믿음이 견고해지게 되어 기쁩니다.

우리가 믿음에 견고해지도록 도움을 주는 사람이 있을 터이지만, 그러나 궁극적으로 각 그리스도인은 성인成人이 되어야 합니다.[55] 그리스도인은 자신을 사람 아래 둔다거나 사람의 사상 아래 두는 일 없이, 오직 하나님과 그분의 말씀에만 순복해야 할 것입니다. 모든 양식이나 스타일은 믿음과는 거리가 먼 것입니다. 베르노이헤너에 대한 나의 가장 핵심적인 의문은, 어떤 일정한 양식 속에 그리스도에 대한 믿음을 가두어 놓고, 각 개인이 완전한 자유 속에서 하나님 말씀 아래 나아오지 못하도록 하는 것입니다. 이해할 수 있나요? 베르노이헤너들이 그리스도의 말씀을 전하는 면에서는 다만 감사할 뿐이지만, 믿음을 양식화하는 것에 대해서는 거부합니다. 나는 그리스도인임과 동시에 베르노이헤너이길 원하지 않고, 그리스도인이며 자유로운 인간이길 원합니다. 이 점에서 우리 생각이 일치하기를 간절히 바랐습니다. 부활 주간에 당신이 그리스도의 메시지 외에는 아무것도, 정말이지 아무것도 듣지 않았더라면, 아마 모호한 문제에 빠져 혼란을 느끼는 일 없이 오직 확신과 기쁨, 분명한 믿음 가운데로 인도되었을 것입니다. 이 말은 그리스도를 인간의 양념 없이 전할 수 있다고 주장하려는 것이 아닙니다. 그러나 나는 항상 사람들을 그들이 가진 온전한 자유 속에서 말씀 아래로 인도하고자 애썼으며, 그들을 나에게 묶지 않으려 노력했습니다. 너무 자주 그 일이 실패할지라도 그렇습니다. 부활 주간으로 인해 힘들어 하지 말고, 오직 그리스도 아래 있는 자유로 당신을 인도하는 것만 받아들이고 다른 모든 것은 내버려 두십시오. 당신이 나의 설

---

55. 디트리히 본회퍼가 테겔 형무소에서 구상한 하나의 새로운 신학적 모티브.

교를 들을 때에도 항상 그렇게 하십시오. 혹시 당신이 내게서 낯선 율법이나 낯선 목소리를 듣게 된다면 항상 말해 주십시오. 우리가 오직 그리스도께만 순종하며 그분께만 속하길 원합니다.

당신은 지나간 과거를 아름답거나 행복했다고 생각하기가 어려운 것 같다고 썼지요.[56] 지난해, 특히 지난해 초에는 나 역시 자주 이런 생각과 싸워야 했습니다. 그러나 그러한 생각은 아주 위험하며 잘못된 것이므로 단호히 물리쳐야 한다는 사실을 깨달았습니다. 우리는 과거를 잃어버려서는 안 됩니다. 과거는 우리의 것이므로, 우리의 한 부분으로 남아 있어야 합니다. 그렇게 하지 않으면 우리는 불만스러워지며 우울증에 빠지게 됩니다. 우리는 과거의 모든 것을, 감사와 참회라는 목욕을 통해 항상 새롭고 정결하게 씻어야 합니다. 그러면 과거는 우리의 것으로 남아서 우리에게 유익을 주게 됩니다. 그것은 분명 흘러간 과거이나, '나의 과거'입니다. 그러므로 하나님의 선물에 대한 깊고 헌신된 감사와 함께, 하나님의 선물을 끊임없이 망쳐 버리는 우리의 한심스러운 모습에 대한 회개를 통해, 과거는 현재 우리의 것으로 남아 있게 되는 것입니다. 그러면 우리는 스스로 자책하거나 괴로워하는 일 없이 과거를 돌아볼 수 있으며, 과거로부터 필요한 모든 힘을 길어 낼 수 있습니다. 그 모든 과거 위에 하나님의 선하심과 하나님의 용서가 머물러 있으니까요.[57]

당신이 분도르프에 머무는 것을 기뻐하며, 이제 더는 내 생각으로 당신을 불안하게 하지 않을 것입니다. 그러나 어머니의 상황이 좋아 보이지 않아서 다시 이전 생각으로 돌아왔다는 사실을 이해해 줄 테지요? 어머니를 돕기 위해 당신이 그곳을 떠나야 한다면 어머니 자신이

---

56. 현재 남아 있지 않은 편지 내용.
57. 1944년 4월 23일에 쓴 디트리히의 '과거Vergangenheit'라는 시 참조.

결코 허락하지 않을 것입니다. 그러나 나로서는 당신이 정말 그곳에 있기를 원하는지 확신이 서지 않습니다. 나를 만나기 위해 길을 떠나는 것이 기쁨과 해방이라기보다 도리어 불안과 고통이 될 뿐이라면(그럴 수밖에 없음을 잘 이해할 수 있습니다!), 간곡히 청하건대 몇 주 정도 그냥 쉬십시오. 그렇게 하더라도 멀리서나마 당신을 매우 사랑할 것입니다. 나는 당신에게 유익하고 올바른 것을 바랄 뿐이며, 그렇지 않다면 나 자신을 자책하게 될 것입니다. 우리는 그 누구도 원망하거나 비난하지 않으면서, 우리가 1942년 11월부터 1943년 4월 사이의 몇 개월, 아니 적어도 몇 주간이라도 함께하는 시간을 가지지 못한 것으로 인해 안타까운 심정을 자신에게 조용히 토로할 수 있어야 할 것입니다. 그 일이 우리 사랑을 해칠 수는 없겠지만, 더욱 어렵게 만든 것은 사실입니다. 그것은 나보다 당신에게 더욱 그러할 것입니다. 우리가 둘만의 시간을 가져 보았더라면 지금 우리는 전혀 다르게 대화할 수 있었을 것입니다. 그 일이 서로를 향한 우리 사랑에 영향을 미치지 못함을 확신한다면, 그 사실을 애써 숨기려 하는 것은 의미가 없다고 생각합니다. 우리의 사랑은 기적처럼 놀랍게 생겨났고, 또한 놀랍게 지켜질 것입니다. 그리고 당신이 몇 주 동안 면회를 오지 않게 되면 당연히 당신에 대한 나의 그리움은 더욱 커질 테지요. 그러나 그것이 당신에게 도움이 된다면, 우리가 서로를 향해 자유롭게 열려 있고, 당신이 필요로 하는 휴식을 방해하지 않을 수 있다는 생각에 안심이 될 것입니다. 내가 당신과 가장 가까운 사람임을 알기에, 당신이 고요한 가운데 평화를 누리는 것은 나에게 큰 위로이며 나의 모든 고통을 사라지게 합니다. 마음 깊이 사랑하는 내 사랑 마리아, 이 모든 말을 이해하겠습니까?

   얼마 전 장모님의 사랑 넘치는 편지를 받고 기뻤습니다. 내가 당신을 통해 부탁한 것(다행히 특별한 것은 아니지만)을 들어줄 수 없음을 이해해 달라는 부탁도 있었습니다.[58] 그런데 내가 그런 부탁을 한 적이 있었나요? 내가 그 일의 적임자는 낯선 사람일 것이라고 쓰지 않았던가요? 그 일이 성사되지 않은 것은 유감이지만 최악은 아닙니다. 이곳의 다른 사람이, 정말이지 병이 상당히 깊은 그 남자를 밤베르크 근교로 옮긴 후 재정적인 문제까지 해결해 주었습니다. 그 일은 그렇게 마무리되었습니다. 그가 내게 보여준 호의에 대해 나도 뭔가 보답하고 싶었습니다. 그러나 그에게 일이 성사되지 않았다는 말을 했을 때, 그는 전혀 실망하는 기색을 보이지 않았으며 매우 분별 있게 행동했습니다. 당신은 내가 그와 그의 집을 얼마나 사랑하는지 알 것입니다. 당신 외삼촌 H. J. 폰 클라이스트-레초브의 의심에 대해 장모님께서 편지에 언급하셨는데, 얼마나 많은 의심이 우리가 행동하는 것을 가로막고 마는지! 우리가 속해 있는 계층이 가진 약점은, 따지고 보면 그들의 정당화되거나 정당화되지 않은 의심과 망설임이 주된 이유가 아닐까 생각합니다. 단순한 사람들은 그 점에서 다릅니다. 그들은 행함으로 가는 길에서 수많은 의구심으로 망설이지 않기에, 더 많은 실수를 하는 동시에 더 많은 선을 행하게 됩니다.[59] 거기에 대해서는 나중에 많은 대화를 나누어야겠습니다. 내 말이 무슨 뜻인지 올바로 이해했기를 바랍니다.

이제 이 아름다운 시간도 지나고 이만 줄여야겠군요. 사랑하고 사랑하는 나의 마리아, 당신을 사랑스럽게 감싸 안고, 마음으로부터 긴 키스를 보냅니다. 그리고 당신과 함께 보낸 이 아름다운 시간에 대한 감사를 가득 안고, 다시 나의 고독 속으로 돌아갑니다.

언제까지나 마음을 다해, 당신의 디트리히

---

[58]. 1944년 4월 23일자 디트리히의 편지 참조.
[59]. 1944년 2월 21일자 에버하르트 베트게에게 보낸 편지에서 디트리히 본회퍼는 이러한 생각을 발전시키고 있음(DBW 8, 333).

사랑하는 디트리히!

1944. 5. 1. 분도르프

지난 면회 시간에, 제가 베를린에 있다면 좋겠다던 당신의 말이 제 주위를 맴돌고 있습니다. 그 말을 듣고서도 여전히 이곳에 머물러 있는 나 자신으로 인해 양심의 가책이 들어, 당신에게 한번 편지를 써야겠다고 생각했습니다.

제가 이곳을 떠나게 하려면, 정말이지 당신의 말 한마디면 충분하다는 사실을 아셔야 합니다. 당신이 면회 시간에 그 말을 꺼냈으니, 저는 당신의 뜻을 따를 준비가 되어 있습니다. 당신이 원하는 대로 하지 않고 달리 행할 수는 없으니까요. 다만 당신이 그 이야기를 하지 말도록 부탁하고 싶은 심정입니다. 이곳은 너무 아름답고, 저는 이곳에 있을 수 있어 정말 행복합니다. 어제 가볍게 헤시 등을 두드렸을 때, 그녀의 눈가에 맺힌 이슬을 보았습니다. 그래서 당신의 말이 떠올랐지요. "그러나 당신이 떠난다고 하면 그녀는 흐느껴 울겠지요."(당연히 저는 그녀에게 오래전에 이미 그 말을 해주었습니다) 무엇보다 가장 심각한 문제는 제가 전혀 떠나고 싶은 생각이 없다는 것입니다. 그러니 어쩌면 저는 당신을 울려야 할지도 모르겠습니다. 저는 이곳에 있는 것이 행복합니다. 요 근래 저는 아무 데서도 이런 행복을 느낄 수 없었습니다. 그러므로 여기 머물고 싶은 마음은 가장 극단적인 이기주의의 발로이며, 그래서 양심의 가책이 생기는 것입니다.

우리 집에서 집안일을 돕던 소녀가 결혼하게 되어, 엄마도 제가 패치히로 돌아오기를 원하십니다. 그러나 집이 아무리 좋아도, 집을 떠나야 할 때가 되면 언제나 너무 슬프기에, 집으로 돌아가서 집안일을 돕고 싶은 마음은 없습니다. 열다섯 살 때 집안일을 돌보는 역할을 맡아서 하고자 시도해 본 적이 있는데 그다지 흥미롭지 않더군요. 아직도 제가 이곳을 떠나기 원하는지, 아니면 조금은 제 마음을 이해하는지 편지로 알려 주세요.

  외할머니께서 제 생일날 무슨 선물을 하셨는지 알고 싶다고 하셨지요. 흰색과 까만색 돌에 은을 박아 넣어서 만든 커다란 장식 핀을 받았습니다. 할머니 사랑을 생각하며 가슴이 뭉클하긴 했지만, 저는 그 장식 핀이 그다지 예쁘다고 생각하지 않습니다. 당신에게는 이런 말을 해도 되겠지요. 우리 가족들은 너무 고지식하여, 누군가 제게 결혼 준비에 필요한 무엇인가를 선물하기라도 하면 경건치 못하며 무례하다고 여길 것입니다. 정말이지 너무 고리타분하지요.

  화창한 봄날입니다. 저는 많은 시간을 정원 일을 하며 보내는데, 그 일은 아주 즐겁습니다. 그리고 언젠가 우리 집 정원에서 일하게 될 날을 그려 보며 기뻐합니다. 그때 당신도 저를 도와주시겠지요? 우리 둘에서 함께 정원을 가꾸고 있는 모습을 상상해보세요. 너무 즐거워 보이지 않나요? 정원 한가운데는 잔디가 깔려 있고, 잔디 위에는 이른 봄에 피는 크로커스와 노란 열쇠꽃, 물망초가 차례로 꽃을 피울 것입니다. 그 주위로 튤립과 백합, 접시꽃, 들국화, 눈물 흘리는 마음, 해바라기 등 온갖 꽃들이 만발하겠지요. 당신도 다알리아가 보기 흉하다고 생각하나요? 그러나 저는 국화나 코스모스, 나팔꽃 종류는 좋아합니다.

  정원에는 하얀색 탁자와 몇 개의 의자들, 긴 의자 하나가 놓여 있을 것이며, 여름에는 그곳에서 아침 식사를 할 것입니다. 아마도 개 한 마리도 키우게 되겠지요. 그날은 마치 꿈처럼 아름다울 것이며, 저는 그날을 바라보며 기뻐합니다! 키스를!

당신의 마리아

나의 사랑 디트리히!

1944. 5. 6, 분도르프

지금 저는 너무 슬픕니다. 알텐부르크 기숙학교가 폐교된다는 사실을 생각해 보세요.[60] 여름 방학 후에 철거단이 온다는군요. 그러니 마냥 울고 싶은 심정입니다. 알텐부르크 기숙학교는 거의 250년이라는 역사와 전통을 가진 학교입니다. 당시 사람들은 배움의 중요성을 알고, 이 학교를 짓기 위해 헌신했습니다. 그 후 수천 명의 아이들이 이 학교에 다니면서 사람의 도리를 배웠습니다. 그런데 서명 하나로 그 모든 것을 무너뜨리고 완전히 없애 버린다는 것이 말이 되나요! 이해할 수 없는 일입니다.

알텐부르크는 저의 고향과도 같으며, 제 인생에서 가장 아름다운 시절을 보낸 곳이었습니다. 저는 그곳 사람들과 집들, 그리고 모든 것을 사랑했습니다. 이 모든 것이 없어지고 다시는 갈 수 없는 곳이 된다니, 생각하기도 싫은 일입니다. 당신은 정말이지 빨리 감옥에서 나와야 하겠습니다. 이제 철거일까지 겨우 49일밖에 남지 않았고, 저는 당신에게 꼭 알텐부르크를 보여드리고 싶으니까요.

당연히 크리스티네도 그곳을 떠나야 하는데, 지금 우리는 그녀를 어디로 보내야 할지 모른답니다. 20년이나 그 학교에서 가르쳐 온 쿨베르크도 이제 그곳을 떠나, 끔찍하고 아무도 그녀를 이해하지 못할, 학켄 표시[61]를 좋아하는 학교 어딘가로 가게 될 것입니다. 너무나 소

---

60. 튀링겐에 위치한 알텐부르크 기숙 여학교에서 중등 과정을 마친 후, 마리아는 하이델베르크에 위치한 비프링겐 기숙 여학교에서 김나지움 과정을 다녔으며, 이곳에서 수학에 재능이 있음을 발견하게 되었음. 알텐부르크가 디트리히에게 보낸 편지에 자주 등장하는 반면, 비프링겐에 대해서는 전혀 언급이 없는데, 그 이유는 비프링겐의 여자 교장 선생님이었던 엘리자벳 폰 타덴(Elisabeth von Thaden)이 나치 정권에 동조하지 않는다는 이유로 1942년 부활절에 교장직을 박탈당하고, 그로부터 2년 후인 1944년 9월 8일 '민족 반역자'의 죄목으로 처형되었으므로 검열을 의식한 탓이라고 보임—옮긴이.

름끼치는 일입니다. 지금 저는 무엇이든 하고 싶으나, 아무것도 하지 못하고 무력하게 보고 있어야 하는 마음이 어떠한지, 그런 당신의 마음을 더욱 잘 이해할 수 있게 되었습니다.

크리스티네는 올 여름에 집에서 견신례를 받게 될 거예요. 그때 당신도 참석하셔야 해요! 그럴 수 있다면 얼마나 좋을까요. 외할머니께서도 오시니, 견신례 후에 바로 결혼식을 올리는 거예요. 그래서 외할머니가 두 번씩이나 먼 길을 여행하지 않으셔도 된다면, 우리가 바로 결혼식을 올려야 하는 아주 좋은 이유가 되지 않을까요?

아직 라디오는 구하지 못했습니다. 엄마는 라디오를 구하는 것은 불가능하다고 생각하시는데, 거기에 저도 아주 현명한 통찰력을 덧붙이려 합니다. 당신이 저를 라디오 대신 생각하면 어떨까요? 그 부분에서 저는 자신이 있습니다! 무엇보다 우리가 외할머니 댁에 보금자리를 마련하지 않기를 원한다면 그것이 유일한 방법이 될 것입니다. 아마도 저의 질투심 때문에 서로 하모니를 이루기 어려울 테니까요.

외할머니와 저는 오랫동안 질투심에 관해 편지 교환을 했는데, 마지막에는 둘 다 처음 가진 견해를 고스란히 간직하고 있었습니다. 당연히 둘 다 '그렇지만 디트리히는 내 편이야!'라고 생각하며 침묵한 것이지요. 저는 그 편지를 모두 없애 버리기로 결심했습니다. 그렇게 하지 않으면 언젠가 당신이 그 편지를 읽게 될 테고, 다른 때와는 달리 저는 정말 질투심을 느끼게 될지도 모르니까요. 그리고 제 질투의 대상은 그 편지가 되겠지요.

앞으로 며칠 이내로 교육 위원회를 찾아가서 '완전한' 가정 교사로 인정받으려 합니다. 그러면 크리스토프가 마을 학교에 다니지 않아도 되기 때문입니다. 지금까지 그는 1주일에 3일을 두 시간씩 마을 학교

61. 나치 문양.

에 다녀야 했습니다. 수업에는 아무런 체계나 질서를 갖출 수 없습니다. 크리스토프는 너무 산만하고 부주의하여, 그와 수업을 하는 것은 대체로 고통입니다. 그러나 도저히 오래 화를 내고 있을 수 없는, 사랑이 많고 정이 넘치는 아이이기도 합니다. 그는 아주 뛰어난 음악적 재능을 가졌는데, 그에게 맞는 음악 수업을 해주기에는 제가 너무 무능하니 한탄할 노릇입니다. 혹시 처음의 나쁜 수업이 아이에게 해가 될 수도 있을까요?

어제 집안 살림을 맡아 하게 될 소녀가 새로 왔습니다. 그녀는 진델핑엔에서 온 목사의 딸로, 아주 상냥하고 순박한 인상을 주어 매우 사이좋게 지내게 될 것 같습니다. 이제 집안일이 좀 더 분담이 되었고, 저는 더 많은 시간을 정원에서 일하며 보낼 수 있게 되어 기쁘답니다. 꽃들이 만발해 있는 정원은 이제 저의 천국이 되었습니다. 잡초를 모조리 뽑아낸 후 아름답게 가꾸어져 있을 정원을 생각하면 벌써부터 뿌듯해집니다. 일요일인 오늘 정원의 모습은 그야말로 장관이었는데, 그 속에 당신이 없는 것이 애석할 뿐입니다.

당신에게 가는 기차에 오르고 싶은 마음이 간절합니다! 그러나 우리는 오래 기다려야 할 것입니다. 어쩌면 오순절에는 가능할지도 모르지요.

도리스 팔레가 방문하러 오겠다는 편지를 계속 보내는데, 정말 그녀가 올 수 있다면 무척 행복할 것입니다. 아니면 제가 오순절 휴가를 받아 그녀에게 갈 수도 있겠지요. 다시 당신에게 가게 되어, 큰 꽃다발을 선물할 수 있다면! 제 방에 꽃을 가져와서 꽂을 때마다, 그 꽃을 당신에게 가져갈 수 있다면 좋겠다는 생각이 듭니다.

너무 지루한 편지지요.

… 이제는 편지가 아주 아름답게 보입니다!

당신의 마리아

사모하는 디트리히!

1944. 5. 14, 분도르프

오랫동안 당신 소식을 듣지 못했습니다. 도대체 무슨 일이라도 생긴 건가요? 저는 소름끼치는 불안 속에 있습니다. 당신을 만난 지 겨우 3주밖에 되지 않았지만, 다시 당신에게 가 봐야 하겠어요. 아무 소식도 듣지 못하고 이렇게 무력하게 앉아 있다는 것은 끔찍한 일입니다. 당신으로부터 마지막 편지를 받은 지가 벌써 몇 주나 되어, 저로서는 당신에게 편지조차 제대로 쓸 수 없습니다.

헤시 폰 트루흐제스는 자비네[62]의 학교 문제를 해결하기 위해 알텐부르크로 떠났습니다. 그래서 저는 새로 온 목사의 딸과 함께 이곳에 완전히 홀로 남겨졌습니다. 헤시가 언제쯤 돌아올지 전혀 예측할 수 없기 때문에 오순절 계획을 세울 수도 없습니다. 마음 같아서는 오순절에 패치히로 가서 오랫동안 만나지 못했던 도리스 팔레를 만나고, 오가는 길에 당신에게 갔으면 좋겠습니다.

다시 엄마와 함께 지낼 수 있다면 얼마나 좋을까요. 엄마는 자녀들로 인해 근심이 많습니다. 클라우스 폰 비스마르크 형부의 문제[63]도 아직 해결되지 않았고, 그로 인해 룻-앨리스 언니는 몹시 괴로워하고 있습니다. 한스-베르너는 찾아내기 어려운 낯선 곳 어딘가에서 견습을 하고 있고, 크리스티네를 위해서는 새로운 기숙학교를 찾아야 하며, 라라는 집에 있으면서 제대로 된 기초 과정을 배우지 못하고 있습니다. 우리가 벌써 결혼을 해서 어느 도시에 살고 있다면, 이나를 우리 집에 데리고 있으면서 학교에 다니게 할 수 있을 텐데요. 그렇게 하는

62. 폰 트루흐제스 가문의 맏딸로서 폐교된 알텐부르크 기숙학교에 다니고 있었음.
63. 다시 전선으로 나가야 할 날이 얼마 남지 않았기 때문.

것은 정말 실용적인데, 그러면 적어도 집안이 항상 정돈되어 있을 것이기 때문입니다.

외할머니의 편지에 비하면 겨우 쪽지에 불과한 편지입니다. 내일은 제대로 된 편지를 쓸 거예요.

당신의 마리아

사랑하는 디트리히!

1944. 5. 16, 분도르프

이곳에서 당신이 저와 함께 봄을 즐길 수 있다면 얼마나 좋을까요. 꿈처럼 아름다운 봄날입니다. 며칠 전에는 아버지의 큰누님이신 루쉐 로텐한 고모님[64]이 살고 계신 리히텐슈타인 산성을 방문했습니다. 어찌나 장관이던지, 어쩌면 당신은 머릿속으로 그려 보기도 힘들 거예요. 숲 한가운데 있는 높은 바위 위에 지어진 산성은 두꺼운 담벼락으로 둘러싸여 있으며, 거의 눈에 띄지 않을 정도로 작고 비좁습니다. 성 안에는 천장이 나지막한 방들이 있고, 대부분이 폐허가 된 지 오래여서 지금은 거대한 산성의 일부만을 보여줄 뿐입니다. 그럼에도 불구하고 창가에 서서 산과 계곡, 수많은 마을들과 저택들을 굽어보면, 갑자기 자신이 위대해지고 강력해지는 느낌이 들고, 기사와 영주가 무엇을 의미하는지 조금은 알 듯도 하답니다. 놀랍도록 아름다운 푸른 산비탈이 계곡으로 이어져 있고, 화사하게 꽃을 피운 과일 나무들은 너무도 평화로워서 지금이 전시임을 잊게 합니다. 육중한 바위들 사

---

64. 클라라 폰 로텐한Clara v. Rotenhan. 폰 베데마이어 가문 태생으로 운터프랑켄 지역 에버른 근처의 리히텐슈타인 산성에 거주했음.

이로 작은 실개천이 졸졸 소리를 내며 흐르고, 그곳으로 가까이 다가가 보면 깊은 굴이 나온답니다. 이 장소에 어떤 전설이 있는지 들려드리고 싶군요. 어느 기사의 딸에게 사랑하는 기사가 있었는데, 그녀의 아버지는 둘의 결혼을 허락하지 않았답니다. 그래서 그 기사는 어느 깊고 어두운 밤에 사랑하는 연인의 창가로 뛰어올라 그녀와 함께 도망치려 했답니다. 그러나 그들이 이 바위가 있는 곳까지 왔을 때 그만 하인들에게 붙잡히고 말았다는군요. 그녀의 아버지는 크게 진노했고, 그날 밤 안으로 육중한 바위를 깨뜨리게 하고는 자기 딸을 바위 속에 가두어 버렸답니다. 그러나 그녀의 사랑은 너무 커서 바위 감옥을 깨뜨려 버렸고, 그녀의 눈물은 흐르고 흘러서 샘물이 되었다고 합니다. 그러자 그녀의 아버지도 마음이 누그러져서 그 기사에게 딸을 주었다고 합니다. 아름다운 이야기라고 생각하지 않나요? 거의 따라서 하고 싶을 정도로! 그중에서 샘물 이야기만 제외시키면 어떻겠어요?

점차 저의 약혼 소식을 접하게 된 고모들은 당연히 몹시 흥분하고 있답니다. 그분들은 당신에 대해 인터뷰하듯 캐묻고, 모두들 이해할 수 없다는 듯 머리를 흔들며 말씀하십니다. "마리아, 우리는 언제나 너를 엄청나게 신뢰했다. 이발사 견습생 정도라면 차라리 놀라지도 않았을 텐데, 네가 그런 남자를 남편으로 얻게 되다니! 결코 네게 그럴 만한 자격이 있어서는 아니다!" 당신이 베데마이어 가문 사람들을 거의 알지 못한다는 사실이 유감입니다. 저는 항상 그들이 클라이스트 쪽보다 훨씬 친밀하게 느껴졌고, 더 가까운 친족이라고 생각했습니다.[65] 갑자기 모든 고모들과 사촌들이 달려와서 당신 목을 껴안게 된다면, 당신은 푸른 기적[66]을 경험할 것입니다. 그 일 없이는 통과할 수 없을 텐

---

65. 폰 베데마이어 가문은 마리아의 친가이며, 폰 클라이스트 가문은 마리아의 외가임—옮긴이.

데, 벌써부터 그 장면이 어떠할지 생생하게 떠오릅니다. 그러면 저는 옆에 서서 얼굴이 홍당무처럼 빨개져서 당황하여 어쩔 줄 몰라 하겠지요.

베데마이어 가문이 정말 굉장하다는 사실을 아시나요? 그 가문에 속해 있다는 것은 멋있는 일입니다. 그러나 그 가문 사람과의 결혼은 저라면 원하지 않을 것입니다.

지금 분도르프 집안 모양새는 아주 달라져 있습니다. 더 이상 불을 때지 않아도 된 이후로 모든 호화로운 방으로 통하는 문들이 활짝 열렸고, 이제 비티코의 집에서 「아버지」[67]에 나오는 '군인 왕'[68] 시절의 모습으로 변해 버렸습니다. 방들마다 품위 있고 우아하게 꾸며져 있고, 매일 다른 곳으로 가서 앉아 있어도 될 만큼 거실도 많지만, 이곳에 사는 사람들은 스파르타식으로 검소하게 살아갑니다. 디츠와 헤시가 함께 양탄자를 짊어지고 정원으로 나가서 먼지를 털고 있는 모습을 상상해 보세요. 그러나 저녁만 되면, 모두들 멋지게 차려 입고 안락의자에 앉아 담배도 피우고 사과주도 마시면서 뜨거운 감자 같은 시사 문제를 열렬하게 토의한답니다(유감스럽게도 베를 짜는 일은 겨울에만 할 수 있습니다). 정말 유별난 삶의 모습이지만, 저는 이곳에서의 삶이 마음에 듭니다. 왜냐하면 저는 레이스가 달린 옷을 차려 입고 시중을 드는 소녀를 부리는 것에 대해 거부 반응이 있거든요. 그런 모습은 대고모님의 소설이나 이야기에는 어울리겠지만 오늘날에는 맞지 않습

---

66. 깜짝 놀랄 만한 일, 곧 본회퍼가 그 상황에 크게 당황할 것이라는 마리아의 추측—옮긴이.
67. 당시 높은 평가를 받았던 요흔 클레퍼(Jochen Klepper)가 쓴 「아버지, 군인 왕의 소설Der Vater. Roman des Soldatenkonigs」(1937).
68. '군인 왕Sodatenkönig'이라는 별명으로 잘 알려진 프리드리히 빌헬름 1세Friedrich Wilhelm I. 1713년부터 1740년까지 프로이센의 국왕으로 재위하며 사치스럽고 호사스러운 궁정 생활을 멀리하고 군사력 양성에 힘을 쏟았음. 군인으로 사는 것을 마치 자기 집처럼 여긴 왕이라 하여 군인 왕이라는 별명을 얻게 됨—옮긴이.

니다(이런 면에서 부엌일에 대한 저의 취향을 알 수 있겠지요).

그 외에도 우리에게는 새로운 부양가족이 생겼습니다. 프랑크푸르트에 사시던 여든둘 되신 디츠의 고모님[69]이 폭격으로 무너져 버린 양로원을 떠나 이곳으로 옮겨 오셨습니다. 물론 제가 그분을 보살핍니다. 그분은 만난 지 이틀이 되던 날 이미 '두Du'[70]라고 부르도록 하셨고, 삼 일째 되던 날에는 말 그대로 제 목을 껴안았습니다. 제가 마음에 들어서라기보다 원칙에 따른 행동이라 생각하지만, 그래도 친근한 것은 사실입니다. 그녀는 궁정 생활에 익숙한 숙녀답게 장갑을 끼지 않고는 신발을 신지 않는데, 제가 그러한 행동을 보고 웃음을 참지 못하더라도 화를 내지는 않습니다. 당신은 구식을 좋아하지요! 그러나 제게는 그런 행동이 너무 지나쳐 보입니다. 그렇지만 그분이 이렇게 행동하는 것을 이해해 주지 않으면, 민감하지 못하고 배려하는 마음이 없는 것 같습니다. 이 나이 많은 숙녀를 옛 관습대로 살도록 내버려둘 수 없는 이유는, 외관상의 사소한 일로 자기 자신을 힘들게 하며, 함께 더불어 사는 삶에 어려움을 겪기 때문입니다. 어쨌든 저는 좋으신 클라라 고모의 아주 좋은 친구가 되었으며, 매주 한 번 저녁 시간에 그분에게서 이집트 여행기를 듣습니다. 그런데 벌써 그 이야기를 서너 번째 반복해서 하고 계십니다. 그분은 소녀 시절 저의 할아버지에게 홀딱 반했다고 하는데, 그가 얼마나 '사랑스러운 기사도를 갖춘 신사였으며 우아하게 춤을 잘 추었는지' 거듭 이야기한답니다.

그런데 당신은 카드리유[71]를 출 줄 아나요? 당신은 그 춤을 반드시 배워야만 할 것입니다. 우리 가문에서 카드리유를 추지 않는 큰 축제

---

69. 클라라 폰 트루흐제스는 프랑크푸르트의 양로원에 있다가 분도르프로 옮겨옴.
70. 친근한 사이에서 사용하는 2인칭 대명사.
71. 카드리유Quadrille. 18세기 후반에서 19세기까지 프랑스에서 유행한 춤으로, 4쌍의 남녀 커플이 사각형을 이루어 춤—옮긴이.

는 생각할 수 없으니까요. 축제 때마다 카드리유와 함께 모든 것이 춤추게 된답니다.

당신이 크리스토프의 사진만 보고도 그를 그토록 정확하게 평가한 것이 놀랍습니다.[72] 어쩌면 당신은 그를 환상적으로 이해하며 함께 뛰어놀 수 있을 듯합니다. 저는 너무도 어처구니없고 거친 모습에 소망을 잃고 자주 멍청히 서 있곤 합니다. 그러나 잠시 후에는 너무도 사랑스러운 모습으로 용서를 구하기 때문에, 도무지 화난 채로 오래 있을 수 없답니다.

14일은 디츠와 헤시의 결혼기념일이어서, 저는 두 명의 아이들을 데리고 연극을 했습니다. 연극 상연은 둘라스의 고집과 자기 역할을 전혀 연습하지 않는 크리스토프의 게으름으로 인해 거의 실패할 뻔했습니다. 사진 몇 장을 찍었는데, 잘 나오면 당신에게 보내 드리겠습니다. 그 사진에서 당신은 아주 힘들게 자제하고 있는 저의 얼굴을 발견하게 될 것입니다. 힘들여서 배운 피아노곡은 많은 눈물을 흘리며 어렵게 겨우 끝까지 칠 수 있었고, 축하 연설은 수줍음을 타는 크리스토프로 인해 엉망이 되어 버렸습니다. 모든 것이 엉망이었고, 저는 쥐구멍이라도 있으면 숨고픈 심정이었습니다.

아이들이 무대에 서는 것을 배울 수 있도록, 앞으로 더 자주 기회를 만들려고 합니다. 그나마 헤시가 까다로운 성격이 아니어서 다행이라고 할 수 있지요.

당신에게로 가는 다음 여행을 기다리며 기뻐합니다. 여행은 그다지 힘들지 않습니다. 힘든데도 아니라고 말하는 일은 결코 없을 것입니다! 다만 짧은 면회 시간에 이야기해야 할 만큼 중요하다고 생각되지 않을 뿐입니다. 게다가 여행이 행복하게 끝난 후에는 이내 모든 것을

---

72. 1944년 4월 말, 날짜를 기록하지 않고 보낸 디트리히의 편지.

잊어버립니다.

   사랑의 안부를 전하며, 제 생각이 매시간 당신 곁으로 가서 머문다는 사실을 기억해 주세요.

당신의 마리아

내 사랑 마리아!

테겔, 날짜 없음[73]

당신에게 오순절 안부를 전합니다. 당신이 나를 면회하러 올 테고, 그 만남은 100통의 편지 이상의 의미가 있을 테지요. 그러나 당신이 분도르프로 다시 돌아가 혼자 있게 될 때, 적어도 당신에게 기쁨을 주며, 당신의 기쁨으로 인해 멀리서나마 나도 기뻐하게 될 편지가 놓여 있어야겠기에 편지를 씁니다. 이번 오순절에 당신과 나를 위해 무슨 소원을 빌어야 할까요? 이 말은 아주 드물게 나의 입에서 나오는 말이지만, 다른 말로는 표현할 수가 없군요. "이 오순절이 우리 둘에게 축복이 되기를!" 축복이란 눈으로 볼 수 있고, 느낄 수 있으며, 실재가 되어 다가오는 하나님의 임재입니다. 축복은 다른 사람에게로 흘러가길 원하는 것이며, 축복 받은 사람은 그 자신도 축복이 됩니다. 우리가 서로에게, 그리고 함께 일하며 중보기도해야 할 모든 사람들에게 그러한 축복이길 원합니다. 한 사람이 다른 사람에게 축복이 되는 것보다 더 위대한 것이 있을까요? 단순히 도움을 주거나 반려자, 친구가 되는 것이 아니라, 축복이 되는 것! 축복이 된다는 것은 그 모든 것 이상입니다. 우리 결혼은 이러한 축복이 되어야 할 것입니다. 우리 자신이 축복

---

[73] 이 편지는 5월 22일 면회를 앞두고 며칠 전에 쓰였으리라 추정됨.

이 되기를 기도하며, 다가오는 오순절을 경축합시다.

리히텐슈타인에 대한 편지 고맙습니다.[74] 그곳은 정말이지 얼마나 아름다울까요! 그런데 결혼하여 베데마이어 가문에 속하게 되는 것이 왜 그토록 위험한지 모르겠군요. 그것이 본회퍼 가문에 속하게 되는 것보다 어려운가요? 당신이 제 목에 매달리게 될 고모님들에 대해 묘사한 부분을 제외하고는 크게 두려워할 필요를 느낄 수 없습니다. 아마 당신이 제때에 그들을 경고하며 질투하는 역할을 한다거나, 아니면 나의 직업이 보호막이 될 수 있지 않을까 생각합니다. 당신 생각은 어떤가요? 당신은 아버지 가문을 클라이스트 가문보다 더 가깝게 여긴다고 썼는데, 그 이유를 설명해 주면 좋겠습니다. 베데마이어 가문에 대해 소개하는 편지를 써 주십시오. 지금까지는 당신 가족과 아버지에 대한 장인어른의 회고록을 통해 아는 것이 전부입니다. 왜 베데마이어 가문을 두려워해야 하는지? 지나치게 품행을 중시하는지? 아니면 반시민적이라든지? 아니면 지나치게 비판적이라든지? 나는 이 모든 것에 대해서 두려움을 느끼지 않으며, 다행스럽게도 나는 당신과 결혼하는 것이지 당신의 고모들과 결혼하는 것은 아닙니다(장갑을 끼고 있는 나이 든 고모님이 매우 제 마음에 들기는 할 테지만!). 외할머니께서 아주 친밀한 편지를 보내 주셨습니다. 그분이 꽃이나 음악 등에 대해서 나와 이야기해서는 안 된다고 여기는 것은 아주 빗나간 생각입니다. 저는 그러한 주제로 이야기하는 것을 매우 좋아하며, 이곳 감옥에서도 마찬가지입니다! 이만 줄여야겠습니다. 이제 편지를 보내야 하니까요.

하나님께서 당신을 보호해 주시기를!

언제까지나 당신의 디트리히

---

74. 1944년 5월 16일자 마리아의 편지 참조.

* 1944년 5월 22일 면회 허가.

마리아는 디트리히를 면회하기에 앞서, 그 전날 슐라이허 댁에서 있었던 아기 디트리히 베트게의 세례식에 참석했다. 에버하르트 베트게에게 보낸 1944년 5월 22일자 편지에 디트리히는 이렇게 썼다.

"나는 어제 있었던 세례식에 대해 많은 소식을 전해들을 수 있었고, 그로 인해 매우 기쁘다네. 특히 자네 설교가 마리아의 마음에 깊은 감동을 주었네. 그녀가 몇 마디 설교 내용을 전해 주었을 때, 나는 그 설교가 무엇인지 알 수 있었네. 그리고 얼마나 아름다운 찬양을 불렀는지도! … 이로써 자네와 가족들은 나의 「세례식에 대한 생각」에 너무 큰 영광을 부여했다네. 그렇게까지 하리라고는 생각지 못했는데. 그러나 모두들 기뻐했다면, 나도 기쁘다네."(DBW 8, 446)

사랑하는 디트리히!

1944. 5. 26, 분도르프, 오순절 주일 저녁

우편배달이 없는 오순절 연휴가 이어지기 전에 당신에게 오순절 편지를 쓰려 합니다.

저는 어제 저녁 늦게 디츠 폰 트루흐제스와 함께 분도르프에 도착했습니다. 한 번 더 여행을 떠나고 싶은 마음이 들 정도로, 이번 여행은 아름다웠고 아주 순탄했습니다. 디츠는 저를 밤베르크 기차역까지 마중 나왔고, 집에 도착하자마자 바로 침대에 들어가 쉬도록 했습니다. 그래서 오늘은 다른 때와는 달리 여행 후유증으로 몸살이 나지 않았습니다. 오늘 우리는 숲으로 갔고, 봄꽃으로 만든 꽃다발로 집과 교회를 장식했습니다. 제 방은 이미 오순절 냄새가 물씬 풍기며, 탁자 위에는 들국화로 만든 큰 꽃다발이 놓여 있습니다. 그리고 그 옆에는 '남자의 신의'라는 이름을 가진 꽃으로 만든 작은 꽃다발을 올려놓았는데, 너무 쉽게 시들어 버리는 이 꽃의 특성이 차라리 '여자의 신의'라고 부르는 것이 더 나을 듯합니다. 아니면……?

오전에는 재치 있는 리제트와 함께 오븐 앞에 쪼그리고 앉아서 오순절 케이크를 구웠습니다. 그녀는 줄곧 무슨 이야기를 하면서 박장대소하곤 했는데, 그녀의 사투리를 전혀 알아듣지 못하는 저는 무슨 영문인지도 모른 채 따라서 웃었습니다. 물론 그녀는 표준어로도 말할 수 있으며, 제게 젖소의 우유를 어떻게 짜는지 가르쳐 주겠다고 약속했습니다. 제가 우유를 짤 수 있게 된다는 사실이 흥미롭지 않으세요? 하루 종일 구유 냄새를 맡으며 보내는 것은 너무 멋있을 것 같아요!

유감스럽게도 슈바인푸르트에 다시 공격이 있었습니다. 그로 인해 기다리는 편지는 오지 않고 있어요. 그러나 조만간 편지들이 도착하겠지요. 편지들이 도착할 때까지 저 혼자 편지 내용을 상상해 보려 합니다. 그리고 누가 더 아름다운 편지를 썼는지 비교해 보아야겠습니다.

지난 면회 때처럼 아름다운 시간을 보낸 후에는 시간이 특별히 텅 비어 버린 느낌입니다. 아니면 사랑스러운 생각과 아름다운 추억으로 가득 차 있다는 표현이 더 적합할까요?

저는 1942년 가을 그대로가 좋았다고 생각합니다. 그때로 다시 돌아간다 해도 제가 다르게 행동할 수는 없을 듯하니까요. 그때가 아름다워서가 아니라(당신도 그렇게 생각하지는 않을 것입니다), 그냥 모두 그랬어야만 했으리라는 생각에서입니다. 그렇지 않았다면 오늘 우리가 이토록 사랑하지 않을 수도 있으니까요. 당신은 이해하기 어려울 거예요. 언젠가 더 잘 설명할 수 있도록 노력해 보겠습니다.

요 근래 저는 뮌히하우젠[75]이 쓴 아름다운 시를 발견했어요. 알텐부르크에 있을 때 빈디쉬로이바[76]에 간 적이 있는데, 그곳에서 뮌히하우젠과 카로사를 알게 되었어요. 그러나 그때는 너무 어려서 그들의 작품을 이해하지 못했습니다. 지금 저는 당신에게 읽어 드리고 싶은 시들을 많이 발견했는데, 당신이 문제 삼을 만한 것은 없으리라고 거의 확신합니다! 어쨌든 궁금하군요.

빌헬름 마이스터는 매일 조금씩 계속 읽고 있으며, 책을 읽다가 당신이 떠오르기라도 하면, 훗날 당신을 위해 간직하고 싶어 메모를 합니다.

외할머니는 기회 있을 때마다 당신의 「윤리」[77] 서문에 대해 말씀하신답니다. 외할머니 말씀에 따르면, 책의 내용은 정확히 모르지만 '아주 놀랍고 지혜로운' 것이 되리라는 사실은 분명히 알고 있다고 하시더군요. 그 말씀은 굳이 하지 않으셔도 이미 알고 있는데 말이에요. 그러나 지금 당신이 무슨 일을 하고 있는지 알고 당신 생각에 잠길 수 있어 좋습니다.

오늘은 아이들에게 동화를 들려주었는데, 그 동화 속에는 눈을 바꾸어 가진 두 사람이 등장한답니다. 그들은 한 개의 눈으로는 자신이 살고 있는 주변 환경을 보고, 다른 눈으로는 다른 사람이 가는 곳마다 함께 다니며 그의 체험을 모두 함께하게 된다는 내용입니다. 당신 마음에도 드는 이야기인가요? 저는 자주 당신에게 제 눈 하나를 줄 수 있다면 좋겠다고 생각하곤 합니다. 그리하여 당신도 제 주위의 모든 아름다움과 기쁨을 함께 보며 경험할 수 있다면 얼마나 좋을까요. 당신이 글을 쓰고 있을 때, 제 눈이 보는 것을 원치 않으신다면 눈을 감

---

75. 뵈리스 폰 뮌히하우젠Börries v. Münchhausen. 그가 살던 시대에 명성을 날리던 발라드 시인이었음. 「발라드와 기사의 노래Die Balladen und ritterlichen Lieder」(1908); 「갑옷 속의 마음Das Herz im Harnisch」(1911).
76. 바론 뮌히하우젠Baron Münchhausen은 알텐부르크와 멀지 않은 곳에 있던 기사의 영지를 소유하고 있었음. 한스 카로사Hans Carossa는 1938년 2월 25일에서 28일까지 그곳을 방문했고, 카로사의 아내인 에바 캄프만-카로사Eva Kampmann-Carossa가 동석한 자리에서 바론과 카로사는 서로 자신이 지은 발라드를 낭독했음.
77. 디트리히는 1940년 10월 초 룻 폰 클라이스트-레초브의 손님으로서 클라인-크뢰신에 체류하며 「윤리Ethik」를 쓰기 시작했음. 에버하르트 베트게에게 보낸 1940년 10월 9일자 디트리히의 편지 참조. "일은 진척이 있으며, 지금 초안을 쓰고 있는 중이네."(DBW 8, 66)

고 있을 것이라고 약속하지요.

오늘은 이만 줄이겠습니다.

내일은 오순절이군요. 당신에게 기쁜 오순절이 되기를 바랍니다. 당신이 기쁜 오순절을 보내시면 저도 그럴 것입니다. 그리고 제가 기쁜 오순절을 보내고 있으면, 당신도 약간은 그 기쁨을 맛볼 수 있을 테지요. 그렇게 된다면 좋겠습니다. 그러면 저도 내일 기쁜 오순절을 맞이할 용기가 생기니까요.

간절한 사랑의 안부를 전하며, 당신의 마리아

내 사랑 마리아!

1944. 5. 29, 테겔[78]

당신이 행한 모든 사랑의 수고에 대해 감사의 말을 한 번이라도 제대로 전하고 싶습니다. 우선 당신의 면회에 대해! 우리를 마주하고 앉아서 자기가 마치 유명한 만담가라도 되듯 지껄여 대는 사람에게, 이번에는 우리도 아무렇지도 않은 듯 응해 준 것이 다른 어느 때보다 즐겁고 해방감을 주지 않았나요? 면회 시간이 끝나갈 때에야 우리는, 지난날을 돌아보며 조용히 몇 마디 서로 주고받을 수 있었지요. 그렇게 주고받는 몇 마디 말이 제게는 무엇보다도 중요합니다. 당신은 지난 1942년 11월과 12월에 내가 오기를 기다렸다고 했나요? 마리아, 나의 편지에 대해 오지 말아 달라는 장모님의 긴급한 부탁[79]을 유일한 답장으로 받았던 내가 그렇게 할 수 있었을까요? 당신 아버지와 막스

---

78. 몰래 전해진 편지.
79. 부록 참조.

를 생각하며, 장모님의 뜻에 반하여 행동하는 것이 옳았을까요? 아니, 그럴 수는 없었습니다! 외할머니 생각이 달랐다는 것은 중요하지 않습니다. 패치히로 와서 막스의 장례식에 참석해 달라던 도저히 들어줄 수 없는 외할머니의 부탁을, 나는 그분에게 상처를 주지 않으면서 거절하고자 애를 먹어야 했습니다. 아니, 그때 일은 달라질 수 없었으며, 그렇게 진행될 수밖에 없었습니다. 그 일로 한탄하지는 않습니다. 그러나 당시 우리 모두가 더 큰 내면의 자유 속에서 행동할 수는 없었을까 자문해 보기는 합니다. 그런데 지금 이 편지를 쓰는 목적에서 한참 벗어나 있군요. 오늘은 당신에게 감사의 마음을 전하려는 목적으로 편지를 쓰는 것인데…….

두 번째로, 당신이 지금 내 곁에 있는 것과 당신의 편지에 대해[80] 감사하고 싶습니다! 그래요, 마리아, 우리는 서로에게 항상 그런 편지를 쓸 수 있어야 할 것입니다. 당신의 편지는 너무 특별해서 내 마음 깊이 소중하게 간직되어 있습니다. 마리아, 당신이 어떻게 나를 사랑할 수 있었을까요? 나로서는 이해할 수 없는 일입니다. 당신의 사랑은 무엇이며, 당신의 사랑이 아닌 것은 무엇인지 말해 주어 고맙습니다. 나의 청혼에 "예"라고 대답한 것은 지금도 그때와 다르지 않으며, 또 다를 수 없음을 압니다. 우리 사랑이 단지 떨어져 있어야 하는 커다란 고통에 불과했다면, 새장 속에 갇힌 새와 같은 처지에서 채워지지 않는 그리움으로 질식해 버리고 말았을 것입니다. 그러나 우리의 사랑에는 떨어져 있는 고통과 채울 수 없는 갈망만 있는 것이 아닙니다. 우리는 놀랍게도 이미 사랑의 성취를 향한 첫걸음을 내디뎠습니다. 나는 항상 그 사실을 확고히 붙잡으며, 아직 성취되지 않은 것보다 훨씬 중요하게 보이는, 이미 주어져 있는 사랑으로 인해 너무도 감사합니다. 다른 것들

---

80. 여기서 언급된 편지는 남아 있지 않음.

은, 처음 우리를 찾아온 것처럼, 때가 되면 반드시 찾아올 것입니다. 그렇게 해서 우리 사랑은 시간이 갈수록 점점 더 충만해질 테지요. 지금 우리 마음속에 서로에 대한 그리움이 큰 것은 분명합니다. 그러나 우리가 가까이 있을수록 그리움은 더욱 커질 것이며, 우리가 함께 있게 될 그날이 오더라도 서로를 더욱더 그리워하게 될 것입니다. 사랑이란 항상 그리움으로 존재하는 것이며, 마지막 날까지 결코 완전히 채워질 수 없는 서로를 향한 그리움이 아닐까요? 그리움이 사라져 버린 사랑의 성취란 무슨 의미가 있을까요? 그것은 사랑의 끝일 뿐, 사랑의 시작도 사랑의 본질도, 최고의 사랑에 도달하는 것도 아닐 것입니다. 그러나 서로를 향한 그리움이 언제나 분별력 없고 미칠 듯한 갈망을 뜻하지는 않을 것이며, 괴로움과 고통만은 아닐 것입니다. 사랑이란 아직 채워지지 않는 동경으로 인해 지쳐 버리는 것이 아니라, 이른 겨울 아침에 하늘을 아름답게 물들이며 떠오르는 붉은 태양을 바라보며 찬란한 봄날 아침을 기대하게 되는 것과 같은 동경이라고 할 수 있지 않을까요? 분명 서로를 향한 그리움은 기다림이며, 동경이며, 열렬한 갈망이겠지만, 기쁨과 확고한 신뢰를 기초로 한 기다림이며 갈망인 것입니다.

마리아, 당신에게 할 말이 있으니 잘 들으세요. 나는 당신보다 나이가 훨씬 많습니다. 지난날 나 역시, 경솔하고 견디기 힘든 불확실한 갈망을 경험해 본 적이 있습니다. 그것은 이루어지지 않았습니다. 오래전에 한 소녀를 몹시 좋아했던 적이 있습니다.[81] 그녀는 신학을 공부했고, 우리는 몇 년을 함께 다녔습니다. 그녀와는 나이 차이가 거의 없었으며, 그때 내 나이는 21살이었습니다. 우리는 서로 좋아한다는 사실을 몰랐습니다. 그렇게 8년이라는 세월이 흘렀습니다. 이런 모습을 지켜보던

---

81. 엘리자벳 친Elisabeth Zinn에게 보낸 디트리히의 편지 참조. 이 편지에 관해서는 에버하르트 베트게가 쓴 전기 「디트리히 본회퍼」에 상세한 인용문이 나옴(DBW 248f).

제삼자가, 우리를 돕는 것이라 여기며 우리가 서로 좋아한다는 사실을 알려 주었습니다. 우리는 이 문제 앞에 마음을 열고 대화했습니다. 그러나 그때는 너무 늦고 말았습니다. 우리는 너무 오랫동안 서로를 지나쳐 버렸고 오해했습니다. 우리는 더 이상 서로 온전히 이해할 수 없었습니다. 나는 그 사실을 그녀에게 말해 주었고, 2년 후 그녀는 결혼했습니다. 그러자 점차 내 마음속의 짐을 벗어 버릴 수 있었습니다. 그 후 우리는 서로 다시 만나지 못했고, 편지도 쓰지 않았습니다. 그때, 만약에 내가 결혼을 하게 된다면 나보다 나이가 훨씬 어린 소녀가 될 것이라는 사실을 알았습니다. 그러나 그 당시에는, 그리고 그 이후로도 내가 결혼을 하게 될 것이라고는 생각할 수 없었습니다. 교회 일이 나의 전 삶을 요구했기에, 내 인생에서 결혼은 포기해야만 할 것이라고 생각했습니다.

    사랑하는 마리아, 그런 경험을 한 후에는 21살 때와는 달라진다는 사실을 이해하겠습니까? 사랑은 사랑 자체로 의미가 있는 아니라, 마치 사람이 존재하듯 존재하는 것이며 성장하는 것입니다. 나는 '어떤 사랑'이나 사랑 '그 자체'가 아니라, 오직 당신의 사랑, 당신 모습 그대로의 사랑을 원합니다. 그리고 당신도 나에게서 나의 사랑 외에는 아무 것도 발견할 수 없을 것이며, 나의 사랑은 온전히 당신의 것입니다. 나의 사랑 마리아, 내가 쓴 편지로 인해 아파해서는 안 됩니다. 혹시 당신이 나를 이해할 수 없을 정도로 내가 이미 아픔을 주었습니까? 당신은 그 일이 지나간 과거임과 동시에, 그 과거는 나의 과거이며 내 인생사의 한 부분임을 인정해야 합니다. 내가 지금까지 경험하고 체험하며 행했던 모든 일, 비록 그 속에 실패와 실수가 있을지라도, 그 모든 것 없이 오늘의 내가 있을 수 없는 것입니다. 그러므로 사람들은 자신의 과거를 무시하며 경멸해서는 안 됩니다. 옛 사람들은 "O felix culpa!"[82]라는 말을 했는데, 나도 그들과 더불어 이 말을 합니다. 당신은 그래도 나를 사랑할 수 있겠습니까?

어제 여기까지 썼습니다. 내가 쓴 모든 것은 당신에 대한 감사여야 합니다. 도저히 가능할 것이라고 생각하지 않았던 일이 일어났습니다. 내 인생에서 다시 한 번 사랑하며 사랑 받는 일이 허락되었고, 처음으로 이 사랑 안에서 기뻐하며 실현되기를 소망하게 되었습니다. 마리아, 당신에게 감사할 뿐입니다.

7월 15일에 견신례가 있다고 편지에 쓴 적이 있는데, 면회하러 왔을 때는 7월 2일이라고 했습니다. 그때 집으로 갑니까? 그리고 당신을 볼 수 있겠습니까? 당신은 멋진 오순절 선물을 보냈더군요. 그런데 오순절 편지가 빠져 있었습니다. 이상하게도, 아무에게서도 오순절 편지를 받지 못했습니다. 부모님과 에버하르트에게서도 오순절 인사가 없었습니다. 바깥에 있으면 각박한 생활에 파묻혀 이 중요한 축일을 잊어버리고 마는 것일까요? 이곳에서는 이러한 축일로 인해 특별히 내면의 힘을 잃어버리기 쉽습니다. 그러나 동시에 특별한 힘의 원천이 되기도 하지요. 케이크와 고기, 달걀로 만든 코냑까지 정말 멋진 선물이었습니다. 그러나 이러한 기쁨은 금세 사라져 버리고 마는 것임이 금방 드러납니다. 어쨌든 너무 많은 사람들이 굶주리고 있기 때문에, 이런 기회에 그들을 조금이나마 도울 수 있다는 것이 가장 큰 기쁨입니다. 당신도 잘 이해할 수 있을 테지요? 당신이 새로 알게 된 남자를 통해서는 아주 긴급한 상황이 아니라면 편지를 보내려고 하지 마십시오.[83] 그는 너무 쉽게 잊어버리며, 약간 무절제하기도 합니다. 아주 친절하지만 그 이상도 이하도 아닙니다. 당신이 이 편지에 답장을 하고 싶다면 해도 되지만, 꼭 그럴 필요는 없습니다. 나는 다만 당신이 들어주기를 원했을 뿐이니까요. 그리고 이 편지에 답장을 쓰기란 어려울

---

82. '오, 축복된 죄여!'라는 뜻.
83. 이 남자를 통해 몰래 편지를 교환해도 될 것인지에 대해, 그렇게 하지 말도록 권함.

수도 있기 때문입니다. 그러나 이 편지가 우리 사이에 어떤 영향을 미쳤는지 알 수 있도록, 보통 우편을 통해 알려 주길 바랍니다. 내가 당신에게 아픔을 주었다면 용서해 주십시오. 당신을 아프게 하고 싶지는 않았습니다. 불안한 생각을 당신 이마에서 씻어 내고, 내 팔로 당신을 꼭 안고 당신 입술에 키스하며 사랑하게 해주십시오.

당신의 디트리히

과거 Vergangenheit

1944. 6월 초, 테겔[84]

사랑의 행복, 쓰라린 사랑의 고통, 그대는 갔다.
그대를 어떻게 불러야 할까? 곤궁, 삶, 축복.
나의 분신, 나의 마음, 아니면 과거?
문이 닫히고,
발걸음이 천천히 멀어지더니 이내 사라진다.
나에게 남은 것은 무엇일까? 기쁨? 고통? 갈망?
내가 아는 것은 오직 하나, 그대는 갔으며 모든 것은 과거가 되었다는 것.
그대는 느끼는가? 그대에게 상처를 주면서까지
지금 내가 얼마나 그대를 잡으려 하며, 꼭 붙들고 놓아주지 않으려 하는지.
오직 그대 곁에 머물고 싶어서

---

84. 몰래 전달된 편지.

그대 상처를 열어 그대 피를 흘리게 하는 것을.
육체를 가진 이생의 온전한 삶,
그대는 아는가? 이제 나는 자신의 고통을 갈망하며
나 자신의 피 보기를 얼마나 바라고 있는지,
단지 모든 것이 과거 속으로 사라져 버리는 것을 막기 위해.

삶이여, 그대는 내게 무슨 짓을 한 것인가?
왜 왔는가? 왜 가 버렸는가?
과거여, 그대가 나에게서 도망친다 할지라도,
그대는 나의 과거이며, 나의 과거로 남아 있는 것이 아닌가?

어두움에 집어삼키기라도 하듯,
태양은 바다 저편으로 신속히 숨어 버리고,
그대 모습은 과거의 바다 속으로
쉼 없이
가라앉고 가라앉고 가라앉다가
파도에 묻혀 사라져 버리는구나.

차가운 아침 공기 속으로 흩어지는
따스한 입김처럼
그대 모습은 흩어지고
그대 얼굴과 손, 그대 모습이
더는 기억나지 않는다.
어렴풋한 미소와 눈길, 그대의 인사가 눈에 어리지만
이내 가물가물 사라져,
위로도 없고 흔적도 없이

산산이 부서지고 마는구나.

무더운 여름날
진한 꽃내음이 벌들을 초대하여 취하게 하듯
나방이 박각시에 의해 삼키우듯
나는 그대 존재의 향기를 맡고 마시며
그 속에 머물고 싶다.
그러나 한순간 거친 바람 불어와 꽃잎은 지고 향기 없으니
나는 갑자기 사라져 버린 과거 앞에
바보처럼 멍청히 서 있다.

나의 지나간 인생 그대가 황망히 떠나가 버리면,
나는 뜨거운 불집게에 살점이 떨어져 나가기라도 한듯
반항심과 분노에 싸여
쓸모없고 거친 질문을 던진다.
왜? 왜? 왜? 그 말만을 되풀이 하면서.
허무하게 사라지고 말 인생이여,
내 감각이 그대를 붙잡을 수 없다면
내가 무엇을 잃었는지 깨달을 때까지
나는 생각하고 또 생각할 것이다.
그러나 내 위, 내 옆, 내 아래 있는 것 모두가
마치 바람을 잡으려는 듯
과거를 되찾으려 하는 나의 헛된 수고를
도도하게 비웃고 있음을 느낀다.
눈도 영혼도 병들어
눈에 보이는 모든 것을 미워하며

감동을 주는 모든 것을 미워하고,
과거 대신 내게 주어진
살아 있고 아름다운 모든 것을 미워한다.
나는 내 삶을 원하며, 내 자신의 삶을 돌려달라고 요구한다.
나의 과거, 그대를!

그대, 한 줄기 눈물이 고이며
눈물의 베일 속에서
그대 모습 전부를,
그대를 온전히
다시 얻을까 하는 희망으로?
그러나 나는 울지 않으리.
눈물은 오직 강자를 도울 뿐이며
약자를 병들게 하므로.

나는 지친 채 밤을 맞으며,
소유하는 것이 허락되지 않는다면
망각이나마 약속해 주는
잠을 환영한다.
밤이여, 이별의 고통을 씻어 주고
완전한 망각을 내게 선사해 다오.
밤이여, 내게 은혜를 베풀어
그대의 부드러운 직무를 행하여 다오.
나는 그대를 신뢰하리.
밤은 지혜롭고 강하여,
나보다 지혜로우며 낮보다 강하구나.

생각과 감각, 반항과 눈물 앞에
이 세상 아무것도 어쩌지 못하는 것을
밤은 풍성한 충만으로 내 위에 부어 준다.
적의에 찬 시간에 손상되지 않고 순전히 자유롭고 온전하게
꿈은 그대를,
과거인 그대, 나의 삶인 그대,
그대와 보낸 어제를, 어제의 시간을 나에게 돌려준다.

그대가 옆에 있는 것을 느끼고 한밤중에 나는 잠에서 깨어
소스라치게 놀란다.
그대를 다시 잃어버렸는가? 나는 그대를,
나의 과거, 나의 그대를 영원히
헛되이 찾고 있는 것인가?
나는 손을 활짝 펴서
기도한다.
그리고 새로운 것을 경험한다.
과거는 인생의 살아 있는 한 부분으로서
감사와 참회를 통해
다시 되돌아온다는 것을.
과거에서 하나님의 용서와 선하심을 깨달으며
하나님께서 그대를 오늘도 내일도 보호해 주시기를!

내 사랑 마리아!

이 시는 당신을 위해, 오직 당신을 위해 쓴 것입니다. 당신을 놀라게

할까 두려워, 당신에게 이 시를 보내기를 몹시 망설였습니다. 놀라지 마십시오. 이 시 뒤에 숨겨진 뜻을 안다면 놀랄 수 없을 것입니다. 마지막 여섯 행이 핵심을 이루며, 그것을 쓰기 위해 나머지 부분은 존재하는 것입니다. 하나님의 보호하심에 나와 당신을 맡깁니다!

더 이상은 말할 수가 없군요. 내가 하고 싶은 말이 이 시에 다 들어 있습니다. 이 시가 마음에 들지 않는다면 찢어 버리십시오. 그러나 당신에게 숨기고 싶지 않았습니다.[85]

당신의 디트리히

1944년, 테겔[86]

… 당신이 보낸 우표에 대해 아직 고맙다는 말도 못했군요! 혹시 초 하나를 보내 줄 수 있을까요? 다시 음식이 매우 형편없어졌습니다. 저녁에 한 번씩 수프를 만들어 먹을 수 있도록 수프 조각 같은 것이 있으면 좋겠습니다. 거기에 베이컨이 더해진다면 금상첨화겠지요. 이런 물질적인 청을 하는 것을 이해해 주십시오. 급하지는 않아요! 당신도 보다시피, 엉터리 같은 시를 짓고 있으면서도, 나는 여전히 살과 피로 된 인간입니다. 틈나는 대로 가까운 친구들에게 편지를 보내 주길 바랍니다. 자주 쓸 필요는 없습니다. 오늘 보통 방법으로 보내질 편지를 또 쓸 것입니다. 편지를 혼동하지 마십시오!

언제까지나, 언제까지나 당신의 디트리히

---

85. 1944년 6월 5일자 에버하르트 베트게에게 보낸 디트리히의 편지 참조. "한 사람에게 처음으로 이 시에 대해 언급한 지금, 마리아에게 이 시를 보내도 되며 보내어야 한다는 생각이 든다네."(DBW 8, 467) 디트리히는 마리아에게 이 시를 보내며 약간의 수정을 가했음.
86. 현재 남아 있지 않은 편지의 일부. '과거'라는 시를 보낸 후 1944년 6월 어느 날 쓴 편지로 추정되며 감옥에서 몰래 보낼 수 있었음.

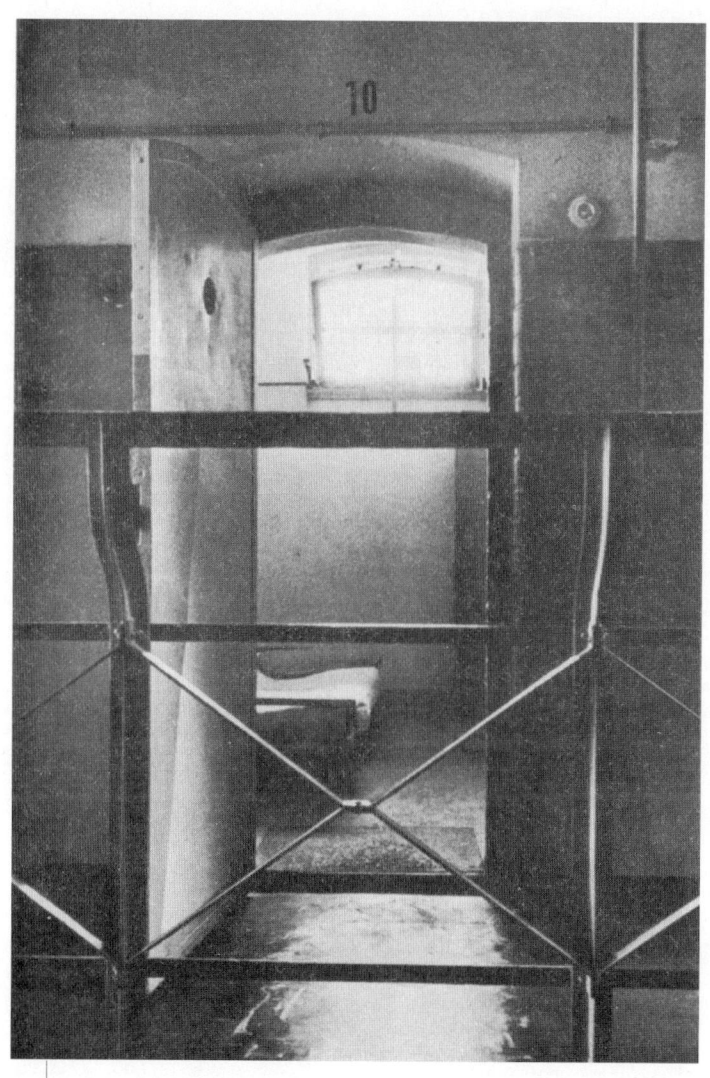
본회퍼가 수감되었던 테겔 형무소 10호실 감방.

「기독교에 대한 재고Bestandsaufnahme des Christentums」 초록 작성과 함께 시를 쓰기 시작한 본회퍼와 에버하르트 베트게 사이의 편지 왕래가 잦아진 반면, 우리에게 남겨진 두 연인 사이의 편지 간격이 갑자기 벌어졌다. 특히 이 시기에 쓴 1944년 6월 마리아의 편지가 남아 있지 않아 아쉬움을 준다.

많은 면에서 마리아가 위기 상황에 빠졌음을 시사해 주고 있다. 친척들은 면회를 마치고 돌아온 마리아가 깊은 절망으로 괴로워하는 것을 볼 수 있었다. 그녀의 모습은 거의 실신할 듯 심각해 보였다. 약혼자와 연합의 가능성이 사라지는 것을 지켜보아야 하는 그녀의 참담한 심정에는 분도르프의 따뜻한 환경도 전혀 도움이 되지 못했다. 게다가 그녀 주변에는 본회퍼와의 관계에 대해 근본적으로 의문을 제기하는 사람들도 적지 않았다.

이때 마리아는 그녀 생일날 받은 디트리히의 편지에 기초하여 아주 단도직입적인 편지를 쓰고자 결심했다. "우리를 힘들게 하는 일에 대해 말을 많이 하는 것을 우리 둘은 좋아하지 않는다고 생각합니다. 그러나 어려움이 우리를 지나치게 힘들게 할 위험이 도사리고 있을 때에는, 한 사람이 다른 사람을 돕고 싶어 할 뿐 아니라 정말 도울 수 있음을 믿고 온전한 신뢰 속에서 완전히 터놓고 말할 수 있어야 할 것입니다." 마리아의 편지는 남아 있지 않다. 그러나 그 편지의 내용이 무엇인지는 디트리히가 보낸 답장을 통해 분명히 알 수 있다.

마음 깊이 사랑하는 착한 마리아!

1944. 6. 27. 테겔

당신의 편지로 인해 매우 감사합니다.[1] 그 편지는 전혀 나를 슬프게 하지 않았으며, 오히려 한없는 기쁨을 안겨 주었습니다. 그 편지는 우리 사랑이 지금 우리가 생각하는 것보다 더욱 깊다는 사실을 알게 해주었기 때문입니다. 서로 깊이 사랑하지 않고는 그런 편지를 쓸 수 없음을 압니다. 우리가 떨어져 있기에, 서로에 대한 사랑이 얼마나 큰지 완전히 알 수는 없습니다. 당신이 쓴 편지 내용이 나를 놀라게 하지는 않았습니다. 이미 대충 짐작하고 있었기 때문입니다. 서로 거의 만난 적이 없는 상황에서, 어떻게 당신이 나를 사랑할 것이라 믿으며 작은 사랑의 신호로 인해 행복해 하며 기뻐할 수 있었을까요? 지금 그런 마음이 들지 않는다면, 당신이 사랑한 대상은 내가 아닌 환상에 불과했을 것입니다. 우리 사랑은 서로 떨어져 있어야 하는 순간에 비로소 시작되었습니다. 우리가 서로 멀리 떨어져 있으면서도, 다른 것에 의존하지 않고 모든 것을 있는 그대로 받아들였다는 사실은 얼마나 다행스러운 일입니까! 솔직히 말하건대, 가끔은 당신이 동정심에서 내 청혼을 받아들인 것은 아닐까 두렵기도 했습니다. 그러나 당신 편지는 당신 역시 나와 마찬가지로 우리가 서로에게 속한 것을 분명히 알고 있다는 것을 깨닫게 하며, 오늘 이 시간 그 사실이 어느 때보다도 분명해졌음을 보여 줍니다. 우리가 인도 받은 그 길은 순간적인 거친 열정이 아니었습니다. 오늘 우리는 그로 인해 기뻐해야 하지 않을까요? 그렇지 않았다면, 오늘 우리에게 주어진 모든 고통에 더하여, 떨어져 있어야 하는 고통이 우리를 얼마나 더 힘들게 했을까요? 햇볕이 우리에게

---

[1] 이 편지는 남아 있지 않으나, 어쨌든 그 편지는 1944년 5월 29일 디트리히의 편지에 대한 답장이었음.

빛을 비추며 마음속까지 따스하게 스며들어 올 때에, 왜 우리를 뜨거운 열로 태워 버리지 않느냐며 비난할 수 있을까요? 그런 면에서 나는 아주 평온하며 당신도 그러길 바랍니다.

당신은 자주 괴로운 생각에 빠진다고 했습니까? 오 내 사랑, 내 사랑, 마리아, 내가 당신으로 인해 얼마나 기쁨에 넘치고 행복으로 충만해졌는지 그것으로 충분하지 않습니까? 내 인생 어느 때보다도 당신으로 인해 기쁘고 행복했습니다. 당신 사랑이 혼란스럽다면, 내가 당신을 사랑하는 그 사랑으로 충분할 수는 없겠습니까? 나는 당신에게서 아무런 희생도 바라지 않으며, 아무것도 원하지 않고, 오직 당신 모습 그대로 사랑할 뿐입니다. 단 한 가지, 당신이 불행해지는 것만 빼고 정말 아무것도 바라는 것이 없습니다. 당신이 원하는 것을 내게서 찾지 못하고, 내가 당신이 원하는 사람이 아니어서 당신을 불행하게 하는 것만 제외하고! 당신은 오순절 월요일에 '더는 감당할 힘이 없다'는 느낌이 들었다고 했지요. 그러면 당신은 나 없이도 되겠습니까? 당신이 그럴 수 있다면, 당신은 여전히 선택의 자유가 있으며, 언제라도 나를 떠날 수 있습니다. 그러나 나는 당신 없는 삶을 생각할 수 없습니다. 그럴 수 없습니다. 내 사랑 마리아, 당신을 스스로 괴롭히지 마십시오. 당신이 어떻게 느끼는지 잘 압니다. 그러나 그 모든 것이 달라질 수 없을 것이며, 다른 모든 것은 진실하지도 참되지도 않을 것입니다. 우리 모습 이대로 우리는 서로에게 속해 있으며 함께할 것입니다. 우리가 서로에게 속해 있으며 함께 가야 함을 알기에, 나는 당신을 놓지 않을 것이며 꼭 붙들 것입니다. 만약 내가 지금 나이보다 훨씬 어렸다면, 어쩌면 아주 다를 수도 있을 것입니다. 그러나 지금 당신을 사랑하는 만큼 사랑할 수는 없을 것입니다. 나는 더 이상 그렇게 어리지 않은 것이 기쁘기만 합니다. 하지만 당신에게는 그것이 힘들 수도 있음을 잘 압니다. 그러나 언젠가 당신도 지금 모습 이대로 우리가 함께해야 했음을 느끼고 알게 될 날이 올 것이라 생각합니다.

내가 이야기한 것에 대해 당신의 생각을 알려 주어 고맙습니다.[2] 당신에게서 아무 소식도 듣지 못했을 때는 너무 놀라지는 않았을까 하여 염려가 되었습니다. 그러나 근본적으로는 당신이 놀라지 않으리라 믿었습니다. 그리고 당신의 말 속에서, 1943년 1월 13일에 썼던 편지와 똑같은 당신의 "예"[3]를 다시 듣습니다. 그리고 그 "예"라는 말에 근거하여, 오랫동안 당신 편지를 기다려야 할 때면 끝없이 그 "예, 예, 예"를 행복하고 수줍은 마음으로 듣고 또 듣습니다.

이제 당신은 일정 기간 여행을 하지 않겠다는 것이지요. 내 사랑 마리아, 여행이 당신에게 지나치게 무리가 된다면, 여행을 하지 않는 것은 당연하며 옳은 일입니다. 그러나 지금 우리 인생에서 서로 만나는 것보다 더 중요한 일이 또 있을까요? 우리가 자발적으로 만나기를 포기한다면, 우리 사이를 강압적으로 가로막는 일은 아닐까요? 지금 우리는 서로 떨어져서 혼자 가야 할 때가 아니라, 함께 가야 할 때라고 생각합니다. 우리가 떨어져서 혼자 가려 하는 것은, 도움이 되거나 평정을 찾게 하는 것이 아니라 괴로움과 불안을 안겨 줄 뿐이라고 생각합니다. 당신이 옆에 앉아 있을 때 나는 평안합니다. 당신은 다릅니까? 나는 마음 내키는 대로 행하는 것을 두려워합니다. 남편과 아내는 서로에게 속했기에 가능하다면 자주 만나야 합니다. 당연히 여행 금지 등 불가피한 외적 상황으로 인해 그러한 만남이 불가능할 수도 있습니다. 그러나 그것은 단지 외적인 장애물일 뿐입니다.

솔직히 말하겠습니다. 우리 인생에서 우리가 더 볼 수 있는 기회가 얼마나 남았는지 알 수 없습니다. 이 시대가 그런 예측을 불허합니다.

---

2. 1944년 5월 29일자 디트리히의 편지 참조.
3. 부록 참조.

언젠가 더 이상 돌이킬 수 없는 일을 두고 자책하게 되지나 않을까 하여 짐스럽습니다. 병이나 여행 금지 등, 외적인 장애물들이 분명 있을 것입니다. 현재 내면의 장애물이 아무리 강하게 보이더라도, 그 장애물이 훗날 자신을 자책하는 마음에서 구해 주지는 못할 것입니다. 니묄러 목사님의 부인은 벌써 몇 년씩이나 2주에 한 번씩 뮌헨으로 남편을 찾아가 면회했습니다.[4] 당신도 지금까지 무슨 기회라도 있으면 나를 찾아오기를 멈추지 않았습니다.

당신은 매일 저녁 8시에서 10시까지 항상 사촌과 함께 앉아 있다고 했지요. 그리고 부족한 수면과 두통에 시달리면서도 의사의 검진이나 처방을 받으려고 하지 않고, 도무지 당신 몸을 아끼지 않고 있습니다. 사촌에게 8시에는 당신 방으로 가겠다고 분명히 말하고, 충분한 수면을 취하며, 의사의 권면에 따르는 것이 옳지 않을까요? 그렇게 하면 다시 새 힘을 얻을 테고, 나에게 올 수도 있지 않을까요? 당신이 억지로 나를 떠나 있는 것보다, 나에게 오는 것이 당신을 훨씬 자유롭고 편하게 해줄 것이라 생각합니다. 당신은 지금 혼자 있는 시간의 열매를 과대평가하며 자기 자신을 스스로 괴롭히고 있는 것처럼 보입니다. 내가 이렇게 말하는 것이 뻔한 이기주의로 생각되지는 않을 것입니다. 오히려 이런 말을 당신에게 하는 것이 몹시 어렵습니다. 그러나 우리 둘을 위해 이 말을 하는 것입니다. 나는 모든 부자연스럽고 소심하며 인공적인 것을 거부합니다. 약혼자들은 함께 속했으며, 어느 한쪽이 지금의 나와 같은 형편에 처해 있다면 더욱더 그러합니다. 내 사랑 마리아, 혹시 그렇게 하는 것이 당신에게 희생이나 수고, 고통이 된다면, 그것을 나보다 더 잘 이해할 사람이 어디 있겠습니까? 만약 그

---

4. 마르틴 니묄러Martin Niemöller. 베를린-달렘 교회의 목사이며 고백교회의 지도적 인물로서. 1937년 체포되어 전쟁이 끝날 때까지 다카우 강제수용소에서 생활함.

렇다면 당신에게서 그 모든 짐을 덜어 주기 위해 무엇인들 못하겠습니까? 차라리 내가 고독할지언정 당신의 방문이 주는 기쁨을 포기하지 않겠습니까? 그러나 우리 둘을 위해, 장래 우리의 결혼을 위해, 그렇게 해서는 안 된다는 느낌을 강하게 받습니다. 우리 둘의 사랑을 위해, 전혀 되갚을 길 없는 당신의 희생을 받아들여야 함을 느낍니다. 여행이 당신에게 지나치게 무리가 되고 몸이 아파서 올 수 없다면 당연히 쉬어야 합니다. 그러나 영혼의 어려움은 우리 둘이서 함께 극복해 나가야만 하는 것입니다! 당신 사촌이 당신을 생각하는 마음은 잘 압니다. 그러나 그 집에서 하는 일이 당신 본래의 인생 목적을 향해 가도록 도우며, 우리 결혼을 방해하는 쪽이 아니라 성사되도록 돕는 것이 옳지 않을까요? 무엇보다도 그는 실상을 파악할 줄 알아야 할 것입니다. 당신은 4월에는 어머니 생신 때문에, 5월에는 나와 도리스 팔레를 만나기 위해, 이번에는 동생 견신례[5] 때문에 여행했습니다. 당신 여행에는 항상 다른 이유가 한 가지씩 더 끼어 있었습니다. 왜 당신은 오직 나를 만나기 위해서 여행길에 오르지 않는 것입니까? 내 사랑 마리아, 이 말이 너무 혹독하게 들립니까? 아니면 이 말 뒤에, 오직 우리 결혼을 생각하는 마음이 숨어 있음을 느낍니까? 우리는 자신을 감정에 내맡겨서는 안 됩니다. 그러면 파멸이 기다리고 있을 뿐입니다.

    내 생각을 아주 솔직하게 털어놓았습니다. 과거의 그 무엇도 근심을 주지 않습니다. 그러나 미래는 우리 둘에게 책임이 있습니다. 우리가 가는 길이 분명하고 바르며 자연스러워야 하지 않겠습니까? 무엇보다도 우리가 하나라는 사실에 기초하여 전 인생을 바라보아야 할 것입니다.

    이 모든 것을 편지로 전하는 것은 쉬운 일이 아닙니다. 그러나 이것도 하나님의 뜻이라고 생각하며, 이런 시간이 너무 길지 않기를 바랄

---

5. 마리아의 여동생 크리스티네 폰 베데마이어는 6월 15일에 견신례를 받았음.

뿐입니다. 그리고 하나님의 뜻에는 말 없이 복종해야 하지요. 당신이 동정을 원치 않듯 나 역시 동정을 원치 않습니다. 그러나 더 오래 기다려야 하면 할수록, 당신이 나와 함께 인내하며 기다릴 수 있기를 원합니다. 슬퍼하지 마십시오. 당신이 어떻게 생각하며 어떻게 행동할 것인지, 당신이 어떻게 해야 한다고 생각하는지 말해 주길 바랍니다. 내가 당신을 무척 사랑한다는 것과 언제까지나 사랑할 것이라는 사실만은 분명히 믿어 주십시오.

당신의 디트리히

* 1944년 6월 27일 면회 허가.
디트리히는 1944년 6월 27일 에버하르트 베트게에서 보낸 편지에서 이렇게 썼다.

"방금 마리아가 이곳에 왔었네. 그녀로부터 자네의 최근 소식이 베로나에서 온 것임을 알았다네……."(DBW 8, 498)

* 1944년 7월 20일 사건으로 인해 테겔 형무소 안에도 급격한 변화가 있었음을 알 수 있다. 히틀러 암살과 나치 정권을 전복시키려는 시도가 실패한 것이 알려지자, 본회퍼는 이 날짜와 함께 사건이 다른 국면에 접어들었음을 알았다. 이미 7월 21일, 제국 비밀경찰청은 '7월 20일 특별 조사 위원회'를 조직했다. 특별 조사 위원회는 11개의 수사팀으로 구성되었고, 400명의 형사와 게슈타포가 조사에 착수했다. 전례 없는 구속의 바람이 불었다. 제국 고등군법회의는 무력화되었고, SS 지도부의 손에 모든 권력이 집중되었다. 이제 테겔 형무소는 그들의 손아귀 안에 들어갔고, 아무도 안전하지 못했다. 다음에 이어

지는, 친구에게 보낸 7월 21일자 본회퍼의 편지는 그의 마음의 소원을 읽을 수 있는 소중한 자료이다.

"나는 스스로 거룩한 삶을 살려고 노력하는 가운데 믿음을 배울 수 있다고 생각했었네. … 그러나 그 후, 온전히 이 세상 속에서 살아갈 때에야 비로소 믿음을 배울 수 있다는 사실을 알게 되었고, 그것을 지금 이 순간까지 경험하고 있다네. 그가 거룩한 자이든, 회개한 죄인이든, 목회자든, 의인이든, 죄인이든, 병자든, 건강한 자든, 그들 모두를 나는 이 세상이라고 칭하며, 주어진 삶의 과제와 의문 속에서, 성공과 실패 속에서, 경험과 난감함 속에서 살아가고 있는 그들 모두를 나는 이 세상이라고 말하는 것이네. 그리고 그들이 자기 스스로 무언가 이루어 내려고 하는 시도를 완전히 포기할 때에야 비로소 하나님의 품에 자신을 온전히 맡기게 되고, 그때에야 비로소 자기 자신의 고난이 아니라 이 세상에서의 하나님의 고난을 진지하게 받아들이게 된다네. 그때에야 비로소 겟세마네에서 그리스도와 함께 깨어 있게 된다네. 내 생각에는 그것이 바로 믿음이자 메타노이아metanoia(회개, 참회라는 뜻의 라틴어-옮긴이)이며, 그런 과정을 통해 인간이 되고, 그리스도인이 되는 것이라네. … 나는 이 사실을 깨닫도록 인도받은 것이 감사하며, 내가 지금까지 살아온 길을 통해서만 이 사실을 깨달을 수 있었음을 안다네. 그러므로 나는 과거와 현재를 감사하며 평화롭게 돌아볼 수 있다네."

내 사랑 마리아!

1944. 8. 13, 테겔

이제 편지를 받기까지 점점 더 오랜 시일이 걸리는군요. 아마도 지난 몇 주에 걸쳐 남부 독일에 가해졌던 잦은 공습 탓이 클 테지요. 지난 6주 동안 당신의 편지라고는 단 한 통밖에 받지 못했습니다. 유감스럽게도 지난 면회 시간에 부모님도 똑같은 소식을 전할 뿐이었습니다.

그러나 편지는 우리가 하나라는 사실에 대한 약한 신호일 뿐, 최상의 것은 우리의 생각과 기도 속에 이루어지고 있습니다. 그것은 편지가 오든 오지 않든 우리가 항상 하고 있는 일이지요. 당신은 이제 베를린에서 일하기로 결정한 것입니까?[6] 근심과 염려에는 힘든 노동이 특효약이라며 지난 수천 년 동안 칭송되어 왔지요. 그 노동의 효력이 모든 사적인 것을 잊어버리게 하는 데서 나오는 것이라고 생각하는 사람들이 많습니다. 그러나 나는 참된 노동이 자기를 비우게 하므로, 거기에서 노동의 효력이 나타나는 것이라 생각합니다. 마음에 소원과 근심으로 가득한 사람이 다른 사람의 요구를 들어 주기 위해서는, 우선 자기 자신을 버려야 하기 때문이지요. 내 사랑 마리아, 이와 같이 당신이 새로 시작한 일이 약이 되고, 새로 직면하게 되는 어려움 속에서 오히려 특별한 내면의 자유를 누리게 되기를 바랍니다. 그러나 당신의 자연스러움과 당신 유전자 속에 들어 있는 활동성으로 인해, 주어진 과제를 힘들게 느끼기가 쉽지 않을지도 모르겠군요.

나만을 위해서가 아니라 다른 사람을 위해서 일할 수 있다면 얼마나 좋을까요! 그렇게 할 수 있다면 얼마나 자유롭고 뿌듯할까요! 그렇지만 매일 책 속에 파묻혀 있을 수 있고, 새로운 것들을 배우며 틈틈이 작업에 필요한 생각들과 연관 관계를 메모해 둘 수 있어서 감사합니다.[7] 다시 가브리엘레 폰 빌로우-훔볼트[8]를 큰 기쁨으로 읽었습니다. 그녀는 약혼 직후 3년씩이나 약혼자와 떨어져 지내야 했습니다. 얼마

---

6. 마리아는 새로운 일을 하기 위해 분도르프를 떠났음. 디트리히는 1944년 8월 5일 에버하르트 베트게에게 보내는 편지에서 이렇게 씀. "마리아는 그녀의 발이 정상으로 회복되면, 다시 적십자사로 가서 일하게 될 것 같네."(DBW 8, 554)
7. '기독교의 존립 여부Bestandsaufnahme des Christentums'라는 방향에서 연구. "나는 이 주제를 다룰 수 있는 여유와 힘을 가질 수 있기를 바라고 있네. … 자유 신학의 유산을 무시할 수 없는 '현대' 신학자의 한 사람으로서 이 문제를 제기해야 한다고 느낀다네."(DBW 8, 567)
8. 에버하르트 베트게에게 보낸 1944년 8월 14일자 디트리히의 편지 참조(DBW 8, 567).

나 큰 인내이며 침묵인지, 그 당시 사람들은 얼마나 큰 긴장을 참아낼 수 있었는지! 그들의 편지는 6주나 걸려 전해졌지요. 그들은 오늘날 사람들이 잃어버린 기술, 곧 매일 하나님께 맡기고 신뢰하는 법을 배워야 했습니다. 이제 우리도 다시 그 기술을 배우며, 힘들더라도 이러한 배움의 학교에 대해 감사할 수 있기를 원합니다.

내 사랑 마리아, 우리에게 닥쳐오는 환난으로 인해 길을 잃어버리지 맙시다. 그 모든 것은 선하고 선하신 손으로부터 오는 것이니까요. 22일[9]에는 당신 생각을 많이 하게 될 것입니다. 장인어른은 하나님 곁에 계시며, 단지 우리보다 몇 발자국 앞서 가셨을 뿐입니다. 기쁜 마음으로 장인어른과 막스를 생각하며, 장모님이 지난 이태처럼 항상 확신으로 가득한 모습을 잃지 않도록 기도합시다. 사랑하는 마리아, 잘 지내길 바랍니다. 하나님께서 우리 모두를 보호해 주시기를!

언제까지나 변함없는 신실한 마음으로, 당신의 디트리히

마음 깊이 사랑하는 나의 마리아!

1944. 8월, 테겔[10]

지금 당신은 내 부모님을 도와드리고자, 스스로 베를린 행을 결심한 것인가요? 그 일로 당신에게 다시 한 번 부탁하지 않았음에도 불구하고! 이 기쁨을 어떻게 다 표현해야 할지 모르겠습니다. 부모님께서 그 소식을 전해 주셨을 때, 처음에는 믿으려고 하지 않았습니다. 지금도 여전히 어떻게 그런 결심을 할 수 있었는지 이해할 수 없습니다. 당신이 베

---

9. 마리아 아버지의 소천일.
10. 이 편지 역시 원본은 남아 있지 않음. 8월 18일 인용된 마리아의 편지보다 먼저 쓰였으리라 추정.

스트팔렌 지방으로 가게 된다는 편지를 막 받고 난 직후였습니다.[11] 장모님도 당신 결심에 동의하셨습니까? 당신이 적십자사에서 일하게 되어, 앞으로 오랫동안 만날 수 없을 것이라 여겼습니다. 그런데 모든 상황이 완전히 역전되다니, 내게는 너무도 큰 선물입니다. 이제 공습경보가 울릴 때마다 당신 걱정을 해야 할 테지만, 그 대신 매일 매시간 당신이 가까이 있다는 사실을 알 수 있어 얼마나 기쁜지 모르겠습니다. 당신이 얼마나 선한 결심을 한 것인지! 그 결심에 대해 감사할 뿐입니다.

이제부터 당신은 매일 나의 부모님 곁에서 적응하려고 노력해야 할 테지요. 여러 면에서 쉽지 않을 것입니다. 두 분 모두 당신을 매우 좋아하시지만, 당신 가족들과는 달리 우리 가족은 좋다거나 싫다거나 하는 내색을 하지 않으며 거의 말로 표현하지 않습니다. 어느 쪽이 '옳은지'에 대해 논쟁하는 것은 아무 의미도 없을 것입니다. 사람들은 너무 다양하여, 내면적으로 그렇게 하지 않으면 안 되는 사람들도 있기 때문입니다. 그러나 우리 가족들 사이에서 많은 것들(특히 종교적인 면에서)이 이야기되지 않는 것으로 인해 매우 힘들게 느낄 수도 있으리라 생각합니다. 그러나 내가 당신 외할머니를 통해 당신 가족들의 성품을 알고 사랑하게 되었으며, 시간이 갈수록 점점 더 감사하게 되는 것처럼, 당신이 부모님의 성품을 알고 사랑하며 적응해 간다면 매우 기쁘겠습니다. 그리고 큰 부탁이 하나 있습니다. 사랑하는 마리아, 어머니가 너무 큰 염려에 시달리지 않도록 인내심을 가지고 도와주십시오. 그 일은 당신이 나를 위해 할 수 있는 가장 좋은 일이 될 것입니다. 어쩌면 사랑의 하나님께서 지금 어머니에게 아주 좋은 며느리가 필요하기 때문에 당신을 그곳으로 보냈는지도 모르겠습니다. 당신이 어머

---

11. 마리아의 어머니는 그녀를 오버베메의 영지에 살고 있는 이모 프리드리케 폰 라어에게 맡기려고 생각했음.

니를 알면 알수록 그분이 전혀 자신을 위해서 살지 않으며(어쩌면 너무 적게!), 오직 다른 사람들을 위해 살고 행하며 생각하시는 분이라는 사실을 느끼게 될 것입니다. 당신이 그 일을 해낼 수 있도록, 그리고 머지않아 다시 만나게 되도록 기도합시다! 내 사랑 마리아, 우리가 다시 한 번 인내할 수 있도록 온 힘을 모아야 할 것입니다. 용기를 잃지 맙시다! 하나님께서는 사람의 마음을 세상에 속한 모든 강력한 힘보다 더 강하게 만드셨습니다. 내 사랑 마리아, 잘 지내길 바랍니다. 그리고 모든 것에 대해, 모든 것에 대해 감사의 마음을 전합니다.

깊은 사랑으로 당신을 안고 입 맞추며, 당신의 디트리히

추신. 그 사이 나의 다른 편지들이 도착했습니까? 세 통 내지 네 통의 편지가 가고 있을 텐데, 공습으로 인해 사라져 버린 것이 있을 수도? 나는 지난 6주 동안 당신의 편지를 한 통밖에 받지 못했습니다!

* 분도르프에서의 시간이 지난 후, 마리아의 어머니는 딸에게 전보를 보내 주말을 이용하여 방문해 달라고 요청했다. 이 상황에서 디츠와 헤드비히 폰 트루흐제스 부부는 마리아가 분도르프에서 떠나는 문제를 두고 의논하게 되었다. 불확실과 절망의 순간이 지난 후, 이제 마리아 폰 베데마이어는 지금 그녀가 하려고 하는 일이 무엇이며, 또 무엇을 해야 하는지 분명히 알게 되었다. 그녀는 약혼자의 오랜 소원을 들어 주고자 결심했고, 시어머니를 돕기 위해 베를린 시부모님 댁으로 갔다. 헤드비히 폰 트루흐제스에게 보내는 편지에서 그녀는 이런 결심에 이르게 된 이유를 설명했다.

"지금 제가 나의 약혼을 파기하려는 뜻이 없으며, 그럴 수도 없음을 잘 알 것입

니다. 그러나 무언가 해야 합니다. 저는 그에게 한동안 혼자 있게 해달라고 요청했고, 그 청은 받아들여지지 않았습니다. 그렇게 긴 편지를 거의 한 달 동안이나 쓰고 있는데도, 그것이 그에게 얼마나 중요한지 진지하게 받아들이지 않으며 느끼지 못한다고 말해 버릴 수는 없는 것입니다.

지금 디트리히가 나의 청을 받아들이지 않는다면, 저는 계속 조를 수 없을 뿐 더러 극단적으로 이기적인 견해를 강요할 수 없습니다. 지금 상황에서는 더더욱 그러합니다. 베를린으로 계속 여행하는 것도 더는 무리한 상황이므로, 저는 차라리 그에게 아주 가까이 가려 합니다."

* 그녀는 마치 하나의 본보기와도 같은 저항 가족의 삶에 감동을 받았다. 그러나 나이도 가장 어리며 새로 들어온 며느리로서 자기 자리를 찾기가 쉽지만은 않았다. 어쨌든 그 후 6주 동안 테겔 형무소의 상대적으로 나은 구금 상태에 있던 약혼자를 볼 수 있었고, 그의 필요를 채워 줄 수 있었다. 동시에 마지막 커다란 시험 앞에 약혼자 가까이 서 있던 사람들과도 더 잘 알게 되었다. 무엇보다 클라우스 본회퍼의 아내 엠미와 특별히 가까워졌다. 또한 디트리히의 큰누이인 우줄라 슐라이허와도 마음을 터놓고 지내는 사이가 되었다.

이 시기에 약혼자 사이에 주고받았을 편지들은 남아 있지 않으며, 이탈리아의 에버하르트 베트게에게 보낸 편지만 남아 있다.

* 1944년 8월 23일 면회 허가.
에버하르트 베트게에게 보낸 1944년 8월 23일자 디트리히의 편지 참조.

"오늘 마리아가 이곳에 왔었네. 아주 신선하면서도 동시에 그 어느 때보다 확고하며 조용했네."(DBW 8, 576)

* 8월 말에서 10월 초까지 쓰인 편지들에서는 전혀 긴장 관계가 느껴지지 않는다. 본회퍼는 테겔 형무소의 자유 공간을 신학 저서 초록을 작성하는데 마음껏 활용했다. 다른 한편으로는 점점 많아지는 체포와 사형 소식을 접하며, 자신과 공모자들에게도 수사의 그물망이 서서히 좁혀져 오고 있음을 예감했다. 9월 22일 게슈타포는 군대 최고 사령부의 초센 외곽지에서 벡 대령에 의해 보관되어 왔던 카나리스 산하 공모자들의 비밀 저항 일지를 발견했다. 한스 폰 도나니는 그 서류를 없애도록 재차 요청했으나 무산되고 말았었다. 갑자기 모든 승리가 적의 수중에 넘어가고 말았다.

본회퍼가 친구 하사관 크노브라우흐와 함께 탈출 계획을 짜고 있을 때였다. 그는 그의 형 클라우스와 매형 뤼디거 슐라이어가 체포되었다는 소식을 전해 들었다. 에버하르트 베트게 역시 마찬가지 운명이었다. 이런 상황에서 본회퍼는 다음의 시를 썼다.

요나 Jona

1944. 10. 5, 테겔[12]

죽음 앞에 아우성 치는 사람들
거친 폭풍우에 흠씬 젖은 밧줄에 매달려
공포에 싸인 멍한 눈길로
광란하는 바다를 바라본다.

12. 몰래 전해진 편지. 같은 시기에 쓰여진 '모세의 죽음Der Tod des Mose'과 비교. 유르겐 헨키스Jürgen Henkys는 「디트리히 본회퍼의 옥중시Dietrich Bonhoeffers Gefängnisgedichte」(1986)에 이 두 시를 복사하여 실은 후 해설을 첨부했음.

"선하시고 영원하시며 진노하시는 신들이여,
우리를 도우소서. 숨겨진 죄로 신을 모독한 자,
살인자나 맹세를 저버린 자, 오만한 자를 드러내시어
우리의 살 길을 보여주소서.

가련한 자존심을 지키려고
죄를 숨기고 우리에게 불행을 가져온 자!"
그들은 간구했네. 그때 요나가 소리쳤네.
"내가 바로 그 자요! 내가 하나님 앞에 범죄했소. 내 인생은 끝이오.

내 죄 때문이니, 나를 던지시오! 하나님이 내게 매우 진노하신다오.
의인이 죄인과 함께 망할 수는 없소!"
그들은 떨었네. 그러나 힘센 손들이
죄인을 던졌네. 그러자 바다가 잠잠해졌네.

사랑하는 마리아

10월 5일

당신의 모든 신의에 감사합니다. 선한 용기와 확신을 잃지 마십시오! 그것이 가장 중요합니다. 나는 당신이 말할 수 없이 자랑스러우며, 친구와 가족들 모두가 자랑스럽습니다! 오늘 읽은 「매일의 성구」[13]가 참

---

13. 욥기 5장 12절, "하나님은 교활한 자의 계교를 꺾으사 그들의 손이 성공하지 못하게 하시며." 베드로전서 5장 8-9절, "근신하라, 깨어라. 너희 대적 마귀가 우는 사자같이 두루 다니며 삼킬 자를 찾나니 너희는 믿음을 굳건하게 하여 그를 대적하라. 이는 세상에 있는 너희 형제들도 동일한 고난을 당하는 줄을 앎이라."

으로 아름답군요! 부모님과 형제자매들에게 마음으로부터 안부해 주십시오. 나는 모두를 생각하며 항상 함께 있습니다.

당신에게 마음의 키스를 전하며, 당신의 디트리히

추신. 이 시를 타자기로 써서 에버하르트 베트게에게 보내 주십시오. 그러면 말하지 않아도 누가 이 시를 보냈는지 알 것입니다. 아마도 당신은 이해하기 어려울 수도 있습니다. 아니면 이해할지도?

* 본회퍼는 날마다 그날이 오리라는 사실을 염두에 두고 지내야 했다. 10월 8일 일요일, 마침내 그는 그동안 익숙해진 테겔 형무소 92호실을 떠나야 했다. 아래층에는 게슈타포가 그를 프린츠-알브레히트 거리에 있던 제국 비밀경찰청 지하 감옥으로 호송하기 위해 기다리고 있었다.
"이곳은 지옥이오." 카나리스 제독이 세면장으로 향하는 길에서 한 말이었다. 얼마 지나지 않아, 본회퍼는 누가 그와 함께 이곳에 와 있는지 알게 되었다. 카알 괴어델러Carl Goerdeler, 요셉 뮐러Josef Müller, 오스터Oster 대령, 할더Halder와 토마스Thomas, 이전에 그의 보호자가 되어 주었던 대법관 삭Sack 박사와 마리아 폰 베데마이어의 사촌 파비안 폰 슐라브렌도르프Fabian von Schlabrendorff였다. 그들 앞에서 본회퍼는 '짧고 간결하게 역겨운' 심문에 다시 한 번 응해야 했다. 이제 '초센 비밀저항일지Zossener Akten'로 인해 정권 전복 계획이 너무 많이 드러났고, 그들은 이 자료를 기초로 저항 세력을 더욱 광범위하게 파악해 내려고 혈안이 되어 있었다. 살아남을 수 있는 마지막 희망은 전쟁과 히틀러 정권이 급속히 막을 내리는 것뿐이었다. 연말이 되면서 SS 지도부에 외국과의 평화 협정을 모색하는 자들이 늘어났고, 이

로 인해 수사가 약간 느슨해지는 듯했다. 그리고 리벤트로프의 제국 외무장관에게 전해진, 영국의 치체스터 주교와 본회퍼의 친밀한 관계가 갑자기 매우 중요하게 부각되었다.

당시 끔찍한 게슈타포 감옥에 있던 본회퍼의 모습을 알 수 있는 자료가 없기에, 여기에 파비안 폰 슐라브렌도르프의 말을 인용한다.

"그는 항상 밝고 명랑했습니다. 한결같이 친절했으며, 모든 사람들에게 먼저 다가왔습니다. 그리하여 아주 짧은 시간 내에 적대적인 감옥 보초들까지도 정신적으로 항복하는 것으로 인해 내심 놀랐습니다. 우리 둘의 관계에서 제가 한동안 우울증에 시달린 반면, 그는 항상 희망으로 가득 차 있었다고 말할 수 있습니다. '스스로 졌다고 인정할 때에만 정말 패배한 것'이라며, 지치지 말라고 끊임없이 용기와 희망을 불어넣어 준 사람은 언제나 그였습니다. 그는 성경에서 위로와 확신을 주는 구절을 적어서 수없이 많은 쪽지를 제 손에 쥐어 주었습니다. … 도나니가 프린츠-알브레히트 거리의 게슈타포 감옥으로 이송되어 왔을 때, 디트리히 본회퍼는 그의 매형과 중요한 사안에 대해 서로 대화하는 일에 성공했습니다. 우리가 공습경보로 인해 방공호에 들어갔다가 돌아왔을 때, 양쪽 다리가 마비된 그는 들것 위에 누인 채 감방 안에 그대로 방치되어 있었습니다. 갑자기 디트리히 본회퍼는 아무도 믿을 수 없을 정도로 민첩하게 문이 열려 있던 매형의 감방 안으로 뛰어들었습니다. 마치 기적처럼 보초들은 아무도 그 광경을 보지 못했습니다. 디트리히 본회퍼는 다시 눈에 띄지 않고 도나니의 감방에서 나와 수인들의 대열에 끼어드는 어려운 과제에도 성공했습니다.

그날 저녁, 그는 도나니와 심문 과정에서 말하게 될 모든 중요한 사안에 대해 말을 맞추었다는 이야기를 해주었습니다. … 우리는 가진 것들과 가족들이 감옥에 넣어 주는 것이 허락된 적은 물품을 서로의 필요에 따라 나누어 사용했습니다. 그는 환하게 빛나는 얼굴로 약혼녀와 부모님의 편지에 대해 이야기했고, 게슈타포 감옥에서도 그 사랑으로 풍성히 채워지는 듯했습니다."

어느 정도 상황이 나아지는 시점에서, 본회퍼에게는 세 통의 편지를 쓰는 것이 허락되었다. 그중 하나가 약혼녀에게 보낸 성탄절 편지였다. 그 외에는 서신 왕래도 면회도 허락되지 않았다. 마리아 폰 베데마이어는 다른 가족 구성원들과 함께 수인들을 도울 길을 찾기 위해 매일 황폐한 베를린 거리로 나갔다. 그리하여 한번은 브레도브 백작 부인이었던 고모의 중재로, 사전 허가 없이 약혼자 면회를 요청하기 위해 악명 높은 조사단의 지도자이며 SS 친위대 지휘자였던 후펜코텐을 찾아가기도 했다.

내 사랑 마리아!

1944. 12. 19, 프린츠-알브레히트 거리|Prinz-Albrecht Straße

성탄절에 당신에게 편지를 쓸 수 있고, 이 편지를 통해 부모님과 형제자매, 친구들 모두에게 감사의 말을 전할 수 있어서 매우 기쁘군요. 이곳 새로운 형무소에서는 아주 적막한 날들이 이어질 것입니다. 그러나 외부에서 아무 소식도 들을 수 없는 순간이 될 때마다, 내가 사랑하는 사람들과 얼마나 깊이 연결되어 있는지 느끼곤 했습니다. 마치 우리 영혼이 일상생활에서는 알지 못하던 신경체계를 고독 속에서 만들어 내는 듯합니다. 그래서 나는 단 한순간도 내가 혼자라거나 버림받았다는 느낌을 받은 적이 없습니다. 당신과 부모님, 친구들, 전선에 나가 있는 제자들 모두 항상 나와 함께하고 있으니까요. 모두의 기도와 사랑의 마음, 내게 보내 준 성경 말씀, 그리고 지난날에 나누었던 대화,

음악, 책 등은 내 옆에서 그 어느 때보다 생생하게 살아 숨쉬고 있습니다. 눈으로는 볼 수 없지만, 믿음의 눈으로 확신하며 살아가는 보이지 않는 더 넓은 세계가 있는 것이지요. "둘은 나를 덮어 주고, 둘은 나를 깨워 주며"라는 옛 동요에 나오는 천사에 관한 노래처럼[14], 보이지 않는 주님의 선하신 권능의 손이 아침에나 저녁에나 우리를 지켜 주시는 것이지요. 오늘날 우리 어른들은 옛날의 그 아이들 이상으로 선하신 권능의 보호하심을 필요로 하니까요. 내가 불행할 거라고 생각하지 말아요. 행복과 불행은 도대체 무엇일까요? 사람의 행복과 불행은 환경에 좌우되는 것이 아니라, 그 사람 속에서 만들어지는 것이라고 생각합니다. 당신과 가족, 친구들이 모두 곁에 있다는 사실 하나만으로도 나는 매일매일 기쁘고 행복합니다.

겉으로 보면, 이곳은 테겔 형무소에 있을 때와 거의 다르지 않습니다. 하루 생활 규칙도 같고, 아침과 저녁은 양이 적은 반면, 점심 식사는 더 낫다고까지 할 수 있어요.[15] 훌륭해요. 내게 보내 준 수많은 사랑의 선물에 대해 모두에게 감사의 마음을 전하고 싶군요. 이곳 간수들이 나를 대하는 태도는 나쁘지 않고, 감방은 보온이 잘 되어 있습니다. 다만 운동을 할 수 없어서 창문을 열어 놓고 감방 안에서 걷기도 하고 맨손 체조를 하기도 합니다. 몇 가지 부탁이 있습니다. 빌헬름 라베의 「아부 텔판」이나 「쉬더룸프」를 읽고 싶군요.[16] 그리고 바지가 흘러내리지 않도록 허리 부분을 줄여 주면 좋겠습니다. 이곳에서는 허리띠를 사용할 수 없기 때문입니다. 담배를 피울 수 있어서 기쁩니다. 나를 생각하며, 할 수만 있다면 모든 것을 다 해주려고 애쓰는 모두의 사랑에

---

14. "저녁에 잠자리에 누우면, 열네 명의 천사가 나를 둘러서서 …"라는 찬양곡에서.
15. 사실 이곳의 배급량은 테겔 형무소에서 나오던 배급의 3분의 1 정도였음.
16. 빌헬름 라베Wilhelm Raabe, 「아부 텔판Abu Telfan(귀향에 대한 이야기)」(1867); 「쉬더룸프Schüdderump」(1869).

감사할 뿐입니다.

　사랑하는 마리아, 우리가 서로를 기다려 온 시간이 벌써 2년이 되었군요. 용기를 잃지 말아요! 당신이 부모님 곁에 있어서 기쁩니다. 장모님과 온 가족에게 사랑의 안부를 전해 주십시오. 지난밤에 떠오른 생각을 옮겨 보았습니다. 이 시는 당신과 부모님, 형제자매들에게 보내는 나의 성탄 인사입니다.

신실하신 주님 팔에 Von guten Mächten[17]
(주님의 선하신 권능에 싸여)

신실하신 주님 팔에 고요히 둘러싸인
보호와 위로 놀라워라.
-오늘도 나는 억새처럼 함께 살며
활짝 열린 가슴으로 새로운 해 맞으렵니다.

지나간 날들 우리 마음 괴롭히며
악한 날들 무거운 짐 되어 누를지라도
주여, 간절하게 구하는 영혼에
이미 예비하신 구원을 주소서.

쓰디쓴 무거운 고난의 잔
넘치도록 채워서 주실지라도

---

[17] 약혼녀 마리아 폰 베데마이어에게 보낸 마지막 편지에 들어 있던 이 옥중시는 약혼녀와 부모님, 형제자매, 제자들에게 전했던 본회퍼의 마지막 성탄 인사였음. 후에 독일의 작곡가 지크프리트 피츠 Siegfried Fietz에 의해 찬양곡으로 만들어져 널리 사랑받고 있음―옮긴이.

당신의 선하신 사랑의 손에서
두려움 없이 감사하며 그 잔 받으렵니다.

그러나 이 세상의 기쁨, 눈부신 햇살 바라보는 기쁨
다시 한 번 주어진다면
지나간 날들 기억하며
나의 삶 당신께 온전히 드리렵니다.

어둠 속으로 가져오신 당신의 촛불
밝고 따뜻하게 타오르게 하시며
생명의 빛 칠흑 같은 밤에도 빛을 발하니
우리로 다시 하나 되게 하소서!

우리 가운데 깊은 고요가 임하며
보이지 않는 주님 나라 확장되어 갈 때
모든 주님의 자녀들 목소리 높여 찬양하는
그 우렁찬 소리 듣게 하소서.

주님의 강한 팔에 안겨 있는 놀라운 평화여!
낮이나 밤이나 우리와 함께하시는 하나님은
다가올 모든 날에도 변함없으시니
무슨 일 닥쳐올지라도 확신 있게 맞으렵니다.

헤드비히 폰 트루흐제스에게 보낸 마리아의 편지

1944. 12. 22, 베를린

… 다시 자정을 넘어 한 시가 되었습니다. 사실은 성탄 인사를 전하고 싶었습니다.

저는 한 주를 이렇게 보냈습니다. 일요일에는 고향 교회에서 말구유 성탄극을 상연했고, 월요일에는 이곳으로 다시 돌아왔으며, 화요일엔 엠미 남편[18]의 인민 재판이 있었고, 수요일엔 프린츠-알브레히트 거리를 찾아갔습니다. 목요일에는 한스 유르겐 폰 클라이스트-레초브 외삼촌이 갇혀 있는 레어터 거리, 금요일에는 테겔[19], 토요일에는 다시 고향 집으로 갑니다.

그리고 내일 오전에는 한 번 더 프린츠-알브레히트 거리를 찾아가려 합니다. …

부모님께 보낸 디트리히 본회퍼의 마지막 편지

1945. 1. 17, 프린츠-알브레히트 거리[20]

사랑하는 부모님. 오늘 민족 희생자들을 기념하여 편지를 쓰는 것이 허락되었습니다. 제 소송 사건에 필요한 자료들을 정리해 주시기를 부

---

18. 클라우스 본회퍼의 고소장은 12월 21일에 작성되었으며, 1945년 2월 2일 인민 재판소에서 재판이 진행되었음.
19. 디츠 폰 트루흐제스는 한스-유르겐 폰 클라이스트-레초브와 마찬가지로 7월 20일 사건 혐의로 체포되었음. 슈타우펜베르크 백작Graf Stauffenberg이 뉘른베르크 13군단의 연락 장교가 디츠라고 말했기 때문. 그가 중대장의 신분으로 테겔 형무소에 갇혀 있었으므로 마리아는 그를 면회할 수 있었음.
20. 디트리히의 마지막 편지는 제국 선전 담당관 괴벨 박사Dr. Goebbel의 '민족 희생자'에 대한 호소로 주어진 기회였음.

탁드립니다. … 지난 2년 동안 이곳에서 빠져나갈 수 있는 사람이 얼마나 적은지 배웠습니다. 오랜 세월 구금된 상태로 속수무책으로 지내는 동안, 좁은 한계 속에서 가능한 것을 일반적인 전체를 위해 행해야 할 필요성을 강하게 느꼈습니다. 이런 심정을 잘 아시리라 생각합니다. … 보내 주신 편지에 대해 감사드립니다. 마리아에게도 그녀의 성탄 편지에 대해 '매우' 고마워한다고 전해 주십시오! 이곳에서는 편지를 완전히 외워 버릴 정도로 읽고 또 읽습니다!

몇 가지 부탁드릴 것이 있습니다. 유감스럽게도 오늘 제게는 책이 주어지지 않는군요. 마리아가 책을 가져다준다면 존더에거 형사가 받아서 전해 줄 것입니다. 그럴 수 있다면 정말 고맙겠습니다. … 저는 잘 지냅니다. 부디 건강하십시오! 모든 것에 대해 감사드립니다. 마리아에게도 안부와 감사의 마음을 전해 주십시오! 그리고 모든 형제자매들과 장모님께도!

마음으로 안부를 전하며, 두 분께 감사하는 디트리히

* 1945년 1월 12일, 동부 전선에서는 오랫동안 염려해 왔던 붉은 군대 소련군의 거센 공격이 시작되었고 독일 방어선은 무너졌다. 이제 패치히가 소련군의 손에 들어가는 것은 시간 문제였다. 본회퍼는 약혼녀가 어머니를 도와 동생들을 안전한 곳으로 피난시키기 위해 베를린을 떠났다는 소식을 부모님에게서 전해 들었다. 패치히의 마지막 날에 대해서는 다음에 자세하게 인용된다. 다음 편지는 그러한 배경에서 쓰였으며, 패치히에서 우편으로 배달될 수 있었던 마지막 편지이기도 했다. 그 편지를 통해 본회퍼의 부모님은 어린 며느리에 의해 인도된 '아이들의 피난길'을 알게 되었다. 이 편지에 적힌 날짜 다음날에는, 패치히 주민들이 금지된 피난길에 오르는 것도 너무 늦고

말았다. 마을이 점령된 후, 마리아의 어머니는 걸어서 가져 갈 수 있는 것만 겨우 챙겨서 집을 빠져나올 수 있었다. 그들은 첼레 지방의 오퍼스하우젠 마을에서 합류했다. 다른 사람들이 뢰네 지방 오버베메에 살고 있던 라어의 친척에게로 향하는 나머지 여행을 준비하고 있는 동안, 마리아는 2월 12일 그들과 헤어져서 다시 베를린으로 돌아가고 있었다. 마리아는 마리엔부르거 알레의 부모님에게서 약혼자가 프린츠-알브레히트 거리에서 어디엔가로(아마도 강제 수용소) 이송되었다는 소식을 접하게 되었다. 1월 13일 그녀가 받은 여행증에는 분도르프가 목적지로 되어 있었다. 그녀가 플로센뷔르크에서 어머니에게 보낸 편지를 통해, 우리는 그녀가 그곳에서 무엇을 시도했는지 알 수 있다.

플로센뷔르크, 그녀가 실망한 채 돌아서야만 했던 강제 수용소에서 7주 후 약혼자 디트리히는 인생의 마지막 경주를 해야 했다. 그가 머물러 있던 곳을 추적해 보려면 우선 2월 3일까지 거슬러 올라가야만 한다. 그날 베를린 시내 중심지에는 심한 공중폭격이 가해졌다. "두 시간 동안이나 푸른 겨울 하늘에는 구간별로 폭탄이 투하되었고, 베를린 동물원을 중심으로 한 시가지는 연기와 잿더미의 황무지로 변해 버렸다."(에버하르트 베트게) 바로 전날 클라우스 본회퍼와 뤼디거 슐라이허, 유스투스 페렐스Justus Perels에게 사형선고를 내렸던 인민 재판소 광장에서, '피의 판사'로 불리던 롤란트 프라이슬러는 무너져 내리는 기둥에 깔려 즉사했다(그는 1943년 뮌헨의 '백장미Weiße Rose' 대학생 저항 그룹을 향해, 반역자는 아무 법 없이 처형할 수 있다며 미친 듯 소리친 바 있음. 1943년에서 1945년 사이에 그의 재판으로 죽어간 사람은 무려 2,600명에 달하며, 이날 지하 대피소로 향하던 그의 손에는 파비안 폰 슐라브렌도르프의 심문 자료가 들려 있었음. 결국 그의 죽음으로 슐라브렌도르프는 생명을 구할 수 있었음—옮긴이). 제국 비밀경찰청 역시 폭격에 의해 심한 타격을 입었고 물과 전선이 끊어졌다. 그 때문에 2월 7일 본회퍼와 19명의 다른 주요 수인들은 지하 감옥에서 부헨발트 강제 수용소 근처로 옮겨졌다. 함께 수감된 라베나우Rabenau 제독에 의하면, 본회퍼는 그곳에서 열띤 신학 논쟁을 하기도 하고 체스를 두기도 했다.

4월 3일, 일행은 계속해서 남쪽으로 이송되어 레겐스부르크Regensburg를 지나 바이에른 숲의 쇤베르크Schönberg에 도착했고, 그곳 학교에 머물게 되었다. 훗날 영국인 장교 휴 팔코너Hugh Falconer는 이렇게 말하고 있다. "그는 연약해진 형제들을 염려와 절망에서 건져 내려고 많은 애를 썼습니다." 4월 8일, 본회퍼는 그곳에서 동료 수감자들과 함께 아침 묵상 예배를 드렸다. 그리고 예배가 끝나자마자 따로 불려 나갔다. "죄인 본회퍼, 준비해서 따라오라!" 물건을 챙기던 그는 순간적으로 그곳에 놓여 있던 책을 집어 들더니(그 책은 형에게서 생일 선물로 받았던 플루타르크 영웅전이었다), 세 군데 연필로 이렇게 적어 넣었다.

디트리히 본회퍼, 목사
베를린 샬로텐부르크
마리엔부르거 알레 43번지

(그 책은 카알 괴어델러의 아들 한 명이 보관하고 있다가 나중에 가족들에게 전해 주었다.) 다른 영국인 포로였던 페인 베스트Payne Best는 조국으로 돌아가서 치체스터의 주교에게 그가 남긴 마지막 인사말을 전했다. "이것이 마지막입니다. 그러나 제게는 삶의 시작입니다. This is the end, for me the beginning of life."

모든 것이 혼란에 빠져 들어가는 와중에서도, 카나리스 제독 휘

하 공모자들을 몰살하라는 히틀러의 명령을 수행하던 SS 친위대는 잘 작동되고 있었다. 초센 외곽지에 숨겨져 있던 비밀저항일지 외에 우연히 새롭게 발견된 것은 제독의 일기였다. 제독의 일기는 비밀경찰청에 저항 세력의 증거로 제시되었다. 그 다음날인 4월 5일 히틀러는 전선이 무너진 소식과 함께 이 사실을 전해 들었고, 그의 눈에는 배신자들 때문에 전쟁이 파국에 접어든 것처럼 보였다. 그들에게 즉결 심판을 내려야 했다.

즉결 심판을 위해 오후에는 모든 준비가 완료되었고, 디트리히 본회퍼를 쇤베르크 학교 건물에서 찾아내어 플로센뷔르크로 이송했다. 4월 8일 그곳에서 즉결 재판이 열렸고, 다음날 아침 일찍 빌헬름 카나리스, 루드비히 게레, 한스 오스터, 카알 삭, 테오도르 슈트링크와 함께 본회퍼는 교수형에 처해졌다. 같은 시간에 한스 폰 도나니 역시 작센하우젠 강제 수용소에서 처형되었다.

마리아 폰 베데마이어는 전쟁이 끝난 후, 1945년 여름이 되어서야 약혼자의 죽음을 알게 되었다.

파울라 본회퍼에게 보낸 룻 폰 베데마이어의 편지

사랑하는 본회퍼 여사님!

1945. 1. 30. 패치히

여사님께 너무 심한 행동을 할 수밖에 없는 저를 용서해 주십시오. 저는 마리아를 동생들 세 명, 되프케 부인과 그녀의 두 자녀, 열에 시달리는 젊은 여인 라트와 가녀린 디멜 부인과 함께 영하 12도나 되는 강추위와 얼음같이 세차게 몰아치는 바람에도 불구하고, 되프케씨의 친척이 살고 있는 마을을 향해 서쪽 첼레 방향으로 떠나보내야 했습니다. 저에게는 마리아의 도움이 너무 절실했습니다. 사실 이 일은 마리아의 힘으로는 도저히 감당해 낼 수 없는 일일지도 모릅니다. 마리아에게는 폴란드인 마부와 세 마리의 가장 좋은 말을 딸려 보냈습니다. 마리아가 이 힘든 일을 해낼 수 있도록 기도해 주십시오. 모든 길이 순적하다면, 마리아는 14일 동안 피난길을 가야 할 것입니다. 그러나 그 사이 너무 많은 눈이 내렸고, 폭풍도 휘몰아치고 있습니다.

모두들 베를린으로는 가지 말라고 하더군요. 아이들을 받아 주시려던 고마운 마음에 감사드립니다. … 아마도 이곳에는 곧 집단 이주 명령이 떨어질지도 모릅니다. 우리는 비밀리에 모든 것을 준비하고 있으며, 저는 다만 사람들의 목숨을 구하고 사람들을 공포에서 지켜 내는 일을 해낼 수 있기를 소망합니다. 마리아는 아이들을 그곳에 무사히 데려다 놓은 후에 다시 베를린으로 돌아가고자 합니다. 그러나 그때까지는 시간이 걸릴 것입니다.

하나님께서 긍휼히 여기시고 여사님과 가족들을 보호해 주시기를, 그리고 오랜 고통에서 건져 주시기를 기도합니다. 우리가 이 땅에서 다시 만나게 될지, 아니면 저 위에서 다시 만나게 될지는 오직 하나님의 뜻에 달려 있습니다. 어디에서 다시 만나든, 그 만남은 말할 수 없는 기쁨이 될 것입니다.

마리아에게 베풀어 주신, 어머니 같고 아버지 같은 그 모든 사랑에 대해 깊은 감사의 마음을 전합니다.

룻 베데마이어 드림

어머니에게 보낸 마리아 폰 베데마이어의 편지

1945. 2. 19, 플로센뷔르크Flossenbürg

사랑하는 엄마. 분도르프와 플로센뷔르크를 향한 긴 여행은 아무 열매 없이 끝나고 말았습니다. 디트리히는 어디에도 없었습니다. 그가 어디에 있는지 아무도 모릅니다. 도저히 희망이 보이지 않는군요. 지금 저는 어떻게 해야 할까요? 베를린으로 가면 우리의 패치히 친구들이 올 테고[21], 디트리히에게 아무 도움도 되지 않을 것입니다! 제가 너무 일찍 가면 고사포[22]가 되거나 또 무슨 일을 당할지 모르고, 분도르프에 머물러 있자니 너무 멀리 떨어져 있어 어떻게 다시 가족들과 합류하게 될지 알 수가 없습니다. 지금 베를린으로 돌아가는 것은 크게 의미가 없어 보입니다. 무엇보다 디트리히에게 전혀 도움이 될 수 없는 지금 상황에서는 더더욱 그렇지요! 이것도 하나의 이유가 되겠지만, 그곳은 제가 없어도 문제될 것이 없어요.

우선 그냥 이곳에 머물까 합니다. 그러나 베메 지방으로 떠나게 되면 전보로 알려 주세요. 그래서 적어도 가족들이 어디에 있는지 알고, 전혀 다른 곳에서 찾아 헤매는 일은 없게 해주세요. 엄마에게서나 다른 일행에게서 아무 소식도 듣지 못해 소름이 끼칩니다. 그러나 룻-앨리스 언니의 편지로 인해 무척 기뻐요. 오늘도 그 편지를 생각하면 기쁘답니다. 도리스 팔레에게 무슨 일이 생긴 것인지 알 수 있다면! 그녀는 아무래도 패치히를 빠져나오지 못한 것 같아요.

저는 지금 흐느껴 울고 싶은 심정이에요. 그러나 그 이유는 아마도 제가 벌써 이틀째 기차 안에 있고, 오늘 7km를 걸어야 했으며, 그 후

---

21. 1월 말 이미 패치히를 점령한 소련군을 말함.
22. 전쟁이 끝날 무렵 여성들과 학생들까지 동원되었던 방공 부대.

에는 아무 목적도 없이 다시 7km를 되돌아와야 했기 때문이겠지요. 분도르프에 도착하려면 다시 이틀은 더 걸릴 거예요. 그곳에서 다시 크리스토프를 맡기로 했어요. 그러나 그는 너무 엉망이고, 저는 항상 피곤하기만 합니다.

    엄마를 무척 사랑해요. 그리고 엄마가 너무나 그립고 소식이 궁금합니다. 그러나 분명히 엄마는 제게 편지를 썼을 테지요. 한스-베르너에게서는 아무 소식이 없나요? 모두에게 깊은 사랑의 마음으로 안부를 전합니다. 무엇보다도 나의 피난민 동생들에게.

딸 마리아 올림

부록

1. 두 연인의 약혼 상황

2. 마리아의 외할머니 룻 폰 클라이스트-레초브 소개

3. 마리아 연보

1. 두 연인의 약혼 상황

게르티 폰 비스마르크, 울리히 카비츠 엮음

1942년 6월 초, 스웨덴 여행을 마치고 돌아온 디트리히는 마리아의 외할머니 룻 폰 클라이스트-레초브 여사의 초청으로 클라인-크뢰신에 머물고 있었다. 사실 디트리히와 마리아는 서로 모르는 사이가 아니었다. 훗날 미국에서, 마리아는 디트리히와의 운명적 만남을 이렇게 회고한다.

"그때 저는 막 아비투어 시험을 마친 후였고, 알텐부르크에 가서 '의무의 해'를 이행하기에 앞서 몇몇 친지들을 방문하고자 계획했습니다. 그중에는 항상 저와 특별한 관계를 유지해 왔던 외할머니도 포함되어 있었습니다. 우리 사이는 각별했는데, 외할머니는 제게서 그분의 소녀 시절 모습을 다시 발견하는 것을 기뻐하셨습니다. 그곳에 한 주 정도 머물고 있을 때 유명한 본회퍼 목사님이 방문하셨고, 처음에는 약간 방해받는 느낌이 들었습니다. 그러나 우리 셋은 금방 하모니를 이룰 수 있었습니다. 외할머니와 디트리히의 대화는, 제가 그들의 말을 이해한다고 여길 뿐 아니라 그 대화에 적극적으로 끼어들도록 독려하면서 이루어졌습니다. 그리고 저는 기꺼이 그렇게 했습니다.

외할머니가 재미있어 하셨으므로 저는 아주 건방진 말투로 외할머니와 대화하고 있었는데, 디트리히가 나타난 후에도 그 말투를 계속 사용했습니다. 우리는 미래의 계획에 대해 서로 대화를 나누었습니다. 제가 대학에서 수학을 공부하겠다고 한 것이 외할머니에게 헛소리로 받아들여진 반면, 디트리히에게서는 진지하게 받아들여졌습니다. 어쩌면 외할머니께서 허튼소리라 여기셨기에 디트리히는 더욱 진지하게 받아들여 주었는지도 모릅니다.

우리는 정원으로 나가서 산책을 했습니다. 그때 디트리히가 미국에 갔었다는 말을 했고, 저는 갑자기 미국에 가 본 사람을 한 번도 만난 적이 없다는 사실을 깨닫고 놀랐습니다."

다음날 아침 마리아는 떠났고, 디트리히는 클라인-크뢰신의 다락방에서「윤리」를 집필했다. 6월 중순에 그는 다시 베를린으로 가야 했으며, 그달 말에는 한스 폰 도나니와 함께 '정보부' 임무를 수행하기 위해 이탈리아 여행길에 오를 계획이었다. 로마 여행 준비를 위해 뮌헨으로 가는 기차 안에서, 그는 마리아와의 만남에 대한 여운을 느끼게 하는 편지를 에버하르트 베트게에게 썼다.

사랑하는 에버하르트!

1942. 6. 25, 뮌헨으로 가는 기차에서

… 마리아에게는 편지를 쓰지 않았네. 정말이지 아직은 그럴 수 없다네. 앞으로 다시 만날 가능성이 없다면, 한순간의 아름다운 기억은 이루어지지 않은 꿈의 나라 속으로 사라지고 말겠지. 다른 한편으로는 우리가 다시 만나기라도 한다면, 어떻게 그녀에게 내 마음을 들키지 않으면서 동시에 그녀 마음을 상하게 하지 않을 수 있을지 모르겠네. 무엇보다도 폰 클라이스트 부인에게는 숨길 수 없으리라 생각하네. 아

직은 분명한 결심을 하지 못하고 있다네. …

1942년 8월 22일 마리아의 아버지가 스탈린그라드에서 전사했다. 마리아는 '의무의 해'를 이행하던 일을 중단하고 집으로 돌아왔다. 그때 마리아의 외할머니는 눈 수술로 인해 베를린 프란치스쿠스 병원에 입원 중이었다. 외할머니는 눈을 붕대로 감고 지내야 하는 어둠의 시간에, 마리아가 와서 간호하며 책을 읽어 주도록 부탁했다. 이 기간 동안 마리아는 베를린에 살던 슈페스 슈탈베르크 이모 댁에 머물렀다.

디트리히는 자주 문병하러 왔고, 마리아도 옆에 있었다. "저는 디트리히의 수많은 문병에 내심 놀랐으며, 디트리히의 신실함에 깊은 감명을 받았습니다. 그때 우리는 자주 오랜 대화를 나누곤 했습니다. 6월과는 다른 만남이었습니다. 저는 아버지의 죽음으로 인한 충격에서 벗어나지 못하고 있었고, 디트리히의 도움이 절실히 필요했습니다." 한 번은 병원 가까이에 있는, 히틀러의 동생이 운영하던 작은 레스토랑에 초대 받은 적이 있는데, 그가 "서로 터놓고 대화하기에 이곳보다 더 좋은 장소는 없다"고 말했다며 회고하고 있다.

마리아의 일기

1942. 10. 15

오늘 슐라이허 댁에 초대를 받았다. 내일이면 군인이 되어 떠날 한스-발터의 작별 파티였다.

그곳에서 본회퍼 목사님과 아주 흥미로운 대화를 나누었다. 우리나라에는 젊은 청소년들이 자원하여 전쟁터로 나가는 전통이 있는데, 때로는 자기 자신이 수긍할 수 없는 전쟁을 위해 목숨을 버리기도 한다는 것이다. 그러나 이제는 자신의 신념에 따라 싸울 수 있는 사람도 있어야 한다고 했다. 전쟁의 명분을 인정한다면 당연히 전쟁터로 나가야 할 것이나, 그렇지 않다면 도리어 내적인 전선에서 조국을 위해 일하는 것이 최선이 될 것이며, 또 필요하다면 정권에 맞설 수도 있어야 한다는 것이다. 그런 경우에는 가능하다면 국방의 의무를 멀리하는 것이 그들의 과제가 될 것이며, 그리하여 전쟁 기피자가 되어 양심에 거리끼는 상황이 되더라도 그럴 수 있어야 한다는 것이다.

아, 그의 말들은 모두 너무도 논리적으로 명확하고 분명하기만 하다. 그러나 아버지를 생각하면 비참하지 않은가?

1942. 10. 16

나는 이제, 조국을 도와야 할 분명한 내적인 소명을 느끼며 객관적인 판단을 할 수 있는 능력을 갖춘 디트리히와 같은 남자는, 다른 방법으로 독일에 유익을 끼칠 수 있으며 가능하다면 징집을 기피하는 것이 옳다는 사실을 이해할 수 있을 것 같다. 그러나 그런 사람은 아주 드물다. 그리고 정말 옳은 것이 무엇인지 찾아내는 일에는 너무도 막중한 책임이 따른다. 떨리는 목소리로 질책하여야 하며, 처음부터 모든 것을 부정하고 혹평하며, 뒤에 숨겨진 악을 볼 수 있는 사람이 되어야 할 것이다.

1942. 10. 18, 주일

"시간을 아끼라!"

오늘 아침 묵상 시간에 본회퍼 목사님께서 하신 말씀이다. "시간은 사망에 속했습니다. 아니, 더 강한 말로 악마에게 속해 있습니다. 우리는 이 시간을 사서, 원래 주인이신 하나님께 다시 돌려드려야 합니다. … 우리가 전혀 의심이나 불신을 품지 않고 하나님의 뜻을 묻는다면,

우리는 하나님의 뜻이 무엇인지 알게 됩니다. … 모든 일에 항상 감사합시다. 도저히 감사할 수 없는 일이 있다면, 하나님 앞에 가지고 나와 그분께 맡깁시다."

1942년 10월 26일, 마리아의 사랑하는 오빠 막스 역시 러시아 전선에서 전사했다. 그로스 티코브의 폰 클라이스트 댁에 가서 '의무의 해'를 이행하고 있던 마리아는, 소식을 듣고 어머니를 돕기 위해 패치히로 돌아왔다. 한편 베를린에서 마리아와 디트리히의 관계가 깊어지고 있다는 사실을 눈치챈 외할머니는 온 힘을 다해 그들을 지원하길 원했다. 그래서 마리아 어머니와는 한마디 상의도 하지 않고, 과거 디트리히의 견신례 학생이기도 했던 막스의 장례식에 디트리히를 초청했다. 이에 당황한 마리아의 어머니는 디트리히에게 오지 말아 달라는 부탁을 했다. 일이 진행되는 모습 앞에 마리아는 당황했고, 디트리히에게 직접 편지를 쓰기로 했다.

사랑하는 본회퍼 목사님!

1942. 11. 11, 그로스 티코브 Groß Tychow

방금 외할머니께서 제게 전화를 걸어, 오늘 목사님과의 통화 내용에 대해 말씀하셨습니다. 어쩌면 이 편지가 더 큰 혼란을 야기할 수도 있겠지만, 제 눈에는 지금 모든 부분이 서로 어긋나 있는 듯하여 이 편지를 써야만 했습니다. …

　엄마가 목사님께 그런 내용의 편지를 보낸 사실을 저는 알지 못했고, 다만 목사님께 편지를 보내는 것을 보았을 뿐입니다. 나중에 엄마에게 편지 내용에 대해서 물었을 때에야, 목사님께 장례식에 오지 말아 달라고 부탁했다는 사실을 알게 되었습니다. 외할머니가 부추겼던 가족들 사이의 어리석은 대화로 인해, 엄마는 외할머니와의 사이에 금이 갈 수도 있다고 느끼셨습니다. 사실 그 일에, 목사님이나 저는 아무 잘못도 없습니다. …

제 마음에 양약이 된, 오빠의 죽음을 애도하는 목사님의 조문 편지에 감사드리고 싶습니다.

마음으로부터 안부를 전하며, 마리아 베데마이어

이 편지를 받고 디트리히는 즉시 답장을 보냈다.

사랑하는 베데마이어 아가씨!

1942. 11. 13. 베를린

아가씨의 편지는 불필요하게 엉켜 버린 문제를 분명하게 볼 수 있게 해주었습니다. 아가씨의 편지에 대해, 그리고 황소의 뿔을 잡은 아가씨의 용기에 대해 마음으로부터 감사드립니다. 아가씨 어머니의 부탁은 상식적으로는 이해하기 어려운 것임을 아가씨도 잘 아시리라 생각합니다. 물론 나 자신의 감정이 문제라면 잘 이해할 수 있으며, 나로서는 이 어려운 시간에 또 다른 문제로 불안이나 괴로움을 더하고 싶지 않은 마음뿐입니다. 그 외에 무슨 문제가 더 있는지에 대해서는 편지에 언급되지 않았으며, 그 이유를 물을 권리가 제게는 없습니다. 아가씨가 이 편지에 대해 몰랐다는 사실이 내게는 무엇보다 중요합니다. 당시 내게는 아가씨와 어머니의 쉼과 평화를 지켜 주는 것이 무엇보다도 중요했으며, 이러한 평화를 깨뜨리는 것은 고인에게 죄를 짓는 것이라 여겼습니다.
 … 고요하고 자유로우며 치유된 마음에서만 선하고 올바른 것이 나올 수 있습니다. 이것은 지금까지 살아오면서 반복해서 체험한 것이며, 하나님께서 우리에게 그러한 은혜를 주시길, 그리고 조만간, 정말이지 빠른 시일 내에 다시 만나게 해주시길 바랍니다(이런 말을 하는 것을 용서해 주십시오). 내 말을 이해할 수 있는지? 아가씨도 나와 같은 생각인지, 그러기를 바랄 뿐 나로서는 다른 생각을 할 수가 없군요. …
 마음으로 안부를 전하며, 선한 기원을 한가득 담아
디트리히 본회퍼

추신. 다른 별고가 없다면, 12월 초순에는 여행을 마치고 돌아오게 될 것 같습니다. 그러나 다음 주까지는 이곳에 있을 것이며, 잠시 그쪽으로 찾아가고 싶은 마음이 간절합니다.

이제 마리아는 그녀의 편지가 어떤 결과를 초래한 것인지 알고 소스라치게 놀랐으며, 그 편지를 혼자 간직할 수 없었다.
 마리아의 어머니는 딸이 아직 너무 어리다고 생각했고, 디트리히가 아주 위험한 일을 하고 있으리라는 추측을 하고 있었으며, 그들의 나이 차이가 지나치게 많다고 생각했다.
 1942년 11월, 디트리히는 마리아 어머니와 이 문제로 대화했고, 1년 동안 만남이나 서신 왕래조차 금지된 '기다림의 시간'을 가져 달라는 청을 받아들여야 했다.
 디트리히는 그의 패치히 방문에 대해, 즉시 에버하르트 베트게에게 편지를 썼다.

사랑하는 에버하르트!

1942. 11. 27, 베를린

… 지난 화요일과 수요일(11월 24-25일)에 나는 폰 베데마이어 부인을 방문했네. … 부인은 마리아가 평정을 되찾기까지 1년간 교류를 완전히 끊어 달라고 부탁했다네. …

앞으로 어떻게 처신해야 할지 아직 잘 모르겠네. 우선 침묵해야겠지. 급히 서두를 필요는 없을 테니까. 폭풍우가 잠재워질 필요성도 있고. 내가 그러려고 했다면 내 의사를 관철시킬 수도 있었을 것이네. 나는 일목요연하게 논쟁하는 데 타의 추종을 불허할 정도로 익숙하니까, 부인을 설득시킬 수도 있었을 거야. 그러나 그렇게 하는 것은 상대방의 약점을 이용하는 것이며, 너무 비겁하고 비양심적인 행동이라 생각하네. 결국 남편을 잃은 폰 베데마이어 부인의 약함이 강한 무기로 작용한 셈이지. 마리아 아버지가 살아 계셨더라면, 그분과 대화해야 했다면 분명 달랐을 것이네. 그러나 지금은 부인에게 무력감을 주어서는 안 된다고 보네. 그렇게 하는 것은 비열하고 철면피 같은 행동일 테지. 하지만 그로 인해 내 처지가 더욱 힘들어진 것은 사실이네. 수요일에 패치히 영지를 떠나려 할 때, 부인은 영지의 경제적 상황이 딸들 때문에 어떻게 돌아가게 되었는지 말하면서, 나도 그 사실을 알아야 한다더군. …

마리아의 일기

1943. 11. 27

요즘 들어서 갑자기 왜 이토록 기쁜 걸까? 한 가지 분명한 사실은, 이제는 모든 고통스러운 생각들, 괴로운 상념들을 나중으로 미룰 수 있게 되었다는 것이다. 그러나 그렇게 '미루어 버리는 것'이 이런 자유를 줄 수는 없을 것이다. 디트리히와 나눈 대화에 대해 엄마와 전화 통화를 한 후, 나는 다시금 자유롭게 숨쉴 수 있을 것만 같다. 그가 엄마에게 무언가 깊은 인상을 남긴 것이 분명하다. 어떻게 그렇지 않을 수 있을까!

그가 나와 정말 결혼할 생각이라니 너무 놀랍지 않은가! 나는 그 일이 어떻게 가능한지 아직도 이해할 수 없다.

1942. 12. 19. 집에서

집으로 돌아오는 것이 어쩌면 나의 결심을 흔들어 놓을 수 있는 유일한 방법이라 생각했다. 여전히 나는 외할머니의 영향 아래서 그런 결심을 하게 되는 것이라 믿었고, 그것도 아니라면 나 자신의 진실하지 못한 이상 때문이라 생각했다. 그러나 그렇지 않다. 마음 깊은 곳, 본질적인 것은 확고하다. 그에 대한 사랑이 없더라도. 그러나 나는 내가 그를 사랑하게 되리라는 사실을 안다.

아, 외면상으로는 반대 이유가 너무도 많다. 그는 자기 나이보다도 더 성숙하며, 지혜롭고 확실히 학자 타입이다. 어떻게 내가 좋아하는 춤과 승마, 스포츠 같은 모든 즐거움을 포기할 수 있을까. … 엄마는 그가 이상주의자여서 충분히 심사숙고하지 않은 것이라고 말씀하셨다. 그러나 나는 그 말을 믿지 않는다.

1943년 1월 초, 마리아는 그녀의 어머니에게 디트리히와 결혼할 결심이 변하지 않을 것임을 전했다.

마리아의 일기

1943. 1. 10

이곳으로 오는 여행길에, 나는 오랫동안 기다려 왔으면서도 동시에 매우 두려워했던 대화를 나누었다. 그 대화에는 뜨거운 눈물이 동반되었다. 그러나 "사랑 받는다는 것은 얼마나 행복한 일인가!" 나는 엄마를 설득한 것이 아니라 확신시켰다. 엄마가 나의 뜻을 따르도록 한 것이 아니라, 그것이 올바른 길임을 볼 수 있도록 한 것이다.

그러나 마리아의 어머니는 가까운 친지들의 도움을 힘입어 여전히 1년간 기다림의 시간을 지킬 것을 주장했고, 이 조건 하에서 마리아가 디트리히에게 편지를 쓰는 것을 허락했다. 다음 편지에 기록된 날짜, 1월 13일을 두 연인은 약혼일로 간주하게 된다.

사랑하는 본회퍼 목사님!

1943. 1. 13, 패치히

집으로 돌아와 있으면서 목사님께 편지를 써야 한다는 생각이 분명해졌습니다. 그리고 편지를 쓰게 될 날이 오기를 기다리며 기뻐했습니다.
 지난 며칠 동안, 저는 엄마와 키코브에서 오신 한스-유르겐 폰 클라이스트-레초브 외삼촌과 대화를 나누었습니다. 그리고 마침내 목사님께 편지를 드릴 수 있게 되었습니다. 목사님께서는 이 편지에 답해 주시길 부탁합니다.
 지금 제가 하고 싶은 말을 편지로 쓴다는 것은 쉽지 않습니다. 아주

1943년 1월 13일 본회퍼에게 보낸 마리아의 편지.

부드럽게 말해야 할 것을 너무 딱딱하게 말하게 되어, 지금 하고 있는 모든 말을 되돌리고 싶을 정도니까요. 그러나 목사님이 저를 아주 잘 이해하신다는 사실을 경험했기에, 사실 목사님께서 직접 물어보시지 않은 질문에 답을 할 권리가 없음에도 불구하고 용기를 내어 말하려 합니다.

오늘 저는 목사님께 온 마음을 다해 기쁨으로 "예"라는 대답을 드립니다. 그러나 엄마는 여전히 기다림의 시간을 없앨 뜻이 없음을 이해해 주시기 바랍니다. 엄마는 아직도 우리 결심이 영원히 변하지 않으리라는 사실을 믿지 못하십니다. 외할머니가 목사님께 나에 대해 좋게만 말했을 것이라 생각하면 슬퍼집니다. 그로 인해 목사님은 제가 아닌 다른 모습의 저를 좋아하는 것은 아닐까 하는 생각이 들기 때문입니다. 어쩌면 목사님께 저의 나쁜 면을 말씀드려야 할 것입니다. 왜냐하면 목사님이 나와는 다른 모습의 나를 사랑할 수도 있다고 생각하면 불행해지니까요. 또한 누군가 저의 모습 그대로를 정말 좋아할 수 있으리라고는 믿을 수 없습니다. 지금 목사님 마음을 아프게 할 생각은 없지만, 이 말을 꼭 하고 싶었습니다.

제가 충분하지 않다는 사실을 알게 되셨거나, 저를 찾아오실 필요성을 더는 느끼지 않게 되었다면 분명히 말씀해 주세요. 지금은 목사님께 이렇게 부탁드릴 수 있지만, 나중에 저 스스로 그 사실을 깨달아야 한다면 얼마나 더 괴롭겠어요. 그러므로 저 자신도 결심을 굳건하게 할 시간이 필요하다고 느낍니다. 게다가 적십자사에서 하는 일이 혹독하리라는 사실을 알기에, 그러한 시간은 더욱 필요할 것입니다.

이 일은 오직 우리 둘만의 문제이며, 다른 어떤 사람의 일도 아니지 않나요? 제 부탁을 들어 주시겠어요?

목사님께서 저를 위해 행하신 모든 일들에 대해 감사의 마음을 전하고 싶습니다. 그렇게 하는 것이 무척 고되었으리라 짐작하기 때문입니다. 왜냐하면 가끔 저는 도저히 견디기 어려울 정도로 힘들어하곤 했으니까요.

마리아

사랑하는 마리아!

1943. 1. 17. 주일, 베를린

편지가 이곳에 도착하기까지 4일이 걸렸군요!(한 시간 전쯤 도착함) 그리고 한 시간 후에는 다시 떠나게 되는 우편을 통해 적어도 첫인사와 감사의 마음을 전하고 싶어 서둘러 편지를 씁니다. 지금 내가 하고 싶은 말은 도저히 언어로 표현할 수가 없습니다. 그러니 그냥 지금 내 마음이 어떤지 말하는 것으로 대신해도 될까요? 지금 저는 무엇과도 비할 수 없는 선물이 나에게 주어졌다는 것을 느끼며 감격합니다. 지난 몇 주간의 혼란 속에서 감히 꿈조차 꿀 수 없었는데, 지금은 상상할 수 없을 정도로 행복한 사람이 되었습니다. 우리의 전 인생을 결정하는 "예"라는 말 앞에 마음이 열립니다. 그리고 활짝 열린 마음에는 감사와 수줍음이 가득 채워집니다. 지금 우리가 서로 만나서 대화를 나눌 수 있다면 얼마나 좋을까요. 그러나 근본적으로는 오직 한마디 말만 반복할 수 있을 것입니다! 조만간 만날 수 있을까요? 다른 사람들의 구설수에 오르내리는 것을 두려워하지 않고? 아니면 무슨 이유에서건 아직은 그럴 수 없을까요? 저는 이제 만나야 한다고 생각합니다.

 내가 지난 몇 주간 자주 마음속으로 되뇌곤 했던 말을 하려 합니다. 나는 한 남자가 일생을 함께하길 원하는 소녀에게 "예"라는 응답을 받았을 때 하게 되는 그 말을 하고 싶습니다. 사랑하는 마리아, 당신의 대답에 대해, 당신이 나를 위해 감당해 낸 모든 것에 대해, 당신이 나에게 주는 의미와, 또 앞으로 나에게 어떤 의미가 될 것인지에 대해 감사합니다. 우리 서로를 인해 기뻐합시다. 내면의 확증을 위해 필요로 하는 조용한 시간을 충분히 가지십시오. 그것은 당신 혼자만이 알 수 있습니다. 나는 당신의 "예"와 함께 평안한 마음으로 기다릴 수 있습니다. 당신의 "예"를 듣지 못했을 때는 힘들었으나, 이제는 당신이 원하는 것과 필요로 하는 것이 무엇인지를 압니다. 그 무엇으로도 당신을 강요하거나 놀라게 하지 않을 것이며, 당신을 아끼고 보호하며 당신으로 하여금 우리 인생의 행복을 쉽고 기쁘게 받아들일 수 있도록 하길 원합니다. 당신이 한동안 혼자만의 시간을 갖고 싶은 마음을 이해합니다. 나는 독신의 축복과 함께 그 위험을 너무도 잘 알게 되었을 만큼 충분히 오래 홀로 지냈습니다. 지난 몇 주간 당신이 "예"라는 대답을 하는 것이 쉽지 않으리라는 사실을 이해하면서도, 그로 인해 마음이 아팠습니다. 나는 당신의 어려운 결단을 결코 잊지 않을 것입니다. 오직 당신의 "예"만이, 나 자신에게 더는 "아니오"라고 말하지 않을 용기를 갖게 합니다. 내가 당신에 대해 '잘못된 환상'을 품고 있으리라는 말을 더는 하지 마십시오. 나는 '환상'이 아니라, 오직 당신을 원할 뿐입니다. 그러니 당신도 환상이 아닌 나를 원하길 간절히 바랍니다. 당신도 그 둘은 서로 다르다는 사실을 알 것입니다. …

내일 당신이 이 편지를 받을 수 있게 하려면 서둘러야 합니다. 하나님께서 당신과 우리 둘을 보호해 주시기를!

당신의 신실한 디트리히

추신. 당신이 원하기 전에는 외할머니께 아무 말도 하지 않을 것입니다. 다행히 당장 외할머니를 만날 일도 없습니다. 당신이 하노버에서 외할머니께 편지로 알려 드리면 어떨까요? 여행 일정은 아직 잡히지 않았습니다. 그러나 조만간 떠나게 될 것이고, 그러면 대략 4주 정도 걸릴 것입니다. 이제 당신에게서 올 편지를 고대합니다.

마리아가 하노버의 클레멘티넨하우스에서 간호사 직업훈련을 받는 동안, 디트리히는 바티칸 교황청과의 비밀 회담을 위해 로마 여행을 계획하고 있었다. 이 계획에 대해서는 여러 번 말이 있었지만 실행에 옮겨지지 못했다.

그 사이 두 통의 편지가 더 오고 갔다. 마리아는 디트리히를 직접 만나지 않고 기다림의 시간을 지키고자 했다. 디트리히의 다음 편지는 여러 가지 역사적 사건의 배경에 대해 알게 해 준다. 동부 전선은 매우 위태로웠고, 스탈린그라드에서는 패배 직전이었으며, 카우카수스에서 퇴각한 상태였다. 마리아의 친척인 헨닝 폰 트레스코프와 파비안 폰 슐라브렌도르프 외 많은 사람들에 의해 히틀러 암살 계획이 추진되고 있었으며, 이를 통해 나치 정권이 무너지기를 희망했다.

사랑하는 나의 마리아!

1943. 1. 24, 주일 저녁에

… 사랑하는 마리아, 당신은 앞으로 반년이나 침묵의 법에 복종하기로 한 것입니까? 그것이 당신의 소원이며, 나에게 청한 당신의 첫 소원이니, 이 소원을 기꺼이 들어주는 것보다 더 바라는 것이 어디 있겠습니까? 그러나 한 가지는 말해야겠습니다. 사람이 스스로를 옭아매는 법에는 한계와 위험이 따르는데, 그것은 바로 참되고 자연스러운 것을 보호하기보다는 오히려 위협한다는 것입니다. 지난 몇 해 동안 지금까지 선하고 필요한 것이라 여겨왔던 계획과 생각들, 삶의 방식을 하나

님께서 깨뜨리시는 것을 보며 배운 것입니다. 얼마 지나지 않아 서신 왕래조차도 허락되지 않은 침묵의 법이라는 것이 부자연스러우며 강요된 것이었음이 우리 개인의 인생에 중요한 의미로 부각될 것입니다. 앞으로 몇 개월의 침묵의 시간은 도움이 되어야지 멍에가 되어서는 안 될 것입니다. 이 말은 우리가 전적으로 하나님의 음성을 들으려 하며, 하나님의 음성에만 순종하려고 하는 것을 의미합니다. …

잘 지내길 바랍니다. 사랑하는 마리아, 우리 둘을 하나님께 맡깁니다. 하나님께서 다가올 모든 시간에 우리의 도움이 되시며, 당신이 새롭게 시작하는 일터에서 기쁨을 주시길, 그리고 당신과 나, 우리 모두를 보호해 주시길 바랍니다.

당신을 무척 사랑하고 항상 생각하는, 당신의 디트리히

그 사이 마리아는 그녀의 일기장에 매일 디트리히에게 편지를 썼다.

마리아의 일기

1943. 2. 3

당신이 나의 모습을 목격하게 된다면, 나를 전혀 좋아할 수 없을 것이라는 생각이 들곤 합니다. 이토록 거칠게 말을 타고, 마구간의 하인들과 천박하게 대화하는 나. 이런 나를 발견하면 깜짝 놀라게 되고, 당신이 이런 나를 보면 슬퍼할 것이라는 생각을 합니다. 그라모폰 놀이를 하면서 한 발로 뛰어다니고, 다른 다리의 스타킹에는 큰 구멍을 낸 것을 보고, 당신이 이런 저의 모습을 보게 되리라는 생각에 깜짝 놀라 침대 위로 쓰러집니다. 더 나쁜 행동도 합니다. 가끔 저는 담배를 피워 보기도 하는데, 담배를 피워 본 적이 없으므로 담배 맛이 어떤지 알고 싶어서입니다. 그러나 그러고 나면 역겨워서 점심도 저녁도 먹을 수 없습니다. 또는 한밤중에 일어나서 긴 드레스를 입고 미친 듯이 춤을 추기도 하고, 하로를 데리고 산책하러 나가기도 합니다. 그러면 오전 내내 잠을 자게 되지요.

 당신이 이런 모습을 역겨워하신다면 충분히 이해할 수 있습니다. 당신이 옆에 있다면, 저는 분명히 그렇게 행동하지 않으려고 노력할 것입니다. 그러나 저는 가끔 나도 모르게 그런 행동을 하게 되며 어떻게든 에너지를 발산해야만 합니다. 그러나 적십자에서 하는 일이 저의 행동을 변화시키는데 도움이 될 것이며, 당신의 수고를 덜어 주게 될 것이라 생각합니다.

・

1943년 2월 16일 마리아는 디트리히가 어떠한 위험 속에서 살아가는지에 대한 암시가 담긴 한 통의 편지를 외할머니로부터 받는다.

마리아의 일기

1943. 3. 8

더는 견딜 수가 없습니다. 당신이 정말 위험에 처해 있는지 알아야만 하겠습니다. 디트리히, 당신은 무슨 일을 하고 있습니까? 저의 연약함을 용서해 주세요. 당신에게 전화를 해야겠습니다. 당신에게 무슨 일이 일어났는지 알아야겠습니다. 왜 제게 아무 소식도 전하지 않나요. 당신을 이해할 수 없습니다. 당신은 그것이 저를 얼마나 아프게 하는지 모를 테지요. 당신에게 무슨 일이 생겼을지도 모른다는 생각이 저를 얼마나 괴롭히는지 알지 못하나요? 그 소식을 들은 후, 당신으로 인한 두려움에서 벗어날 수 없다는 사실을 느끼지 못하나요?

저는 당신에게 전화를 하거나 편지를 쓸 자유를 주었습니다! 디트리히, 당신이 잘 지내고 있다고 말해 주세요. 당신이 인내하기 어려워한다는 것은 외할머니의 말씀일 뿐, 당신에게서 나온 말이 아님을 알게 해주세요. 디트리히, 이 말 한마디만 해주시길 부탁합니다.

큰 염려에 사로잡힌 그녀는 디트리히에게 베를린으로 전화를 건다.

마리아의 일기

1943. 3. 9

저는 당신과 통화했고, 당신 목소리를 들었습니다. 디트리히, 우리가 주고받은 모든 말을 아직도 기억하나요? 도대체 무슨 일이냐는 당신의 말에, 참으려고 무진장 애를 썼음에도 불구하고 눈물이 흘러내렸습니다. 당신은 처음에는 어리둥절해서 제가 하는 말을 전혀 이해하지 못했지요. 그러다가 당신이 웃었습니다. 당신이 웃는 소리를 듣고 너무 행복했습니다. 당신이 그렇게 웃을 수 있다니! 그렇게 웃을 수 있는 당신에게 감사합니다. 당신이 웃으면서 아무 걱정하지 말라고 했을 때, 갑자기 외할머니가 하신 말씀이 참이 아니며, 나의 고민과 눈물이 쓸데없는 것이었음을 알았습니다. 그리고 당신이 잘 지내고 있으며, 나의 전화로 인해 기뻐한다는 것을 알았습니다. 당신은 기뻐서 웃었습니다. 그 후에는 저도 웃었습니다.

바로 그날 디트리히는 마리아에게 편지를 썼다.

사랑하는 마리아!

1943. 3. 9. 화요일 저녁, 베를린

내 심장은 아직도 두근거리며, 내 속에 있는 모든 것이 기쁨과 놀라움으로 변해 버렸습니다. 그러나 당신이 그런 걱정을 하고 있었다는 사실로 인해 깜짝 놀랐습니다. 내가 그런 바보 같은 짓을 하다니! 당신이 옆에 있어 서로 대화할 수 있었다면, 외할머니에게 한 말을 당신에게도 말해 주었을 것입니다. 아니, 당신은 단 한순간도 걱정할 필요가 없습니다. 나 자신도 전혀 걱정하지 않으니까요. 그러나 당신은 이러한 진실을 알고 있는 몇 안 되는 사람 중에 하나일 것입니다. 전쟁터에 나가 있든 국내에 있든, 크고 작은 위험이 도처에 도사리고 있기는 마찬가지라는 사실에 대해 서로 대화를 나눈 적이 있지요. 지금 이 시대에 어떤 남자가 그 위험을 피해 갈 수 있을 것이며, 그 위험 앞에 두려움을 느끼지 않아도 될까요? 남편이 사랑하는 아내의 마음에서 무거운 짐을 덜어 주기를 간절히 원할지라도, 오늘날 남편에게 따르는 위험을 함께 감수하지 않아도 되는 여인이 있을 수 있을까요? 이런 때 사랑하는 여인이 용기 있게 견디며, 무엇보다 기도하며 그의 옆에 서 있다면 얼마나 큰 행복이겠습니까. 사랑하는 착한 마리아, 당신이 내 옆에 있다는 사실이 지난 몇 주간 얼마나 큰 도움이 되는지 느낄 수 있었습니다. 그러한 느낌은 전혀 환상이 아닙니다. 그러나 내가 당신에게 근심을 주었다는 사실로 인해 몹시 마음이 아프군요. 이제 다시 평안을 찾고 확신 있게 기뻐하길 바랍니다. 지금처럼, 그리고 내가 항상 당신을 생각하듯 나를 생각해 주십시오. …

이제 몇 주간 로마로 떠납니다. 언제쯤이면 우리가 함께 로마 여행을 하게 될까요? 당신은 '근로 봉사'¹를 하러 가서는 안 됩니다. 그 일은 전혀 마음에 들지 않습니다. 그럼에도 불구하고, 그렇게 해야 한다면 내게 편지해 주십시오. 편지는 내가 있는 곳으로 전해질 것입니다. 내 사랑 마리아, 하나님께서 당신을 지켜 주시며, 우리 둘을 보호해 주시기를!

당신을 무척 사랑하고 또 감사하는, 당신의 디트리히

내 사랑 마리아!

1943. 3. 24, 베를린

어제 슈테틴에서 걸려온 전화를 받고 외할머니가 입원해 계신 병원으로 찾아갔습니다. 외할머니께서 매우 지쳐 있다며, 당신 숙모인 마리아 폰 클라이스트-레초브 부인은 매우 염려했습니다. 다행히 외할머니의 상태는 두려워했던 것보다는 나아 보이셨습니다. 그러나 자신의 죽음을 준비하고 계셨고, 앞으로 일어날 일에 대해서는 아무도 예측할 수 없겠지요.

이 편지를 당신에게 쓰는 것은, 그분이 당신의 편지를 애타게 기다린다고 말씀하셨기 때문입니다. 모두 지난 일인데도, 외할머니께서는 지난 겨울에 있었던 여러 가지 어려움에 대한 기억으로 여전히 괴로워하셨습니다. 당신이 전하는 사랑스러운 말이 그분에게 양약이 될 것

---

1. 근로 봉사Arbeitsdienst. 나치는 젊은이들의 근로 봉사를 정치적 목적에 이용함. 1935년부터 남성은 의무적으로, 여성은 자발적으로 반년씩 근로 봉사를 해야 했음. 그러다 1939년 9월 4일부터 17세에서 25세 사이의 젊은 여성들에게도 근로 봉사의 의무가 부여되었음. 집단생활을 해야 했으므로 외부와의 접촉이 차단되어 있어 나치의 필요에 따라 이용하기에 편리했음―옮긴이.

입니다. 밤잠을 못 이루고 고통하는 시간들로 인해 지난 기억을 쉽게 떨쳐 버리지 못하기 때문에, 사랑하는 사람들의 위로가 더욱 필요한 듯합니다.

이 사실을 당신에게 알리는 것이 옳을 테지요?

… 며칠 이내로 여행을 떠나게 될 것입니다.

당신에 대한 사랑을 마음 깊이 간직하며, 당신의 디트리히

사랑하는 디트리히!

1943. 3. 26, 하노버

편지 주셔서 정말 감사합니다. 무엇보다도 저의 태만을 일깨워 준 것에 대해 감사드립니다. 외할머니 병환에 대한 소식을 듣고, 주말에 자유 시간이 주어지는 대로 병문안을 가려고 했습니다. … 그러나 괜히 외할머니를 실망시켜 드리는 일이 생기지 않도록, 자유 시간이 주어졌을 때 바로 찾아뵙겠다고 말하는 것이 나을 듯하여 지난 한 주간 편지를 쓰지 않았습니다. 아마 지금쯤은 제가 내일 외할머니에게 가서 일요일 저녁까지 그곳에 머물게 된다는 사실을 당신도 들었을 테지요.

그럼에도 불구하고 편지를 주셔서 기뻤습니다. …

어제 엄마는 제가 당분간 근로 봉사에서 제외되었다는 사실을 전화로 알려 주셨습니다. 그 소식으로 인해 매우 기쁘며, 이제는 정말 환자들을 간호하는 일에 전념할 수 있을 것입니다.

언젠가 주말에 쉬게 되면 당신을 방문하겠습니다! 아름다운 여행이 되기를 바라며, 나중에 그 여행 이야기를 들려주세요. 저는 하루 종일, 아마도 지나치게 많이 '훗날'을 생각하고 있습니다. 그러나 그러한

생각에 잠길 수 있는 것은 행복한 일입니다! …

수많은 사랑스러운 생각 속에서, 당신의 마리아

마리아의 일기

1943. 4. 5

또다시 뭔가 좋지 않은 일이라도 생긴 것일까? 그 일이 굉장히 무서운 소식일 것 같아 두렵기까지 하다.

이날 디트리히는 베를린에서 체포되어 테겔 군사 형무소에 수감되었다. 마리아는 아무것도 모른 채, 4월 18일 동생 한스-베르너의 견신례를 축하하기 위해 패치히로 왔다. 그곳에는 그녀의 형부 클라우스 폰 비스마르크도 와 있었고, 마리아는 그에게 모든 금지령을 무시하고 디트리히를 만나기로 했다는 결심에 대해 말했다. 그들이 함께 집 안으로 들어갔을 때, 외삼촌 한스-유르겐 폰 클라이스트가 디트리히의 체포 소식을 전해 주었다.

마리아의 일기

1943. 7. 11

'평화'라는 말은 얼마나 이해하기 어려운지! 주변의 모든 것이 평화롭기만 하다. 들판에 무르익어 출렁이는 곡식들, 노래하는 새들, 웃음 짓는 꽃들, 마을 소녀들의 노랫소리, 대장장이의 망치 소리, 말 울음소리.

그런데 내 속에는 격렬한 싸움이 있고, 그리움과 두려움, 절망이 뒤섞여 혼란스럽지만, 그럼에도 불구하고 디트리히, 당신으로 인한 평화가 있다.
방금 연합군이 시칠리아에 상륙했다는 소식을 들었다.

그날 마리아는 그녀의 일기장을 봉했고, 다시는 열지 않았다.

우리에게는 아무 악한 일도 일어나지 않습니다. 사람들이 우리 인생을 힘들게 하는 것처럼 보이더라도, 결국에는 하나님의 은밀한 사랑이었음이 드러나게 될 것입니다. 그리고 그 모든 것을 통해 이 세상과 우리 인생을 다스리시는 하나님을 섬기게 될 뿐입니다.

2. 마리아의 외할머니 룻 폰 클라이스트-레초브 소개

룻-앨리스 폰 비스마르크 엮음

마리아의 외할머니인 룻 폰 클라이스트-레초브는 1867년, 로베르트 폰 체트리츠-트뤼춰러 백작과 아그네스(슐레지엔 지방의 폰 로어 가문 태생) 사이에서 태어났다. 그녀는 자기 뜻이 강하고 활발한 성격으로, 아버지의 특별한 사랑 속에서 궁정의 사교 생활을 즐기며 성장했다.

열다섯의 나이에 그녀의 왕자님 유르겐 폰 클라이스트를 만난 룻은 3년 후 결혼했다. 둘은 포머쉬 지방의 경건주의 영향을 받으며, 깊은 신앙으로 함께 자라 갔다. 그들 사이에는 다섯 명의 자녀들이 태어났으나, 막내딸이 태어난 직후 룻은 스물아홉의 나이로 과부가 되었다. 그 후 룻은 키코브 영지를 청지기의 손에 맡기고, 자녀 교육을 위해 슈테틴으로 이사했다.

제1차 세계 대전 후, 한스-유르겐은 클라인-크뢰신에 어머니를 위해 큰 정원이 딸린 안락한 저택을 지었다. 손님들을 위한 '소망의 방', '기쁨의 방', '만족의 방'은 항상 사람들로 붐비게 되었다.

나치의 국가사회주의 이념이 기숙학교에까지 깊이 침투하기 시작하자, 이를 염려하던 클라이스트 가와 비스마르크 가, 베데마이어 가에서는 1936년 초에 자녀들을 할머니인 룻 폰 클라이스트-레초브 부인에게 맡기기로 결정했고, 그곳에서 슈테틴에 위치한 김나지움에 다니도록 했다. 그녀는 손자 손녀들의 교육에 깊은 관심을 기울였다. 직접 피아노를 가르치는 한편, 학교에서 배우는 내용을 연습하도록 했으며, 저녁 식사 때에는 불어로 대화했다. 함께 음악회에 가기도 하고, 정치적 신앙적인 문제를 두고 깊은 대화를 나누기도 했다.

또한 그녀는 클라인-크뢰신의 책상 앞에서 당대 신학의 흐름을 살폈으며, 프리드리히 지그문트 슐체Friedrich Siegmund Schultze를 존경했고, 칼 바르트Karl Barth의 추종자가 되었다. 고백교회 시절에는 디트리히 본회퍼를 만나게 되었는데, 그 후 핑켄발데 설교자 학교의 강력한 후원자가 되었다. 핑켄발데 설교자 학교가 슈테틴 가까이 위치하고 있었으므로, 그녀는 자주 손자 손녀들을 데리고 그곳 예배에 참석했다. 그녀는 디트리히 본회퍼에게 자극을 받아 신약 성경을 원어로 읽을 결심을 하고, 일흔 살의 나이에 그리스어를 배우기 시작했다. 또한 얼마 지나지 않아, 본회퍼가 나누어 주었던, 설교자 학교의 목회자 후보생들과 같은 내용의 성경 말씀으로 아침 묵상을 했다.

클라인-크뢰신은 키코브와 라스벡, 패치히에 살고 있던 자녀들의 가족들에게는 만남의 장소가 되었고, 다른 한편으로는 그녀의 친구들을 용감한 젊은 신학자와 관계 맺게 하여 내·외적 저항력을 키우도록 하는 구심점 역할을 했다.

디트리히 본회퍼와의 사이에는 깊은 신뢰와 존경의 관계가 형성되었다. 그녀는 값진 은혜를 값싼 것으로 만들지 않아야 함을 자신의 인생을 통해 체득했고, 디트리히 본회퍼와 교류하던 시간을 그녀 인생에서 가장 축복된 시기로 여겼다. 디트리히 본회퍼는 클라인-크뢰신에 머물며 그의 책들을 저술했다.

3. 마리아 연보

- 1924년 4월 23일, 쾨니히스베르크 노이마르크 패치히에서 7남매 중 셋째로 태어남.

- 1936년 나치의 국가사회주의 이념이 기숙학교들 깊숙이 침투하고 있었으므로, 비스마르크 가와 베데마이어 가에서는 몇몇 자녀들의 교육을 룻 폰 클라이스트-레초브에게 맡기기로 결정. 마리아도 외할머니 댁에서 학교를 다니다가, 튀링겐의 알텐부르크 여자 기숙학교로 옮겨서 중등 과정까지 마침. 이 학교는 원래 억압받던 개신교 귀족 가문의 여자 아이들 교육을 위해 건립되었으며, 250년의 전통을 자랑함.

- 1938년 4월 9일, 룻 폰 클라이스트-레초브의 손자 손녀들인 막스 폰 베데마이어, 슈페스 폰 비스마르크, 한스-프리드리히 폰 클라이스트-레초브는 디트리히 본회퍼의 인도로 콘퍼만덴 수업을 받고 견신례를 받았으나, 마리아는 아직 콘퍼만덴 수업을 받을 만큼 성숙하지 못하다는 평을 받고 수업에서 제외됨.

- 1942년 하이델베르크의 비프링겐 여자 기숙학교에서 김나지움 과정을 마치고, 대학입학 자격시험인 아비투어 합격. 이곳에서 수학에 재능이 있음을 발견하게 됨. 이 학교는 엘리자벳 폰 타덴에 의해 건립되었으며, 그녀의 교육 이념은 나치의 국가사회주의에 명백하게 반대하는 입장에 서 있었음.

- 1943년 1월, 디트리히 본회퍼와 약혼.

- 1943년 4월 5일, 디트리히 본회퍼 구속.

- 1945년 4월 8일, 디트리히 본회퍼 교수형.

- 1945년 6월, 디트리히 본회퍼의 사망 소식 전해짐.

- 1945년 가을, 괴팅겐 대학에서 수학 전공. 동료 학생들과 함께 피난민 수용소를 돌봄.

- 디트리히 본회퍼의 친구였으며, 퀘벡커이자 평화주의자였던 핵물리학자 헤르베르트 옐레Herbert Jehle의 도움으로 미국 대학교에서 장학생으로 선발되어, 미국 동부 해안에 위치한 명문 여자 대학교 브린 머어Bryn Mawr에서 수학을 전공하게 됨.
- 1948년 미국으로 떠나기에 앞서 법학도 파울-베르너 슈니빈트와 약혼. 파울-베르너 슈니빈트는 괴팅겐에 남아 국가고시 준비.
- 1949년 파울-베르너 슈니빈트와 결혼. 주례 말씀은 시편 103편. 함께 미국 유학 생활 시작함. 수학 석사 과정 졸업.
- 1950년 첫 아들 크리스토퍼 출생. 필라델피아 풀리 사에 통계사로 취직.
- 1952년 대기업 레밍턴 랜드 사에 수학자로 취직.
- 1954년 둘째 아들 파울 출생.
- 1954년 디트리히 본회퍼의 시 '과거'를 출간하게 해달라는 에버하르트 베트게의 부탁을 받아들임.
- 1955년 마리아의 시어머니가 사망하고 파울-베르너와 마리아의 결혼 생활에 위기가 찾아옴. 파울-베르너는 독일로 돌아가 이혼 후 새로운 가정을 이룸. 두 아들은 마리아에게 남겨짐.
- 1956년 레밍턴 사에 근무한 지 4년 만에 '응용 수학' 분야 그룹 리더로 승진.
- 1959년 발명가로서 '칩' 공장을 세운 바튼 웰러와 성탄절에 결혼함. 웰러의 희망에 따라 직장을 그만두고 헌신적으로 가정을 돌봄. 교회에서는 주일 학교 교사로 섬김.
- 1965년 이혼. 두 아들과 함께 웰러의 딸 한 명이 마리아 곁에 남기를 원함. 자녀 교육과 생계를 위해 40대의 이혼녀로서 다시 컴퓨터 회사 호니웰에 취직.
- 1966년 하버드 대학에 디트리히 본회퍼의 편지 기증.
- 1967년 '다른 옥중 서신들The Other Letters from Prison'이라는 제목으로 일부 편지를 유니언 신학 잡지에 기고.
- 1969년 전체 '시스템 분석' 부문 리더가 됨.
- 1975년 기술 분야 기업에서 여성으로서는 유일하게 전체 리더가 됨.
- 1976년 2월, 제노바에서 열린 '본회퍼 국제 학술회'의 초청에 응함.
- 1977년 11월 16일, 미국 보스턴에서 암으로 사망.

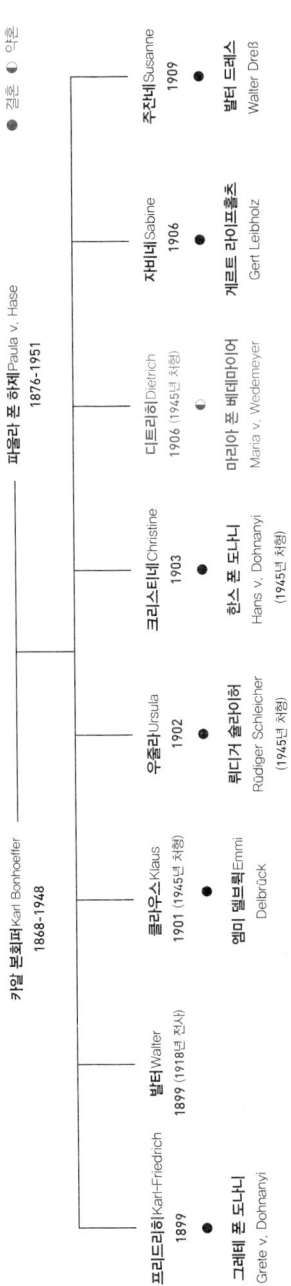
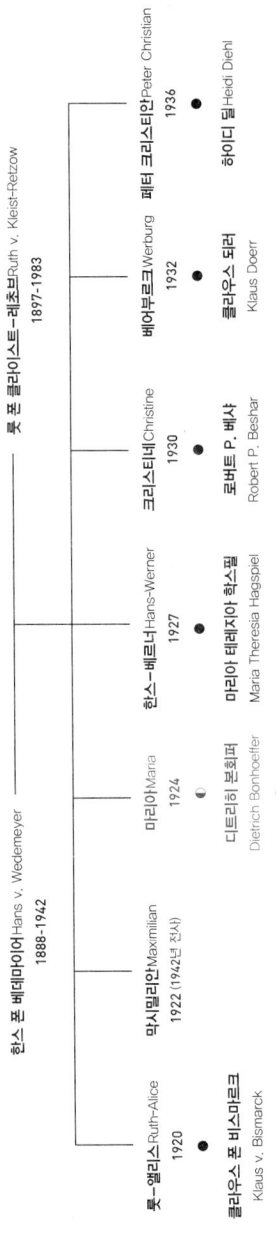

1943년 3월 31일 카알 본회퍼의 75번째 생일. 디트리히는 5일 뒤 체포되었다.

참고 문헌

DBW

「저항과 복종 Widerstand und Ergebung」, DBW 8, 1998.
같은 옥중 서신으로서 편지 내용을 보충 설명하기 위해 많이 인용됨.
「창조와 타락 Schöpfung und Fall」, DBW 3, 1989.
「윤리 Ethik」, DBW 6, 1992.
「테겔에서의 단상들 Fragmente aus Tegel」, DBW 7, 1994.
「청소년기와 학문 Jugend und Studium」(1918-1927), DBW 9, 1986.
「바르셀로나, 베를린, 아메리카 Barcelona, Berlin, Amerika」(1928-1931), DBW 10, 1991.
「교회 연합, 대학, 목사직 Ökumene, Universität, Pfarramt」(1931-1932), DBW 11, 1994.
「베를린 Berlin」(1932-1933), DBW 12, 1996.
「런던 London」(1933-1935), DBW 13, 1994.
「불법 신학교: 부목사직 Illegale Theologenausbildung: Sammelvikariate」(1937-1940), DBW 15, 1998.
「모반과 구속 Konspiration und Haft」(1940-1945), DBW 16, 1996.
* DBW는 귀터스로허 출판사 Gütersloher Verlagshaus Gütersloh, München에서 간행된 디트리히 본회퍼 선집의 약자.

그 외 단행본들

「디트리히 본회퍼와의 만남 Begegnungen mit Dietrich Bonhoeffer」, Walter-Dieter Zimmermann, Gütersloher Verlagshaus, 1964.

「디트리히 본회퍼. 신학자, 성도, 동시대인Dietrich Bonhoeffer. Theologe, Christ, Zeitgenosse」, Eberhard Bethges Biographie, 8. Aufl., Gütersloher Verlagshaus, 1994.

「카나리스. 여명 속의 애국자Canaris. Patriot im Zwielicht」, Heinz Höhne, München 1976.

「지나갔고 체험했으며 이겨냈다. 본회퍼 가족의 운명Vergangen, erlebt, überwunden. Schicksale der Familie Bonhoeffer」, Sabine Leibholz Bonhoeffer, GTB 1122, 8. Aufl., Gütersloh, 1995.

「공모의 여족장. 룻 폰 클라이스트 1867-1945Matriarch of Conspiracy. Ruth von Kleist 1867-1945」, Jane Pejša, Minneapolis, 1991.

「모반의 영상. 칼텐브룬너 보고Spiegelbild der Verschwörung. Die Kaltenbrunner Berichte」, Archiv Peter(Hg.), Stuttgart, 1961.

「저주 받은 의무. 1932년에서 1945년까지의 기억들Die verdammte Pflicht. Erinnerungen 1932 bis 1945」, Alexander Stahlberg, Berlin, 1987.

「다른 옥중 서신들The Other Letters from Prison」, Maria von Wedemeyer-Weller, in: Union Seminary Quarterly Review XXIII/I, New York, 1967, pp. 23-29.

해설의 글

김회권(숭실대학교 기독교학과 교수)

이 책을 읽는 독자를 위한 간략한 배경해설

이 책은 '옥중연서'라는 제목에서 드러나듯이, 악마적 나치체제에 저항하다가 39세의 나이로 처형당한(나치가 항복하기 약 2주 전!) 천재 신학자 본회퍼가 그의 18세 연하 약혼녀 마리아 폰 베데마이어와 주고받은 편지들을 엮은 책이다. 이 책은 1942년 6월경에 시작된 꿈 같은 사랑, 1943년 1월에 이뤄진 때이른 약혼, 본회퍼의 투옥으로 급작스럽게 중단된 연애, 2년여의 투옥기간에 주고받은 사랑의 연서, 그리고 본회퍼의 처형으로 좌절된 사랑의 구조로 전개된다. 두 사람의 사랑과 결혼을 조심스럽게 지연시키거나 약화시키려는 등장인물이 마리아의 어머니이다. 극적 긴장을 가지고 전개되나 슬프고 허망한 종결로 마무리되는 이 옥중연서 묶음집을 읽는 독자들은, 1944년 지상에서 보내는 마지막 성탄절을 앞두고 본회퍼가 지은 시를 읽을 즈음에는 눈물을 흘릴 수밖에 없다(12월 19일 편지).

신실하신 주님 팔에 고요히 둘러싸인
보호와 위로 놀라워라.
-오늘도 나는 억새처럼 함께 살며

활짝 열린 가슴으로 새로운 해 맞으렵니다.
…

쓰디쓴 무거운 고난의 잔
넘치도록 채워서 주실지라도
당신의 선하신 사랑의 손에서
두려움 없이 감사하며 그 잔 받으렵니다.
…

주님의 강한 팔에 안겨 있는 놀라운 평화여!
낮이나 밤이나 우리와 함께하시는 하나님은
다가올 모든 날에도 변함없으시니
무슨 일 닥쳐올지라도 확신있게 맞으렵니다.

이 책을 읽기 전에 본회퍼의 간략한 전기와 본회퍼와 약혼녀 마리아 가족 간에 얽힌 독특한 우정과 사랑, 후원과 지지의 관계를 염두에 두면 이 편지들의 극적 움직임을 파악하는 데 어려움을 느끼지 않을 것이다. 1906년생인 본회퍼는 히틀러의 나치체제를 사탄적인 흑암세력이라고 규정하고 신앙고백적인 의기로 저항하던 고백교회(독일 국교회 루터교회로부터 스스로 분리되어 나온 레지스탕스 교회들의 연합)들을 섬길 교역자를 양성하는 핑켄발데 지하신학원의 교장으로 봉직했던 적이 있었다. 20대 초반에 베를린 대학교 신학부에서 교회론으로 박사학위를 받은 본회퍼는 수도원적인 공동체를 세워 고백교회의 교역자들을 길러 내면서 그 유명한 「나를 따르라 *Nachfolge*」를 집필했고, 핑켄발데 신학원 경험은 「신도의 공동생활 *Gemeinsames Leben*」이라는 소책자 속에 고스란히 담겨 있다. 그 어렵고 고독한 시절에 본회퍼와 핑켄발데 신학원을 가장 강력하게 후원한 사람이 쾨니히스부르크 패치히의 룻 폰 클라이스트-레초브 여사, 바로 마리아의 외할머니였다. 일찍 결혼해 다섯 명의 자녀를 낳고 29세가 되던 해 과부가 된 레초브 여사는 나치체제의 야만성으로부터 손자손녀들을 보호하기 위해 그들을 넓은 영지에 모아놓고 홈스쿨링을 하다시피 직접 교육했다. 그 즈음에 그녀는, 칼 바르트의 평가에 따르면 21세의 젊은 신학도가 쓰기에는 "기적"이라고 극찬받은 박사논문을 쓴 후 독일신학계에 혜성처럼 등장한 본회퍼의 저작을 읽고 매료되어, 그의 신학적 지도를 온 가족의 이름으로 받아들였을 뿐만 아니라 마리아의 오빠 막스 폰 베데마이어의 견신례(유아세례를 받은 기독교 가문의 자녀들이 14-16세에 다시금 신앙고백 교육을 받아 성인교우로 입교하는 절차) 교육을 본회퍼에게 맡겼다.

이처럼 본회퍼는 마리아가 14세가 되기 전부터 패치히 영지를 출입하며 레초브 여사 가문과의 우정을 쌓았던 것이다. 이런 우정과 지원 사이에서 본회퍼는 자연스럽게 레초브 여사의 넓은 패치히 영지를 드나들면서 가족들 모두와 친하게 되었다. 그는 그곳에서 「나를 따르라」를 집필할 정도로 장기체류한 적도 있었으며, 그런 방문과 체류 과정에서 레초브 여사의 외손녀 마리아를 알게 되었고 몇 차례의 의례적이고 절제된 눈인사를 주고받은 적이 있었다. 앳된 소녀에서 처녀로 자라가던 마리아는 오빠 막스의 영적 지도자요 멘토인 본회퍼 목사에 대한 호감과 신뢰를 자연스럽게 쌓게 되었을 것이다. 마리아가 기숙학교를 마치고 집에 돌아와 있는 시간이 길어질 즈음에는 본회퍼에 대한 마리아의 호감과 신뢰는 연모의 감정으로 발전했고 이내 두 사람은 결혼을 약속할 정도의 영적 결속감을 느끼는 단계까지 사랑하는 사이가 되었다. 이 과정에서 마리아와 본회퍼의 호감어린 우정을 실제적인 사랑으로 성장하도록 도와준 인물이 외할머니였다. 반면에 이런 급속한 연애 과정을 다소 불안하게 지켜보던 인물은 마리아의 어머니였다. 마리아의 어머니는 나이 차가 큰 두 사람의 연애와 결혼을 부담스럽게 생각하던 중 둘의 우정과 사랑을 인정하되 이 사랑이 결실될 수 있을지를 숙고하고 검증하기 위해 "1년간 만남 금지" 결정을 내려 본회퍼와 마리아에게 통보하기도 했다. 본격적으로 만난 지 6개월이 된 시점에 마리아의 어머니는 둘 사이의 사랑을 인정하되 무르익을 때까지 만남을 자제해달라고 부탁한 것이다. 이 1년간 만남 금지를 통보한 그날은 역설적으로 둘의 교제를 허락한 날이었고, 1월 17일 본회퍼는 두 사람의 약혼이 확정된 데 대한 기쁨의 편지를 마리아에게 보낸다. 단지 마리아의 어머니는 자신의 가족과 본회퍼의 친지들에게까지 둘의 약혼관계를 당분간 비밀에 붙여줄 것을 부탁했다.

마리아는 1943년 1월 13일 이후부터 본회퍼와 본격적으로 연애편지를 주고받기 시작한다. 하지만 두 사람이 약혼할 당시에 본회퍼는 이미 반나치 운동에 깊이 연루되어 있었다. 마리아와의 사랑이 싹트던 시점에 그는 누구에게도 자신의 명시적 과업과 실제 과업을 소상하게 설명해주지 않았다. 그는 군목이 되려고 하다가 좌절되자 병사로의 징집을 거부한 채 국방정보국(Abwehr, 압베르)의 비밀요원으로 위장 취업하여 해외여행을 자유롭게 하며 유대인들의 해외탈출을 은밀하게 돕는 일을 하고 있었다. 1943년 4월 5일에 게슈타포에 의해 체포되기 전에도 그는 로마여행을 기획하고 있었다.

30대 후반의 급진적이고 예언자적인 천재신학자가 어떻게 18세의 소녀 마리아에게 연모의 감정을 느끼고 청혼을 하기에 이르렀을까? 독자들은 궁금할 것이다. 마리아의 그토록 자상하던 아버지와 오빠가 러시아전선(동부전선)에서 전사했다는 사실이 답변의 실마리가 된다. 1942년 8월과 10월 마리아의 아버지와 오빠 막스가 러시아전선에서 전사해, 마리아의 정신세계는 심각하게 상처를 입었다. 이 정서적 공백과 충격 속에서 허우적거리던, 대학입학 자격시험을 갓 마친 18세의 마리아에게 아버지 같은 그리고 큰오빠 같은 자상하고 총명한 신학자이자 외할머니의 영적 지도자인 본회퍼가 운명적 사랑을 점화시켰던 것이다.

이 책의 극적 구조와 비극적 결말

"나와 함께 기다려 주세요! 부탁입니다! 오래오래 당신을 마음 깊이 포옹하고 사랑하게 해주십시오. 그리고 당신 이마에 맺힌 근심을 씻어낼 수 있게 해주십시오."(1944년 3월 11일 본회퍼의 편지)

아가서를 방불케 하는 이 시적 간청은 급진적 제도의 주창자이자 순교자인 디트리히 본회퍼가 18세 연하의 약혼녀 마리아 폰 베데마이어에게 보낸 격렬한 연애편지 구절이다. 1943년부터 1945년에 걸쳐 투옥기간에 쓰여진 많은 편지들 안에 표출된 이런 감정들은 그동안 익숙하게 알려진 본회퍼의 면모와는 전혀 다른 낭만적인 "청년" 본회퍼의 면모를 보여준다. 옥중연서 속의 본회퍼는 오랜 독신생활 끝에 사랑에 빠진, 매력 넘치는 사랑의 남자다. 사랑을 호소하고 구애하며 사랑을 피력하는 연인이다. 그런데 그의 사랑은 값비싼 은혜의 신학과 전적으로 일관성을 유지하고 있다. 마리아의 본회퍼를 향한 사랑과 본회퍼의 마리아를 향한 사랑은 실로 값비싼 사랑이었다. 나이 차와 미래를 담보할 수 없는 불확실한 기다림 속에 점화되고 성숙해간 사랑이었다. 그들의 사랑은 지상에서는 온전히 완성될 수 없는 사랑에 대한 충실한 의리를 바친 사랑이었다. 끝내 그들은 그들이 그토록 불태우던 사랑의 결실을 보지 못한 채 사랑을 포기할 수밖에 없도록 강요당했다. 37년의 고독한 독신생활 끝에 낭만적 애모의 샘물을 퍼마셨던 본회퍼, 그와 마리아 사이에 오간 가장 진한 사랑 표현은 제국고등군법회의 뢰더 검사 앞에서 나눈 입맞춤이었다.

이 책은 마리아가 그 천재적인 신학자 "노총각" 본회퍼에게 얼마나 감미로운 연인이었는지를 여실하게 보여준다. 본회퍼의 열혈 독자들은 이 책이 나올 때까지는 그가 험악한 투옥기간 동안에 연인을 향해 품었던 강렬한 애모 감정과 친밀한 관계성을 그리워하는 그의 정서적 허기를 엿볼 기회가 없었을 것이다. 역사의 공적인 광장에서 외치던 예언자적 인물 뒤에서 사랑에 목말라하며 사랑을 갈구하는 청년 본회퍼, 지극히 사적이고 내면적인 영성가 본회퍼를 이 편지들 속에서 만난 독자들은 행복하면서도 슬프다.

본회퍼는 마리아를 사랑했고 마리아는 본회퍼를 사랑했기에 그들은 2년여의 긴장과 서스펜스 속에서 서로를 사무치게 그리워한다. 두 연인 사이에 흐르는 감미로운 연모와 석방 후 펼치게 될 신혼살림에 대한 낙관적 기대가 이 책을 추동한다. 본회퍼와 마리아의 처음 편지 대부분은 조기석방 되어 결혼식을 올린 후 시작하게 될 신혼의 단꿈을 그리고 있다. 하지만 독자들은 주가 지나고 달이 지나고 해가 바뀌면서 두 연인과 함께 마음 졸이게 된다. 두 연인은 불원간에 패치히(마리아 가족의 영지)의 소파에 다정하게 손을 붙잡고 입맞춤할 정도로 밀착되게 앉아 서로를 한없이 바라보고 즐거워 할 영광스런 대반전의 날을 기대하고 예기한다. 하지만 편지를 나누는 이 두 연인은 모르지만 독자들은 이 이야기의 비극적 종말을 알기에, 해를 넘겨 편지가 오갈수록 더욱 구슬퍼진다. 편지 전체를 관통하는 주제는 강한 정신력의 소유자 마리아의 격려에 있다. "사랑하는 디트리히, 지치지 말며 슬퍼하지 마세요. 그날은 머지않아 올 테니까요."

독자들은 단순한 편지들의 교환이 아니라 일종의 드라마처럼 전개되는, 두 연인이 기다림과 희망의 세월 동안 경험한 드라마와 일상의 이야기 속으로 빨려들어간다. 하지만 투옥기간이 연장될수록 그들의 서신 교환은 더욱 고통스럽게 변해간다. 희망은 퇴조해간다. 그러나 동료 수감자들의 증언에 의하면, 본회퍼는 "어떤 전쟁도 졌다고 포기하지 않는 한 종료된 것이 아니다"라고 되풀이해 말하며 그들의 사랑이 결실되기를 기다리는 일을 포기하지 않을 의사가 분명함을 밝혔다고 한다. 그럼에도 불구하고 1944년에 접어들자 초조감과 재회의 희망을 포기하는 듯한 달관과 체념이 서서히 본회퍼의 편지 분위기를 지배하기 시작한다.

1944년 말로 갈수록 본회퍼는 사태가 예기치 않게 흘러가는 것을 감지한다. 테겔에서 프린츠-알브레히트 거리의 감옥으로, 그곳에서 다시 부헨발트 강제수용소로, 마침내 뮌헨 근처의 플로센뷔르크의 강제수용소로 여러 차례 이감되면서 본회퍼는 자신의 목숨을 앗아갈 것 같은 불길한 운명을 감지한다. 1944년 12월 19일 프린츠-알브레히트 거리에서 본회퍼가 마리아에게 보낸 마지막 편지는 이런 분위기를 잘 드러낸다. "이곳 새로운 형무소에서는 아주 적막한 날들이 이어질 것입니다. 그러나 외부에서 아무 소식도 들을 수 없는 순간이 될 때마다, 내가 사랑하는 사람들과 얼마나 깊이 연결되어 있는지 느끼곤 했습니다. 마치 우리 영혼이 일상생활에서는 알지 못하던 신경체계를 고독 속에서 만들어 내는 듯합니다. 그래서 나는 단 한순간도 내가 혼자라거나 버림받았다는 느낌을 받은 적이 없습니다. 당신과 부모님, 친구들, 전선에 나가 있는 제자들 모두 항상 나와 함께하고 있으니까요." 본회퍼는 이 편지에서 아침과 저녁 식사 양이 적어 체중이 줄어 바지가 흘러내린다고 말하며 다음 면회 때 바지춤을 줄여달라고 부탁한다.

이처럼 마리아와 본회퍼의 기다림과 희망의 드라마는 석방에 대한 두 연인의 기대와는 정반대의 궤도를 그리며 전개된다. 연인의 애타는 기다림의 시간은 본회퍼가 갑자기 사형당하는 사태로 종결되어버린다. 본회퍼는 전쟁 종료 한 달도 못 남기고 사형장의 이슬로 사라진다. 그토록 간절하게 기다리고 소망하던 석방과 사랑의 완성을 맛보지 못한 채 가혹한 운명의 바퀴에 깔려 죽는다. 너무나 애절한 안티클라이맥스의 전형이다. 이 책은 세 가지 측면에서 가치를 지니고 있다.

이 책의 역사적 가치

이 책은 본회퍼의 추상적인 활동연보와 본회퍼 전기류 저작물들의 빈틈을 채워준다. 이 책은 체포와 처형에 이르기까지 본회퍼의 내면 풍경과 성찰을 자세히 보여준다. 에릭 메택시스가 쓴 본회퍼 전기「디트리히 본회퍼: 목사, 순교자, 예언자, 스파이」가 잘 보여주듯이, 본회퍼 가문과 히틀러 나치체제의 대결은 사사로운 적대감정의 대결이 아니라 진리와 거짓의 필연적 대결이었다. 인문학적 교양과 격조 높은 예술 교육을 어릴 적부터 받아 선악과 정사진위(正邪眞僞)의 세계를 명확하게 알고 반응할 줄 알았던 청년 본회퍼는 스물일곱의 나이에 히틀러의 나치체제의 홀연한 등장을 목격하였다. 그는 그것이 자신의 운명적 적수가 될 것을 감지하고 점점 그 악의 실체와 맞대결하다가 마침내 악의 제거를 실행하는 거사에 참여하게 된다. 나치체제를 뒷받침하는 2대 정보기관 중 하나인 국방정보국 비밀요원으로 위장 취업해 나치체제의 심장을 정조준하다가 정체가 탄로나 체포된다. 국방정보국 안의 반히틀러·반나치주의자들을 체포하는 과정에서 본회퍼의 이름도 우연히 발견된 것이다. 히틀러가 항복하기 한두 달 전에 자신에 대한 암살음모 조사기록 원본을 읽고 격노하기 전에는, 그는 제국고등군법회의 재판과정에서 무죄방면 혹은 가벼운 유죄판결을 받고 석방될 것을 확신했다. 그러나 그의 징집 명령 미이행과 히틀러 암살음모 연루가 드러나자 그도 1945년 4월 9일 처형자 명단에 올려졌다. 이 책은 복음서의 수난사화나 소크라테스의 최후를 담은 파이돈 편 같은,

본회퍼의 영생을 향한 분투를 보여준다.

이 책의 신학적 가치: 사랑과 연애의 신학적 가치

이 책은 결코 이루어질 수 없었던 사랑 이야기다. 야만적 정치와 전쟁의 폭력 아래 좌절된 종말론 이야기다. 1945년 2월 19일에 마리아가 자신의 어머니에게 쓴 편지는 좌절된 사랑의 처절한 슬픔의 일단을 보여준다. 아무리 찾아봐도 본회퍼가 없다는, 플로센뷔르크에서 띄운 편지는 애절하다. 마리아가 1945년 2월에 플로센뷔르크 근처로 연인을 찾아 헤매는 동안, 바로 가까운 강제수용소 어딘가에서 약혼자 디트리히는 인생의 마지막 경주를 해야 했다. "사랑하는 엄마. 분도르프와 플로센뷔르크를 향한 긴 여행은 아무 열매 없이 끝나고 말았습니다. 디트리히는 어디에도 없었습니다. 그가 어디에 있는지 아무도 모릅니다. 도저히 희망이 보이지 않는군요." 이처럼 사랑의 완성을 위해 애타게 기다리고 강렬하게 열망하던 연인의 미완성 사랑을 읽으면 독자들은 사랑과 연애가 얼마나 위대하고 장엄한 인간지사인 동시에 하나님의 관심사인가를 깨닫게 된다. 석방을 확신하며 기다리던 연인들의 이 미완성 사랑 이야기는 왜 아가서가 성경 안에 포함되어 있는지를 여실하게 보여준다. 지상 남녀의 사랑의 신학적 차원은 그것이 하나님을 사랑하는 훈련이라는 데 있다. 그것은 어린양 예수와 혼인을 치르는 교회의 신비를 터득하고 감득하는 훈련이다. 결국 이 책은 이 비극적 결말에 이르기까지 결혼은 "하나님의 땅에 대한 긍정 Ja zu Gottes Erde"이라고 믿고 가르쳤던 본회퍼의 내면 성찰과 지상적 삶에 대한 애착을 여실하게 보여줌으로써 그의 죽음이 얼마나 슬픈 일인가를 실감케 해준다. 전쟁의 폭력성과 베를린 공습경보로 대표되는 광기어린 정치가 인간의 장엄하고 아름다운 사랑을 얼마나 처절하게 부서뜨리는

가를 증언한다. 이 책은 전체적으로 전쟁과 야만적 정치의 폭풍우 속에 유지되던 사랑과 연애의 신학적 가치를 옹호한다.

이 책의 인문학적 가치

이 책은 편지의 아름다움을 생생하게 보여준다. 이 책의 편지들은 독립된 두 인격의 교감록이며, 주체성을 가진 영혼이 하나되는 과정에서 맛보는 긴장과 안도의 기록이다. 독일 자유교양 교육의 힘을 보여준다. 19세의 마리아는 37세의 신학박사와의 편지 교환 속에서 문체와 논리 전개에서 조금도 밀리지 않는다. 문학적 가치 면에서 이 책의 가장 신선한 점 중 하나는 마리아의 놀라운 인간됨됨이다. 그녀는 많은 점에서 본회퍼와 상당히 구별되고 대조적이기까지 하지만 그러면서도 독립적이고 다정한 영혼이다. 그녀는 부르주아 시민계급의 사소한 재미, 교양 오락 등에 대단히 큰 관심을 쏟는다. 놀랍게도 신학박사의 약혼녀인 마리아는 신학에 대한 인내가 거의 없었다. 그녀에게 신학은 신앙의 결단으로 이해해야 할 것에 대해 지적 설명을 추구하는, 이해할 수 없는 학문이었다.

우리는 오로지 하나님에 대한 일편단심 복종의 주창자인 본회퍼가 어떻게 자신과는 그렇게 다른 관심사들을 가진 여인과 사랑에 빠졌을까 의아해한다. 그러나 편지들이 교직하는 드라마에 빠져들어가면 독자들은 이내 마리아라는 인간의 비범한 아름다움에 눈을 뜨게 된다. 비상한 단호함, 자기절제 훈련, 부단한 독서와 지적사고 훈련, 명랑함과 쾌할함 등 마리아는 독일 인문교양 교육의 힘을 간접적으로 보여준다. 본회퍼가 추천하는 책들(키르케고르 등)을 읽고 소감을 즉시 보내는가 하면 본회퍼가 추천하는 책들에 대한 비판적 평가에도 대담함을 보인다. 1942년 몇 달 동안 아버지와 오빠를 잃었던 마리아는 본회퍼를 위해 활기차고 유쾌한 기분을 유지했다. 본회퍼가 감옥에서 보내는 첫 성탄절에 마리아는 크리스마스 트리를 선물해 간수들과 본회퍼를 유쾌하게 만들었다. 마리아는 지치지 않고 본회퍼의 생각할 수 있는 모든 사소한 필요를 알아차려 감옥에 있는 연인에게 보내는 모성애를 발휘한다. 심지어 그녀는 자신의 아버지가 차던 시계를 본회퍼에게 선물하기도 한다. 이런 자애로운 마리아의 영적 현존을 편지 속에서 찾아내 향유하는 본회퍼는 마리아의 편지를 수없이, 암송할 정도로 읽고 또 읽었다. 그의 감탄은 "눈길 미치는 곳 어디에나 나를 둘러싸고 있는 당신을 발견하게 됩니다"라는 간결한 고백에 집약되어 있다.

이 책 속의 마리아는 부단히 책을 읽고 사색하는 자유교양인이다. 그는 릴케의 책에 대해서는 본회퍼와 독립적인 의견을 갖고, 그의 견해에 예속되지 않으면서 자신의 의견을 개진한다. 기숙학교의 효용, 아버지와 자녀의 이상적인 관계(마리아는 아버지가 자녀의 친구가 될 수 있다고 믿고, 본회퍼는 부모-자녀관계를 친구관계로 보는 것을 불편해한다), 승마와 사냥 등에 대해서도 본회퍼와 자신이 다른 견해를 갖고 있음을 조금도 개의치 않고 피력한다. 그녀는 본회퍼가 추천하는 책들을 기꺼이 읽으려고 하고 자신이 본회퍼에게 책을 추천하기도 한다. 일찍 집을 떠나 가족과 편지를 주고받는 훈련을 했던 마리아는 11세부터 쓴 편지 모음집을 가질 정도로 편지의 사람이었다. 유머와 시적인 통찰이 가득찬 마리아의 편지와 간결하고 논리적인 본회퍼의 편지는 대조적이면서도 보완적이다. 두 연인의 편지는 사무치는 그리움을 격조 높은 편지에 담아 정신적 감응을 형성한다. 20세의 마리아와 38세의 본회퍼 사이의 편지 교환은 본회퍼의 천진난만한 소년다움과 마리아의 성숙한 모성애와 교양의 결합을 잘 예시하고 있다. 마리아는 자신이 음악적 재능이 없음을 탄식하고 자신이 본회퍼의 아내가 되기에는 심히 부족하다고 안타까워하지만 대체로 평등한 영혼의 수준 높은 교감을 보여준다. 마리아는 당시의 독일 성서신학, 성서강해, 부활논쟁 등에 대한 비판적 소감을 기꺼이 피력하고 자신의 약혼자 본회퍼의 「창조와 타락」에 대한 높은 평가를 보낸다. 아버지와 누리던 높은 수준의 교감과 사랑을 본회퍼와 나누기도 했다.

이 책을 읽어야 하는 사람들

이상에서 살펴보았듯이, 무엇보다도 이 책은 본회퍼를 사랑하되 더욱 사랑하기를 원하는 사람들이 읽어야 할 책이다. 이 좌절된 종말론적 사랑 이야기는 예수 그리스도의 수난사화를, 나사렛 예수와 그를 사랑하던 제자들, 특히 막달라 마리아나 나사로의 여동생들 사이에 오갔던 미완성 사랑과 우정의 관점에서 읽을 수 있는 상상력을 제공한다. 지상에서 살면서 사랑하는 친구들과 제자들과 더 오랫동안 함께 머물기를 원하셨던 나사렛 예수였기에 그의 십자가 처형이 훨씬 더 슬프고 고통스러웠던 것처럼, 그리스도의 십자가가 발하는 대속의 능력도 그만큼 실감나게 다가오는 것이다. 본회퍼의 1944년 6월 이후 편지는 비감어린 분위기를 자아낸다. 특히 1944년 6월 초 테겔 형무소에서 보낸 마리아만을 위한 자작시 "과거 Vergangenheit"는, 사랑하는 연인과 생명적 연합을 희구했던 한 남자의 체념적 자기정돈과 불운한 운명을 받아들이려는 흔들리는 결심을 드러낸다. 하나님은 본회퍼가 가담한 나치체제 전복 계획을 실패로 돌리셨으나 그의 죽음을 순교자적 죽음으로 시성하셨다.

또한 격조 높은 연애를 배우기를 원하는 사람들은 이 책을 읽어야 한다. 서로의 영적 현존뿐만 아니라 육체적 현존을 사무치게 그리워하는 연인들의 편지는 인간은 사랑을 위해 태어난 존재라는 진리를 다시금 깨닫게 한다. 인간의 사랑의 궁극적 표현은 영적인 동시에 육체적 표현임도 깨우쳐준다. 좁은 감방에 갇힌 채 생각도 좁아지는 과정에 저항하기 위해 지나간 아름다운 나날들을 회상하고 다가올 영광스러운 반전의 날을 예기하는 본회퍼는, 뢰더 검사나 어떤 간수도 없는 사적 은밀함이 절대적으로 보장되는 공간에서 마리아를 깊게 포옹하고 키스해보기를 열망한다. 마리아도 숲길을 걷는 밤의 산책 시간마다 본회퍼가 패치히의 넓은 야생 영지를 자신과 함께 거닐 수 있다면 얼마나 좋을까를 수없이 소원한다.

마지막으로, 이 책은 독서와 인문교양, 편지문학의 가치와 위력을 실감하기를 원하는 독자들이 읽어야 한다. 전쟁의 반인륜성과 야만성을 고발하고 사랑의 장엄함과 자유의 고귀함을 실감하려면 이 책을 읽어야 한다. 특히 편지는 영혼의 분신인 글자들과 문장들을 봉투에 담아 보내는 의사소통이다. 모든 위대한 문호들은 1인 독자인 자신을 위해 일기를 쓰고 자신과 수신인 곧 2인 독자를 위해 편지를 쓴 사람이다. 이 책에서는 독서에 관해 두 사람이 논평을 교환하는 장면이 자주 눈에 띈다. 키르케고르, 릴케, 쉬츠, 도스토예프스키, 괴테 등 고전적인 작가들은 물론이요 당시의 소설류들에 대한 평가가 자주 이뤄진다. 본회퍼는 1940년대 초에 나온 소설류와 순복음적 열광주의 기독교를 선전하는 책들, 이성의 권능을 과신하는 신학책들을 경계하고 마리아는 다소 퇴폐적일지라도 부르주아적, 소녀적 감수성을 건드리는 B급 문학서적들도 탐독하면서 서로의 입장 차를 좁히려고 애쓴다. 특히 마리아의 재고 요청으로 본회퍼는 릴케가 쓴 「두이노의 비가」나 「말테의 수기」를 재평가해보겠다는 의사를 드러내고 본회퍼의 권고에 따라 마리아는 통속류의 쉬운 책들보다는 괴테의 빌헬름 마이스터 시리즈를 읽겠다고 다짐한다. 오늘날 전자영상기술로 인해 글자와 문장 속에 영혼을 담아 갈무리하는 서간문학이 사라지고 있어 안타깝다. 독자들은 이 책을 통해 깊이 있는 편지의 아름다움을 체험할 수 있을 것이다.